本书得到华中师范大学政治学部政治学一流学科建设经费资助,同时也是国家级青年人才项目"基层群众自治在全过程人民民主中的历史地位、现实作用与未来走向"的成果之一。

华中师范大学政治学一流学科建设成果文库 | 基层治理研究丛书

城乡基层治理

基础与路径

任　路　著

Grassroots Governance
Studies Series

中国社会科学出版社

图书在版编目（CIP）数据

城乡基层治理：基础与路径 / 任路著. -- 北京：中国社会科学出版社，2025.7. --（基层治理研究丛书）. -- ISBN 978-7-5227-5312-6

Ⅰ. D625

中国国家版本馆 CIP 数据核字第 2025PF7701 号

出 版 人	季为民	
责任编辑	李 立	
责任校对	谢 静	
责任印制	李寡寡	

出　　版	中国社会科学出版社	
社　　址	北京鼓楼西大街甲 158 号	
邮　　编	100720	
网　　址	http://www.csspw.cn	
发 行 部	010-84083685	
门 市 部	010-84029450	
经　　销	新华书店及其他书店	
印　　刷	北京明恒达印务有限公司	
装　　订	廊坊市广阳区广增装订厂	
版　　次	2025 年 7 月第 1 版	
印　　次	2025 年 7 月第 1 次印刷	
开　　本	710×1000　1/16	
印　　张	22	
字　　数	362 千字	
定　　价	118.00 元	

凡购买中国社会科学出版社图书，如有质量问题请与本社营销中心联系调换
电话：010-84083683
版权所有　侵权必究

华中师范大学政治学一流学科建设成果文库
总编委会

总编委会负责人： 徐　勇　陈军亚

总编委会成员（以姓氏笔画为序）：

丁　文　韦　红　文　杰　田先红

江　畅　江立华　牟成文　闫丽莉

刘筱红　张大维　张立荣　张星久

陆汉文　陈军亚　冷向明　郑　宁

袁方成　唐　鸣　徐　勇　徐晓林

徐增阳　符　平　雷振扬

目 录

自 序 ·· 1

上篇　城乡治理的社会基础

第一章　村治研究与田野政治学的起点 ································· 3
　一　乡村建设与村治研究的历史渊源 ····································· 3
　二　村民自治实践与中国政治学重建 ····································· 7
　三　村治研究的深入与田野政治学的雏形 ····························· 10
　四　村治研究的挑战与未来的田野政治学 ····························· 18

第二章　村民自治有效实现的文化基础 ································· 23
　一　村民自治的文化研究路径 ··· 23
　二　寻找村民自治文化的绵延之维 ······································· 27
　三　村民自治有效实现形式的地方探索 ································· 30
　四　传统文化与村民自治的有效结合 ···································· 33

第三章　村民自治有效实现的机制重塑 ································· 36
　一　村民自治的内涵及其基本特征 ······································· 36
　二　选举民主下村民自治有效实现途径 ································· 38
　三　协商民主与村民自治有效实现内在关联 ·························· 42
　四　在协商民主中推进村民自治的有效实现 ·························· 44

第四章　村民自治有效实现的制度创新 …… 48
一　制度创新与村民自治有效实现 …… 48
二　村民自治制度创新的纵向案例 …… 50
三　村民自治制度创新的机制分析 …… 55

第五章　村民自治有效实现的治理周期 …… 64
一　村委会任期的争论 …… 64
二　村委会任期与乡村治理周期 …… 66
三　村委会任期调整及其乡村治理风险 …… 68
四　村委会任期调整的应对与乡村善治 …… 73

第六章　村民自治有效实现的基本单元 …… 75
一　村民自治基本单元的演变 …… 76
二　建构村民自治基本单元的重要原则 …… 80
三　探索适度规模的村民自治基本单元 …… 82

第七章　居民自治有效实现的运转机制 …… 84
一　协商民主与居民自治的有效实现 …… 84
二　现阶段居民自治中的协商民主元素 …… 88
三　探索居民自治有效实现形式 …… 92

第八章　城乡基层民主与全过程人民民主 …… 95
一　全过程人民民主研究中的基层民主 …… 95
二　基层民主在全过程人民民主中的发展演进 …… 98
三　基层民主在全过程人民民主中的历史地位 …… 101
四　基层民主在全过程人民民主中的现实作用 …… 105
五　基层民主在全过程人民民主中的未来走向 …… 107

中篇　城乡治理的国家路径

第九章　回归国家与田野政治学的归属 ……………… 113
  一　概念建构与田野政治学的归属 ……………… 113
  二　基于"国家"概念的框架分析 ……………… 118
  三　田野政治学"国家"系列概念及其建构策略 ……………… 120
  四　田野政治学概念建构的内在逻辑 ……………… 133

第十章　国家化、地方性与农村基层治理结构 ……………… 142
  一　农村基层治理结构的迷思 ……………… 142
  二　国家化与地方性的分析框架 ……………… 145
  三　农村基层治理结构的内生性演化 ……………… 150
  四　农村基层治理的二维结构 ……………… 160

第十一章　国家化、民族性与农村基层治理形态 ……………… 163
  一　民族地区基层治理与国家化 ……………… 163
  二　村寨治理单元的民族性与国家化 ……………… 167
  三　村寨治理主体的民族性与国家化 ……………… 170
  四　村寨治理规则的民族性与国家化 ……………… 173
  五　村寨治理的特性及其国家化机制 ……………… 177

第十二章　政党、社会与农村基层治理单元 ……………… 180
  一　政党与基层社会的内在关系 ……………… 181
  二　农村基层党组织基本单元的演变历程 ……………… 185
  三　农村基层党组织基本单元的影响因素 ……………… 203
  四　农村基层党组织基本单元的历史经验 ……………… 208

第十三章　政党、土地与农村基层治理变迁 ………………… 211
  一　土地产权与乡村治权的关系 ……………………………… 211
  二　土地改革、耕者有其田与乡村建政 ……………………… 213
  三　合作化运动、集体产权与政社合一 ……………………… 214
  四　农村改革、分田到户与乡政村治 ………………………… 218
  五　土地流转、三权分置与未来基层治理 …………………… 221
  六　农村产权变迁与基层治理结构 …………………………… 223

第十四章　政党、群众与农村基层治理主体 …………………… 226
  一　新时代党的群众路线的意义与要求 ……………………… 226
  二　通过"共同缔造"走好新时代党的群众路线 …………… 229
  三　"共同缔造"对于走好新时代群众路线的贡献 ………… 235

下篇　城乡治理的研究方法

第十五章　乡村有效治理的田野实验研究 ……………………… 243
  一　以田野实验作为研究方法 ………………………………… 243
  二　以农民参与为目标的"水月庵实验" …………………… 246
  三　以农民组织为目标的"岳东实验" ……………………… 249
  四　以农民能力为目标的"南农实验" ……………………… 251
  五　以乡镇选举为目标的"杨集实验" ……………………… 253
  六　在实验中深化认识的田野政治学 ………………………… 254

第十六章　村民集体行动的过程事件研究 ……………………… 257
  一　村民集体行动诸理论 ……………………………………… 257
  二　村落社会中的集体规则 …………………………………… 259
  三　村民集体行动的微观过程 ………………………………… 265
  四　村民集体行动的情境逻辑 ………………………………… 283

第十七章　乡村治理资源重组的类型研究 …… 289
　　一　乡村治理资源配置类型分析 …… 290
　　二　资源赋予型乡村治理资源重组 …… 293
　　三　乡村治理资源重组的反思 …… 296

第十八章　农村社会组织发展的定量研究 …… 298
　　一　农村社会组织发展困境 …… 298
　　二　数据来源与样本分析 …… 301
　　三　农村社会组织行政依赖性与组织自主性 …… 302
　　四　政社互动下的社会组织发展模式 …… 309

第十九章　城市社区协同治理的案例研究 …… 312
　　一　社会组织在社区协同治理中的现实困境 …… 312
　　二　社会组织参与社区协同治理的实践过程 …… 315
　　三　社会组织参与下的社区治理方式创新 …… 320

第二十章　域外基层社会治理的比较研究 …… 322
　　一　以党政为主的基层组织体系 …… 322
　　二　以法治为轨道的社会规则体系 …… 324
　　三　以自我储蓄为基础的社会保障体系 …… 325
　　四　以慈善团体为补充的社会救助体系 …… 327
　　五　以政府为主导的社会治理模式 …… 328

后　记 …… 332

自 序

> 田野政治学是产生在中国大地上的一种政治学研究路径，在这一路径中逐渐获得学术自觉，形成了一个开放中达成一定共识和认同的学术共同体。田野政治学的构建是一个由自在到自为，由自发到自觉，有放弃也有接续，有进展更需努力的过程。
>
> ——徐勇：《田野政治学的构建》

一 学术话语与青年政治学人的关系

回顾政治学恢复重建40年的历史，对于我们青年人来说，具有何种意义？首先我们并没有像学界前辈一样亲身参加到政治学的恢复重建，更多的是以后来者的角度来回溯这段历史，对于我们这些后辈来说，大概是21世纪初进入大学开始本科专业的学习，最近十年才真正进入政治学学术研究的门槛，大体上与会议发布的新书标题所示的新时代中国政治学同期，学术年龄与新时代政治学同岁，与前辈学人相比，缺乏一种对于学科发展和话语建构的历史感，我们更多的是在前辈学人所建构的政治学话语体系中逐渐成长的。因此，对于学科发展和学术话语历史的回顾有助于青年政治学人在此基础上找到传承与创新的起点，在此基础上推陈出新，参与到整个中国政治学的发展之中，这是我们作为青年政治学人的责任和义务。从历史来看，我们更多的时候是话语的消费者而非生产者。展望未来，我们有可能成为学术话语的生产者。

当然，也有很多青年政治学人直接师从海外政治学大家，在学术话语等方面更多地带有海外政治学的特征，在研究主题和方法上可能有所差异，但是政治学本身的知识是具有相通的概念、范畴与命题的，中国的同样也是世界的，世界的同样可以是中国的，在汇通中外的情况下才能够建立具有中国特色的政治学话语体系，在政治学恢复重建的40年里，前辈政治学人实际上已经做了大量的工作，从学术著作的翻译，到学术理论的引入，再到相关话语的中国化等，将中国政治学融入世界政治学，才能推动中国政治学的发展。与此同时，政治学也是具有主体性的，面对中国政治的问题，仍然需要从中国的政治实践出发，提炼出具有解释性的理论等，而不是用海外理论来简单套用中国实践，这就需要青年政治学人回溯一下中国政治学恢复重建以来的历史，实际上，学术前辈在这方面做出的示范对于青年学人来说是一笔宝贵的学术财富。

政治学研究同样是个体性的，当青年政治学人遇到困境的时候，或者迷失在政治学研究当中的时候，有意识地去梳理政治学发展历程，阅读前辈政治学人的回忆录、纪念文集等，不仅可以激励后学们坚持政治学研究，学习前辈学人在政治学重建过程中所作出的卓越贡献，尤其是前辈学人的治学故事和治学精神，而且能够让我们自己的学术研究接入整个政治学发展的历史当中，获得一种历史感和归属感，这有助于我们这些从事政治学研究的后辈在面临学术研究困局的时候重新获得内在的学术自信，逐步走向话语自信。

二　田野政治学的学术话语演变

当前，我们的学术团队在徐勇老师的带领下正在进行有关"田野政治学"的相关概念和命题的讨论，其实，有关田野政治学的讨论是一个具有历史感的话题。回溯华中师范大学（以下简称"华师"）政治学学科发展的历史，可以清楚地看到这一变迁的过程以及相关学术话语的演进等。

与全国不少大学的政治学学科发展的起点相似，"华师"政治学研究最先是从科学社会主义中逐渐发展起来的，"华师"政治学的奠基者是高原先生，他主编的《科学社会主义》是全国高等院校的教材，建立了华中师范大学科学社会主义研究所，当时研究主题是"国家与法"的问题，《共产党宣言》《家庭、私有制和国家的起源》《国家与革命》等文献所塑造的阶级、革命、政党与国家等话语体系，聚焦于马克思主义国家学说的研究与诠释等。

改革开放后，在政治学补课的号召之下，学界从原有的马克思主义国家学说逐渐关注当时中国政治体制等相关问题的研究，恢复重建初期的政治学研究面临的是中国有丰富政治生活，却缺少与之相配的政治学研究，即"有政治，无政治学"的现状，高原先生主张跳出"理论到理论，概念到概念"的研究话语，鼓励所在学术团队深入改革的实践之中。

为此，当时高原先生让科学社会主义研究所的张厚安老师主持编撰《通俗政治学》，从中国政治实践出发来阐述政治学原理，用通俗易懂的话语来向青年介绍政治学知识，实际上就是上述跳出注释式的政治学研究方式的一种学术努力，更加关注现实政治生活的形态，此时，政治学的研究主题聚焦于国家政权组织建设等一系列研究主题，在话语体系上围绕党和国家领导体制等展开，注重从国家制度和政权组织等角度来进行政治学研究，政治学研究者深入参与到国家政治实践当中。

与北京等地的政治学研究者不同，身处田野的"华师"政治学研究者较早将学术注意力投入基层社会。在加强基层政权建设的实践中，张厚安老师将研究的重点转移到有关基层政权建设的相关研究中，对基层政权建设进行了系统深入的制度性研究，组织编写了一大批研究成果，开启了"华师"政治学的田野传统，即后来所总结的"面向基层，面向社会，面向实践，理论务农"。

在进行基层政权研究的同时，张厚安老师所在学术团队敏锐地注意到基层社会的群众自治，在加强乡镇政权建设的同时，乡镇之下采取何种组织形式实际上关系到基层政权建设，而当时出现的村民自治代表着一种新的趋势。在张厚安老师的组织下，徐勇老师以村民自治为研究对象，最早对村民自治进行了系统的研究和阐述，于是，"华师"政治学从基层政权走向了基层群众自治。随着20世纪90年代整个政治学学术重心的下移，村民自治由于其所具有的群众性、参与性等，被视为社会主义民主政治的基础性工程，一时间，引起政治学研究者的高度关注，基层民主成为当时热议的话题，"华师"政治学也确立了政治学田野调查和实证研究的特色，并以基层民主等概念和话语建构而在中国政治学界占据一席之地，涌现出一大批立足于田野的政治学研究者，被学界称为"华中乡土派"。

为了将基层民主的学术期待转化为政治实践，"华师"的政治学者最早开始村治实验，将基层民主制度输入村庄社会，却没有产生预期的制度绩效，学术反思之下，"华师"政治学研究者们更多地关注基层社会本身的特性，村庄复杂的权力关系以及村庄有效治理，从民主话语转向治理话语，较早将"治理"概念引入乡村研究，于是在村民自治和基层民主之后，围绕"乡村治理"的一系列特色概念和话语不断被提炼出来，在政治学界刮起了一阵"乡土风"。

与之相对的是政治学界的一些批评和建议，即如何从"田野"走向"殿堂"，如何避免"走马观花又一村，一村一个新理论"等问题，乡村治理研究更多的是从微观社会层面和个案研究角度出发，与政治学的主流概念、议题和话语仍然有一些不同，更为重要的是在学科意义上，不论是政治人类学还是政治社会学，乡村政治的议题并非主流，而是支流。虽然面临着一些争议等，但是"华师"政治学一直在进行理论探索，坚持实地调查，先后启动了大规模的村庄调查和深度调查，经过十多年的资料积累和理论积淀，提出"田野政治学"的主张，这期间产生了一系列基于实地调查的原创性研究成果，通过"家户制"研究，对中国农村社会本体论进行重新思考；通过"国家化"研究，对中国国家建设进行新的总结；基于对宗族社会的历史形态调查，提出"祖赋人权"命题；等等，上述概念、命题和理论框架构成了"田野政治学"的话语体系。当然，这只是初步的学术努力，但是我们一直在路上，更为重要的是我们坚守自"华师"政治学恢复重建以来所一直秉承的学术传统和治学精神，坚守老一辈"华师"政治学人所追寻的政治学研究初心。

三 未来田野政治学的话语建构

沿着田野政治学的发展路径，从学术话语的角度来看，我们仍然需要继续努力，推动田野政治学的话语建构。

田野政治学中田野与政治学之间的关系如何贯通？不论是以前的从"田野"到"殿堂"的疑问，还是如今"将田野带入政治学"，在田野政治学话语建构中可能面临着"田野"与"政治学"的内在张力，不论是从命题上，还是从方法上，田野政治学未来的发展需要寻找更多的中间机制来弥合处于基层社会一端的田野故事，研究与处于国家权力一端的政治学话语如何更为有效地结合起来。研究基层社会并非无政治学，而是说要从中发现政治，正如从田野中发现国家一样。

政治学的田野与人类学、社会学等相关学科的田野如何区分？田野调查本身是从人类学的田野民族志和社会学的社区研究所借用而来，并以当时政治学研究重心下移以及对基层社会的学术关注而形成。田野政治学应当是从政治学的角度来进行相应的提炼，不仅将田野作为一种方法，更是一个研究场域、研究对象、研究风格等，从基层社会的实地调查来建构概念、命题和理论。

田野政治学与基层和地方治理的关系。随着治理话语的引入，乡村治理等逐渐向上发展为基层和地方治理，在学术话语上，聚焦于公共管理或公共行政，对于理解基层和地方治理具有重要意义，但是也面临着碎片性问题，田野政治学正好能够补充这些问题，提出更具有整体性的理论命题等。

当前，田野政治学提出不少概念和命题，如家户制、韧性国家、治水国家、国家化等，但是从学术话语体系建构来说，仍然需要将散落的话语进行整合，形成一个内在的话语体系，并能够形成通约性的概念和理论，打通过去和当下、中国与域外之间的话语区隔，形成一种更具有共享性的田野政治学话语体系。

田野应该成为一种泛指，从研究对象来说并非固定在农村，而是可以延伸到所有社会实践的场域，如社区、工厂、街头等，处处皆田野，只要是从实地调查出发来进行的政治学研究都可以归入田野政治学的范畴，由此形成更具有包容性的学术话语共同体。

田野政治学目前来说是一种积极的倡导，也是一种实在的行动，我们一直在努力营造一种田野政治学的学术话语交流互动平台，邀请不同研究领域的政治学研究者来分享自己的研究话题，一起来讨论田野政治学的内涵与外延，不论这种讨论是支持的、质疑的，抑或是反对的，都有利于田野政治学，因为大家都在关注、关心着田野政治学的发展，关心如何让田野政治学真正建构起具有中国特色的政治学话语体系。期待更多的政治学人参与到田野政治学的讨论、议论、争论当中！

本序言是2020年11月28日在北京大学参加"庆祝新时期中国政治学恢复重建40周年暨《新时代中国政治学学术发展》新书发布会"的发言，在分组讨论时，作为学界后辈，与高建老师、张桂林老师、葛荃老师、刘伟老师、韩召颖老师等学术前辈进行了一次跨代交流，深受启发，会后根据会议发言提纲和现场体会进行修改和扩展，整理成文，感谢会议总结时北京大学国家治理研究院副院长、政府管理学院张长东教授的建议，当时发言与本书主题契合，辑录于此，是为序。

上 篇
城乡治理的社会基础

第一章
村治研究与田野政治学的起点[*]

当前,村治研究已经由热议变为沉寂,前些年甚至有"村民自治已死"或者"进入死胡同"的悲观看法。事实上,村治研究遇冷不能看作村治研究的失败,只是村治研究从热议回归到正常的学术轨道,为此,需要对这段公共学术运动进行回顾和展望。村治研究是20世纪以来有关农村研究的第二次学术高潮,促成了乡村政治与政治学的相遇,在研究中逐渐形成学术自觉,并将实证研究方法引入其中,推动研究主题的深化,不仅拓展了中国政治学研究领域,而且在关键时期推动了整个政治学向前发展。同时,村治研究也面临着学科化与问题导向、个案村庄与整体社会、本土化与接轨思维等多方面的挑战,未来能否建立田野政治学端赖于对上述挑战的因应。

一 乡村建设与村治研究的历史渊源

农村是中国的底色,中国历史就是一部以农立国的历史,与其他文明相比,中国有着延续几千年的悠久农业文明,并影响至今。中国的现代化进程带有浓厚传统农业社会的因子,在关键的历史节点上深刻地影响了中国历史的进程。正因为农村在中国社会尤其是现代化进程中的作用,在20世纪以来有关中国农村的讨论从未中断过,随着20世纪二三十年代乡村的衰败而一时

---

[*] 本章以《田野政治学:村治研究与中国政治学的重建——以村民自治为重点表述对象》为题,发表于《云南社会科学》2017年第3期,收录本书时略有修订。

成为社会热点问题。在不少人看来,中国是一个农业大国,要拯救中国,首先必须拯救乡村;要拯救乡村,就必须进行乡村改造、乡村建设甚至乡村革命。① 于是,有关中国乡村前途和命运的大讨论催生了一个乡村研究的高潮。学术研究最大的特点是实践理性,研究课题既来源于社会实践,同时又力求服务于社会实践,在中国"经世致用"文化的浸染之下学术研究的现实使命感体现得更加充分。

最初,以梁漱溟、晏阳初等为代表的知识分子力图通过乡村建设运动和平民教育运动等方式从文化改良的角度来复兴农村,为此先后在山东、河北多地进行农村社会实验。梁漱溟认为,中国乡村是伦理本位,当前农村衰败的根本问题是文化失调,必须从创造新文化救活旧农村,并通过村学乡学、乡村自卫、促兴农业和文卫建设来进行乡村建设。晏阳初则针对农民的愚、穷、弱、私等缺点,开展了包括文艺、生计、卫生和公民教育在内的平民教育实验。此外,还有黄炎培、高阳、陶行知、卢作孚等进行的乡村建设工作。② 大体上,乡村建设运动主要是由知识分子通过改进乡村教育的方式,对农村生产、文化、技术、组织等方面进行改造,在一定范围内和一定程度上对拯救衰败的农村有所助益,更为重要的是借助知识分子的理念与实践,让政府和大众认识到乡村衰败的现实,以及重建乡村的重要性,营造了有利于乡村建设的社会氛围。

在乡村建设运动之外,当时的国民政府也推行了"乡村复兴运动",力求在复兴农村的基础上巩固政权。国民政府成立农村复兴委员会,先后对浙江、江苏、陕西、河南、广西、云南等地进行专题调查,提出复兴乡村的建议,并在一些地方实施乡村建设计划,其中最为典型的是江西的乡村复兴计划。乡村复兴运动是国民政府主导下进行的有计划的乡村重建,其管理机构和经费来源依赖国民政府。随着抗战爆发和经费缩减,乡村复兴运动并没有能够坚持下去。几乎同一时期,共产党人也进行了以农村为主题的革命实践。这种实践首先从实地调查开始,毛泽东同志提出:"没有调查,没有发言权。"③

---

① 参见项继权《中国农村建设:百年探索及路径转换》,《甘肃行政学院学报》2009 年第 2 期。
② 参见徐勇、徐增阳《中国农村和农民问题研究的百年回顾》,《华中师范大学学报》(人文社会科学版)1999 年第 6 期。
③ 《毛泽东选集》第 1 卷,人民出版社 1991 年版,第 109 页。

在土地革命战争时期进行了系列农村调查，包括《湖南农民运动考察报告》《寻乌调查》《兴国调查》《长冈乡调查》等，得出农民问题是中国革命首要问题、农民是革命力量、农村造就革命力量、关键是解决农民土地问题，进而开辟了"农村包围城市"的革命道路，致力于通过制度革命的方式满足农民的土地要求，解放农村生产力。秉承着农村调查思路，延安时期在毛泽东的主持下，张闻天领导中央农村工作调查团对陕西和山西部分地区进行了有关土地关系的调查，为之后制度和修改土改政策提供了直接依据，渐进调整的土地政策不仅赢得了农民的支持，而且激发了农民的生产积极性，为农村的恢复和发展奠定了坚实的基础。

针对当时拯救乡村的各种建议，以吴文藻为首的一批社会学者致力于在改造中国之前，先认识中国，尤其是占中国绝大部分的农村社会。为此，在他的组织下，以燕京大学社会学系为主体进行了一系列的农村调查，李景汉的《北平郊外之乡村家庭》《定县调查》等，侧重于对农村社区的细致描述。之后费孝通、杨庆堃、林耀华等先后进行个案村庄的研究，其中以《江村经济》最为有名，提出恢复中国传统的手工业，增加农民收入来解决中国农村土地问题。此后，以农村发展为主题，陆续在云南昆明等地进行了一系列的村庄调查，希望通过类型比较的方式来一步步接触到中国农村的全景，进而为改造中国农村提供依据。此外，任职于金陵大学的卜凯（John Lossing Buck），通过抽样调查的方法，先后组织多次农业经济调查，出版《中国农家经济》和《中国土地利用》，提出中国农村贫困在于土地零碎、人口过剩，出路是实行人口节制等。此外，一些马克思主义学者，诸如陈翰笙、薛暮桥、千家驹、孙冶方等也对农村经济问题进行调查和研究，号称"中国农村派"。

上述便是第一次乡村研究高潮的基本格局，主要是从文化、生产技术、土地分配、人口等角度来认识和把握中国乡村，这期间也涉及乡村政治的某些内容，如有关村政的介绍、基层政权的重建、农民组织、公民教育等，整体来说，这些有关乡村政治的叙述只是副产品，并不是乡村建设的主要关注点。

不过，当时一些有关村治的实践可以看作那个时代乡村政治研究的萌芽。诸如，1904年河北定县米鉴三、米迪刚父子在翟城村进行改良实验，劝导农民废除庙宇建立村学，改善村庄组织，发展地方自治，这是20世纪村治的滥觞。① 随后，1928年，山东乡绅王鸿一创办《村治》月刊，1929年河南地方实力派梁仲华、彭禹庭与梁漱溟一起筹建村治学院。后来还有众多的村治实践，如阎锡山在山西进行的"村本政治"，李宗仁、白崇禧在广西进行的"村治计划"等都对农村基层进行了政权建设实践。然而，在当时农村社会性质和农村发展道路的大讨论背景下，村治的声音显得异常微弱，村治处于边缘地带。即使是山西的"村本政治"和广西的"村治计划"，主要是为地方政权汲取财税资源和维持地方治安服务，所说的地方自治也只是外壳。循自治之名而行保甲之实，对于广大农民而言，乡村政治与之关联不大。这是因为政治生活总是与权和利联系在一起。在中国长期的历史上，只有皇权、绅权、族权，而无个人作为主体的民权。农民只是臣民、小民、草民，而不是主权者的公民，因此处于政治之外。政治自然也只是上层的"建筑"。②

当然，对于当时中国农村危机而言，经济或社会层面的努力看上去更为迫切一些，而乡村政治更多的是为了配合村庄经济文化建设，本身并不是乡村建设的主要目的，相比来说受到的关注也就更少，并不能指望有更多的学者去研究乡村政治。如果从政治学学科发展来看，初创时期的政治学也难以顾及乡村政治。中国政治学一般以1898年的京师大学堂设立的政治堂为起点，在民国年间逐步发展，至中华人民共和国成立前政治学者不过百人，还处于所谓"知识引进运动"阶段，那时政治学取法于西洋，不论是学科体系还是研究问题都是西方化的，对中国问题尤其是中国现实政治问题的研究相对较少。③ 中华人民共和国成立后，随着全国院系调整，政治学作为一门独立学科便不复存在，更谈不上对中国政治实践的研究，除了马列理论和国际共运，国内政治学基本上是停顿的。

凡此种种说明，在中国乡村研究第一个高潮中，以乡村建设为代表的一系列农村调查或研究致力于认识中国乡村社会，并提出了各种拯救中国农村的方案，有的还亲自进行社会实验，将改造乡村的理念付诸实践，开展了轰

---

① 参见吴毅《村治变迁中的权威和秩序：20世纪川东双村的表述》，中国社会科学出版社2002年版，第12页。
② 参见徐勇《乡村治理与中国政治》，中国社会科学出版社2003年版，第214页。
③ 参见孙宏云《中国现代政治学的展开：清华政治学系的早期发展（1926—1937）》，生活·读书·新知三联书店2005年版，第290页。

轰烈烈的乡村建设运动，汇聚为一次颇为壮观的公共学术运动。在这些乡村建设中，或多或少地延伸到乡村政治方面，并以地方自治之理念来推动乡村政治建设，形成了颇具系统的村治计划，然而，整体上关注度并不够，也没有引起当时政治学界的更多兴趣，这也与初创时期中国政治学的实际状况相适应。不可否认的是民国时期的乡村建设运动和村治活动为后来的乡村政治研究提供了一个时代的思考，也为后来的新乡建运动、农村政治研究奠定了基础，至少是一个可以向前追溯的研究起点。

二 村民自治实践与中国政治学重建

中华人民共和国成立之后中国农村社会发生了深刻的变化，之前有关中国农村道路的争论在此刻尘埃落定，土地改革、合作化运动、人民公社运动等，接连不断的农村运动给中国农村带来巨变，整个农村纳入国家政权体系当中，国家权力渗透乡村社会，村庄里的每个农民都能够感受到国家权力的存在，而且农民被动员到改天换地的大运动之中，应该说，与民国时期农民在政治之外不同，当时的农民应该深处政治当中。此时此刻应该是观察和分析乡村政治的好机会。面对急剧变化的乡村政治，诸如新的权威和秩序的形成，整个乡村权力结构的翻转，以及农民政治心态的变化等。1952年全国院系调整，本就薄弱的中国政治学因为学科撤销，以及随即而来的政治运动对研究者的冲击，中国政治学出现一个空白期，政治学者出现一种集体学术失语。这是那个时代特定政治环节的结果，无法左右，更无法回避。时代的性质和特征也构成了中国社会科学发展的基本背景，而且作为研究对象本身，它甚至还在某种程度上决定了并将继续决定着中国社会科学的存在样式乃至它的发展方向。[①]

经过二十多年沉寂后，中国政治学迎来新的契机，改革开放之初中国政治学随即踏上重建的道路，名曰"补课"。"不过我并不认为政治方面已经没有问题需要研究，政治学、法学、社会学以及世界政治的研究，我们过去多年忽视了，现在也需要赶快补课……我们的思想理论工作者必须下定决心，

---

① 参见邓正来《中国社会科学的当下使命》，《社会科学》2008年第7期。

急起直追,一定要深入专业,深入实际,调查研究,知彼知己,力戒空谈。四个现代化靠空谈是化不出来的。"① 在时代的感召之下,政治学开启重建进程,学科体系、学生培养、学术组织、学术期刊等填补空白项,并在不长的时间里形成了一定规模的研究队伍,并积极投入中国现实政治问题的研究中去。

与政治学重建相伴随的是中国政治的重建,主要是政治体制改革。自20世纪80年代中期起,与经济体制改革相应的是中国政治体制改革,借助经济体制改革所取得的成绩,以及对政治体制改革的期盼,在中央高层的倡导下,中国开启了自上而下的政治体制改革。在1987年中共十三大的报告中正式提出政治体制改革问题之后,全国上下掀起了一股探索政治体制改革的热潮,政治体制改革问题成为当时学术界、理论宣传部门和媒体探讨、研究和宣传的一个最大热点。② 在这股热潮中,政治学者将大部分的目光投向了国家制度本身,以社会主义民主政治为导向,对国家政治制度的各个方面进行了宏观分析和研究,力图为中国政治体制改革提供可能的路径以及实施方案。政治体制改革的热情一经启动便很难降温,必然对政治秩序以冲击,不论是激进的改革者还是稳健的务实者都被裹挟到又一次的运动中,其结果是中国政治学再次进入低谷,暂时失去了对现实政治生活进行分析和研究的机会,更对社会主义民主政治的未来充满了怀疑,此间的政治学研究者进退维谷,中国政治学再一次站在了十字路口。与前一次院系调整不同,这次政治学至少还有选择的机会。

实践是最富有生命力的,社会主义民主在农村为自己开辟了新的发展道路,即以村民自治为载体的基层民主政治。在人民公社后期,广西宜州合寨村村民在面临社会治安、水利建设等公共问题过程中自发地建立村民委员会,一人一票选举村委会委员,从而实现自我管理、自我教育和自我服务。周边地区陆续出现类似村民自治组织,在地方主政者的推动和高层领导的关注下,村民委员会作为基层群众自治组织的地位逐步得到确立。

此外,当时整个学术界也呈现一种"重心下沉"的趋势,村民自治成为

---

① 《邓小平文选》第2卷,人民出版社1994年版,第180—181页。
② 参见李德瑞《"乡村政治研究"何以成为可能——当政治学"遭遇"乡村问题及之后》,《甘肃行政学院学报》2011年第2期。

政治学进入农村学术现场的桥梁,有的人认为对村民自治的研究是中国政治学在国家政治制度改革暂时难以取得突破的情况下的无奈选择,有的人认为这是中国政治学与乡村问题的机缘巧合,两者的相遇有些出人意料。如果追溯过往,政治学与农村相遇也有几分必然,毕竟民国时期的乡村建设已经对乡村政治有所关注,村治并非全新的事物。另外,如果将时间拉长,将改革开放后出现的围绕民主化的政治体制改革放在更长时段来看的话,民主性也许可以集中在制度之上,可是民主化的过程却离不开当时的社会,尤其是农村社会。质言之,不仅要去农村中找民主的社会基础,而且村民自治也确实提供了这种可能性。学者发现了这一制度及其实践中包含的政治学理论,即民主理论的精髓,因而对其进行学术考察和理论证实;同时在《村组法》中也包含了体现民主精髓的"四个民主""直接民主"等字样,并且作为《村组法》内容的核心加以阐述,因而,村民自治进入学术视野也就顺理成章。①

与此同时,政治学除了收获村民自治这个带有社会主义民主性质的议题,也受到了高层的肯定,进而为政治学找到了新的选择。从当时领导的发言来看,确实如此。邓小平虽然没有直接肯定村民自治,至少没有反对,同时他提出,"把权力下放给基层和人民,在农村就是下放给农民,这就是最大的民主"②,在某种意义上是从侧面支持了村民自治。作为当时村民自治的主要推动者,彭真认为:"农民群众按照民主集中制的原则,实行直接民主,要办什么,不办什么,先办什么,后办什么,都由群众自己依法决定,这是最广泛的民主实践。"③

从党的十一届六中全会到党的十三大报告,改革开放后历次重要的政治会议的报告都体现了高层对村民自治民主价值的肯定。进而推动了村民自治的立法进程,以村委会为主体的农村基层群众自治从宪法到专门法,逐渐成为国家的法定制度,从而巩固了村民自治乃至基层民主在社会主义民主体系当中的应有地位,也为政治学研究的"重心下沉"找到可以下移的领域。1949年以来,虽然国家确立了建设社会主义民主政治的目标,但是中国的民主建设一直充满坎坷。所以问题的关键在于找到一个既能为社会认同且符合

---

① 参见刘金海《村民自治的绩效评估》,《社会主义研究》2000年第2期。
② 《邓小平文选》第3卷,人民出版社1993年版,第252页。
③ 《彭真文选(一九四一——一九九〇年)》,人民出版社1991年版,第608页。

民主真义，又能获得国家支持的民主建设的起点和突破口。[1] 由此，在对社会主义民主政治的理解中，基层民主制度拥有与人民代表大会制度相应的政治价值。社会主义民主的实现形式在初级阶段的当代中国有两种形式：一方面表现为人民代表大会制度，人民通过选举自己的代表组成代议机关，代表人民行使国家权力；另一方面则表现为基层民主制度，人民群众通过各种自治组织，实行自我管理、自我教育和自我服务。[2]

意料之外的是村民自治也引起广泛的国际关注，从1992年以来，有20多个国家的政府官员、国会议员、驻华使节、专家学者和新闻记者先后到中国农村实地考察村委会的民主选举和村务公开等村民自治活动，联合国开发计划署、欧盟等国际性组织也派官员和专家来中国考察农村的选举。[3] 一时之间，中国农村选举成为具有国际性的学术话题，为后来村民自治赢得国际影响力，以及政治学所需要的学术交流奠定了基础，中国政治学与国外的同行找到了共同的话题，而且在此话题的作用下产生了一系列的国际合作，对于村民自治、基层民主乃至中国政治学来说都有重要的影响。研究村民自治的著作和论文不计其数，国际社会的广泛关注与国际学者的进入更进一步推动了中国村民自治的研究热潮。村民自治研究成为新中国恢复政治学以来最富成果、在国际上最有影响的研究主题之一。[4] 最终在各种内外因素的共同作用之下，政治学与乡村政治在村民自治这个节点上联结起来，一经接触就迸发出猛烈的学术火花，进而发展成为中国政治学研究的热点。

三　村治研究的深入与田野政治学的雏形

政治学与村民自治的结合，为困顿中的中国政治学开辟了新的领域，扩

---

[1] 参见唐兴霖、张紧跟《村民自治：中国民主政治的微观社会基础》，《社会主义研究》2000年第5期。

[2] 参见唐兴霖、张紧跟《村民自治：中国民主政治的微观社会基础》，《社会主义研究》2000年第5期。

[3] 参见周罗庚、王仲田《中国农村的基层民主发展与农民的民主权利保障——村民自治的历史、现实与未来》，《上海社会科学院学术季刊》1999年第1期。

[4] 参见彭庆军《"村务共治"：村民自治的非典型嬗变——基于湖北S村的实地研究》，《甘肃行政学院学报》2010年第4期。

展了政治学的研究空间。一段时间里，村民自治制度成为20世纪90年代官方和学术界的显学，政治学不研究村民自治似乎就没有了出路。[①] 随着大量学者的涌入以及各种研究成果的出现，当时活跃在政治学界的多数学者都有关注村民自治，而且还引起了社会学、人类学等学者的关注，在学术的讨论和持续的热议中，村民自治研究从不自觉到自觉，从问题自觉到方法自觉，发展成为相对完整的研究领域，并不断向内深化和向外延伸，村民自治研究在学术自觉、研究主题、理论资源和研究方法等方面形成富有特色的领域，一看到相关的主题或方法就能够想起村民自治研究，因此，最初村民自治研究发展到后来的乡村治理等都应该被称为"田野政治学"，可以将其上升为一个新的学科高度来重新认识。

（一）学术自觉：问题自觉、视角自觉、方法自觉

与正统的政治学分支学科相比，田野政治学应该是边缘学科，虽然从研究关注度和当时的热度来说，村治研究算得上显学，但是从学科的角度看，不论是从研究主题，还是研究方法来看，村治研究是属于边缘的，那么这种边缘的研究是如何获得学术自觉，从而成为一部分学者的终身选择，并在学术研究上持续不断地去推动去拓展村治研究的呢。

村治研究是从政治体制改革的讨论中衍生出来的。作为国内较早研究基层政权的学者之一，张厚安在华师政治学恢复和重建时期，将研究瞄准基层政权建设，与当时人民公社废除后有关基层政权的制度安排等现实问题相契合，于是，联合武汉地区的研究力量，率先开展相关课题研究，相比于以宏大的政治体制改革为研究内容的学者来说，已经抢占了先机。正如他所说："延续二十多年的人民公社制度的解体，不仅是经济体制的变革，同时也意味着政治体制的变动。经济体制的变革要求有新的政治体制来与之相适应。而新的政治体制的形成显然有待时日，并因此向政治学研究提出了需要关注的课题。正是基于上述认识，我们才明确地提出了'三个面向，理论务农'的口号，将政治学研究的视野投向主流政治学关

---

① 参见张飞岸《正视中国民主实践，建构民主话语权——访中国人民大学国际关系学院教授杨光斌》，《马克思主义研究》2015年第7期。

注较少的农村基层。"① 其后，随着对基层政权研究的深入，自然而然把更多的目光投向基层社会，形成一个问题的自觉，并成为学术共同体的集体行为。

面向基层社会的现实问题为村治研究指明了方向，更多的是为了因应政策研究的需要，对于为什么要到农村去，到农村去能够做什么，尚缺少比较清晰的判断。徐勇在《非均衡的中国政治：城市与乡村比较》首先尝试着从理论视角方面寻找农村研究的原点，他从中国政治来反观农村，从而为村治研究提供了一个宏大的学术视角和可以不断挖掘的学术框架。当时主要是基于对中国政治独特的发展方式的思考，即为什么中国上层政治不断地变动，而社会并没有发生结构上的变革？基于此问题，该书提出新的分析框架，即将政治分为两个层面：一是以国家权力为中心的上层政治，二是与基层社会相关的基层政治，并认为后者更具有基础性和决定性意义。这本书因较为自觉地将政治学的分析目光投向了乡村基层，并提出了令时人颇觉新颖的城市与乡村二元分析框架，又因为它在研究视角和分析方法上具有一定的学术自觉意识，而成为一本政治学界在这方面研究的开创性著作。②

同一时期，复旦大学政治学研究者王沪宁等通过一些个案调查而展开的对中国乡村村落家族文化的研究，开创了政治学以个案方法研究村落社会这一在20世纪90年代颇为流行的乡村政治研究进路之先河。③ 此后，在村民自治的研究中，以张厚安、徐勇为代表的"华中学派"将个案实证方法引入政治学研究当中，出版了一系列的个案调查报告，对村民自治的制度框架、运行机制等进行实地调查和经验总结，与此同时，其他跟进的研究者也沿着这样的方法，从各自关注的村民自治问题入手，以实证方法来进行研究，实证研究方法尤其是个案研究在政治学得到广泛应用。此后，在研究项目的支持下，在个案调查基础上，开展大型的问卷调查，以民政部基层政权司组织的村委会选举调查、华中师范大学组织"百村观察"等为先导，越来越多的研

---

① 张厚安、徐勇、项继权等：《中国农村村级治理——22个村的调查与比较》，华中师范大学出版社2000年版，"序言"第3页。

② 参见李德瑞《"乡村政治研究"何以成为可能——当政治学"遭遇"乡村问题及之后》，《甘肃行政学院学报》2011年第2期。

③ 参见李德瑞《"乡村政治研究"何以成为可能——当政治学"遭遇"乡村问题及之后》，《甘肃行政学院学报》2011年第2期。

究机构开始使用问卷调查来分析中国村民自治乃至村治相关课题，对于了解和掌握村民自治现状及其问题具有重要的参考意义，更为后来利用问卷调查数据进行定量分析和趋势预测奠定了基础。

除了个案调查与问卷调查，社会实验的方法也被用于村民自治，当然，这种实验方法更应该看作"实验"，因为并没有按照严格的实验程序来做，缺少对照组和后期的评估等。最早的村治实验是由张厚安在湖北黄梅县水月庵进行的，当时各省正在进行村民委员会制度建设，虽然有《村组法》的制度规定，但是具体的细则需要各省自己制定，当时在水月庵进行的正是为了将设计好的村民自治制度软件输入一个试验村，然后来观察制度运行的效果，这对于学术研究也是一次重要的尝试。① 以前主要是制度主义的分析，从宏观制度入手来分析应该如何，后来深入基层，用个案的方式来收集实际的村民自治到底是怎样，实现了从实然到应然的转变，通过实验的方式又回过来观察和分析将会怎样，对于发展中的村民自治制度和村民自治研究都具有重要的价值和意义。随后，此种实验方法在不断扩展，安徽的组合竞选制、安徽蒙城的农民组织建设、广东蕉岭农民民主能力实验等等。个案、问卷和试验等方法构成了村民自治研究初期的主要方法，后来比较分析、话语分析、博弈分析等其他方法进入村民自治研究领域。不过，从村民自治主要研究方法的发展脉络来看，从个案、问卷到实验体现了研究者们在进行村民自治研究上的方法自觉。

（二）理论延展：制度理论、民主理论、国家与社会理论

村民自治研究最初的分析框架主要是制度主义的，对村民自治的制度体系、运行机制、两委关系、乡村关系等都是从制度角度来分析，试图摸清楚理想形态的村民自治应该具备的制度形态。之所以采取制度主义分析，是因为村民自治最开始是以村委会和《村组法》为重心的，出于民政部门实际工作需要，以及推动整个农村基层管理体制变革的要求，更紧迫的任务是要在制度上处理好村民委员会与村民大会、村民委员会与村党支部、村民委员会与乡镇政府等纵横交错的制度关系以及村民委员会内部的机构与职能等，为

---

① 参见张厚安《规范农村基层管理——湖北水月庵村"村治"实验启示》，《中国农村观察》1999年第4期。

此，就不得不先进行大量的制度分析，从现有的制度体系出发，为农村基层管理体制改革谋划制度路径，尽量为村民自治争取足够的制度空间等。此外，制度分析也是重建后政治学所主要依靠的研究方法，能够较为容易地从以前对国家政治体制改革的分析过渡到农村基层管理体制的分析，这也是最开始制度分析占据着村民自治研究主流的重要原因。

之后随着广大农村普遍进行的村委会选举，村民自治被认为是中国基层民主建设的重要形式，是民主化进程的突破口，村民自治研究为另一种更为宏大的民主理论所覆盖，当时，对于村民自治的民主价值存在着比较大的争论，大多数学者对此是持肯定态度的。村委会选举中的各种土法上马的具体选举方式，曾经使人欢呼农民的民主创造能力。一时间"草根民主"成为满足中国人民主期待最感动人心的形式。[1] 基层民主作为最广泛的民主实践，能够培养农民权利意识和参与观念，成为民主训练班。此外，也希望基层民主一步步向前发展，推动整个中国民主化进程。农民把一个村的事情办好，逐渐就会管一个乡的事情；把一个乡的事情管好了，逐渐就会管一个县的事情，逐步锻炼，提高议政能力。[2] 部分学者对此深表怀疑，其中最为有名的为党国印和沈延生，党国印认为，从根本上说，乡村民主政治应该是全社会民主政治的有机组成部分，而不是独立于全社会的"自治民主"……乡村社会很难产生推动全社会政治变革的力量，村民自治不是民主政治的起点，而只是一场发展后果难以预料的乡村政治动员令。[3] 沈延生在《村政的兴衰与重建》一文中指出，将村民自治作为中国民主建设的起点和突破口，是不切实际的。自下而上的演进不能代替自上而下的变革，"非国家"层面的群众自治也不能代替国家层面的民主宪政。[4] 彼此争论的焦点其实涉及的核心问题是村民自治为主要内容的基层民主是否具有民主价值，价值又有多大，体现在哪里；如何在现有的民主谱系之中找到基层民主的位置，或者说从民主理论的角度分析基层民主是否成立等。现在学术关怀的民主理论对村民自治并不具有最终的解释力，原因何在呢？规范的理论不可取，照搬西方理论更是到处碰壁，

---

[1] 参见任剑涛《政道民主与治道民主：中国民主政治模式的战略抉择》，《学海》2008年第2期。
[2] 参见《彭真文选（一九四一——一九九〇年）》，人民出版社1991年版，第608页。
[3] 参见党国印《"村民自治"是民主政治的起点吗？》，《战略与管理》1999年第1期。
[4] 参见沈延生《村政的兴衰与重建》，《战略与管理》1998年第6期。

对经验的分析又难以取得学界同人的认可。① 为此，众多的学者对村民自治的民主出身进行了研究和论述，认为在村委会选举、村民会议决策、村民自治章程制定以及村务财务公开等方面，村民自治具有民主的价值，尤其是国外学者更加关注村委会选举的制度等，以及实际运行状况是否具有竞争性、程序性等，以此来评估村委会选举是否具有类似于西方选举的民主价值等。有赞成的，有质疑的，更有反对的，也许这就是民主本身的魅力所在。整体来说，经过一段时间的省思后，国内学术界对村民自治的民主价值给予中肯的理解，褪去了民主理想主义的色彩。在梳理民主作为一种普遍的国家形式的基础上，将村民自治当作社会民主的形式。为了使中国民主建设能顺利推进，我们必须反思既有的民主理念，重新考虑实现社会主义民主的方式、途径和步骤，尤其是当代中国民主政治的根基问题。中国农村的基层民主建设——村民自治建设和发展将构筑起社会主义民主的微观社会基础。② 在这一点上，国内外学者对于村民自治的民主价值达成一定共识。不论是西方的民主理论，还是社会主义民主理论，村民自治都可以找到一些民主理论资源来支持自己的存在，正如发展中的民主实践一样，有关村民自治民主价值的讨论也将继续下去。

在村民自治民主价值讨论的同时，部分学者从实地调查对村民自治实际效果进行研究，发现现实中村民自治制度遭遇乡土社会后也出现众多问题，并不如当初所期待的那样会出现村庄的善治，而是产生了种种意想不到的问题，如村委会选举中的贿选、宗族势力的渗透、派系的纠葛等，以及农民的观念、合作能力等都时刻考验着村民自治制度，也对村民自治研究者提出了更多需要回答的问题，此时，研究者开始认真地思考，为什么理想的制度在进入乡村社会中会产生种种变异，是村民自治制度本身的问题，抑或是农村社会的问题。令学者们不解的是原本所期望的基层民主发展迟迟不见端倪，反而看到的是基层民主的举步维艰，促使研究者反思前一阶段研究可能被民主想象遮蔽的现实问题。于是，深入农村社会，挖掘当前农村社会的性质，及其对村民自治本身和其他农村政策的影响便顺理成章。"华中学派"的研究者顺着这样的思路，既有对乡村社会进行细致的政治人类学分析，挖掘农村

---

① 参见刘金海《村民自治的绩效评估》，《社会主义研究》2000年第2期。
② 参见唐兴霖、张紧跟《村民自治：中国民主政治的微观社会基础》，《社会主义研究》2000年第5期。

丰富"地方性知识"的努力，又有对农村社会结构进行分析，重新认识乡土中国的尝试，由此产生了一系列的研究成果，进一步加深了对转型期间中国农村社会的认识。

此时，国内的理论工作者在围绕权威与民主的讨论中，引介市民社会理论，将研究指向广大的社会，尤其是在全能主义历史传统下，重新认识中国社会，避免将视角限于国家层面，而忽视了在国家之外存在着相对独立的社会领域，关键是这种独立的社会领域正随着改革开放后向基层放权、向社会放权而逐渐发育起来。对于市民社会理论的引用，让村民自治研究获得了新的理论资源。在对原本中国社会发展研究中那种自上而下单向性"国家"范式进行批判的基础上，把社会或市民社会的观念引入中国社会发展研究之中，进而形成了"国家与社会"这一理论分析框架。[①] 进而为村民自治的现实问题找到了一个新的解释框架，即村民自治不是国家和社会任何一方所能够决定的，而是在两者的互动之中来形塑的，于是一大批基于国家社会互动角度的文章将村民自治的发展路径进行梳理，行政放权和社会发育是村民自治发生和发展的主线，也体现了国家与社会之间的互动。国家与社会关系理论一经提出便收获了众多的支持者，但是，国家与社会关系的分析容易归入既定的结论，更为麻烦的是，在中国这样一个国家权威在社会中起决定性作用的国家，社会的作用不能被过分地夸大，而事实上，制度的变革乃至社会本身的发展都是在国家的规约下进行的，因此，在"回归国家"的号召下，学者们开始用国家政权建设理论来解读村民自治的发展，并展望未来村民自治的发展道路。

总而言之，在走向农村社会的同时，国家与社会理论又让村治研究回归到政治学的核心主题，从而通过政治学"一下一上"的过程，不仅将实证方法嵌入政治学研究当中，而且对于加深村治本身的理解，以及回到更为宏大的国家问题上，让原本脆弱的政治学与村治"联姻"更加稳固。

（三）主题递进：村民自治、乡村治理、"三农"问题

村治研究始于村民自治研究，又不仅限于村民自治，主要以村民自治研

---

① 参见邓正来《国家与社会——中国市民社会研究的研究》，载邓正来、[美] 杰弗里·亚历山大（Jeffrey C. Alexander）主编《国家与市民社会：一种社会理论的研究路径（增订版）》，世纪出版集团、上海人民出版社2006年版，第483页。

究为起点，随着学术自觉和理论资源的引入，村治研究扩展为内涵更加丰富、外延更加宽广的一类研究领域，核心是以村庄权威的形成，以及由此形成公共秩序，并处理各类公共问题所进行的一系列公共活动。如果说村民自治是原概念，那么村治研究则是次生概念，更为宽泛的概念则是乡村政治研究，甚至乡村研究等。显然，村治研究在前期的实地调查和理论分析的基础上，研究主题本身也发生相应的位移，因此才会有原概念到一众次生概念的发生。有关村民自治这一主题的研究在前面已经有比较详细的论述，此处更多的是讲述从村民自治到乡村治理，再到"三农"问题的学术发展历程。

对于村民自治向乡村治理的转型，曾有研究者进行过相关的论述。政治学进入农村研究，首先是缘于村民自治在广大农村的推行，对乡村民主乃至国家民主前景的憧憬，他们自然希望自己的研究能够提速中国民主化的进程。然而，正是重心下沉后的农村调查研究，使他们开始读懂民主的神话，于是便放弃了村民自治的民主价值，而更多地关注村民自治的治理功能，乡村治理便成了当前农村政治研究的主题。[①]

前述观点强调研究者群体关注点的变化带来研究主题的转移，如果放在长时段来看的话，主题的扩展也是研究本身的发展结果。随着村民自治研究的深入，单纯以村委会为主体的村民自治的研究已经不能容纳研究者们的研究兴趣，尤其是一些新的理论资源的引介，使得更多学者将注意力投向农村，从理想形态的村民自治制度过渡到农村社会基础，乃至对中国乡村政治的追问等。促使研究主题扩展的另一个原因在于村民自治本身认识的更新，在进入农村现场之后，抱有制度理想的学者看到的是一个纷繁复杂的农村社会，以及统一的制度在不同的乡村社会所呈现的不同表现形式，好与坏姑且不论，单是村治的丰富形态就让研究者应接不暇，各种未曾预料的问题富集在村民自治研究周围，如乡镇体制、农村政经关系、农村宗族等。对于这些因素的研究已经处于村民自治的外围，很多情况下，在宽泛的农村政治研究中，它们也是研究的主题之一，如果仍然以村民自治研究来指代此类研究就显得有些狭隘，在某种程度上也会限制住研究者的思路以及研究未来的发展空间。所以，研究主题的扩展是水到渠成的事情。

此外，"治理"概念的引入也为乡村治理的研究主题的确立起到了一定的

---

① 参见申端锋《漫谈20世纪90年代以来的农村调查研究》，《调研世界》2007年第5期。

作用，"治理"作为新的学术名词，意谓运用权威维持秩序以满足公众的需要。治理的目的是在各种不同的制度关系中运用权力去引导、控制和规范公民的各种活动，以最大限度地增进公共利益。[①]正如治理概念所强调的权威、秩序的同时，体现对于公共问题和公共产品的关注，相比于村民自治所限定的特定研究对象来说，乡村治理所能够涵盖的研究内容将更加多元丰富，不仅能够横向扩展到村民自治与周边相关研究问题，而且可以逐渐上升到乡镇体制等，更重要的是乡村治理可以将以前对于村民自治的民主旨趣转移到更加现实的公共问题上面，致力于改善乡村的公共服务等，进而摆脱对村民自治价值层面的争论，而扩展到村民自治对于农村实际问题解决之上。

当研究者用乡村治理的角度来观察农村公共问题的时候，他们无疑发现了比村民自治问题更为严重的是村庄公共产品的短缺，以及由此带来的综合性问题，比如说农村税费负担、农村公共建设、农村弱势群体、农民群体性事件等，其中尤以世纪之交的税费负担问题最为瞩目，引起广泛的社会关注，"农民真苦、农村真穷、农业真危险"作为那个时代的标志话语广为流传。时代的特征深刻影响学术的发展，伴随农村、农业和农民问题的提出，吸引众多学者的兴趣，并逐步统一在"三农"研究的之下，当然，村治研究只是其中很小的一部分，大部分问题都与农业经济和农村发展相关，随着研究格局的变化，村治研究也就让位于"三农"问题研究。学术研究如大潮，潮起潮落之间，既有立于潮头的先行者，又有紧跟其后的追随者，既有潮退后的坚守的人，又有随潮退而离开的人，潮与人的互动成了村治研究的公共学术运动。不过潮退之后，整个村治研究也从热话题逐渐冷却。

四 村治研究的挑战与未来的田野政治学

当村治研究遇冷之后，曾经一路高歌猛进的学术拓荒应该很难见到了，现在正好能够在涓涓细流的学术精耕中回顾与反思。从现代村治的滥觞，到中华人民共和国初期的失语者，再到改革开放初期的热话题，以及如今的冷

[①] 参见俞可平等《中国公民社会的兴起与治理的变迁》，社会科学文献出版社2002年版，第531页。

思考，村治实践和村治研究同中国政治学一样经历起起伏伏，作为与政治学联系密切的研究领域，村治研究取得不俗的成绩，实现了政治学与农村问题的相遇，并推动了中国政治学的重建，其中必有一些经验是值得总结的，同时村治研究也遭遇了一些烦恼，这些烦恼不随社会关注的下降或是政策热度的减退而消减，而是在拓荒时期一直存在，及至现在，却是学界不得不面对的挑战。

（一）学科上的趋向：学科化与问题导向

村治研究一直是以政治学为主阵地，最初村民自治是在农村政治体制改革、基层民主政治等政治学学科角度去思考和研究的，而随着主题的递进和方法的引入，村治研究就不单是政治学的内容，而且向外扩展。在主题上完成了从高层政治到基层社会的转变，为政治学开窗的同时，也为其他学科带来了新的机遇。村民自治研究开启了政治学眺望乡村的窗口，同时也极大地推进了知识界对农村的关注，虽然过强的宏大关怀有可能会妨碍研究的深入，但窗户既然打开，那么，研究者透过这扇窗口透视农村（指研究视角下移到村庄），学习和借鉴其他学科的理论及方法来锻造认识和理解乡村的武器，也是一件势所必然之事。[①] 同时，在早期的研究方法上完成了从殿堂到田野的过渡，依靠的是社会学和人类学的田野调查。以事实材料和实际调查为基础的研究方法开始为学界所重视，特别是一向以实证研究见长的社会学、人类学方法为社会科学其他学科所运用，由此也推进着实证研究进一步向政治学研究领域的扩展。[②] 时至今日，村治研究在田野中耕耘多年，如果从政治学本身的学科属性来看，现在也需要从田野回到殿堂，还需要积极回应有关中国政治学的一些重大问题，以及提升村治研究本身的理论个性，过往那种田野的灵感、野性的思维、直白的文风需要纳入政治学的学科框架内，包括殿堂的深思、学科的思维、规范的文风等。这是为了让村治研究形成基本的概念和命题，逐渐形成不同的范式，以及系统的方法体系等，为未来"田野政治学"

[①] 参见吴毅、李德瑞《二十年农村政治研究的演进与转向——兼论一段公共学术运动的兴起与终结》，《开放时代》2007年第2期。

[②] 参见徐勇、邓大才《政治学研究：从殿堂到田野——实证方法进入中国政治学研究的历程》，载邓正来、郝雨凡主编《中国人文社会科学三十年：回顾与前瞻》，复旦大学出版社2008年版，第272页。

打下坚实的学科基础。

学科化并不是唯学科是从，在知识传递和传承来说，学科化无疑具有重要的意义，另外，当完整的学科体系建立后，知识的创新与再生产则经常需要打破学科的界限，以至于有的学者在对中国社会学科当下命运的讨论中主张"无学科"①，对于目前村治研究来说尚早，只是在未来的田野政治学研究中，可能要在学科化基础上突出问题主导，进而做出相应的区分。从村治研究的历程来看，最初也是以问题为导向的，那时候学科界限并不明显，各个学科知识、方法和视角的介入带来众多富有启发性和标志性的成果，进而为中国政治学的基本问题提供了一个可以观察和实践的多学科交流的平台。

（二）方法上的超越：个案研究与整体社会

村治研究集中在村级治理，大都是以行政村为主要的研究对象，通过个案村庄的具体研究来分析村治中的理论问题，在村民自治乃至后来的乡村治理主题上都是以个案研究为主。从当时以村委会为主要研究对象来说，个案研究是比较适合的，个案村庄是一个独立的村民自治单位，包括村民自治所需要的基本构建，包括村委会、村民会议、村民代表会议、各类型的委员会等，以及选举、决策、管理和监督等过程，只是后来随着研究主题的递进，通过个案村庄反观国家与社会、国家与农民以及其他宏大命题的时候，个案村庄的代表性和解释力就显得力不从心，不得不面对个案研究能否代表中国，是否具有普遍意义等问题。

在乡村社会学的社区研究也面临这一问题，后来力图用类型比较的方法，逐渐接近中国农村的整体面貌，也可以通过个案的反思来加深对中国农村社会的认知，只是类型本身的划分如何来确定标准，以什么为标准，分类标准是否合适等只能根据研究主题来确定。在乡土人类学来看，个案村庄的民族志研究并不是用一个个的村庄堆积出一个中国，而是要从一个村庄折射出国家与社会关系。与之相关的是超越个案的种种方法，比如：从个案中的概括，提炼出具有深刻的命题或观点；多个案的比较，用比较的方法求同求异，进而发现其中蕴含的内在机制；等等。在村治研究中，以区域研究为跳板，尝试着从个案村庄到区域研究，再到整体社会。基于区域研究的思路，研究者

---

① 参见邓正来《中国社会科学的当下使命》，《社会科学》2008 年第 7 期。

根据离中央权力的距离、地方规范的强度等因素分为北方农村、南方农村和中部农村,以此为基础对村庄地理、自然、居住、土地等条件进行全方位的调查,提炼出区域农村的特质作为分析相关问题的参照。如果在个案的基础上,以区域研究作为中介,进入对中国社会整体的理解,进入对非均衡中国农村的认识,是当前学界正在努力解决的问题,也是仍然有待努力的方向。[1]

事实上,在研究方法上本无优劣,只有合适与否的问题,从某种意义上说研究主题决定着研究方法,也约束着研究方法的使用,从目前来看,如何超越个案研究,回应整体性问题,不仅仅是研究方法的问题,还制约着研究主题的进一步深化。

(三) 发展上的定位:本土化与接轨思维

村治研究以及中国政治学,甚至中国社会科学经历了引进、模仿和本土化等几个阶段,一直以来争论最大的是与国际接轨还是本土化,在知识引进运动中,补课、追赶和接轨是学科发展的目标。有学者在对中国政治学三十年的回顾中坦言:"目前,中国政治学所使用的概念、基本假设、分析框架、研究方法大都来自西方,中国政治学讨论的不少热门话题也往往是由西方人提出的(如"公民社会""中产阶级""合法性");而西方主流政治学则不屑讨论中国政治学者提出的问题。"[2] 并将从模仿到创新,再到本土化作为中国政治学重建的目标。

对于村治研究而言,其本身并不存在强烈的本土化倾向,因为它就是基于中国社会的现实问题而产生的,在缺少理论资源的情况下,用最熟悉的制度分析工具和最实际的田野调查方法,形成了众多村治研究的新概念、新命题和新框架。现在突出的问题是如何充分利用国内外的理论资源和研究方法来进行深度调查和研究,在这方面是需要与国际接轨的,毕竟重建阶段的中国政治学仍然需要不断汲取理论营养,如此才能够更加清晰地观察和分析现实问题,对于本土化来说同样是十分有益的。在某个时刻,经过足够沉淀的村级研究也能够将本土的经验上升为一般的理论,为中国和世界农村治理提供理论上借鉴,与国外的研究者进行对话,共同分享村治研究和中国政治学

---

[1] 参见贺雪峰《乡村治理研究的进展》,《贵州社会科学》2007 年第 6 期。
[2] 王绍光:《中国政治学三十年:从取经到本土化》,《中国社会科学》2010 年第 6 期。

的成果。

当前，村治研究已经由热议变为沉寂，前些年甚至有关于村民自治已死，或者进入死胡同的悲观看法。事实上，村治研究遇冷不能看作村治研究的失败，而只是村治研究从以前的热议中回归到正常的学术轨迹，越来越多的人对村治研究进行了冷思考，包括对村民自治历史的研究，重新梳理村民自治诞生的原因，以此回应之前有关村民自治性质的讨论，也有整个乡村政治研究的再研究，重新审视村治研究在学术与时势的作用下公共学术运动的兴起与终结，更深入的是从村治研究中挖掘中国农村本体论的问题，包括家户制度、农民理性等。因此，可以得出一些基本判断，村治研究沉寂并不代表消失，从20世纪90年代兴起的一批研究者依然在坚持村治研究，包括能人、派系、新经济群体等主题的研究，还有关于农村政治文化、农民政治心理等新的思考。此外，近些年，在广东、湖北等一些地方出现了村民自治新的发展实践，突出表现在以自然村或村民小组为基本单元，将村民自治的重心下移。部分研究者在田野调查的基础上，继续追问村民自治之所以发展的内在条件及其外在的表现形式，引起了有关村民自治有效实现形式的讨论，与中央一号文件对于创新乡村治理机制，探索村民自治有效实现形式的政策内容相呼应，实践的发展为理论研究创造了新的机会。

作为村治研究者，不仅要低头研究，更需要抬头看路，基于当前的村治研究现状，需要踮起脚尖展望一下未来村治研究的格局，并朝着新的目标继续努力，一如拓荒时期的自信和勇气。之所以有这样的认识，源于对前两次农村研究学术高潮的思考，20世纪二三十年代以乡村建设运动为载体的第一个学术高潮，在拯救农村首先要了解农村的理念下诞生了乡土社会学，其影响一直延续至今，并构成农村研究的重要力量。20世纪90年代以来的村治研究兴起以来，创造了中国本土有关农村研究的第二个学术高潮，引起了一次广泛的公共学术运动，形成了诸如农村研究的"华中学派"等。每次学术高潮都与农村社会重大变革相联系，现如今在全面建成小康社会的背景下，农村和农民依然是核心问题之一，在现代化的关键阶段，农村又将面临新的大转型，必然给村治研究乃至农村研究带来新的挑战与机遇。因此，可以大胆想象，在不远的将来可以尝试着建立具有中国特色的"田野政治学"。

第二章
村民自治有效实现的文化基础[*]

肇始于20世纪的村民自治作为一种制度形态的存在，通过一系列的制度设计已经深深嵌入乡村社会之中。不过，从村民自治的产生来看，它是自生于乡村社会土壤，是农民自发创造的公共事务治理方式，在上升为国家制度后推行全国，逐步脱离了原有的乡村社会。当村民自治以统一的制度形式遭遇多样的乡土社会时，全国各地为推进村民自治进行了地方性探索与机制性创新。显然，这些探索和创新并不是无源之水、无本之木，而且植根于乡土社会的自治文化，并将绵延的文化与现代的制度耦合于村民自治的具体实践，包括传统组织与现代组织的结合，功德观念与集体精神的结合，礼治秩序与法治秩序的结合，个人文化与共同文化的结合，等等，逐步将传统文化融入现代治理结构之中，为村民自治的有效实现奠定文化基础，进而为村民自治的深化与发展开辟新的道路。

一 村民自治的文化研究路径

文化是一个复杂概念。汉语中的"文化"一词的意旨最早见于《周易·贲卦》，"观乎天文，以察时变；观乎人文，以化成天下"。《现代汉语词典》将"文化"定义为物质财富和精神财富的总和。另一简单的解释是"人文教

---

[*] 本章以《文化相连：村民自治有效实现形式的文化基础》为题，发表于《华中师范大学学报》（人文社会科学版）2014年第4期，收录本书时略有修订。

化",人群精神活动的共同规范产生、传承、传播及得到认同的过程。在学术界比较有影响的是爱德华·泰勒（Edward Burnett Jylor）的界定,他认为:"文化是一个复杂的综合体,其中包括知识、信仰、艺术、道德、法律、风俗以及人作为社会成员之一所获得的各种能力和习惯。"[①] 由此可见,文化无处不在,它渗透到包括政治生活在内的人类社会生活的各个领域。[②] 本章不打算广泛地使用"文化"概念,而是在某种程度上从政治文化的角度出发来思考村民自治的文化基础。政治文化是一个民族在特定时期流行的一套政治态度、信仰和感情。这种政治文化是本民族的历史和现在社会的经济、政治活动融合形成的。[③] 然而,相比于国家政治而言,村民自治更多地带有基层社会的特质,与社会文化有着天然的联系,所以更多的是将政治文化和社会文化的分析结合起来。

文化内嵌于村民自治之中。文化对于村民自治的价值必须从对村民自治的定义出发,在《辞海》中,"自治就是自己治理自己"[④],属于广泛意义上的自治。与之相比,政治学意义上的自治主要是地方自治,一如《布莱克维尔政治学百科全书》将自治界定为"实行自我管理的国家,或国家内部享有很大程度的独立和主动性机构；在政治思想领域,这一术语现在常常用来指个人自由的一个方面"[⑤]。戴维·赫尔德（David Held）的定义进一步扩展了自治的内涵,"自治意味着人类自觉思考、自我反省和自我决定的能力。它包括在私人和公共生活中思考、判断、选择和根据不同可能的行动路线行动的能力"[⑥]。正是立足于赫尔德对自治精神的强调,赵秀玲将村民能否拥有自觉、自尊、自爱、自由和自决权,作为认识和评价村民自治发展程度的一个重要标尺。[⑦] 戴

[①] [英]爱德华·泰勒:《原始文化:神话、哲学、宗教、语言、艺术和习俗发展之研究》,连树声译,谢继胜等校,上海文艺出版社1992年版,第1页。

[②] 参见孔德元《政治社会学导论》,人民出版社2001年版,第33页。

[③] 参见[美]加布里埃尔·A·阿尔蒙德、小G·宾厄姆·鲍威尔《比较政治学:体系、过程和政策》,曹沛霖等译,上海译文出版社1987年版,第20页。

[④] 辞海编辑委员会编:《辞海》,上海辞书出版社1979年版,第557页。

[⑤] [英]戴维·米勒、[英]韦农·波格丹诺、邓正来主编:《布莱克维尔政治学百科全书》（修订版）,中国政法大学出版社2002年版,第49页。

[⑥] [英]戴维·赫尔德:《民主的模式》,燕继荣等译,王浦劬校,中央编译出版社1998年版,第380页。

[⑦] 参见赵秀玲《村民自治通论》,中国社会科学出版社2004年版,第4页。

玉琴在具体论述村民自治的政治文化基础时，认为自治不仅是一种行为，更是一种理念和精神。① 因此，与原先认为村民自治是以村民委员会为载体，村民通过民主选举、民主决策、民主管理和民主监督的管理和参与公共事务的制度相比，需要从文化角度重新认识村民自治的内涵，并为村民自治寻找文化的根基。

文化论证自治的合理性。村民自治是草根民主的创新实践，是否能够在乡村社会扎根则取决于文化。这是因为"没有哪个新创造的制度能够通行，无论它多么合乎逻辑，除非它累积了类似程度的习惯和感情"②。这些习惯和感情是新制度得以运行的文化基础，对于村民自治来说，只有村民从观念和态度上理解和接受自治的理念，认可和赞同自治的行为，才能够为自治提供合理性资源。"一个稳定的、有效的民主政府的发展，不仅仅依赖于政府和政治的结构：它依赖于人们对政治秩序的取向——依赖于政治文化。除非政治文化能够支撑一个民主的系统，不然，这个系统成功的机会是很渺茫的。"③尤其是在农村治理转型时期，从人民公社体制向"乡政村治"模式转变的过程中，如何顺利地实现由"他治"到"自治"的过渡关系着整个治理体系的成败。"一种富有成效的改革必须尽可能避免整合危机所引起的社会震荡，这就必须在新旧规则之间寻求一种过渡的连续性。"④ 显然，文化在其中起到了黏合剂的作用，传统文化资源中的自治因素被再一次唤醒，加入新的制度设计中，从而保证新旧制度之间的合理过渡。

文化塑造农民的自治人格。一切自治都离不开作为主体的人，文化对于自治的影响更直接地体现在对人格的塑造上。人是文化的载体，不同区域的文化氛围造就了不同特征的人格和不同的社会心理趋向。⑤ "如果一个国家的人民缺乏一种能赋予这些制度以真正生命力的广泛的现代心理基础，如果执行和运行着这些现代制度的人，自身还没有从心理、思想、态度和行

---

① 参见戴玉琴《村民自治的政治文化基础——苏北农村个案分析》，社会科学文献出版社2007年版，第16页。
② [美] 乔治·霍兰·萨拜因著，[美] 托马斯·兰敦·索尔森修订：《政治学说史》（下），刘山等译，商务印书馆1986年版，第687页。
③ [美] 加布里埃尔·A·阿尔蒙德、西德尼·维巴：《公民文化——五国的政治态度和民主》，马殿君、阎华江等译，梦熊校，浙江人民出版社1989年版，第586页。
④ 萧功秦：《从科举制度的废除看近代以来的文化断裂》，《战略与管理》1996年第4期。
⑤ 参见沙莲香等《社会学家的沉思：中国社会文化心理》，中国社会出版社1998年版，第133页。

为方式上都经历一个向现代化的转变，失败和畸形发展的悲剧结局是不可避免的。"[1] 基于此，在以往有关村民自治的讨论中，有一种声音认为村民自治乃至基层民主对于人口素质相对较低的农民而言是"奢侈品"。虽然农民用事实证明村民自治已经成为日常生活的"必需品"，但是自治素养对村民自治的制约是显而易见的。为了有效地推进村民自治，农民必须具备与之相应的自治素养，包括知识、技能与态度等，让农民能够积极地行使自治权利，合理地表达利益诉求，负责任地参与自治活动，同时在权利受损时能够寻求权利救济，成为一个合格的自治主体。这些因素的获取都离不开自治文化的形成。一方面是伴随村民自治制度贯彻执行中国家主导的政策文化宣传，这种制度文化为农民设定了与其角色相符的基本的行为规范；另一方面是农民在具体参与村民自治时，结合以往的经验性认识和传统性习惯，对于村民自治知识、权利、义务、责任的认识和体会，形成属于农民的"地方性知识"。由上述两方面的文化塑造着农民的自治人格。

　　文化凝聚社会自治的共识。受制于传统文化的农民在面对国家制度文化的过程中，不可避免地存在着观念的抵牾，以功能合理性为特征的现代文化与农民的习惯和风俗并不一致，这就造成了村民自治中一些制度设计不能够得到农民的遵守，更有可能以传统惯例来抵消制度的效用。另外，随着经济社会的发展，农民日益原子化，多样化的利益诉求，多元化的行为选择等，增加了在个人权利基础上达成自治共识的难度。村民自治不仅没有解决共同的问题，而且加剧农村社会的分歧，带来村民之间的派系斗争和内部分裂。村民自治面对着双面压力，传统文化的历史积淀和现代文化的多元冲突。不过，文化既有冲突的一面，也有包容的另一面。在实际的村民自治中，农民以各种方式和手段化解现实的难题，以实用主义为标准，打破传统文化与现代文化之间的藩篱，将传统文化资源纳入现代制度体系中，形成一种新的文化。在多元利益时代，农民通过回归传统文化和借用传统资源，以文化特有的韧性为自治提供新的渠道，尽力消弭利益的分歧，达成社会自治的共识。

---

[1] [美] 阿历克斯·英格尔斯等：《人的现代化——心理·思想·态度·行为》，殷陆君编译，四川人民出版社 1985 年版，第 4 页。

二 寻找村民自治文化的绵延之维

马克思指出:"人们创造自己的历史,但是他们并不是随心所欲地创造,并不是在他们自己选定的条件下创造,而是在直接碰到的、既定的、从过去承继下来的条件下创造。"① 村民自治是农民自生自发的创造,离不开绵延的自治文化。如果将20世纪发端的村民自治向前追溯的话,会发现今天的村民自治多少有着历史的印记,并贯穿于农村基层治理的发展历程。

家族文化与乡绅治村。在传统中国,王权止于县政,官方行政控制一直没有以组织化的方式直接进入农村社会,它除了关注农村的赋税和治安,农村其他的事务则基本由非官方的控制系统来承担。② 非官方的控制系统就是以家庭为核心的家族系统。中国的家庭是自成一体的小天地,是微型邦国。社会单元是家庭而不是个人,家庭才是当地政治生活中负责任的成分,村子里的中国人直到最近,主要还是按照家族组织起来。③ 在整体的官僚帝国之外,乡村自治依托于以血缘关系为基础,以亲疏有别的差序格局为标准的家族共同体。以己为中心,像石头一般投入水中,和别人所联系成的社会关系,不像团体中的分子一般立在一个平面上的,而是像水的波纹一般,一圈圈推出去,愈推愈远,愈推愈薄。④ 基于血缘的传统自治,以礼治为纽带,以纲常伦理为网络,维护着乡村社会的公共秩序和公共事务,与国家系统相比,在乡土社会的民间的控制系统更为有效和更具活力,在一定程度上奠定了中国农村社会长时间稳定的基础。

然而,家族自治并不是全体乡民的自治,支配乡村社会的除了家族长老、部落头人和地方强人,主要是乡绅。⑤ 居于国家与社会之间的乡绅扮演着承上启下的角色,依靠土地、权势和声望的优势,乡绅成为农村社会的权力主体,

---

① 《马克思恩格斯选集》第1卷,人民出版社2012年版,第669页。
② 参见戴玉琴《村民自治的政治文化基础——苏北农村个案分析》,社会科学文献出版社2007年版,第50页。
③ 参见[美]费正清《美国与中国》,张理京译,世界知识出版社1999年版,第25页。
④ 参见费孝通《乡土中国 生育制度》,北京大学出版社1998年版,第21页。
⑤ 参见徐勇《政权下乡:现代国家对乡土社会的整合》,《贵州社会科学》2007年第11期。

既是国家在乡村的代表,又为乡民利益的代言,由此形成国家权力之下的自治地带。国权不下县,县下唯宗族,宗族皆自治,自治靠伦理,伦理造乡绅。[①] 与土地、权势相比,声望是乡绅治村的合法性来源,尤其是对宗族或村落共同利益的贡献。地方权威的建构需要与地方体系内部利益关联的建构融为一体。[②] 于是,许多村庄领袖就是从乡里百姓中选举出来的,因为在百姓中没有威望是很难服从的。[③] 这就为传统乡村自治留下了一些民意的空间。

集体文化与国家权力。进入近代中国后,随着民族国家建设的进程,国家权力日益深入和渗透乡村社会,由于乡绅存在的经济社会土壤的改变,乡绅治村逐步被保甲制度所取代,然而改变乡村社会的目的并没有完全实现,反而出现了盈利型经纪人所带来的政权内卷化。直到中华人民共和国成立,土地改革、合作化和人民公社等政治运动才使得国家权力一竿子插到底。中华人民共和国成立后的政权比明清时代的国家权力更垂直地深入社会基层。不管是通过党支部书记还是生产队长,每个农民都直接感受到了国家的权力。[④]

在基层政权建设中,传统的文化信仰和习俗,宗族组织和礼治被当作封建社会的遗毒遭到清算,并通过经济上的集体化与思想上的社会主义教育,树立集体主义的新文化。特别是经过人民公社化,实行集体统一经营,缺乏相对独立的个人利益,集体主义成为支撑集体统一经营的支柱,同时也成为农村人口普遍的价值观念。[⑤] 集体文化所倡导的集体本位和国家本位取代家庭和家族主义,一种强调个人奉献和集体责任的文化上升为当时的主流文化,将集体利益置于个人利益之上,在公私关系上以公为先等。这些集体文化深深烙印在生活其中的农民心中。当"一大二公"的人民公社调整为"三级所有,队为基础"后,生产队承担着农民生产活动的组织,获得相对的独立性。在许多地方,生产队就是以前的自然村落。公社基层组织生产队的区划结构与传统农民的居住结构在空间上相互吻合,农民在生产队里犹如在自

---

① 参见秦晖《传统十论——本土社会的制度、文化及其变革》,复旦大学出版社2013年版,第3页。
② 参见张静《基层政权——乡村制度诸问题》,浙江人民出版社2000年版,第25页。
③ 参见赵秀玲《中国乡里制度》,社会科学文献出版社1998年版,第101页。
④ 参见[美]黄宗智《长江三角洲小农家庭与乡村发展》,中华书局2000年版,第182页。
⑤ 参见徐勇《中国农村村民自治》,华中师范大学出版社1997年版,第181页。

然村里。① 换言之，人民公社体制无形中强化了村落单元，成功接续了原本脆弱的村落共同体。所以在人民公社解体后，一些地区的农民仍然以队为单位组织公共事务和劳动互助，并自称为某队的村民。

在农村管理中，以阶级出身和政治表现为遴选标准的党员干部取代传统乡绅的领袖地位，在激烈的政治斗争和运动后，党员干部也逐渐回归村庄社区本位。村庄社区领袖的政治意念逐步减少，而其所要求的道德和功能性经济性的要素越来越多。② 与传统乡绅对声望的重视一样，人民公社时期的党员干部认识到自己并不能离开村庄，而转向保护型角色。虽然国家权力下乡影响了乡绅治村的社会环境，将社会自治压缩到最小范围，甚至把农民私人生活公共化，但是自治文化并没有彻底消失，而是渗入集体主义的意识形态中，成为农村文化知识库的文化资源和新传统，并继续在村庄社会生活中发挥着重要作用。③

多元文化与村民自治。以家庭联产承包责任制为起点的农村经济体制改革为自治创造了新的条件，如同集体化对传统自治的改造一般，农民以家庭为单位重新获得生产经营的自主权，经济上的自主为社会上的自治打下了牢固的基础。在相对独立的个人利益刺激下，农民积极参与村庄公共事务。与前一时期因政治动员而参与公共政治生活相比，这一阶段农民的参与是从个人利益出发，维护和实现个人利益成为村民自治的动力。

对于村庄精英而言，社会生活变成以"经济建设为中心"以后，改善和提高农民生活水平，发展生产就成为村庄里人们所最为紧迫和关注的目标，能够以个人的能力或魅力为村庄中成员带来利益的人，便自然成为人们敬仰和遵从的核心。④ 当然，村庄领袖的权威不仅来自村民对个人能力的推崇，而且建立在对村庄共同利益的建构和维护上，这些共同利益具体表现为不同层次的集体经济。在统分结合的双层经营体制中，家庭获得承包经营权，而土

---

① 参见张乐天《告别理想：人民公社制度研究》，上海人民出版社2012年版，第5页。
② 参见陈吉元、胡必亮主编《当代中国的村庄经济与村落文化》，山西经济出版社1996年版，第220页。
③ 参见陈吉元、胡必亮主编《当代中国的村庄经济与村落文化》，山西经济出版社1996年版，第226页。
④ 参见陈吉元、胡必亮主编《当代中国的村庄经济与村落文化》，山西经济出版社1996年版，第221页。

地的所有权由原生产大队和生产队演变而来的行政村和自然村（村民小组）承接，形成行政村与自然村两个层次的共同利益。与行政村相比，自然村对于土地的所有权更具支配地位。这样，在村庄范围内，既有个人利益的激励，又有共同利益的内在诱导，村民自治应运而生。随着市场经济的发展，以个人利益为导向的文化激发了个人主义的倾向，改变了公社时期的集体主义文化取向，村庄范围内的集体行动面临困境，熟人社会的舆论引导和传统道德约束失效，农村公共性消解对自治产生一系列消极影响，比如：村干部自治、村民自治空转等。然而，市场化并不是一味地消解传统文化，用个人主义冲淡共同利益基础上的村民自治。在市场化比较充分的地区又出现了新的开端，在尊重个人利益和权利基础上将农民组织起来。又如各地兴起的农民专业合作社、土地股份合作社等所体现的合作文化，在农民自愿的前提下，平衡个人与公共利益，寻找利益的最大公约数，这些都是自治文化的升华，为村民自治拓展了文化基础。

三　村民自治有效实现形式的地方探索

村民自治是农民的创造，脱胎于乡村社会，在上升为国家政策之后，成为比较统一的制度形态，村民委员会的设立、产生、运行等都有明确的规定，有助于将村民自治迅速地推广到全国，填补人民公社解体后基层治理真空，凭借农民的自我管理、自我服务和自我教育实现基层的有效治理。然而，在村民自治的发展中也涌现出诸多的问题，统一的村民自治制度框架并不能有效回应复杂的乡村社会现实，时常出现国家制度与农村惯例的打架现象，更有甚者产生村民自治制度的空转，村民自治进入"成长的烦恼"。与村民自治的诞生相似，在困境面前，村民自治以其顽强的生命力和创造力在实践中为自己开拓了新的道路。村民自治的探索以过往的历史为基础，在历史中蕴藏着多种多样的文化资源。制度的创新或变革依赖成熟的社会自治政治文化，而社会自治政治文化的确立则必以中国传统政治文化为依据，融现代公民文化于一体。[①] 在融合过程中，可以实现以下几方面的结合。

---

① 参见周庆智《社会自治：一个政治文化的讨论》，《政治学研究》2013 年第 4 期。

一是传统组织与现代组织的结合。任何自治都需要一定的组织载体。在目前的村民自治中，正式组织有村民会议、村民代表会议、村民委员会和村民小组，以设置在行政村的村民委员会为主要的自治平台，下设若干专门委员会，包括人民调解委员会、治安保卫委员会、计划生育委员会等，承担着行政管理事务和公共管理责任，得到乡镇政府的有力支持。村民小组并没有正式的组织机构，仅有村民代表和村民小组长，在人员经费和制度保障方面明显弱于村民委员会，呈现"村实组虚"的组织格局。正因为村民委员会的行政化，越来越多的自治事务萎缩，自治功能退化，自治制度空转。与之相对，一系列与农民利益息息相关的公共需求得不到满足，转而求助于传统的组织，比如祭祖理事会、宗族理事会等。在这样的背景下，广东省云安区在行政村下面的自然村或村民小组成立村民理事会，利用同宗同姓的特点，把传统的组织转变为群众自治组织，规定组织的公益宗旨、选举程序、监督方式等关键内容，引导农民参与到村落的公益事业和公共建设中，进而充实自然村或村民小组一级的自治力量。除了正式组织，农村有大量的非正式组织，如老人会、退管会以及兴趣组织等，它们均可以成为村民自治的载体。在反映群众需求和维护群众利益的同时，培育农民参与能力，孵化自治文化。

二是功德观念与集体精神的结合。村民自治是最广泛的直接民主形式，村民有管理公共事务的权力，但并不是说每个村民具体管理公共事务，主要依靠村干部来承担日常自治事务，而日渐增多的行政管理事务分散了村干部的时间与精力，对于村庄内部事务往往无暇兼顾。此外，合村并组之后村庄规模的扩大也让本已捉襟见肘的村组干部无力承担自治事务。为了增强自治的力量，广东省云浮市发挥农村社会力量的作用，把外出乡贤组织起来成立乡民理事会，重拾古已有之的功德观念。有钱做功德，无钱捡荆棘，这是传统乡绅自治和家族文化的遗产。现在虽已没有乡绅治村一说，可是功德观念却影响着一大批乡贤参与村庄治理。他们有着深厚的家乡情结，在回报乡亲和造福乡里中找到归属感，一些村庄还把功德观念物化，每当兴起一项公益事业，便把捐款出力的乡贤和村民名字刻碑纪念，称为"功德碑"。与乡贤的功德相比，老干部的集体精神则是在集体化时期有意识地培养的文化模式。在县、公社、大队三级领导干部中，占主导地位的是那些经历了土地改革、互助组、合作社和人民公社的老干部，他们的青春，他们的生命，他们的事业，他们的观念与土地、生产和分配的集体化过程紧密地联系在一起的。① 由于集体主义文化的存在，农村有一大批乐于奉献、富有责任感、办事公正、群众信任和经验丰富的老干部，希望在村庄中发挥余热。为此，广东省蕉岭县在推动村民自治时，以老干部、老党员和老先进等"三老"为主体建立村务监督委员会，开展民主监督，把过去闲置的社会力量动员到村庄管理中。

三是礼治秩序与法治秩序的结合。自治是有规则的，用以约束自治主体的行为。村民自治的发展过程就是制度化和规范化并进的过程，从村一级的村规民约、村民自治章程，到省市县的条例规定，再到国家层面的法律文件为村民自治提供一套正式的制度规范，体现现代法治秩序的要求。然而，在乡土社会却有着法治秩序难以比拟的礼治秩序，依赖血缘关系而形成亲疏的差序格局，礼俗对私人关系和人际交往进行约束。这种传统习俗在当代中国农村，仍具有相当大的影响力，并不可避免地渗透于村民自治运转之中。② 村民自治属于公共政治生活，可是，在农村社会公共生活私人化，农民参与村民自治时常受到私人生活的影响，更为关键的是对于农民来说，生活即政治，一切村民自治始终绕不开农民的日常生活。因此，湖北省秭归县按照群众自治组织的规章制度，在自然村落成立理事会，设立"一长八员"③，形成比较完整的村民理事会章程和公共事务议决建管办法等。传统农村的礼俗也嵌入村落自治，比如，"八员"中的调解员、张罗员就具有传统文化特点，调解员由村落里的有威信的长辈担当，把说法、说理和说情结合起来，把一些邻里纠纷化解在村落。张罗员在帮村民张罗红白喜事当中，不断地进行人情再生产，协商处理村落自治事务，与每家每户进行沟通，拉近彼此之间的距离，调节村民之间的关系。

四是个人文化和共同文化的结合。村民自治是人的自治，与家族文化、集体文化背景下的农民不同，现代市场经济的力量正在瓦解农村的传统文化，原来以血缘、地缘为主的社会关系网络正向业缘转移，农民不仅有独立的利

---

① 参见曹锦清、张乐天、陈中亚《当代浙北乡村的社会文化变迁》，上海远东出版社1995年版，第56页。
② 参见徐勇《中国农村村民自治》，华中师范大学出版社1997年版，第186页。
③ 2012年以来，湖北秭归县在创建"幸福村落"过程中，逐步将全县12个乡镇的186个行政村，划分为2055个自然村落，每个村落30—80户，建立村落理事会，设立"一长八员"，包括：村落理事长、经济员、宣传员、帮扶员、调解员、维权员、管护员、环保员、张罗员等。

益,更发展为个体化。传统的人情、面子、互助等共同文化正在消解,在个人文化的冲击下,一些地方的村民自治陷入集体行动的困境。然而,从长远的发展来看,个人文化对个人权利和利益的尊重是现代政治生活的原动力。因而,村民自治需要在顺应个人文化基础上建设新的共同文化。在广东省东莞市一些集体经济发达的村庄,普遍建立了村组两级土地股份合作社,村与组两个层面都有村民的积极参与,因为村民关心集体经济的收益分配和个人的股份分红,村组干部也承受着巨大的民意压力,对于村内事务不敢懈怠,各种规范和约束公共事务的制度相继出台并能贯彻落实,充分考虑村民利益的公益事业也能够达成一致,村民成为村庄负责任的一分子,理性行使自己的权利,自觉履行自己的义务。由此可见,建立在个人文化基础上的共同文化是未来村民自治的文化基础。

四 传统文化与村民自治的有效结合

一种制度的运作离不开相应文化的支持,文化的培育比制度的出台更具有长期性和艰巨性。为此,在相对统一的制度框架内,全国各地结合自身实际情况,进行村民自治的探索和创新。在地方性经验的基础上,2014年中央一号文件在改善乡村治理机制中明确提出:"探索不同情况下村民自治的有效实现形式,农村社区建设试点单位和集体土地所有权在村民小组的地方,可开展以社区、村民小组为基本单元的村民自治试点。"从各地的实践来看,不约而同地重视传统文化的作用,将其创造性地嵌入现代治理体系中,并逐步朝着现代公共文化的方向发展。总的来说,社会自治政治文化不是一种现代文化,而是一种处于现代化过程中的传统文化,或者说,社会自治文化既带有传统文化的特征,又带有现代文化的特征。进一步说,这种文化是一种建立在传统与信仰基础上的多元文化,是一种一致而又多样性的文化,是一种允许变革而又节制变革的文化。[1]

传统文化对于村民自治的积极意义。中国有着绵长和深厚的传统文化,在官僚帝国时期,乡村社会的统治得益于传统文化对秩序的建构和内心世界

---

[1] 参见周庆智《社会自治:一个政治文化的讨论》,《政治学研究》2013年第4期。

的涵化。纵使王权不下县,也能够借助于文化脐带源源不断地向乡村输送价值与规范,大体上维持乡村的稳定。然而,中华人民共和国成立后,国家权力推动下的农村经济社会文化的改造对传统文化带来冲击,传统文化赖以存在的物质基础发生变化,一种革命文化取代传统文化成为农村基层管治的心理基础,高度集中的计划经济体制和社会主义集体文化直接影响着每一个农民,国家权力与经济管制是农村社会秩序的硬约束。告别集体的狂想,农村开启新的经济体制之路,以家庭为基础的生产经营体制以及农民的自主意识在基层社会引起"一场静悄悄的革命",这次变革中渗透着传统文化的影响,最早的村民委员会产生于相熟相知的村落社会,彼此间有着共同的文化,以血缘和亲缘为纽带的社会规范对村民来说是一种无形的约束,传统的惯例是村民之间心照不宣的默契,凡此种种决定了村民自治诞生的社会文化基础。在新近的村民自治有效实现形式的探索中,传统文化资源的重新利用是其共同特点,以有用性为标准的农民理性把残存的文化资源输入村民自治,诸如祭祖理事会、议事会、老人会等组织资源;功德、地域信任、面子等观念资源,以及惯例、礼俗、舆论等规则资源等。

现代化进程中传统文化嵌入现代治理架构。关于是否需要传统文化资源不会有太多的质疑,可是如何有效地利用传统文化资源则没有明确的答案。幸运的是各地村民自治的实践给出了部分回答,那就是将传统文化嵌入现代治理架构,而不是复制传统文化。其实,在村民自治的制度框架内,原则性的设定多于具体的机制设计,这就为探索提供了有利条件。在组织资源方面,宗族性质的理事会是家族共同体的象征,主要的工作是定期的祭祖活动,相对其他组织更有效率和活力,有鉴于此,一些村落将其延伸为公益事业的发起者和组织者,以理事会的方式来进行公益事业的建设与管理,并制定具体章程和组织体系,定期进行人员推选、协商议事和财务公开等。在秩序资源方面,传统的惯例和礼俗对于村民的内心有着隐约束,许多地方把这些约束外化为具体的村规民约,通过向村民公示,广泛征询村民意见,再经过村民会议逐条审核。这种惯例与民意结合的行为规范对村民更有效力。在观念资源方面,受功德和报恩等观念影响的外出乡贤和集体观念浓厚的老干部等都是开展村民自治的助力,人情面子等日常生活的观念更深入人心。

现代公共文化是村民自治文化发展的未来。对于传统文化资源的发掘不是回归传统,其未来面向是确定的,那就是现代公共文化。传统文化之所以有效是与其经济社会背景相适应的，从未来农村社会发展的大趋势来看，农业现代化、农村城镇化和农民市民化是不以人的意志为转移的客观过程，与之相伴随的是农村文化的变化，村落文化随着村落的消失而式微，血缘为主的"差序格局"向业缘为主的"团体格局"转变，礼俗的约束渐次为法律的秩序所代替。基于个人文化基础上的现代公共文化将占据主导地位，这与村民自治本身所蕴含的现代政治相适应，现代政治生活从个体的权利和利益出发，遵守基本的政治规则，理性地参与和负责任的行动，让每个人成为权利和义务的统一体，从而推动村民自治高质量运转。当然，村民自治也是中国政治现代化的重要环节，有助于培育农民的公共精神和参与意识，村民自治将成为公共文化的"训练班"，在一次次村民自治实践活动中，农民从选举、管理、决策和监督中学习和培养现代公共文化，造就自信、自主、自立的自治人格。

第三章
村民自治有效实现的机制重塑[*]

20世纪80年代以来，作为基层民主政治建设的重要内容，村民自治以静悄悄的民主试验的形式拉开了中国农村基层社会自治的序幕，并在代议民主的框架下形成以选举为重点的发展路径，从制度建设到权利保障，从政治文化到社会条件等，推动了整个村民自治的发展与深化。与此同时，实践中村民自治也面临行政化带来的自治悬空，参与乏力带来的自治空转，村民自治的内在价值难以有效实现。更为重要的是随着农村经济社会发展，农村社会利益关系日趋复杂，利益主体日益多元，利益诉求更加多样，以代议民主为原型的村民自治制度体系需要容纳多元主体、开放平台、复杂决策和跨区议事等新内容，因此，必须在原有的制度基础上寻找新的路径，而协商民主正与当前解决村民自治的现实困境和探索未来发展方向相契合，并能够对村民自治的运行进行机制重塑，进而推动村民自治的有效实现。

一 村民自治的内涵及其基本特征

自治作为一种人类社会治理方式有着悠久的历史，体现了人类通过自我治理来获得秩序和发展的要求。在《辞海》中，"自治就是自己治理自己"[①]，

---

[*] 本章以《协商民主：村民自治有效实现的路径转换与机制重塑》为题，发表于《中共浙江省委党校学报》（现刊名《治理研究》）2016年第5期，收录本书时略有修订。

[①] 辞海编辑委员会编：《辞海》，上海辞书出版社1979年版，第557页。

属于广义上的自治。而政治学意义上的自治主要是狭义上来界定,即地方自治,《布莱克维尔政治学百科全书》将自治界定为"实行自我管理的国家,或国家内部享有很大程度的独立和主动性机构"①。戴维·赫尔德扩展了自治的内涵,"自治意味着人类自觉思考、自我反省和自我决定的能力。它包括在私人和公共生活中思考、判断、选择和根据不同可能的行动路线行动的能力"②。从上述有关自治的内涵界定可知,不论是私人还是公共生活中的自治至少应该包括以下因素:一是自主,即基于自我的判断,不受外力强制进行自由选择的权利;二是自力,即依靠自我的力量,讨论和决定与自己利益相关事务的能力;三是自律,即源于自我的内省,对于共同决定和规则制度的遵守。为此,自治在人类社会治理历史上有重要的价值。从人类初始形态的部落到如今的现代国家,自治可以形成一个社会的基础性秩序和动力。③ 正因为自治所具有的独特价值,使得人们在寻求秩序和发展时不得不重视自治的价值。改革开放后,在中国广大农村,由于公社体制解体后社会失序,基层社会自生自发建立自治组织,开展了一场静悄悄的革命——村民自治。相比于以前的高度集中的公社制度,村民自治是广大村民通过村民委员会等村民自治组织依法处理与自己利益相关的公共事务和公益事业,实现农村自我管理、自我教育、自我服务和自我监督的治理活动。作为基层社会自治的重要形式,村民自治的价值具体表现为以下三种性质。

一是群众性。对于村民自治而言,群众是自治的主体。早在村民自治开始之初,彭真就认为,"十亿人民如何行使民主权利,当家作主?一方面是通过各级人大来行使国家权力,另一方面是在基层实行群众自治,群众自己的事情由群众自己依法去办,这是国家政治体制的一项重大改革"④。那么,在具体的村民自治中就应该贯彻落实群众的自我管理、自我教育、自我服务和自我监督,真正让群众能够自主、自力和自律,从而实现村民自治的群众性。

---

① [英] 戴维·米勒、[英] 韦农·波格丹诺、邓正来主编:《布莱克维尔政治学百科全书》(修订版),中国政法大学出版社2002年版,第49页。
② [英] 戴维·赫尔德:《民主的模式》,燕继荣等译,王浦劬校,中央编译出版社1998年版,第380页。
③ 参见徐勇、赵德健《找回自治:对村民自治有效实现形式的探索》,《华中师范大学学报》(人文社会科学版) 2014年第4期。
④ 《彭真文选(一九四一——一九九〇年)》,人民出版社1991年版,第607页。

二是直接性。相比于国家治理而言，村民自治最大的特点是直接民主性，由村民自己管理自己，直接行使民主权利，创造属于自己的幸福生活。这是由村民自治的内在特点所决定的，村民自治既源于村民生活的需要，又与村民生活息息相关。与村民利益相关的大小事情都可以成为村民自治的事务。

三是平等性。在村民自治中，每一个主体自主支配自己的行为，在基本的制度框架下均是平等的个体，有不为外力所强制的权利。当然，这种平等不只是法律规定下的平等身份，更应该是在具体的参与过程中拥有参与能力和影响力。因此，在实际的村民自治过程中，每个人都是平等的，既包括参与机会的平等，又包括参与资源的平等。

二　选举民主下村民自治有效实现途径

围绕村民自治的群众性、直接性、平等性，在最初的法律制定和制度设计思路上追求的是直接民主的理想，村民会议在整个村民自治体系中占据主要地位，为此，最初村民自治制度体系中只有村民会议，而没有村民代表会议一说，只是到后来的具体实践中，尤其是撤社建乡后，村民委员会在生产大队一级建立起来，为了与公社体制接轨，村民自治的单元逐渐扩大，作为中国农村实行村民自治和基层直接民主的有效形式，村民代表会议才逐渐成为村民自治和基层民主制度不可缺少的重要组成部分。[①] 显然，此后村民自治更多地从村委会和村民代表会议出发，以选举为重点来推进整个村民自治的发展。具体来看大致有以下几种途径。

一是制度建构视角下村民自治的有效实现。村民自治的属性从一开始就面临着诸多的争议，包括将村民自治的建立归于公社解体后重建社会秩序的尝试，作为克服公社体制下国家代理人半官僚化和内卷化功能障碍，实现农村基层组织建设的现代转型。[②] 不过，作为中国基层民主政治建设的发轫，中

[①] 当时围绕直接民主和村民代表制度曾经有过争论，最开始的时候因为直接民主与马列主义民主理论所倡导的群众自己从下面管理整个国家，让群众实际地参加各方面的生活，让群众在管理国家中起积极的作用的理念相契合，另外，高层领导也寄希望于通过群众自治实现农村基层的直接民主。

[②] 参见王金洪《中国农村村民自治制度的民主属性何以成立》，《华南师范大学学报》（社会科学版）2002年第3期。

国农村村民自治制度的建立，是出于一种民主取向。[1] 村民自治制度的基本架构具有代议民主制的属性。因而，村民自治的有效性主要表现在其内在的民主价值，又以代议民主为制度原型。于是，在村民自治兴起的时候，理论界以代议民主来观察和分析村民自治，具体表现在试图通过《中华人民共和国村民委员会组织法（后文简称《村民委员会组织法》）》的立法和修订，以及相关政策制度的制定来提升村民选举的竞争性、参与性和程序性，进而为推动村庄经济发展、公共服务建设和社会秩序稳定，以及提升政府财政整合和政策执行能力等。[2] 此时，村民自治的发展路径是从制度建构入手，逐步完善村民自治制度，例如：村民代表制度、村务公开制度、财务监督制度、民主评议制度等，以此作为提升村民自治有效性的主要方式。

二是权利保障视角下村民自治的有效实现。在制度建构的同时，学者们注意到制度也不能够代替作为主体的人，于是，有学者从精英主义的角度出发将村民自治主体分为若干类型，包括村干部、村庄能人、普通农民等，分别加以研究，重视治理精英在村民自治中的作用。一方面是对村庄能人以及新经济群体作为新的治理精英的分析，希望通过治理精英的转型来提升村民自治的质量，推动村庄善治。另一方面则是对治理精英进行角色分析，洞察背后的体制性矛盾。村民自治在实施过程中之所以引出截然不同的意见，其中一个重要的原因是村干部扮演着双重角色存在着矛盾，其深刻的宏观社会背景则是国家与社会、行政权与自治权的冲突。[3] 显而易见，只有逐步解决行政权和自治权之间的冲突，才能真正推动村民自治的深入发展。不过，大多数学者仍然从民主取向出发，聚焦于农民的主体权利。随着村民自治的发展，作为一种外部性制度安排，村民自治正在内化为亿万农民不可剥夺和不可转让的民主权利。尽管部分农民可能不会参与具体的选举、决策、管理和监督活动，但作为一项权利，是其他力量不可剥夺的。[4] 在此基础上，希望通过健

---

[1] 参见徐勇《中国农村村民自治》，华中师范大学出版社1997年版，第1—14页。

[2] 王绍光从村民自治的民主试验看到民主制度建设与政府财政动员能力之间似乎存在某种良性互动的关系。参见王绍光《公共财政与民主政治》，《战略与管理》1996年第2期。王旭认为基层民主实践产生国家和社会互强的效果，同时加强村民的民主自治能力和国家在农村地区贯彻其政策的能力。

[3] 参见徐勇《村干部的双重角色：代理人与当家人——以湖北省杨村村委会选举为例》，载《徐勇自选集》，华中理工大学出版社1999年版，第276页。

[4] 参见徐勇《村民自治的深化：权利保障与社区重建——新世纪以来中国村民自治发展的走向》，《学习与探索》2005年第4期。

全农民的权利保障体系,消除体制性障碍、完善法律制度、建构多层次的权利救助机制,推动村民自治向前发展。对于中国这样一个缺乏民主传统的国度,对于微观改革与宏观改革不相配套的治理体制,对于经济文化相对落后的农村,村民自治权利的保障更为重要。[1] 受制于农民的权利观念和民主意识,作为应然状况的民主权利,并不能自然转化为实际的民主行动,因为农民还缺少必要的表达、合作、组织、参与等能力,这就需要从培育农民民主能力着手,扩大村民的参与,为村民自治提供内在动力。[2]

三是社会资本视角下村民自治有效实现。在自治主体之外,部分学者也积极关注农村乡土传统文化,从更宽广的社会背景来分析村民自治面临的困境及其未来发展。一些学者在研究传统社会的时候,认为传统文化可以作为农村治理的资源,促进社会自治。宗族真正合理的前景,也许应该是逐渐自愿地消除其残余的强制性,在保持自己的本体性需求的同时,将其功能目标尽可能充分地纳入与社会公共生活准则相适应的轨道中来。[3] 与之相对,有学者认为传统的家族组织不可能为村民自治提供所需要的组织资源,反而会扭曲村民自治的精神。只有市场化过程中形成的理性化社会和农民的自我组织,才能为村民自治的成长提供必要的社会条件。[4] 随后,从具体的文化分析聚焦于社会资本,中国社会资本的特点是传统社会资本丰富而现代社会资本不足。因此,村民自治制度在农村地区的贯彻落实就不可避免地受到传统社会资本的影响。[5] 为此,村民自治要消除传统社会资本影响,通过民间组织来培育现代社会资本,增强村民自治的社会基础。还有学者认为当前村民自治困境的重要原因就是农村缺少相应的自治文化基础,为此,构建相应的政治文化,使村民自治所需的平等观念、民主意识、法治精神内化为村民的心理结构、价值取向和行为模式,就成了摆脱村民自治困境的一种重要选择。[6]

四是条件—形式视角下村民自治的有效实现。经过上述一系列的价值—

---

[1] 参见徐勇《村民自治的深化:权利保障与社区重建——新世纪以来中国村民自治发展的走向》,《学习与探索》2005年第4期。

[2] 参见徐勇主编,马华等著《南农实验:农民的民主能力建设》,中国社会科学出版社2011年版。

[3] 参见钱杭《当代农村宗族的发展现状和前途选择》,《战略与管理》1994年第1期。

[4] 参见徐勇《村民自治的成长:行政放收与社会发育——1990年代后期以来中国村民自治发展进程的反思》,《华中师范大学学报》(人文社会科学版)2005年第2期。

[5] 参见苗月霞《社会资本视域中的中国农村村民自治运作绩效》,《河北学刊》2005年第3期。

[6] 参见戴玉琴《政治文化视野下对村民自治发展困境的解读》,《贵州社会科学》2007年第6期。

制度、文化—主体讨论之后，村民自治研究经过一段沉寂后，伴随着各地村民自治实践的不断发展，又重新回归到村民自治本体的讨论。随着国家建设背景的转换，村民自治必然会回归其本身的价值和意义。中央一号文件提出探索不同情况下村民自治的有效实现形式，就体现了这一走向，为村民自治研究开拓了广阔的空间。[①] 以此为起点，从村民自治的社会基础出发，开启了村民自治的条件—形式研究。村民自治是一项植根于群众实践中的制度和活动，对实践的"社会土壤"要求特别高。只有合适的"社会土壤"，村民自治的实现形式才是有效的。这些条件包括利益相关、地域相近、文化相连、群众自愿、便于自治等，涉及产权关系、社会联系、文化认同、自治能力等深层领域的结构。[②] 一些研究者陆续围绕地域相近、利益相关、文化相连、规模适度、群众自愿等主题进行相应的研究，并主张根据不同的条件探索村民自治的有效实现形式，努力建构多层次多类型的村民自治有效实现形式体系。

五是基本单元视角下村民自治的有效实现。在条件—形式范式影响下，一批学者在实地调查的基础上，发现村民小组、村落、院落等次一级的村民自治单元相对于建制村更满足村民自治有效实现的诸多条件，更加具有自治的活力，由此提出村民自治重心下移的理论命题，逐步发展为对村民自治基本单元的讨论，即什么样的单元最有利于村民自治的发展。[③] 村民自治应打破以行政村为统一单位的村庄自治，根据利益相关、文化相连、地域相近、规模适宜、群众自愿等条件寻找可以实施直接民主的自治单元，大力推进村民小组自治、湾组自治、屯自治及各种活动自治、载体自治，寻找多种类型、多样化的村民自治实现形式建构多元化、多层次、多样化的中国农村村民自治体系，真实有效地实现村民自治。[④] 进而将其扩展为一种新的村民自治形式，即"微自治"。"微自治"以改革开放以来的村居民自治为前提和基础，又是对它的超越与发展，主要表现在：自治范围不断下移，自治内容更具体；

[①] 参见徐勇《拓展村民自治研究的广阔空间》，《东南学术》2016年第2期。

[②] 参见徐勇、赵德健《找回自治：对村民自治有效实现形式的探索》，《华中师范大学学报》（人文社会科学版）2014年第4期。

[③] 相关论文有邓大才《中国农村村民自治基本单元的选择：历史经验与理论建构》，《学习与探索》2016年第4期；郝亚光、徐勇《让自治落地：厘清农村基层组织单元的划分标准》，《探索与争鸣》2015年第9期。

[④] 参见邓大才《村民自治有效实现的条件研究——从村民自治的社会基础视角来考察》，《政治学研究》2014年第6期。

自治方式趋于细化；赋予自治主体以更大的空间和自由度，从而更好地发挥广大基层的民主自治功能，将人民群众的自治水平与创新能力提升到一个新高度。[①]

总的来看，上述研究视角的整体制度框架仍然是代议民主的，即具有权利意识和行动能力的村民在各种形式的组织单元内通过各种委托—代理制度选择村干部和村民代表来管理公共事务，以实现公共秩序和提供公共服务。在代议民主框架下，村民自治得以确立其民主属性，并作为一种国家制度推行全国，然而，在实际的运行过程中，村民自治的群众性、直接性和平等性只是一种应然状态，事实上的村民自治与之还是有一定的差距。比如说：作为村民自治载体的村民委员会日益行政化，变成乡镇的"脚"，承接过多的行政管理事务，他治代替自治。在村民自治中，部分村民对村庄事务不感兴趣，导致村民参与不足，村民自治空转。归根结底，这是因为村民自治受途径和机制的约束，自治的内在价值不能转化为现实的行动，无法让村民自治有效地运转起来。此外，伴随着农村社会利益关系日趋复杂，利益主体日益多元，利益诉求更加多样，以代议制度为主的村民自治制度体系需要容纳多元主体、开放平台、复杂决策和跨区议事等内容。为了达到更多的民主真实性、更好的公共理性和更高决策合法性[②]，有必要从协商民主的角度出发，在村民自治过程中实现村民彼此之间，以及与村干部、公共机构之间经特定的协商程序，通过自由平等的对话、讨论、辩论以及听取相关的背景知识等话语交往方式进行更具理性的公民参与，进而在村庄决策中发挥更大的作用。为了将应然的自治发展为实然的自治，必须在新的基础上探索村民自治有效实现的路径和机制。

三 协商民主与村民自治有效实现内在关联

近年来，基于协商民主理念的村民自治实践正好为我们提供了村民自治有效运转的成功案例和经验启示。协商民主之所以能够推进村民自治的有效

[①] 参见赵秀玲《"微自治"与中国基层民主治理》，《政治学研究》2014年第5期。
[②] 参见张敏《协商治理：一个成长中的新公共治理范式》，《江海学刊》2012年第5期。

运转，其重要的原因来自协商民主的价值与村民自治内在要求相契合。协商民主指的是自由平等的公民基于权利和理性，在一种有民主宪法规范的权力相互制约的政治共同体中，通过集体与个体的反思、对话、辩论等过程，形成合法决策的民主体制、治理形式。① 协商民主包括三种形式。一是政府形式的协商民主。为政治生活的理性讨论提供基本空间的民主政府。二是决策形式的协商民主。容纳每个受决策影响的公民，实现参与的实质性政治平等及决策方法和确定议程上的平等，自由、公开的信息交流，以及赋予理解问题和其他观点的充分理由。三是治理形式的协商民主。以公共利益为取向，主张通过对话实现共识，明确责任，进而做出得到普遍认同的决策。② 对于村民自治而言，协商民主的治理意义更为突出。显然，贴近于农村生活的村民自治正是作为治理形式的协商民主的重要场域。

一是协商民主将开辟村民自治有效实现的路径。村民自治是一个阶段性的发展过程，不同阶段有不同的实现形式，具体来看主要有改革开放后自生自发的村民自治、规范规制阶段的村民自治。③ 1980 年，广西宜州合寨村诞生第一个村民委员会，当时村民委员会主要是公社体制解体后社会失序，村民自我组织起来建立公共秩序，并力所能及地解决一些公共服务问题。此一阶段的村民自治仍然属于基层社会的自生自发之举。后来，伴随着村民委员会作为一种法律制度在全国范围内推行之后，取代人民公社体制而形成"乡政村治"的农村基层社会管理体制，在逐步规范村民委员会的同时，无形之中也受制了国家权力的规则，村民委员会逐渐成为基层政府的延伸，承担越来越多的行政工作，以至于出现明显的行政化倾向。协商民主强调村民的广泛参与，以此来打破行政权力对于村庄公共事务的垄断，赋予村民更多的知情权、表达权、决策权、监督权等，有助于村民自治从政府规划引导型向村民内生参与型转变，符合村民自治的发展要求。

二是协商民主将丰富村民自治有效实现的方式。村民自治源于村庄生活，有着丰富多样的自治事务。村民委员会虽然是村民自治的权威性组织，但是

---

① 参见陈家刚《协商民主与当代中国政治》，中国人民大学出版社 2009 年版，第 1 页。
② 参见陈家刚《协商民主与当代中国政治》，中国人民大学出版社 2009 年版，第 23—24 页。
③ 参见徐勇、赵德健《找回自治：对村民自治有效实现形式的探索》，《华中师范大学学报》（人文社会科学版）2014 年第 4 期。

其方式和手段有限，面对纷繁复杂的村庄事务，任何单一化的治理手段都有可能失效，必须根据不同的自治事务选择灵活的方式来处理。在以往的村民自治中，选举、投票、表决、命令、说服教育等已经不适合于内生型村民自治的发展要求，也与农村村民的观念和态度不相适应。协商民主提倡平等主体间的协商，包含更加丰富的方式和手段，比如：公开发言、平等对话、持续沟通、多方讨论等。同时，协商民主关注的是相互理解基础上的妥协，形成集体的理性，而不是少数服从多数的强制性方式。显然，在村庄共同体内部，任何强制性的自治方式都可能影响村民自治的有效性，因为每一个村民都是自治的不可或缺的主体。只有在村民共识的前提下，村民才能积极参与到自治中，真正让村民自治运转起来。

三是协商民主将激发村民自治有效实现的动力。村民自治说到底是村民的自主管理，离不开村民的参与。之所以出现村民自治空转，主要原因是缺少村民的积极参与，自治的内在动力不足。在未来村民自治发展中，随着村民权利意识的增强，村民参与村庄事务和活动已变得越来越重要，将成为村民自治得以运转的重要动力，更为关键的是参与一直是村民自治的内在价值和重要目标。当前，村民自治中村民参与乏力，这既与村民参与意识和参与能力薄弱有关，又受到原有参与渠道和参与机制的影响。与之相对，农村城镇化进程中，村庄的发展所带来的利益调整和矛盾冲突日渐增加，意味着在将来的村民自治中存在着大量的参与需求和参与空间。不论是从现实困境还是未来发展来看，村民自治的深化有赖村民参与的扩展。协商民主鼓励村庄内外的利益相关者积极参与村庄公共事务，并将其作为协商合法性的来源，同时尊重协商程序，把参与纳入有序的制度化渠道，坚持参与过程公开，打破决策的"黑箱"，在协商过程中从公共利益出发努力形成最为广泛的共识与合作。村民参与意识和参与能力也在协商实践中得到学习和锻炼，逐步提高村民的参与水平，为村民自治有效实现提供源源不断的动力。

四　在协商民主中推进村民自治的有效实现

虽然肯定协商民主与村民自治的关联性，以及协商民主对于村民自治的意义，但是这并不意味着否定代议民主对于村民自治的基础性作用，而是在新的视角下推进村民自治的有效实现，将协商民主的理论资源嵌入已有的村民自治制度框架之中，将以前所忽视的开放包容、平等参与、重叠共识、多方协调等协商民主的因素置于村民自治的运行过程之中，对村民自治进行路径转换和机制重塑，以更好地体现和发展村民自治的群众性、直接性、平等性。

一是村民自治从选举民主到有效治理的结构转型。现代代议民主对文化多元的复杂现实缺乏应对性，如果不加以改造，多元文化主义的诉求亦很难得以满足。因此，现代代议民主必须更新其制度形式从而适应多元文化主义的要求。以代议民主为制度原型的村民自治诞生之初，主要的目标是建立和完善村委会组织，对于村民自治有效性的界定更多的是从民主选举的角度出发，包括选民资格、候选人条件、提名、竞选、正式选举等，集中表现在相关法律、制度的制定之上。随着村民自治制度体系的逐步完善，尤其是新农村建设以来，大量的公共资源需要分配、大量的公共问题需要处理，大量的公共事业需要兴办。基于这样的现实需要，村民自治的有效性应该转移到解决与村民利益相关的资源分配、公共事业建设之上，让村民在选举之外获得更为广泛的参与，从而使得村民自治更有助于解决基层各种实际问题。

二是在村民会议制度基础上建立更开放的协商议事平台。中国农村村民自治制度的基本架构是：村民会议是村最高权力机构，不召开村民会议时，由村民代表会议代行村民会议职权。村民委员会和村民小组是村民自治组织的工作机构，执行村民会议或村民代表会议的决定，对它负责，并接受监督……村委会成员的权力来自村民的授予，村民有权撤换或罢免不称职的村委会成员。[①] 正是由于村民自治有效性的重新界定，为了将协商民主的要素融入村民自治之中，必须在原有的村民自治组织体系之外，建立新的协商议事的组织。在坚持村民会议、村民代表会议的同时，积极鼓励各种类型的村民议事会、村民理事会、村民论坛、恳谈会、听证会等，为村民提供更为开放、更具有弹性的协商议事平台。

三是在利益相关的前提下赋予多元主体协商议事权利。在原有的村民自治体系中，参与村庄公共事务的主体主要限定在具有村民资格的村民，具有

---

① 参见王金洪《中国农村村民自治制度的民主属性何以成立》，《华南师范大学学报》（社会科学版）2002 年第 3 期。

很强的排他性和封闭性，为了适应日益开放的村庄边界，兼顾到更为广泛的利益相关者的利益，在新的协商议事平台中，村民、村民代表、党员、党员代表、乡镇干部、社会组织、驻村企业等应该有参与与其直接利益相关的公共事务的权利，同时对发言权、表决权、监督权等进行区分，赋予不同主体以对应的协商议事权利，从而打破原来相对封闭的村民自治体系，建立更具包容性的村民自治。

四是在村民投票聚合之前通过充分讨论寻求重叠共识。重建以议事为中心的村民自治进程，具体包括公共议题的确定、协商主体的意见表达、协商主体意见的综合、多轮交互的讨论、投票聚合、决策实施、决策反馈。为了达到相对高效的议事效果，必须从公共利益出发，通过广泛的信息沟通，确定公共议题的类属，并选择合适的话语表达，由党组织、村委会、村民会议、村民代表会议、议事会、理事会等来对议题进行排序，选择合适的议题纳入议程。在公共议题确定之后，相关参与者可以通过党组织、村委会、村民会议、议事会、理事会、论坛来进行意见的表达。在意见表达之后，通过协商民意测验来进行意见的综合，每次协商民意测验前后进行多轮交互式的讨论，让村民的决策偏好逐渐集中，并就相关议题内容达成重叠共识。对于那些通过协商无法解决或存在较大争议的问题或事项，可以经由村民会议或村民代表会议进行投票聚合，形成最终的决策。在完成一系列决策程序之后，决策的执行和反馈交由村委会承担，进而将协商民主的要素嵌入整个村庄决策过程之中，并成为村民自治中重要的一环。

五是在两轮协商之中实现村民自治与乡镇管理的衔接。协商治理包括村民内部的协商以及村民与公共机构之间的协商，通过两轮协商实现村民自治与乡镇管理的衔接。第一个环节上的协商是村民参与者之间的协商，在这一环节中，参与者在一定形式的信息和知识支持下相互讨论而就村庄政策达成某种较为理性的认识。第二个环节是达成较为理性认知的参与者与公共机构之间，相互倾听对方的意见和需要，从而在参与者代表的村民与乡镇、村委会之间形成某种共识。借助于两个协商环节，在村民内部达成意见综合的基础上，与公共机构进行沟通，实现下情上达和上情下达的结合，在村民参与的情况下将协商理性纳入行政理性之中，形成更具有公共理性的决策。

六是在坚持跨区协商议事中探索适度规模的村民自治单元。着力推动跨村民小组、跨村、跨乡镇之间的协商议事，打破以往单一的组织体系和封闭的参与主体的限制，在更加灵活的范围内进行协商议事，对原来以村庄边界为主的村民自治活动进行调整，针对不同层次的相关利益，选择适度规模的村民自治单元。不仅可以将村民自治延伸到村民小组等有建制边界的单位，还可以扩展到邻村之间，乃至邻镇等弹性边界或特定群体的社会自治活动，进而将现有的村民自治的范围逐渐扩大，而不必受限于原有的村庄边界，以适应中国农村经济社会发展的现实需要。

第四章
村民自治有效实现的制度创新*

改革开放四十年来中国村民自治有效实现最大的经验是制度创新。因为村民自治本身就是一个从无到有的制度创新过程。时至今日，虽然村民自治的制度体系日益完善，但是对于制度创新何以形成仍然不甚明了，尤其是具体制度的产生更是如此。作为村民自治制度体系的一部分，村民代表制度的起源为具体制度创新提供了样本与案例，以此来解读一项实践创新如何产生，又是如何上升为国家制度的。对于理解以往中国村民自治制度创新过程具有理论参考价值，同时对于推动未来村民自治制度发展也具有现实意义。

一 制度创新与村民自治有效实现

在村民自治的发展过程中，制度创新成为一种重要的推动力。诸如村民自治草创阶段的广西合寨村第一个村委会，吉林省梨树县北老壕村的"海选"，山西省河曲县岱狱殿村的"两票制"，河北围场满族蒙古族自治县大字村的"八步直选"，村民自治规范阶段的山东莱西的"村民自治章程"，河北赵县的村务"六公开"，浙江武义的村务监督委员会、浙江温岭的民主恳谈会等；当前内生外动阶段的江苏太仓村民小组代表会议制度、广东清远的自治重心下移、广东蕉岭的协商议事会等。这些制度创新不仅

---

* 本章以《村民代表制的起源与国家制度创新》为题，发表于王续添主编《代表制与国家治理》，社会科学文献出版社2018年版，第128—140页，收录本书时略有修订。

带来了村民自治实践的发展，而且引起了一次次有关村民自治制度创新的讨论。有学者认为村民自治是一项伟大的创举，"制度创新"又具有关键和枢纽的作用。正因为有了制度创新，村民自治才能不断获得发展的动力、活力和潜力。[1] 而另一些学者则看到村民自治发展中的困境，认为"地方政府一级推动政治体制改革的创新精神在消退"，"许多地方也出现了令人遗憾的倒退和停滞现象，有的地方甚至是大面积地出现了倒退和停滞"，并且对制度创新本身也存在一种隐忧，即制度过密化问题和可实施性问题。所谓制度过密化是制度的外在供给与内在需求严重失衡，出现制度过剩和内在冲突，导致制度边际效用递减的结果，压缩和削弱了村民自治的"自治空间"，并最终造成了村民自治发展的瓶颈。[2] 所谓的制度可实施性，是制度创新本身带来制度数量的增加，除了少数制度创新内生的村庄外，对于其他村庄来说，是一种外生性的制度，制度面临可实施性的问题，制度创新并不能够产生预期的制度绩效。[3]

实际上，不论是对制度创新充满期待，还是对制度创新抱有隐忧，都充分说明了制度创新对于村民自治的重要价值，其出发点是寄希望有效的持续的制度变迁来推动村民自治的发展。为此，很有必要从理论和现实对村民自治制度创新路径来做一个详细的分析。在理论上，根据新制度主义的观点，制度变迁是一个从制度均衡到不均衡，再到均衡的不断演变的历史过程。[4] 在这个制度变迁过程中，引起制度创新的源头是制度供给与制度需求的非均衡状态。据此，形成了有关村民自治创新的不同观点。一种观点认为村民对于村民自治的内在需求，诱发自发性制度变迁，形成各种形式的制度创新。[5] 与之相对的观点主要还是供给主导的制度创新。即使出现了村民的自发性制度变迁，也有赖于政府的承认和促进。[6] 因为，在中国的制度环境中，制度供给

---

[1] 参见赵秀玲《制度创新与中国村民自治的发展》，《江汉论坛》2009年第11期。

[2] 参见王金红、蒋达勇《制度过密化：解释村民自治发展瓶颈的一种理论假设》，《华中师范大学学报》（社会科学版）2008年第2期。

[3] 参见叶麒麟《制度的可实施性——一种审视村民自治的视角》，《理论与改革》2009年第1期。

[4] 参见韩玲梅、张霞、黄祖辉《制度视角下的村民自治：现状、发展及途径》，《福建论坛》（人文社会科学版）2007年第9期。

[5] 参见徐勇《农民理性的扩张："中国奇迹"的创造主体分析——对既有理论的挑战及新的分析进路的提出》，《中国社会科学》2010年第1期。

[6] 参见朱新山《村民自治发展的制度困境》，《开放时代》2000年第1期。

的主体（各级政府机关尤其是权力中心）提供新的制度安排的意愿和能力是决定制度变迁的主导因素。① 在供给主导的思路下，村民自治制度创新主要是依靠强制性制度变迁，借助于国家层面的制度设计以及各级政府逐级推动和落实。

概言之，如果从内生性制度来看，村庄层次的制度创新是基于村庄内村民的内在需要，大体可以视为由制度需求引起。如果从全局意义上的制度创新来说，对于大部分村庄来说，制度创新是外生性的，是国家制度嵌入的结果。在上述两种观点之外，通过回溯整个村民自治发展过程，在国家介入村民自治制度供给的过程中，广大农民也在不断进行制度供给的探索和创新。因此，中国农村村民自治制度是农村农民的主动性制度创新与国家强制性制度供给相结合的过程，是内生性制度创新和外生性制度创新相结合的过程。这种制度创新的路径体现在村民自治的整个过程中，渗透到村民自治各项重点领域和关键环节，从可操作的角度考虑，本章以村民自治中的村民代表会议制度为具体对象，尝试着从案例事实的角度梳理这一制度创新的过程及其影响因素，回应新制度主义有关村民自治创新的两种理论思考。

二 村民自治制度创新的纵向案例

村民代表制度应该包括村民代表与村民代表会议两个方面的内容，村民代表是由村民推选出来，代其参加村庄管理、决策和监督的村民。村民代表会议是由村民选举出一定数量的代表组成的会议，其功能是受村民委托，代表村民行使某些村民难以行使的自治权。② 村民代表制度发端于村民代表的产生，作为民意的代表，参与村委会议事，属于非正式的组织形式，而后由村民推选，召开专门的村民代表会议，形成完整的正式组织形式。因此，在1998年《村民委员会组织法》中只涉及了村民代表，到2010年修订《村民委员会组织法》才提出村民代表会议的条文。实际上，村民代表主要通过村民代表会议来行使权力，所以这里使用的村民代表制度主要是指村民代表会议。

---

① 参见杨瑞龙《论制度供给》，《经济研究》1993年第8期。
② 参见徐勇《中国农村村民自治》，华中师范大学出版社1997年版，第85页。

（一）中国村民代表制度的萌发：各类代表制的遗产

如果追溯村民代表制的历史渊源，户代表应该是村民代表制的最初形态，这是家户制传统的延续。以强大的习俗为支撑的完整家庭制度和以强大的国家行政为支撑的户籍制度共同构成的家户制，是中国农村社会的基础性制度和本源型传统。① 一家一户构成一个完整的社会单元、经济单元和政治单元，在家户内部，基于老人权威和长幼秩序形成了家长制，正所谓家有家长，户有户主。在与邻家、村落以及官府的接触中，家长和户主是当家人，是家户与外界打交道的全权代表。家户传统一直隐伏于农村社会之中，到如今依然起着重要作用。虽然在正式的政策文件或者政治宣传中不提家长，但是户代表成为新的代名词，也成为村民代表制度的生长点。因此，在《村民委员会组织法》中要求召开全体村民会议或者户代表会议，而基层索性再进一步，从户代表到联户代表，这就直接导致村民代表会议的产生。②

中华人民共和国成立初期，在土地改革与民主建政的过程中，农村普遍建立乡人民代表大会（或乡人民代表会议），称为基层政权机关。1950 年颁布的《乡（行政村）人民政府组织通则》规定：乡行使政权的机关为乡人民代表大会（或乡人民代表会议）和乡人民政府。农民通过选举乡（行政村）人大代表参与基层政权，行使民主权利。经过短暂的乡政并立后，乡与行政村的人大逐步为合作社组织体系所取代。直到政社分开，乡镇人民政府恢复后，县乡一级的人民代表会议才重新恢复，由农民直接选举基层人大代表，讨论与决定基层政务等。这对于村民代表会议的出现以及相关议事程序有启发与示范意义。

在合作化运动到人民公社时期，政权组织与经济组织从并存到合一，形成高度集中的三级管理体制，公社、生产大队和生产队分别建立管理委员会，按照民主办社的原则，生产大队建立社员代表大会，是生产大队的权力机关，生产小队建立社员大会，是生产小队的权力机关。③ 当时，生产大队规模较大，于是设立社员代表大会，生产小队人数不多，成立的是社员大会。在实

---

① 参见徐勇《中国家户制传统与农村发展道路——以俄国、印度的村庄传统为参照》，《中国社会科学》2013 年第 8 期。
② 参见汤晋苏《村民会议与村民代表会议》，《政治与法律》1995 年第 2 期。
③ 参见汤晋苏《村民会议与村民代表会议》，《政治与法律》1995 年第 2 期。

际的公社管理中，民主办社并没有得到真正的落实，社员代表大会和社员大会也仅仅是制度上的规定，却为村民代表会议留下了制度遗产。在撤社建乡后，为了与公社体制接轨，实现组织体系重建，村民委员会代替原来的生产大队管委会，村民小组代替原来的生产队管委会，与之相应的村民会议、村民代表会议和村民小组会议等发展起来。在制度背景方面，人民公社时期大队社员代表会议直接作用和影响村民代表会议产生。不少社员有过一定的社员代表会议经验，广大村民对于这一制度还有着清楚的记忆。[①] 所以，对于村民代表会议的制度设计也许可以看成社员大会和社员代表大会的制度接续。

（二）村民代表制度的雏形：扩大的村委会

对于村民代表会议的雏形，比较公认的看法是来源于村民议事会。河北、四川等地推出了诸如"党员议事会""村民议事会""联户代表会""干群对话会"等基层民主决策形式。这些会议组织形式，虽然具有村民直接参与民主决策的特点，但不够规范，也不普遍，实际上是村民代表会议的萌芽或雏形。[②] 从最早产生村民代表会议的河北正定县南楼村来看，村委会邀请村里的"三老"，即老干部、老党员、老农民，帮村委会出主意，后来改为村民选举代表，形成村民代表会议制度。[③] 此外，还有赵县的村民议事会、辛集的村民代表议事会等。这些议事组织相当于村委会的帮手，发挥着意见沟通与咨询的作用。村民议事会与村委会有着千丝万缕的联系，于是有学者认为，在行政村一级，建立村民委员会和村民代表会议是一个双重架构。[④]

事实上，从村民代表会议的召开来看，最初只规定村民委员会负责召集，后来虽然加入五分之一村民代表提议，应当召集村民代表会议的规定，同时又规定村民代表会议由村委会成员与村民代表组成。由此，村委会不仅有召集村民代表会议的权力，而且在村民代表会议中占有重要地位。从村民代表的构成来看，相当一部分村民代表是村民小组长兼任，进一步扩大了村委会的影响力。换种思路，村委会成员与村民代表相似，与村民的关系都是委托

[①] 参见汤晋苏《村民会议与村民代表会议》，《政治与法律》1995年第2期。
[②] 参见民政部基层政权建设司编《村民代表会议制度教程》，教育科学出版社1998年版，第5页。
[③] 参见杨爱民《中国农村基层民主政治建设的创举——关于村民会议制度的思考》，《政治学研究》1996年第2期。
[④] 参见沈延生《村政的兴衰与重建》，《战略与管理》1998年第6期。

代理关系，不同的是村委会成员是全村范围内由村民选举产生的"主要村民代表"而已。此时的村民代表会议或者说议事会是村委会的咨询机构，类似于一个"扩大的村委会"。

（三）村民代表制度的确立：缩小的村民会议

村民代表制度最终确立来源于村民会议的简化。作为村庄的权力机构，村民会议拥有广泛的权力，村委会向村民会议负责并报告工作，村民会议审议村委会工作报告，评议村委会成员，涉及村民利益的重大事项由村民会议讨论决定，以及制定和修改村民自治章程和村规民约。由于行政村规模大、人口多、居住分散、作息时间不一、人口流动性大、村民素质等问题，[1]在实行《村民委员会组织法》过程中，遇到了一些新情况，村民会议难以召开，村民自治的一些措施难以通过村民会议的形式得到落实，村民参政议政的积极性难以充分发挥。那些较大的村，不用说村民会议不便召集，即使召开也组织不起有效的讨论和决议。[2]于是，一些地方将村民代表会议作为村民会议的替代，赋予其重大事项的决策权。河北、山东、辽宁、黑龙江等地出现了由村民选举代表组成的村民代表会议，代行村民会议职权的组织形式。村民代表会议制度正式诞生，并逐步由点到面，迅速扩展开来。[3]面对村民代表会议这一新生事物，理论工作者与实务部门展开激烈的讨论，一种意见认为应肯定村民代表会议制度："应在宪法和法律规定的范围内，结合农村实际，采取切实可行的形式，即建立村民代表会议制度，来保证村民行使当家做主、直接参与民主管理的权利。"[4]村委会组织法"应当在条文中列上村民代表会议，并对村民代表会议的组织、职责和要求作出规定"[5]。另一种意见认为村

---

[1] 参见中国基层政权建设研究会、中国农村村民自治制度研究课题组《中国农村村民代表会议制度》，中国社会出版社1995年版，第3—4页；徐勇《中国农村村民自治》，华中师范大学出版社1997年版，第83—84页；高杰《论我国村民代表会议制度》，《法学研究》1995年第2期。

[2] 参见杨爱民《中国农村基层民主政治建设的创举——关于村民会议制度的思考》，《政治学研究》1996年第2期。

[3] 参见民政部基层政权建设司编《村民代表会议制度教程》，教育科学出版社1998年版，第5页。

[4] 崔维连：《村民代表会议制度刍议》，载中国基层政权建设研究会、中国机构与编制杂志社编《实践与思考——全国农村基层政权建设理论研讨会文选》，辽宁大学出版社1989年版，第185页。

[5] 周莲华：《应肯定村民代表会议》，载中国基层政权建设研究会、中国机构与编制杂志社编《实践与思考——全国农村基层政权建设理论研讨会文选》，辽宁大学出版社1989年版，第191页。

民代表会议制度不符合直接民主原则,影响村民会议这一村民行使民主权利之根本形式的确立,所以"村民会议制度的确立,从长远来看,很不利于直接民主原则的贯彻,因而是不可取"[①]。

争论很快有了结论。1990年9月,民政部下发了《关于全国农村开展村民自治示范活动的通知》,第一次以中央部委文件的形式肯定了村民代表会议。到1994年,全国1017256个村中,已有百分之五十的村建立了村民代表会议制度,全国15个省(自治区、直辖市)在地方性法规中列入了有关村民代表会议制度的条款。[②] 1998年党的十五届三中全会通过的《中共中央关于农业和农村工作若干重大问题的决定》指出:"搞好村民自治,制度建设是根本。重点是建立村民委员会的民主选举制度,以村民会议或村民代表会议为主要形式的民主议事制度,以村务公开、民主评议和村民委员会定期报告工作为主要内容的民主监督。"之后经过修订正式颁布的《村民委员会组织法》将村民代表会议写入其中。

但是,村民代表会议作为权力机构有前置条件,在《村民委员会组织法》中规定:"人数较多或者居住分散的村,可以推选产生村民代表,由村民委员会召集村民代表开会,讨论决定村民会议授权的事项。"从法条的内容来看,村民代表会议是不便召开村民会议条件下,经村民会议授权,代行村民会议部分权力的权力机构,是村民会议的补充。正是在这种意义上,村民代表会议是"缩小的村民会议"。

(四)村民代表制度的完善:真实的代表机构

村民代表制度将村民会议进行了简化,增强了可操作性,但是村民代表会议与村民会议的关系如何处理,如果是授权,那么权力如何分割,哪些事项必须由村民会议决定,哪些事项可以由村民代表会议决定。村民代表与村民的关系如何处理,如果是委托,怎么保证村民代表反映民意,村民又怎样监督村民代表等。在1998年的《村民委员会组织法》中只有原则性的规定。一方面容易出现村民代表会议取代村民会议,一些与全村村民利益相关的事

---

① 慧铭纹、张魁中:《浅议村民代表会议》,载中国基层政权建设研究会、中国机构与编制杂志社编《实践与思考——全国农村基层政权建设理论研讨会文选》,辽宁大学出版社1989年版,第198页。
② 参见高杰《论我国村民代表会议制度》,《法学研究》1995年第2期。

项由村民代表会议决定，并未经过村民会议的决策。另一方面容易出现村民代表与村民之间的互不信任，村民代表不能代表村民，村民也不能选择代表。为此，在2010年修订的《村民委员会组织法》中，增加了有关村民代表会议的内容，除了明确村民代表会议的提法，对于村民代表会议与村民会议的授权关系也有所涉及。比如：村民会议可以授权村民代表会议审议村民委员会的年度工作报告，评议村民委员会成员的工作，撤销或者变更村民委员会不适当的决定。村民会议可以授权村民代表会议讨论决定关系村民利益的九类重大事项。对于村民代表的产生、任期以及决策程序进行了相应的规定。为了防止村民代表会议成为扩大的村委会，还限定非村委会成员的村民代表占村民代表会议的五分之四以上，村民代表必须向推选户或村民小组负责，接受村民监督。相较以前的原则性规定，现在添加的一些关键性的规定，对于村民代表会议来说至关重要。随着相关法律制度的完善，村民代表会议在整个村庄权力体系中的独立性增强，权能更加完整。村民代表会议作为决策村中事务的权力机构，其中的村民代表通过定期开展活动，代表村民议决村中重要事项，直接参与村中重大事务决策，行使决策权、管理权和监督权。[①]

在法律制度之外，机制创新也是村民代表制度完善的另一路径。面对复杂多变的农村基层实践，原则性或单一制度的贯彻落实离不开多样化的机制创新。诸如村民代表会议的提案机制，由村民代表收集村民意见，制定提案，争取其他代表支持，纳入会议议程；公示与公开机制，即在召开村民代表会议前，将相关议题对外公示，允许利益相关的村民列席会议，会后将议决结果对村民公开，接受村民的监督；听证和协商机制，村民代表会议对于重大的事项需经过群众听证，征询群众的意见，增进相互之间的沟通，形成广泛共识。此类机制创新推动了村民代表制度的有效实现，也为制度完善积累了经验。

三 村民自治制度创新的机制分析

回顾村民代表制度从无到有的过程，不时冒出一个疑问，与村民会议或

[①] 参见民政部基层政权建设司编《村民代表会议制度教程》，教育科学出版社1998年版，第3页。

村民委员会相比,村民代表会议为什么在实践中已见成效,而在全局的制度建设上却迟迟未见。进一步追问一个普遍的问题,在村民自治中,是什么因素影响了一项实践创新上升为制度创新。

(一) 制度路径:上下结合的制度供给

我国的制度变迁是一种强制性制度变迁,实际上是一种供给主导型的制度变迁,即在一定的宪法秩序和行为的伦理道德规范下,权力中心提供新的制度安排的能力与意愿是决定制度变迁的主导因素。[1] 中国村民自治整体上是供给主导的制度变迁,农民的制度需求和实践创新也影响着制度的创新,在某种程度上决定制度能否切实运行。往往实践的创新要先于制度的确认,统一的制度在问题倒逼之下又衍生出新的实践探索,如此形成一个上下结合的制度路径。

上下结合的制度路径在中国村民自治制度建设中表现得更加明显。农村经济改革冲击原来的公社体制,基层治理面临挑战。为解决治理上的困难,国家试图重振原有的基层政治组织,强化国家内部组织纪律,但结果都收效甚微,因而选择了鼓励农民的政治参与。[2] 当广西等地出现村委会组织后,得到国家的认可,并向全国推广,最后上升为国家立法,这些体现了国家在村民自治发展中的主导性角色。此外,对于刚刚分田到户的农民来说,面对社会治安无人管理、基础设施无人维护、公益事业无人参与的问题,实现"有人管事"是最紧迫的要求,于是,农民自发建立村委会、村管会等组织,此时国家的目标和农民的需要是趋于一致的,制度供给也倾向于首先满足农民对于村委会组织的制度需求。在1983年撤社建乡以及村委会的普遍建立后,党和国家更多地将注意力放在组织重建,目标是建设好村民委员会,以便维护农村社会秩序,协助乡镇政府的行政管理,这使得制度建设集中于村委会本身,尤其是村委会选举,包括村委会选举方式、程序、候选人条件等,对于村庄管理、决策、监督等重视不够,对于村民会议的召集方式、提出议案、议决事项、决策方式等都没有具体的规定,仅仅是村民会议的原则性规定,

---

[1] 参见唐兴霖、马骏《中国农村政治民主发展的前景及困难:制度角度的分析》,《政治学研究》1999年第1期。

[2] 参见王旭《乡村中国的基层民主:国家与社会的权力互强》,《二十一世纪》1997年4月号。

更何况村民代表会议的制度建设。

有关村委会的制度创新随着1987年《村民委员会组织法（试行）》的颁布得到最终确定，并在全国范围内进行试点推广，一时间村委会在各地农村相继成立。在村民自治的实践中，由于村民参与有限，村民会议制度难以落地，村委会由于缺少监督和制约，容易出现"村委会自治"和"村干部自治"的情况。基于以往制度的接续，以及村民会议现状，不同地方不约而同地进行了实践创新，用推选代表开会的方式来进行决策，形成了村民代表制度的雏形。沿着之前村民委员会的制度创新路线图，村民代表制度进入1998年《村民委员会组织法》，成为正式的法律制度，再回到实践当中，进一步地丰富与发展。从最新修订的《村民委员会组织法》中，村民代表制度的内容相较以前又有了新的变化。

总之，在中国的制度创新中，制度供给主要是说主导权在供给一方，即国家与政府，表现为中央政策与国家法律的出台，与之相对，制度的创新更多是来源于农民的创举和地方经验的总结，被国家与政府接纳后，才会形成新的制度。在上下结合的制度创新路径下，村民代表会议制度不大可能直接由政府创制，而是发轫于地方或者说农民创造，然后是制度的试点，再到制度的实施，最后上升为法律。因此，只有在村委会的普遍建立和发展完善的基础上，经过地方的实践创新，村民代表会议才逐步走到村民自治的前台。

（二）制度理念：村民自治中的民主原则及其实现形式

长久以来，在村民自治的制度建设中秉持一种纯粹的直接民主理念。一方面，直接民主与马列主义关于民主的理论相契合，列宁认为，民主就是指"在形式上承认公民一律平等，承认大家都有决定国家制度和管理国家的平等权利"，必须建立"真正代表民意"的新制度，"人民需要共和国，为的是教育群众走向民主。需要的不仅仅是民主形式的代表机关，而且要建立由群众自己从下面来管理整个国家的制度，让群众实际地参加各方面的生活，让群众在管理国家中起积极的作用"。[①] 另一方面，党和国家领导人直接民主的理

---

① 《列宁全集》（第24卷），人民出版社1957年版，第153—154页。

想。① 特别是作为村民自治重要支持者的彭真在全国人大常委会审议《村民委员会组织法（试行）》草案时，即席发表"通过群众自治、实行基层直接民主"的讲话，他说："旧中国留给我们的，没有什么民主传统。我国民主生活的习惯是不够的。这个问题怎么解决？还是要抓两头：上面，全国人大和地方各级人大认真履行宪法赋予的职责，发展社会主义民主，健全社会主义法治；下面，基层实行直接民主，凡是关系群众利益的事，由群众自己当家，自己作主，自己决定。上下结合，就会加快社会主义民主的进程。"② 这一讲话之后作为村民自治重要的指导思想。为此，在《村民委员会组织法（试行）》中并没有村民代表会议的提法，并且在一些立法工作者眼中，村民代表会议是与立法精神相背离的。2000年11月6日至8日，全国人大内务司法委员会在北京主持召开了一个"贯彻执行村民委员会组织法研讨会"。会议的宗旨之一是力求正确理解村委会组织法。参加会议的不仅包括全国人大内务司法委员会的领导成员，还包括全国人大常委会的一个副委员长、一个秘书长和一个副秘书长，包括中央组织部的一个副部长和民政部的一个副部长，包括各省、自治区、直辖市人大内务司法对口机构负责人和组织、民政部门的实际工作者。会议认为：村委会组织法的基本精神是村民实行直接民主。③ 正是这样，在立法者的意识里，村民会议与直接民主画等号，村民代表会议是间接民主形式，对于追求直接民主的群众自治，村民代表会议与村民会议相比居于次要位置。

不过，对于主管村民自治的实务部门，民政部对于村民代表会议的态度则比较灵活。一些地方针对村民会议面临的实际困难，探索建立村民代表会议后，得到了民政部的支持。当1990年开展村民自治示范活动的时候，出现才几年的村民代表会议成为示范活动的一项重要指标，村民代表会议得以广泛推行。民政部有关人士在一份报告中指出："作为中国农村实行村民自治和基层直接民主的有效形式，村民代表会议实际已成为村民自治和基层民主制度不可缺少的重要组成部分，它的产生和发展不仅是农村社会发展的必然要求，而且对于促进农村村民自治和基层民主的发展，对于农村社会的全面进

---

① 参见唐鸣《村民会议与直接民主》，《华中师范大学学报》（人文社会科学版）2009年第6期。
② 高杰：《论我国村民代表会议制度》，《法学研究》1995年第2期。
③ 参见唐鸣《村民会议与直接民主》，《华中师范大学学报》（人文社会科学版）2009年第6期。

步,具有独特的社会作用和重要的意义。"① 从中可以看出,民政部之所以采取积极态度,作为业务主管部门从推动村民自治向前发展的角度出发,与其让村民会议空转,不如接纳村民代表会议,这是受农村经济社会条件限制下所能采取的最为接近村民会议的形式,或者是向村民会议发展的过渡形态,同时村民代表会议是基层群众在实践中进行的有益探索,许多地方自生自发形成的决策和议事形式,与群众自治的大原则是相符的。更重要的是村民代表会议推动了村民自治和基层民主的发展,至少从实际效果来看,村民代表会议是有效的,在村民会议难以召开的情况之下,村民代表会议有助于让农民广泛参与村庄管理、重大决策和民主监督,达到了村民会议所体现的直接民主效果。从宏观制度与政策环境来看,村民代表会议的诞生是原则性的理念与灵活性的策略相互作用的结果。历来重视原则性与灵活性的辩证实践是中国政治生活的显著特点。对于村民代表会议而言,立法部门的原则性与实务部门的灵活性推动了制度的创新,再从制度的创制和执行方面来看,地方的制度创新得到了中央的积极回应,于是出现了"上有统一的制度规定,下有灵活的实现形式"的局面。

(三) 制度体系:村民自治发展阶段的影响

任何一项制度都不是一个闭环,而是一个与其他制度密切相关的开放体系。村民代表制度的产生与整个村民自治制度体系的发展有关,在这一制度体系中,村民委员会无疑是最重要的制度。不夸张地说,村民委员会本身成就了村民自治,村民自治也推动了村委会制度体系的完善。村民代表制度的演进与村民自治的发展相伴随。根据村民自治的内在规律与外在表现,在国家与社会互动关系视角下,将村民自治分为三个主要的阶段:自生自发阶段、规范规制阶段和内生外动阶段。② 在前两个发展阶段,与村委会配套的村民代表制度也经历了一个大的变动。

在村民自治处于自生自发阶段的时候,村委会一般设立在自然村,最

---

① 中国基层政权建设研究会、中国农村村民自治制度研究课题组:《中国农村村民代表会议制度》,中国社会出版社 1995 年版,前言。

② 参见徐勇、赵德健《找回自治:对村民自治有效实现形式的探索》,《华中师范大学学报》(人文社会科学版) 2014 年第 4 期。

早成立村民委员会的广西壮族自治区宜州市屏南乡合寨村果作和果地就是两个自然屯，人口和规模比较小，居住也相对集中，位于山间平坝地区。在分田到户之后，农户家庭获得生产经营自主权，生产队失去组织和管理功能，面对农业生产和社会治安等问题，以自然村为单位通过举行村民大会的方式成立村民委员会，并由村民委员会进行自我管理，遇到重大事项一般由村民会议讨论决定，因为当时的村民会议是在自然村召开，会议召集比较容易，会议内容集中，会议人员相对确定，村民会议议决后直接交给村民委员会执行，所以，村民会议能够有效运转。另外，村民委员会是村民直接选举产生，一个村委会成员对应十多个农户，联系方便，沟通顺畅，没有必要组织村民代表会议。因此，《村民委员会组织法（试行）》中规定：村民委员会一般设在自然村；几个自然村可以联合设立村民委员会；大的自然村可以设立几个村民委员会。但是在该试行法律中找不到有关村民代表或村民代表会议的内容。

　　随着村民自治上升为国家制度，以统一的制度形式在全国铺开后，村委会走向全国，村民自治也进入由国家进行规范和规制的阶段，主要是村民自治的规范化与制度化，《村民委员会组织法（试行）》中的条文以国家文件和地方性法规、实施办法的方式向下贯彻执行。原本的村委会是自然村规模，为了与公社体制进行对接，逐渐把村委会上移到行政村，即原来生产大队一级，与之相对的是村民会议也成为行政村范围内的村民会议，当时并没有意识到村民会议可能遇到的规模问题，或许对农民的政治素质以及参与的积极性缺乏客观的认知，也没有预料到农村经济社会快速发展所带来的人口流动和农民原子化。行政村上的村委会和村民会议均出现困境，村民会议难以有效议事和决策，不能制约村委会，导致村委会选举后，村民自治演变成少数村干部的自治或者村委会自治，村民会议也失去了意义。村民会议的困境倒逼出村民代表会议，村民代表大都是以自然村或村民小组为单位，在这一单位内，村民推选出代表，当作民意传导和决策参与的孔道，缩小村民与村民会议的距离，并以授权的方式，将村民代表会议实体化，由此缓解行政村范围内村民参与管理、决策和监督的困难。村民代表会议作为一种新的力量，平衡村委会的权力，实现制度之间的协同，从而保证村民自治的良性运行。村民代表会议的产生是村民自治自我完善的表现之一。

（四）制度强化：村民代表制度的自我强化机制

随着村民代表制度的确立，制度本身的自我强化机制就已经开始。制度变迁一旦走上了某一路径就会沿着既定的路线不断地获得自我强化。[①] 制度的自我强化机会与资源支持取决于规模报酬的总量，即受益群体的规模大小。[②] 村民代表会议在村民会议授权下对村庄重大事项进行讨论，并且作为村民会议的简化形式，具有可操作性，因而在村庄的实际管理中占有更突出的地位，直接关系到农民的民主权利能否得到实现，自身利益能否得到维护。具体来看村民代表会议的状况，根据1995年民政部相关统计数据，辽宁省普遍建立村民代表会议制度，共有村民代表537855名，平均每村33.6人，1993年全省共召开村民代表会议79655次，平均每村召开5次；村民代表参会率达92%；村民代表向村委会提出意见、建议99050条，已得到解决77612条，占78%。山东全省建立村民代表会议的有74700个村委会，占全部村委会的84.6%，全省村民代表2785199名。江苏全省共有1180662名村民代表，平均每村32.89人。全国农村至少已有50%的村庄建立了村民代表会议制度。[③] 在村民自治不断走向深化的今天，几乎所有的村庄都建立了村民代表会议。当村民代表制度由点到面，逐渐推开，到全面普及过程中，广大的农民群众构成一个庞大的受益群体。

毋庸赘言，成规模的受益群体并不能自动转化为成规模的积极行动者。制度自我强化能否形成，村民代表会议能否运转起来，还需要看农民的民主实践能力。从农民的民主能力来看，根据2013年的数据，表示经常参加村民代表会议的农民占24.16%，偶尔参加的占34.57%，农民参与率达到58.73%。从参与程度来看，在村民代表会议上，经常提出意见的占18.31%，偶尔提意见的占45.58%，农民提意见率达63.89%。进一步对在村民代表会议上提出意见的农民进行分析，表示自己的意见均被采纳的占8.59%，部分

[①] 参见吴敬琏《路径依赖与中国改革》，载《经济学与中国经济改革——北京大学中国经济研究中心经济学前沿系列讲座》，上海人民出版社1995年版，第11—13页。

[②] 参见唐兴霖、马骏《中国农村政治民主发展的前景及困难：制度角度的分析》，《政治学研究》1999年第1期。

[③] 参见汤晋苏《村民会议与村民代表会议》，《政治与法律》1995年第2期。

被采纳的占 78.69%，农民意见采纳率达 87.28%。[1] 单就数据来看，农民参与的比例虽然不高，但是从参与程度来看，在农民中间存在着一部分积极的参与者，通过他们的参与让村民代表制度贯彻落实。从村民代表来看，作为受益群体的一部分，相对于村民而言，村民代表一般素质较高或社会影响较大。在农民的政治文化素质普遍偏低的背景下，村民代表会议在村民自治中的实际影响和作用较大。[2] 最初的村民代表主要是由村委会邀请的老党员、老干部组成，他们的奉献精神和责任感强，在当村民代表的过程中找到了自我实现的方式。之后村民代表的产生日益制度化，5 到 10 户推选一人，或者村民小组推选若干人。对于村民代表而言，公众的推选不仅赋予自己身份的合法性，同时也是对自己的尊重与肯定，是农村日常人情面子的一种正向激励。村民代表与推选他的村民生活在一起，尤其是在同一个村民小组内，土地等集体产权将他们联系在一起，有着共同的利益基础，在农业生产、生活服务以及社会交往等方面可能面临共同的问题，村民代表解决公共问题不仅是在履行自己的责任，也在改善个人的福利状况。当然，村民代表是义务任职，对于个人的激励不足，制约了村民代表会议的运行效果。为此，在未来的村民自治中需要进一步培育村民和村民代表的民主实践能力，让村民代表会议有效运作起来。

综上所述，依循着村民代表会议制度创新的解读，在整个村民自治的制度创新中，中国农村改革内在逻辑决定了在供给主导的制度变迁过程中依然存在着基于农民需求的自发性创新的空间。中国改革源于前所未有的新情况、新问题，并没有现存的制度能够有效解决问题，同时大量新情况新问题最先出现在基层和地方，当地主政者探索新思路，寻找新办法，并在改革中逐步积累新经验，很多制度创新的初始经验最开始来自直接面对问题的基层社会。当基层社会的制度创新通过党政系统逐步输入政府的政策议程的时候，作为"守门人"的地方行政领导和高层领导将对制度创新进行筛选、解读和塑造等，将制度创新的理念融入整个社会主义意识形态

---

[1] 本项数据来源于华中师范大学中国农村研究院 2013 年暑期百村调查数据。2009 年以来，"百村观察"平台利用寒假和暑假，对全国 31 个省（自治区、直辖市）200 多个村进行每年两次的大规模抽样调查，其中，暑假调查是定点跟踪调查，寒假调查是随机抽样调查。

[2] 参见徐勇《中国农村村民自治》，华中师范大学出版社 1997 年版，第 88—89 页。

结构当中，为制度创新寻找政治依据和理论依据，从而确定制度创新的合理性。与此同时，作为一项新的制度在嵌入既有的制度体系过程中不得不进行结构和功能的调整，以便能够形成整体的制度绩效，不可避免带来制度本身的变迁，最后，当制度逐渐稳定之后，与之相关的一系列强化机制在无形之中巩固制度的优势，制度所涉及的初始条件下规模性的获益群体和随之而来的报酬递增形成制度的路径依赖，整个制度进入良性循环阶段，制度创新得以最终成型。

第五章
村民自治有效实现的治理周期[*]

村民自治本身具有周期性,其中村委会任期是重要周期之一,深刻地影响着村庄治理绩效,当然,这种影响因为不同村庄本身治理状况的差异而有所不同,对于瘫痪或半瘫痪村庄影响最大,其次是维持型村庄,最后是治理有效型村庄。虽然延长村委会任期并非重大制度的创设和变更,但是影响村庄治理绩效,产生隐形的治理风险,尤其是可能放大原有治理失效村庄的问题。为此,必须针对性地分析村委会任期调整可能带来的村庄治理绩效差异,通过强化基层政府的引导,严格村委会换届选举程序,制定村干部任期工作责任清单和加强村务监督工作等措施来规避特定类型村庄的治理风险,保障任期调整之后村庄治理的平稳过渡,并以此为契机进一步改善村庄治理体系,实现基层治理现代化。

一 村委会任期的争论

根据1998年修订施行的《中华人民共和国村委会组织法》第十一条规定:"村民委员会任期三年,届满应当及时进行换届选举。"当时之所以确定三年任期,与宪法规定的"乡、民族乡、镇的人民代表大会任期三年"相适应。2010年全国人民代表大会围绕村委会任期引起争论,部分来自基层的人

---

[*] 本章以《乡村治理周期视角下村委会任期调整与治理风险》为题,发表于王浦劬主编《国家治理现代化研究》(第五辑),中国社会科学出版社2000年版,第141—152页,收录本书时略有修订。

大代表提议村委会任期改为五年，以便统一乡镇和村委会任期，最后修订的《村组法》维持了村委会任期三年的规定，2012年至今，有超过1000名全国人大代表提出29件相关议案。① 围绕村委会任期调整始终存在两种不同的观点：一种观点认为村委会保持三年任期，主要支持者是相关村民自治的研究人员，他们认为任期过长并不利于普通村民通过选举监督来表达意愿，对于不合适的村干部不能够进行有效的制约或者更换，并且三年定期的选举有助于村委会干部保持足够的民意压力，否则将在下个任期选择其他人。② 另一种观点与之相对，认为村委会干部任期应该延长至五年任期，支持者多来自基层干部，他们认为过短的任期和频繁的人员变动并不利于工作的稳定性，往往助长村委会干部或村民的短期行为，不利于整体工作的持续推进，对于基层政府而言，村委会换届工作繁重，容易出现矛盾纠纷，尽量能够延长任期，减轻相关工作负担。③ 另一方面，村委会任期与基层政府的任期相一致，有利于实现政府治理与村民自治的有效衔接与良性互动。一条重要的工作主线是乡镇党委政府的主要领导和村"两委"带头人密切配合。如果不同步，两者之间就很难形成工作默契。而一旦将任期固定下来，且各个治理主体同步换届，就会形成较为稳定的治理周期，提高工作的延续性。④ 因此，从村委会任期调整来看，上述理由各执一端，并没有形成最终的定论。直到2017年修订通过的《中国共产党章程》将党的总支部委员会、支部委员会每届任期由"两年或三年"调整为"三年至五年"，2018年中共中央办公厅印发《关于党的基层组织任期的意见》，明确村和社区党的委员会、总支部委员会、支部委员会每届任期5年。2018年第十三届全国人大常务委员会第七次会议通过了关于修改《中华人民共和国村民委员会组织法》（以下简称《村组法》）的决定，最新的村民委员会组织法修订对村委会任期提出调整，由原先的三年期延长到五年期。在解释相关立法修订的时候，时任民政部部长黄树贤表示，

---

① 参见陈娜《村委会任期由3年改为5年》，《农村财务会计》2019年第1期。
② 参见张千帆《村委会延长任期弊大于利》，《村委主任》2010年第21期。
③ 参见程体才《县、乡级人民代表大会和村民委员任期宜相同》，《人大建设》2003年第6期；鲁立升《应当延长村委会的任期》，《中国民政》2004年第7期；杨明《村委会任期应改为5年》，《山西农业》2008年第6期。
④ 参见吕德文《村委会居委会任期由3年改为5年，背后有何考量》，《中国民政》2019年第1期。

将村民委员会、居民委员会任期由 3 年改为 5 年，与村和社区党的委员会、总支部委员会、支部委员会的任期保持一致，有利于坚持和加强党的全面领导，完善党领导下的基层群众自治制度和工作机制，促进村和社区公共事业健康有序发展，有利于实现村民委员会、居民委员会换届工作与村和社区党组织换届工作统一部署、统一实施，有利于保持基层群众自治组织负责人队伍相对稳定。

由此可见，村委会任期调整的原因基于以下几点考虑：一是与农村基层党组织的任期相统一，加强党组织对基层群众自治组织的领导；二是村支"两委"换届工作的统一部署和实施，减轻基层政府组织换届选举的工作量；三是保持基层群众自治组织队伍的稳定。上述考虑具有现实的合理性，不过，忽略了可能存在的治理风险。虽然只是村委会任期时间的延长，但却是对基层治理一次重要的调整。如何从理论上来理解村委会任期调整，前面的争论分别是从村民自治与行政管理两端来看待此问题的，而实际上不论是保持和延长任期都必须从乡村治理的效果来观察与思考，涉及村委会任期、人员监督、工作稳定和治理效果等相关因素。为此，本章尝试从乡村治理周期的角度出发来分析村委会任期调整可能产生的治理效果，并提出针对性的政策建议。

二 村委会任期与乡村治理周期

任何事物在运动、变化过程中，某些特征多次重复出现，其连续两次出现所经过的时间叫"周期"。在政治学视野中，任期是国家治理的重要载体，是现代政治的重要成果。任期制整体上会给治理主体提供激励与约束，如果在任期期间，治理绩效不佳，治理主体就有可能面临着被淘汰的压力。现代社会通过政务官的选举与任期制度以及文官的考试与常任制度实现了治理主体从传统向现代的转型，为治理现代化提供了制度保障。[①] 西方国家为了保证地方自治，不同层次的政府任期设置可以不同，如美国联邦宪法只管联邦政府行为，州和地方政府任期由各州和地方政府决定，即便在联邦政府内部，

---

① 参见李文钊《基层组织任期延长的治理意蕴》，《人民论坛》2019 年第 25 期。

任期也不统一，总统4年，众议院2年，参议院6年，法官终身制，目的正在于保证这些机构独立行使职权。① 就我国的国家治理实践而言，5年是一个治理周期。比如，我们坚持5年规划，以此统摄经济社会发展的全局工作。党和国家的各级权力机关，也是5年一个周期。② 在中国国家政治生活中也有所谓的政治周期，即围绕国家权力而展开活动的各类机构和人员的任职期限，比如党的各级代表大会、各级人民代表大会、各级人民政府、各级政治协商会议以及相关人员等，为此基于制度规定的任职期限构成政治周期的重要依据。在制度之外，从政治生活本身的运转来看也存在着一定的周期，比如：中华人民共和国成立初期、社会主义建设时期、新时期、新时代等，还可以从领导人员的更替周期来看，比如第一代领导集体、第二代领导集体、第三代领导集体等。在政治生活或国家治理当中均存在周期性，并且这种周期性是复合型的，并不完全取决于制度上的任期规定，而是与整个政治生活发展阶段性相适应的。依照上述观点，乡村治理作为政治生活和国家治理的重要组成部分，自然具有周期性，具体来看包括制度周期、过程周期和人员周期等三个不同的层面。

所谓制度周期，乡村治理是制度化的活动，根据法定制度的约束，规定了必要的任职期限，以及相关的任职程序等，而选举制度则是其中关键性的环节。此外，乡村治理的外在周期，主要是对村民自治内在周期形成影响的因素，村民自治并非独立的自治，而是在国家授权之下的群众自治活动，更多地受到国家、政府和政党等宏观制度因素的影响。一是基层党组织的周期，村委会的任期很大程度上受到基层党支部改选期限的影响，从村委会建章立制开始，以便与党的基层组织工作条例所规定的村党支部任期相一致，理顺基层治理的制度架构。二是基层政府周期，基层政府任期需要与县乡人大代表任期一致。

所谓过程周期，乡村治理是一种活动也是一个过程。在实际的治理活动中，各种治理主体围绕公共的利益采取各种手段达成公共目标的活动，在此过程中存在议题的提出、相互协商、决议的形成、实施和反馈等，这些活动

---

① 参见张千帆《村委会延长任期弊大于利》，《村委主任》2010年第21期。
② 参见吕德文《村委会居委会任期由3年改为5年，背后有何考量》，《中国民政》2019年第1期。

在一定的时间期限之内，随着一项公共事务的完成，进入另一项公共事务的处理，因此，乡村治理在具体过程上体现一定的周期性。

所谓人员周期，乡村治理离不开以村委会主任为首的村干部的作用，作为法定群众自治组织的人员在整个乡村治理中起着关键的作用，随着制度周期和过程周期的影响，村干部本身由于任职年限、个人能力或者其他原因会出现更替，集中表现为前任村干部的离开与新任村干部的接任等，在此过程中也有一定的周期。

总的来看，乡村治理表现为一定的周期性，此种周期主要源于乡村治理主体的特定任期限制以及由此带来的人员更替，进而在基本制度框架之下整体的治理效果上出现一定的差异，乡村治理的周期性也反过来影响了制度框架本身的稳定性，由此出现制度的调整。不过，乡村治理周期包括三个层面的周期性，即制度周期、过程周期和人员周期，村委会任期本身只是制度周期中的部分内容，还涉及基层政府、农村基层党组织等制度性任期，更为重要的是制度周期本身并不一定与过程周期和人员周期相适应，有可能出现多种不同的组合，不同的组合又可能带来乡村治理不同的绩效，或者说制约乡村治理的有效性，为此，以村委会任期调整为主要内容的制度周期调整并不一定带来治理有效，或者说乡村治理有效有赖于乡村治理周期内部三个层面的有序组合，进而理顺整个乡村治理关系，显然，在这一点上并未完全纳入村委会任期调整的思考当中。

三 村委会任期调整及其乡村治理风险

基于乡村治理周期本身的复合型特征，实际上可以进行更为细致的分类组合，以便更加全面地理解村委会任期调整可能带来的影响，尤其是在不同乡村治理周期组合当中有可能出现的治理风险更应该引起关注。根据乡村治理的制度周期、过程周期和人员周期在时间延续性上的比较可以具体分为以下三种不同的组合模式，在此基础上乡村治理呈现不同的样态。

（一）第一种模式：制度周期≥过程周期≥人员周期

在第一种模式中，制度周期大于过程周期，过程周期大于人员周期，即不到三年时间出现村干部人员的更替，有可能在一项公共事务完成后便出现村委会人员的更替，之所以出现如此情况说明在公共事务处理过程中村干部本身行为失范或出现严重工作失误，通过村务公开或村务监督的方式被发现，在村民代表会议上被罢免，而后重新补选其他人。上述模式的结果可能导致村庄短期治理行为与频繁的人员更替，一届未满接连换村干部，可能出现瘫痪或半瘫痪村庄治理。具体来看会导致以下情况的发生。

一方面制度周期一般来说是确定的，之前村委会任期为三年，在三年确定的制度周期内，按照法律规定，每三年进行村委会换届，一些村干部普遍滋生"一年选、二年干、三年等着换"的心态，由此，当选的村干部第一年围绕组织选举和参加竞选等进行工作，并逐渐熟悉村庄情况和明确村庄发展思路，到第二年才开始真正干工作，兴办村庄公益事业、发展集体经济、改善村庄基础设施等，到第三年进入换届时间，即便是前两年工作有成效的村干部，在选举压力面前也难以确保能够顺利连任，在村庄选举中涉及的宗派、宗族以及其他人情因素的干扰，再加上村干部待遇不高、工作时间不固定、工作压力大等问题，导致部分村干部工作热情下降，不愿意争取连任，等着被替换。对于工作成效一般的村干部这种情况更加普遍，可能出现消极卸责的情况，既不主动参与村庄治理，又不承担村干部责任，忙于个人收入或家庭事务等，村庄治理面临"无人办事"的风险。

另一方面，村干部在三年任期内，实际干工作的时间是中间一年，导致部分村干部倾向于短期行为，尤其是在选举前一年时间内，为了赢得村民支持可能会兴办一些公共事业，而兴办公共事业涉及村庄治理的一系列议事过程和决策程序，当选的主要村干部为了能够尽快出工作成效，可能不经过相关的议事决策程序，个人直接决定相关工作，不可避免出现程序不规范等问题，与《村组法》的相关决策制度不符合，与村民自治的原则不符合，存在巨大的治理风险，一方面有可能出现短期决策、错误决策导致村庄集体资产损失等，另一方面也可能出现"微腐败"等风险。一旦上述风险成为既定事实，引起村民的广泛争议，随着村庄舆论的传播和酝酿，在恰当的时间节点会出现针对村干部进行罢免问责等行为，比如：每年的民主评议、每半年的村务监督、每季度的村务公开等，以及《村组法》规定的有关村干部罢免的条款等都可能成为村民直接影响村干部任期的重要手段，最后是每三年一次换届选举也可以将村干部撤换，进而将村庄治理导入新的轨道。

当然，如果下届干部因为上届的经验导致工作积极性不高，而采取消极的工作态度，也有可能出现新一轮的换人，最差的情况是找不到村干部人选，村务工作陷入瘫痪状态。由于村干部队伍更替频繁，一个发展思路或村庄规划未见实施便换了另一任村干部，影响村庄发展的连续性。对于频繁的更替，村民产生厌倦情绪，不仅仅对村干部人选有担忧，而且对于村委会选举制度本身存在着疑虑，本质上也反映出村民参与意愿衰退的实际情况。村民存在"不发补贴不去投票"的观念，使得村委会为了提高村民参选率和投票率发放补贴，人员更替增加相应财务成本，导致不必要的集体支出。部分村干部为了争取连任，回避村庄经济社会发展的主要矛盾，不是解决问题而是回避问题，导致问题的积累，影响农村长期的发展和稳定。频繁的人员更换也容易诱发村庄社会矛盾，尤其是在宗族村庄，容易诱发村庄宗族和宗派之间的纠纷。

延长村委会干部任期，可以缓解村干部短期行为，更加侧重于村庄中长期发展的规划，有足够的时间去改变村庄状况，赢得更加广泛村民的支持，逐渐削弱宗族、宗派等势力对于选举本身的影响，同时村干部在兴办公共事业的时候能够采取各种议事和决策程序，引导广大村民参与到村庄治理活动。对于村干部自身来说也是一种不断授权的过程，也是向村庄治理输入信任和支持，保持村庄治理有效运转的关键。

（二）第二种模式：过程周期≥人员周期≥制度周期

在第二种模式中，过程周期大于人员周期，人员周期大于制度周期，同样以原来三年制度周期为基点来进行分析，此种模式中村干部都能够干满一个制度周期，即三年，大部分村干部得以连任，但是过程周期却大于人员周期，意味着村庄公益事业等延续时间较长，或者只是维持原有的基础设施等，并未兴建其他新的公益事业，由于村庄本身发展基础差，村庄工作并没有多少起色，大部分干部想干事并不一定能够干成事，只好一届又一届干，属于维持性的村庄。在村干部及村民方面存在以下制约。

一是村干部方面。由于村庄本身条件限制，村干部只能从村庄基本工作入手，为村民提供力所能及的服务和协助乡镇政府从事相关工作，依赖上级政府的财政投入和公共建设项目来改善村庄情况，即便如此，也需要村庄一事一议或者相关配套资金，在缺乏集体经济支持的背景下，"一事一议"也容易陷入召集难、议决难和执行难等问题，并且"一事一议"不能超过一定的限度，上级的公共建设项目也倾向于投向有集体经济，能够有效承接公共建设项目的村庄，因此，在三年乃至更长时间里村庄可能才有一两次公共建设，村干部也难以争取到足够的支持，一些村庄公共事业的短板也许将存在许多年，一直得不到有效的解决，即便是更换了村干部，也无法在短时间内改变村庄这种情况。源于此，村干部主要依靠乡镇政府的有限投入维持村委会的运转，村务工作简单，相关的选举、决策、监督等也流于形式，甚至连选举的组织都可能需乡镇政府来协助，相关决策和监督等也面临着"无事可做"的困境。村干部更多是从村民信任以及农村面子、声誉等角度来担任村干部，选上就干、选下就下的情况比较常见，即便是选举无法给村干部带来多少现实压力，更多是面子上的过不去，甚至可能出现自己主动提出不参选，即便继续当选也只是继续维持村庄运转而已。

二是村民方面。对于村庄情况大体比较熟悉，虽然期待村庄能够有所改变，但是现实状况却令人失落。即便用选举的方式对村委会人选进行更换，也难以达到改变村庄治理的效果，并且村庄既没有多少公共建设，村干部也难在公共事业建设中出现微腐败的风险，更为重要的是村干部身份也并没有多少吸引力，在工作待遇等方面并不具有多少竞争力，村庄中难以找到合适的人来担任村干部，也没有其他人主动参选，在换届选举的时候，村民投票的积极性并不高，主要是完成投票任务，甚至还需要发放补贴才能够动员村民投票，以便符合法定投票比例等，对于村庄的村务公开、决策和监督等更是少有人过问。在这种情况下，村民只要求村干部能够为自己提供必要的服务，村民对村干部提供最低限度的支持，在每三年一次的换届选举当中参与投票，实现法律意义上村委会的换届，对于整个村庄治理则缺乏参与的动力。

延长村委会任期并不能改变上述村庄的困境，对改变村庄治理的情况没有多少影响，不过，通过延长任期可以减轻乡镇政府和村委会组织换届的成本，对于村民来说也可以减少参与的成本，可以每隔五年对村干部进行一次授权的确认，不过，在村民对其他决策和监督等途径参与减弱的情况下，对村干部唯一的约束机制即选举也同时减弱，此种情形对于村干部履职动力，尤其是在承接上级相关公共建设项目时的行为产生不利影响，滋生一定程度的治理风险。

（三）第三种模式：人员周期≥制度周期≥过程周期

在第三种模式中，人员周期大于制度周期，制度周期大于过程周期，同样以制度周期为基点来看，人员周期大于制度周期说明村干部基本上得以连任，干部人员相对固定，保持干部队伍的稳定，有利于村庄的中长期发展，同时，制度周期大于过程周期，在三年内村庄完成一定的公共建设，村民除了每三年的换届选举之外，还可以广泛参与村庄相关公共事业的议事、决策和监督等，对村庄治理进行持续不断的输入，又能够获得村干部积极的反馈，推动村庄发展、为村民服务等，乡镇政府也愿意将更多的公共财政和公共建设投入村庄当中，于是，在外部资源输入和村民积极参与的情况下，即便没有集体经济也能够实现村庄治理有效，村干部能够在村民的支持下一届跟着一届干，属于治理有效型村庄，具体来看有以下两方面成效。

一是村干部方面。由于村干部能够连选连任，有足够的时间去谋划村庄未来的发展，能够从村庄的实际需要中进行公共建设，在公共建设当中由于村民的支持，能够更加有效地组织相关公共建设项目，并在此过程中按照《村组法》规定的相关议事、决策、监督等程序进行工作，让广大村民参与到村庄治理过程中，虽然可能增加公共建设前期筹备时间，但是有了村民的参与，能够寻求到村民的广泛支持，尤其是涉及相关土地占用补偿或者"一事一议"等工作的时候，有助于村干部顺利开展工作，实际上为后续公共建设创造了有利的条件，能够逐渐积累一种良性的治理资本，村干部也有足够的动力去工作，不是干好干坏一个样，干好有村民信任和支持，干不好则可能失去村民的信任和支持，激励村干部干事业的热情，也给予村干部干事业的支持。

二是村民方面。村民能够从村庄的变化中看到村干部的成绩，所选择的村干部能够从村庄的中长期发展出发进行相关决策等，使得广大村民从中获益，村民在参与议事、决策和监督等过程中，其本身的知识、态度和能力等都得以提升，能够主动要求村干部按照既有的议事、决策和监督程序来工作，对于村干部来说构成一种民意的压力，能够督促干部更好地为村民服务，并且能够将自己的需求等反馈到村庄发展当中，充分尊重村民的利益，村民也能够为村庄发展建言献策，贡献自己的力量，获得一种归属感和成就感，加强村庄的内在凝聚力。

延长村委会的任期对于此类村庄来说并不重要，因为村庄治理已经进入良性运行的轨道，在村民积极参与情况下，村干部认真履职尽责，出现决策失误或腐败的风险比较少，即便不通过村委会换届选举，村民也能够参与村庄日常治理活动，对村干部进行授权或监督，一旦出现问题能够及时加以发现、弥补和纠正，严重的情况下村民能够直接启动罢免程序等，来实现村干部的更替，延长村委会任期对于村干部来说可能适当减轻组织换届选举的相关工作，但并不减弱村民的监督等。

四　村委会任期调整的应对与乡村善治

从乡村治理周期的视角来看，不同类型村庄的治理情况呈现出不同的类型，如瘫痪或半瘫痪村庄、维持型村庄和治理有效型村庄，在制度周期确定延长的情况下，对于不同类型村庄的影响不一样，更为重要的是在延长村委会任期的同时，要强化以下几方面村庄治理的制度性规定，以此完善乡村治理体系，实现乡村善治。

一是加强基层政府对村庄治理的支持。不论任期长短，关键是能否推动村干部履职尽责，对于瘫痪、半瘫痪以及维持型的村庄治理，乡镇政府应该加强指导和帮助，着力解决影响村庄发展的一些资源约束、人员思想等问题，扭转村庄治理的问题，让疲态的村庄治理能够走出困境。对于当选的村干部应该加强培训，提升村干部工作能力，并明确村干部的工作，推动村委会按照法定职责履行相关工作责任，加强对村级财务以及公共建设项目的监督，引导村民参与到村庄村务财务等工作的监督，提升村民的参与意愿和参与能力，实现政府治理与村民自治的有效衔接和良性互动。

二是严格村委会换届选举程序。虽然村委会任期延长减轻了换届选举工作次数，但是要提高村委会换届工作质量。其中最关键的是严格执行村委会换届选举程序，根据选举规程做好选前的动员和候选人提名，选中的集中投票和无记名投票，选后的公开计票等工作，及时公布选举结果，对于影响选举程序，扰乱选举现场和干扰村民投票的行为应该根据《村组法》进行相应的处罚，维护村委会选举的公平公开公正。

三是制定任期工作责任清单。任期延长不能成为村干部懈怠和不作为的机会，换届选举之后当选村干部应该结合本村经济社会发展规划和村情民意，提出任期工作目标，向村民公示，广泛征求村民意见和建议，由村民代表会议或村民会议对任期目标进行讨论和表决，形成决议，任期结束时向村民代表会议或村民会议汇报，以此将任期工作明确下来，让广大村民能够在任期内对相关工作的进度进行监督，也有利于村民在村干部不作为的情况下启动相关程序，如民主评议或罢免等。

四是推进村务监督工作。任期延长对于一些村庄来说意味着通过选举进行监督的机会将减弱，将延长村庄治理问题，让有问题的干部继续掌握村庄治理权力。为此，根据《村组法》的规定，要加强村民监督委员会，加强村级财务公开，对任期目标和相关工作进行监督，每年年底向村民代表会议进行工作述评，围绕年度工作执行和村干部履职情况，村干部接受评议，并将评议结果公开。在具体执行的过程中，应该制定具体的要求，比如：村务监督条例等，将村务监督标准化。在村务监督或民主评议等无法形成有效约束的情况下，可以启动村干部罢免程序，评议结果不合格或者出现重大问题提请村民代表会议启动罢免程序，由村民会议罢免不称职或有违法问题的村干部。

上述措施的主要目的是保障性质，即在村委会任期延长之后可能出现的一些治理风险，一方面可能放大原有的治理问题，另一方面也可能产生新的治理困境。更为重要的是以此任期延长为契机，实现政府治理与村民自治有效衔接和良性互动，发挥基层政府在村民自治中的引导和支持作用，实现村庄治理的重心从选举为主转向选举、决策、监督、管理并举的方向，推动村干部履职尽责，激发村民参与，进一步加强村庄治理，改善瘫痪或半瘫痪村庄治理状况，提升维持型村庄治理状况，促使更多的村庄向治理有效转型，最终实现乡村善治的目标。

第六章
村民自治有效实现的基本单元*

　　自我国第一个村委会诞生以来，村民自治走过了三十五年，取得了基层民主政治建设的巨大成就，也出现了一些现实问题，突出表现为以建制村为单位的村民自治抑制自治，村民委员会过度行政化，于是，有基层实践者认为"村民自治走进死胡同了"，还有理论研究者认为"村民自治已死"。面临种种质疑的村民自治在实践中为自己开辟新的道路，全国不同地方在新农村建设中出现了众多村民自治有效实现形式的创新实践，比如：秭归的村落自治、清远的重心下移、河池的党领民办等。地方的探索创新得到了中央的积极回应。2014年中央一号文件提出：探索不同情况下村民自治的有效实现形式，集体产权在村民小组或农村社区可以探索不同情况下村民自治的有效实现形式，2015年中央一号文件再次提出探索符合各地实际情况的村民自治有效实现形式。一时间，村民自治有效实现形式引起了广泛的关注，同时也给实务部门与学术界带来了诸多的现实担忧与理论困扰，如何来看待村民小组在村民自治中的地位，更进一步的是村民自治的基本单元落在哪里合适，如何确定村民自治基本单元的规模，等等。围绕上述现实与理论的困惑，本章将有关村民自治基本单元的讨论向前延伸，按照历史制度主义的方法，对中华人民共和国成立后农村基层组织单元的变迁进行适当的历史回溯，总结其内在逻辑，并在此基础上提出村民自治单元的适度规模命题，梳理出确定村

---

　　* 本章原文源于中国农村研究院徐勇教授在2015年7月17日村民自治基本单元座谈会上的讨论与思考，并提出适度规模村民自治基本单元的理论命题。笔者沿着徐勇教授的总体思路和写作框架进一步丰富与完善，始得此文，在此对徐勇教授表示衷心感谢。

民自治基本单元的若干基本原则，以及进一步探索村民自治基本单元的方向性对策。

一　村民自治基本单元的演变

如何确定村民自治的基本单元，需要回溯到村民自治体制的历史渊源，村民自治是承接人民公社体制，人民公社时期基层组织建制主要是生产标准，围绕发展生产，兴办基础设施等设立的，将土地和人口划分为若干生产队，并在生产队基础上建立生产大队，由生产大队组成人民公社，人民公社既是生产组织形式，又是政府组织形式，即所谓的"政社合一"，当时整个基层组织建制是服务于生产组织的，生产标准的核心是产权，关键是生产与分配的关系。在人民公社早期，按照"一大二公"的原则，公社规模越来越大，公有程度越来越高，有些地方甚至出现公社为核算单元，不过，大部分地方将生产核算单位定在生产大队，各生产队在生产大队内部进行分配，即使如此，生产队之间由于土地和劳力差异在劳动成果的分配上产生了各种矛盾和纠纷，也严重挫伤了各生产队的积极性，影响到农业生产。经过一轮调整之后，中央明确规定人民公社是"三级所有，队为基础"，队是生产队，从此确定了生产队在整个人民公社体系中的基础性作用，生产队不仅是生产组织单位，还是生产分配单位，更是基层组织建制的基本单位。人民公社体制在中国农村延续了二十多年，不得不说其得益于以生产队为基础的三级体系。

之后基层组织建制的演变其实也是从生产队开始的，生产队内部社员将田地分到作业组，进而分到户，伴随着分田到户的逐步推进，作为人民公社基础的生产队日益趋向瓦解，原本由生产队承担的生产功能逐步让渡给家庭，家庭获得生产、经营与分配的独立性，不需要生产队来组织生产，更不必说来分配，从而失去对农民的行为约束，在一定时间内农村社会秩序陷入混乱，盗窃、抢劫等社会治安问题突出，道路、水渠等公共建设荒废。此时，深处广西大山深处的河池合寨大队社员在生产队干部的带动下以自然村为单位，成立最早的村民委员会，后来合寨大队内各自然村相继成立村民委员会或村管会等村民自治组织，罗城一带乃至整个河池的村民委员会蔚然成风，不仅维护了社会秩序，而且着力解决公共建设问题。与此同时，人民公社解体后，为了恢复基层的社会秩序，强化国家的管理，中央也在寻找合适的组织形式将农民重新组织起来，于是，除了加强农村基层政权建设，撤销人民公社，建立乡镇政府，最重要的举措是在乡镇以下设立村民委员会，由基层群众开展自治，党在全国农村基层普遍建立村民委员会之后，原本的人民公社体制正式为"乡政村治"所代替，中国基层组织建制发生历史性的变迁，这一历史变迁并不是一蹴而就，这期间经历了数次重要的调整与巩固，最终形成今日之基层建制的总体格局。

在"乡政村治"的初期，基层组织建制是以自然村为基础的村民委员会，因为村民委员会源于地方创新经验，尤其是广西作为村民委员会的实践源头，村民委员会主要设立在自然村，与之情况类似还有广东、云南等地。因此，在1988年颁布试行的《村民委员会组织法》中明确提出："村民委员会一般设在自然村；几个自然村可以联合设立村民委员会，大的自然村可以设立几个村民委员会。"然而，在各省份建立村民委员会过程中，出现了另一种趋势，即以原来生产大队为基础建立村民委员会，并以生产队为基础设立村民小组，甚至连广西也在政府的推动下进行了村委会上移，之所以出现这种情况，是因为以自然村为基础建立村委会后，乡镇下辖的村委会数量过多，规模过小，不便于乡镇的行政管理，另外，自然村在某些地区并不太好衡量，规模有大有小，标准难以统一。于是，大部分省份在原来生产大队的基础上建立村委会，生产大队的规模标准全国大体一致，同时也比重新划分基层组织建制单元更为省时省力，对于急于完成村委会建设工作的各级政府而言也是最优选择，此外，生产大队之前已经有党支部，村委会建在生产大队也有利于加强党对村民委员会的领导。在诸多行政因素的促动之下，整个村委会体系与人民公社时期的基层组织建制单元进行对接，为了解决村委会规模扩大之后的管理幅度问题，又在村委会下面以生产队为基础建立了村民小组，"乡政村治"的基层组织体系最终稳定下来。

随着村委会组织体系的调整，村委会的职能重心也悄然发生着变化，如果说早期村委会的职能重心是群众自我管理、自我服务和自我教育的话，那么当村委会调整后，村委会的职能重心开始向协助乡镇政府转移。一方面乡镇政府将大量的行政工作交由村委会承担，另一方面乡镇政府将行政工作与干部人选、工作补贴和考核评价等挂钩，以此来实现乡镇政府的行政管理目标，整个村委会的行政化倾向很明显。其实，早在村委会产生之初，尤其是在村组法制定的过程中，关于村委会与乡镇政府的关系一直是争论的焦点，虽然宪法规定村委会是群众自治组织，同时相关部委也致力于推动村民自治，但是从各级地方政府的行政管理角度来看，村委会应该接受乡镇政府的领导，保障国家政策和行政任务的贯彻执行。由此可见，无论是从村委会组织体系的调整，还是从村委会职能重点的转变，都说明此一阶段村委会的组织单元主要是顺应行政管理需要，体现政府行政意图的结果。与人民公社时期以生产为标准不同，此阶段村委会主要以行政为标准，但是并不能排除其中所蕴含的自治因素，特别是最早产生村委会的地区。不过，相对于全国其他地区而言，村委会主要还是一项外部输入性的制度安排，用以代替人民公社的基层组织单元，同时承接基层政权各类行政任务。

当然，以行政为标准来重组基层组织体系是与整个国家经济社会发展相适应的阶段性产物。改革开放之后，面对分田到户之后日益分散化的农民，以及基层组织的涣散，国家需要重新将农民组织起来，实现乡村的整合，以恢复农村社会的秩序和稳定，村委会的普遍建立顺应这一趋势，更为重要的是即将开启的国家现代化进程中，村委会与基层政权要肩负起现代化的重任，包括从农村汲取资源以支持国家建设，比如农业税，以及农村本身的现代化建设等，比如义务教育、乡村医疗和基础设施等。基层组织体系必然要服从于国家的现代化任务，作为后发赶超国家的现代化主要是依靠国家的行政力量来推进的，为了保证国家政策和行政任务的贯彻落实，乡镇政府必须找到组织依托，这就不难理解村委会的行政化，从本意上讲，村委会是基层群众自治组织，与基层政府的关系并非上下级领导关系，而是指导关系，可实际上却演化成上下级的行政关系。对于全国大多数地区来说，村委会组织单元的设立，乃至后来村委会的上移都是出于行政管理的需要。以至于后来村组法正式颁布的时候，关于村委会设立在自然村的条款也被删去，凡是有村民委员会建制的都称为"行政村"。

进入 21 世纪以后，国家实行以工支农、以城带乡的发展战略，改变过去从农村汲取资源的方式。从最开始的农业税费改革，到后来废除延续两千多年的农业税，对基层组织体系来说意义重大。一直以来，基层组织体系的主要使命是收取农业税费，及其相伴的各种行政任务。废除农业税费后，乡镇政府不需要疲于应付各种税费以及达标活动，乡镇的财政与村委会的补贴由上级财政转移支付，相对应的是村委会的行政任务也大为消减，乡镇与村委会的关系得以改善，乡镇政府不如以前那样积极干预村委会换届选举，制定目标责任状等约束村委会，转而采取更加中立的态度组织换届选举，减少目标责任状的使用，倾向于与村委会之间形成合作性的关系。紧随农业税废除的是农业补贴的发放，以及社会主义新农村建设，由原来的资源汲取反转为资源赋予，对基层组织体系同样重要。如果说废除农业税是舒缓村委会的行政压力，那么新农村建设则是激发村委会的自治动力。在新农村建设之前，大部分村委会的集体经济所剩无几，村庄公共建设"一事一议"也经常面临议不起来的局面，缺少公共事务的村民自治出现空心化的趋势。新农村建设给村民自治创设了众多的公共事务，比如：新农村建什么、怎么建等都需要村委会和村民来讨论决定。这就为村民自治的运转提供了重要条件。

当然，在新农村建设过程中，受到原来行政习惯的影响，政府包办代替的情况时有出现，既没有尊重群众的内生需要，又没有激活农民的内在动力，导致新农村建设一头热一头冷，难以持续发展。现实困境促使各级政府重新思考新农村建设中如何激发村民的活力，而不是单纯依靠政府的财政支持和行政推动，加上当时政府对服务型政府建设、社会建设和社会治理等一系列政策理念的宣传和重视，各地在新农村建设中涌现出一大批村民自治的创新实践，广东省云浮市在自然村成立村民理事会，广东省梅州市在村民小组成立村民议事会，广西壮族自治区河池市在自然屯建立党群理事会，广东省清远市直接将村委会下移到自然村，等等。诸如此类的地方实践共同的特点是对基层组织建制进行新的调整，既有在村委会之下自治单元的调整，比如：自然村、村民小组、院落等，也有对村委会进行体制性调整，比如：村委会直接下移到自然村。与之前的调整不同，本次基层组织建制的调整主要基于农村内生需要，旨在激活村民自治内生动力，并由此带来新一轮内生性的制度创新，在一定程度上改变了过去由各级政府主导的以行政管理为标准的外在性制度安排，转向由农民内生需求引导的以自治为标准的内生性制度创新。这也是与新农村建设中农民内生需求和动力相适应的，经历了以生产为标准的人民公社三级体系和以行政为标准的"乡政村治"组织体系后，新阶段的基层组织体系是以自治为标准的。在可以预见的将来，以自治为标准的内生性的制度创新可能更加普遍，因为原先的外部性制度安排与业已成型的村民自治内动力不相适应，为了推进村民自治向前发展，需要在地方创新实践的基础上调整基层组织建制，需要积极探索村民自治的有效实现形式。

正是在这样的背景之下，2014年中央一号文件提出："探索不同情况下村民自治的有效实现形式，农村社区建设试点单位和集体土地所有权在村民小组的地方，可开展以社区、村民小组为基本单元的村民自治试点。"中央文件中明确了农村社区与村民小组作为探索村民自治有效实现形式的基本单元，农村社区是与农村城镇化发展相适应的组织形式，农民集中居住，有共同的公共需求，面临类似的公共问题，享受着相同的公共服务，农民生产生活与居住形态改变了村民自治的经济社会基础，必然要求与之相对应的村民自治实现形式。有集体土地所有权的村民小组是一个利益共同体，同一村民小组内的土地为小组村民集体所有，集体土地已经固化为小组村民的共同利益，从稳定集体土地所有权，避免基层组织建制调整带来集体土地纠纷，方便农民发展生产的角度来看，有集体土地所有权的村民小组可以作为探索村民自治的试点。然而，由于全国各地的地域差异大，农村社区或者村民小组性质和规模不一，全国范围内探索村民自治的基本单元不可能一刀切。于是，2015年一号文件强调："在有实际需要的地方，扩大以村民小组为基本单元的村民自治试点，继续搞好以社区为基本单元的村民自治试点，探索符合各地实际的村民自治有效实现形式。"

二 建构村民自治基本单元的重要原则

不论是农村社区，还是村民小组，或者其他基本单元，都是以自治为标准，探索村民自治的有效实现形式的尝试，落脚点依然是自治的有效性。如何来判断自治的有效性，重要的是看是否有利于农民自我管理，是否有利于农民自我服务，是否有利于农民自我教育，同时坚持民主选举、民主管理、民主决策和民主监督，实现党的领导与村民自治的结合，政府行政管理与村民自治的结合，要满足上述条件才能实现有效的村民自治。现阶段村民自治的组织体系主要是以行政村的村委会为主，是法定的自治主体，尽管村委会下设村民小组，但只是村委会的延伸，其自治功能未能显现。经过多少年的实践，以行政村为基本单元的村民自治没有有效运转起来，难以落到实地。追根溯源，行政村本身是基于行政标准而设立的，后来为了节省行政成本，又进行了大规模的合村并组，其结果是行政村地域范围越来越大，利益联结越来越少，文化认同越来越弱，加上行政工作越来越多等，最终抑制了村民自治。税费改革和新农村建设在一定程度上减缓了行政工作，可是以行政村为主要单元的村民自治仍然力不从心，始终没有找到更加合适的自治单元来发挥自治的力量。

实践的难题只有在实践中才能解答。前面的地方创新已经在实践中进行了初步的探索，主要是在行政村之下来寻找合适的自治单元，包括村民小组、自然村、院落、村落等不一而足，由于缺少统一的规则与内在的标准，也带来理论与实践中的困惑，引起诸多的质疑。如果说行政村规模大不利于自治，那么村民小组等是否会因为规模小也不利于自治。如果行政村是唯一的法定自治组织，那么自然村等是否具有法定的自治职能。如果将村委会下移到村民小组，那么原来的行政村自治如何达成。凡此种种都涉及自治单元的组织规模问题，如果不解决这个规模问题，探索符合各地实际情况的村民自治单元将是一句空话，为长远计，也不利于村民自治的健康发展。从全国范围来考虑，关键是寻找适度规模的村民自治基本单元，规模太大和规模太小都不利于自治的有效实现，适度规模也并不意味着有一个全国标准来规定规模到底多大为合适，而是要从各地的实际情况出发，综合各种有利不利条件，最终确定具体规模的自治单元。到底如何来确定适度规模的村民自治基本单元呢？虽然没有全国统一的标准，但是从村民自治有效实现出发，仍然可以提出以下若干基本原则用以指导村民自治的实践。

一是便于村民自治的原则。便于村民自治是适度规模的首要原则，村民自治从本质上说是以村民为主体的，生命力也来源于村民。随着新农村建设中农民内生需求和动力的增强，村民参与自治事务将日益普遍。村民自治必须首先满足村民不断增长的参与需求，这就要求村民自治基本单元的规模要有利于村民的直接参与，方便村民讨论决定与自己利益直接相关的公共事务。

二是便于国家管理与公共服务的原则。村民自治基本单元既是村民自治的单元，也是国家管理和公共服务的单元，一直以来村民自治都有协助政府开展工作的职能，当然，这些工作主要是围绕村民的管理和服务展开的，尤其是服务型政府建设推动了城乡公共服务一体化进程，同时国家的管理也逐渐融入公共服务之中，这就要求村民自治基本单元的规模要有利于国家管理和公共服务的延伸，为村民提供及时便利的公共服务，国家的行政管理又能够贯彻落实，公共服务又能够达到一定的规模效益。

三是便于加强党的领导的原则。党对农村的领导是必须坚持的政治原则，以往基层组织单元也是基层党建的单元，适度规模的村民自治基本单元同时应该是适度规模的基层党建单元，要综合考虑党员队伍、党组织、党的作用以及党对村民自治的领导等多方面的因素，这就要求村民自治的基本单元要有利于发展党员、延伸党组织和发挥党的作用，最终加强党对农村基层的领导。

上述三原则是从农村基层组织建制变迁梳理出来的经验性认识，也是衡量村民自治基本单元组织规模的重要标准。在未来探索适度规模的村民自治基本单元过程中，便于村民自治、便于国家管理和公共服务、便于加强党的领导是必须认真遵循的三条关键性原则，唯其如此，才能够探索符合各地情况的村民自治基本单元，才能够推动村民自治的深化与发展。

三 探索适度规模的村民自治基本单元

围绕便于村民自治、便于国家管理和公共服务、便于加强党的领导的原则，现阶段的村民自治必须探索多形式多类型的村民自治基本单元，在保持国家管理一致性和基本制度框架统一性的前提下，更加注重地方探索的灵活性。

首先，坚持建制村作为法定自治单元基本框架不动，村民委员会依然是法定的群众自治组织，继续协助乡镇政府做好行政管理与公共服务等工作。这是从国家管理的需要入手，乡镇政府的行政工作确实离不开村委会的协助，另外，这些行政工作很大一部分是与村民生产生活息息相关，既是行政管理，又是公共服务。随着新农村建设中公共投入的增加，建制村的村委会也相应地承接了众多的公共事务，在建制村范围内依然有村民自治的空间，并且对于全建制村范围内的公共事务，还必须由村委会去管理与协调。建制村的基本框架牵涉整个基层组织体系，涉及面广，影响大，如果直接改变基本框架将要对基层组织体系进行系统性的调整，不可控的因素太多，还面临着过高的改革风险和成本。最为重要的是目前以建制村为自治单元的框架并没有出现重大的问题，只是要改变过于行政化的趋向，通过一定的技术手段和工作方法可以较为妥善地解决这一问题，还不至于推倒重来的境地。

其次，建制村下探索多层次的村民自治基本单元，比如：湖北省秭归县的村落自治、广东省蕉岭县的村小组自治等。以建制村为自治单元的基本框架不动，也不是说不需要进一步改进与完善，只是这种修改和完善是在建制村下探索多层次的村民自治基本单元。毕竟，以现有的建制村为自治单元面临着形式单一、动力不足、活力不够的问题，必须在建制村下寻找适度规模的村民自治基本单元。显然，适度规模的自治单元必须满足一些基本的条件，地域相近、利益相关、文化相连、群众自愿等。所谓地域相近，就是说农民的居住方式比较集中，农户之间空间距离不是太大，彼此邻近，不需要担心相隔太远带来的交往不便。所谓利益相关，就是说农民的有众多的共同利益，包括集体土地所有权上的产权利益，相同和配套的种养业上的产业利益，以及公共基础设施建设与使用上的共享利益等。所谓文化相连，就是说农民在感情上彼此接近，既有血缘关系带来的亲属文化，又有地缘关系带来的邻里文化等，相互之间有着频繁的社会交往和紧密的社会联系。所谓群众自愿，就是说农民的选择自由上，除了地缘、利益和文化等，适度规模的自治单元始终要尊重农民的主体地位，由农民群众自愿去选择合适的自治单元。

最后，探索多类型的村民自治有效实现形式，比如：村民理事会、村民议事会和党群理事会等。自治单元需要相应的自治组织载体，以建制村为自治单元时主要是以村委会为主要组织载体，包括村民会议、村民代表会议、村务监督委员会等，这些组织形式是与建制村这一自治单元相适应的，支撑整个建制村的村民自治。建制村之下的适度规模的村民自治基本单元必须有新的组织形式，如果简单套用建制村的自治组织形式势必出现抵牾，也不利于发挥村民自治基本单元的作用。根据《村组法》的规定，建制村的村民委员会承担着众多的村内公共事务，同时还要协助乡镇政府开展工作，建制村的规模比较大，人口众，其组织形式明显带有部门制的特点，比较复杂。相对来说，建制村之下的村民自治基本单元并不需要承担那么多的公共事务，本身规模比较小，人口少，其组织形式设置应该删繁就简，尽量因事而设，带有一定的弹性，形式可以多样化，关键是符合地方实际情况，又能够解决实际问题，取得自治的实际效果。

第七章
居民自治有效实现的运转机制[*]

长久以来,居民自治受制于原有的城市社区管理体制,整体的发展相对缓慢,以行政化为导向的社区管理占据着主导地位,导致自治组织弱化、自治功能萎缩、自治制度空转。居民自治面临"成长的烦恼"和"制度的瓶颈"。不过,随着城市经济社会的发展,社区自治空间增大,居民的参与意识增强,制度创新的实践增多,各地涌现出一大批以自治化为导向的社区改革,其中带有"协商民主"元素的居民自治实践最具有启发意义。追根溯源,这些实践是协商民主与居民自治相结合的最新产物,是居民自治遭遇困境后,在实践中为自己开辟道路的必然结果,更是未来居民自治得以有效运转的重要资源。

一 协商民主与居民自治的有效实现

居民自治是社区居民通过居民委员会等自治组织依法处理与自己利益相关的社区公共事务和公益事业,实现社区自我管理、自我教育和自我服务的治理活动。作为基层群众直接行使民主权利的重要方式,居民自治以下几种特质。

一是群众性。对于居民自治而言,群众是自治的主体。早在居民自治开

---

[*] 本章以《协商民主:居民自治有效实现形式的运转机制》为题,发表于《东南学术》2014年第5期,收录本书时略有修订。

始之初，彭真就指出，"十亿人民如何行使民主权利，当家作主？一方面是通过各级人大来行使国家权力，另一方面是在基层实行群众自治，群众自己的事情由群众自己依法去办，这是国家政治体制的一项重大改革"[①]。那么，在具体的居民自治中就应该贯彻落实群众的自我管理、自我教育、自我服务和自我监督，真正让群众能够自主、自力和自律，从而实现自治的群众性。

二是直接性。相比于国家治理而言，居民自治最大的特点是直接性，由居民自己管理自己，直接行使民主权利。这是由居民自治的内在特点所决定的，居民自治源于日常生活，自治事务既源于社区生活的需要，又与居民生活息息相关，因此，在社区范围内与居民利益相关的大事小事都有可能成为居民自治的事务，也必须依靠居民的参与来解决。

三是多元性。与农村村民自治不同，居民自治所处的城市社会异质性大、流动性强。在利益多元化的背景下，社区存在不同的利益主体和不同层次的利益需求，除社区居民，在社区里还存在工厂、学校、商店、机关等单位和机构。这些单位和机构虽然与社区没有隶属关系，但与社区之间有着密切的联系。[②] 此外，人口的流动所带来的外来人口也构成社区的一部分。居民自治需要尽可能地容纳社区多元主体，整合社区自治力量。

四是平等性。在居民自治中，每一个主体自主支配自己的行为，是平等的个体，不为外力所强制。当然，这种平等不只是法律规定下的平等身份，更是平等的参与。在实际的参与中，每个人都是平等的，既包括参与机会的平等，又包括参与资源的平等。

不过，居民自治的群众性、直接性、多元性和平等性只是一种应然状态，事实上的居民自治与之还是有一定的差距，甚至背道而驰。比如说：作为居民自治载体的居民委员会日益行政化，变成街道的"腿脚"，承接过多的行政管理事务，他治代替自治。在居民自治中，部分居民对社区事务不感兴趣，导致居民参与不足，居民自治空转。归根结底，这是因为居民自治缺少有效的实现形式，居民自治内在价值不能转化为现实的行动，无法让居民自治运转起来。为了将应然的自治发展为实然的自治，必须积极探索居民自治的有效实现形式。近年来，基于协商民主理念的社区治理实践正好为我们提供了

[①] 《彭真文选（一九四一——一九九〇年）》，人民出版社1991年版，第607页。
[②] 参见徐勇、陈伟东等《中国城市社区自治》，武汉出版社2002年版，第4—5页。

居民自治有效运转的实际经验。协商民主之所以能够推进居民自治的运转，其重要的原因来自协商民主的价值与居民自治内在要求相契合。

协商民主指的是自由平等的公民基于权利和理性，在一种有民主宪法规范的权力相互制约的政治共同体中，通过集体与个体的反思、对话、辩论等过程，形成合法决策的民主体制、治理形式。① 协商民主包括三种形式，一是政府形式的协商民主，即为政治生活的理性讨论提供基本空间的民主政府。二是决策形式的协商民主，容纳每个受决策影响的公民；实现参与的实质性政治平等及决策方法和确定议程上的平等；自由、公开的信息交流，以及赋予理解问题和其他观点的充分理由。三是治理形式的协商民主，以公共利益为取向，主张通过对话实现共识，明确责任，进而做出得到普遍认同的决策。② 对于居民自治而言，协商民主的治理意义更为突出。显然，贴近于社区生活的居民自治正是作为治理形式的协商民主的场域。

协商民主将开辟居民自治有效实现的路径。居民自治是一个阶段性的发展过程，不同阶段有不同的实现形式，具体来看主要有中华人民共和国成立后的吸纳型居民自治和改革开放后的规划型居民自治。③ 中华人民共和国成立后，在组织起来的理念下，居民委员会是国家管理城市社区的手段，与"单位制"一起构成依附于政府的社区管理体系。改革开放后"单位制"解体，大量的单位人向社会人转变，由此对城市管理带来新的变化，街居制得到恢复，居民委员会得以重建，并明确其基层群众自治组织的定位。但是在这一过程中，社区建设带有更多的自上而下的规划性，于是以行政化为导向的社区管理是主要的发展趋向。社区自治隐含在社区建设当中，处于萌芽状态。④ 进入21世纪以来，在城市经济社会发展和社区管理体制改革的双重影响下，居民自治的资源基础、主体基础和体制基础逐渐形成，以民主选举为导向的社区治理模式也有所发展，比如沈阳模式和江汉模式。这些探索无疑对居民自治的发展具有先导性和开拓性的价值。可是，当时的社区自治附属于社区建设，其作用的力度有限，主要目的是赋予居委会以合法性，并以承接街道

---

① 参见陈家刚《协商民主与当代中国政治》，中国人民大学出版社2009年版，第1页。
② 参见陈家刚《协商民主与当代中国政治》，中国人民大学出版社2009年版，第23—24页。
③ 参见徐勇、贺磊《培育自治：居民自治有效实现形式探索》，《东南学术》2014年第5期。
④ 参见徐勇、陈伟东等《中国城市社区自治》，武汉出版社2002年版，第23页。

行政工作为主要内容，行政化依然占据主导地位。协商民主强调居民的广泛参与，以此来打破行政权力对于社区公共事务的垄断，赋予居民更多的知情权、表达权、决策权、监督权等，有助于居民自治从政府规划引导型向居民内生参与型转变，符合居民自治的发展要求。

协商民主将丰富居民自治有效实现的方式。居民自治源于社区生活，有着丰富多样的自治事务。居民委员会虽然是居民自治的权威性组织，但是其方式和手段有限，面对纷繁复杂的社区事务，任何单一化的治理手段都有可能失效，必须根据不同的自治事务选择灵活的方式来处理。在以往的居民自治中，选举、投票、表决、命令、说服教育等已经不适合于内生型居民自治的发展要求，也与城市社区居民的观念和态度不相适应。协商民主提倡平等主体间的协商，包含更加丰富的方式和手段，比如公开发言、平等对话、持续沟通、多方讨论等。同时协商民主关注的是相互理解基础上的妥协，形成集体的理性，而不是少数服从多数的强制性方式。显然，在社区共同体内部，任何强制性的自治方式都可能影响居民自治的有效实现，因为每一个居民都是自治的不可或缺的主体。只有在居民共识的前提下，居民才能积极参与到自治中，真正让居民自治运转起来。

协商民主将激发居民自治有效实现的动力。居民自治说到底是居民的自主管理，离不开居民的参与。之所以出现居民自治空转，主要原因是缺少居民的积极参与，自治的内在动力不足。在现代社区生活中，社区居民及其组织参与社区事务和活动已变得越来越重要，它是社区组织和社区发展工作的基本原则和方法。为居民提供参与机会是社区的重要功能之一，社区参与本身又被视为一种新的价值和目的。[①] 当前，社区自治中居民参与乏力，这既有居民参与意识和参与能力薄弱的原因，又受到参与渠道和参与机制的影响。与之相对，城市社会的发展所带来的利益调整和矛盾冲突日渐增加，意味着在将来的社区自治中存在着大量的参与需求和参与空间。不论是从现实困境还是未来发展来看，居民自治的深化有赖于居民参与的扩大。协商民主鼓励利益相关者积极参与公共事务，并将其作为协商合法性的来源，同时尊重程序，把参与纳入有序的制度化渠道，坚持参与过程公开，打破决策的"黑

[①] 参见王邦佐等编著《居委会与社区治理——城市社区居委会组织研究》，上海人民出版社2003年版，第200页。

箱",在协商过程中从公共利益出发努力形成最为广泛的共识与合作。居民参与意识和参与能力也在协商实践中得到学习和锻炼,逐步提高居民的参与水平。

二 现阶段居民自治中的协商民主元素

在我国的居民自治实践中,协商民主有着广泛的表现形式,存在着很多类似社区议事会或民主议事会的制度,如"居民议事会制度""社区议事会""党群议事会"等。虽然这些创造性实践不同于严格意义上的协商民主,但它们都体现了协商民主的某些特征。[①] 这些制度和组织多多少少带有协商民主的一些要素,又与其他形式的社区治理方式相结合,表现为一种复杂的混合体。从居民自治的发展历程来看,最为关键的是以下一系列诸如协调、沟通、参与和议事等带有协商民主元素的机制。

第一,居民自治中的协调机制。协调是为了完成社区计划和实现既定的目标,对社区各项工作及人员的活动进行调节和整合,使之同步和互为依托的过程。在一定地域范围内的居民自治不可避免地要与各种类型的城市主体"打交道"。于是,产生了一些用于协调各类主体的组织和制度,比如多方联席会议和社区共建理事会等。

多方联席会议。随着城市社区物业的发展,物业小区日益普遍,与居民利益息息相关的业主委员会和物业公司等成为社区自治不可忽视的主体,以社区党组织、居民委员会、物业公司、业主委员会为主体的多方联席会议诞生。东莞市东泰社区就建立了"四位一体"的联席会议,以社区服务为中心进行多方协调。居民委员会是居民自治组织,物业公司是为居民服务的经济组织,业主委员会是小区业主的维权组织,党组织是社区事务的领导核心,相互之间存在着众多的交集。正因为四者的密切联系,多方联席会议为彼此协调行动和谋求共识提供了必不可少的载体。

社区共建理事会。由于城市社会是多元的整体,除了个体的居民,还有大量的单位和组织。深圳市花果山社区为了凝聚社区建设力量,联合驻区行

---

① 参见陈家刚《协商民主与当代中国政治》,中国人民大学出版社2009年版,第6页。

政机构、企事业单位和社会志愿组织等成立社区共建理事会，在居委会的协调下，讨论社区建设计划和社区发展规划，整合社区范围内各类资源，改善社区公共服务，提高社区建设水平，推进社区政治、经济和社会文化的发展。

从本质上讲，这些协调机制主要是为居民自治构筑外部支持系统，保障在居民自治过程中尽可能地促进社区整体的发展，让居民自治在良好的外部环境中运行，提升居民自治的质量和水平。

第二，居民自治中的沟通机制。沟通是为了一个设定的社区目标，把信息、观点、思想、态度和情感，在个人或群体间进行传递，并且形成共识的过程。居民之所以能够自治，一个重要的前提是信息的获取，只有对社区事务有足够的了解才能够在理性的指引下做出正确的抉择。为此，信息的沟通对于居民自治至关重要。另外，沟通也是相互理解的基础，在频繁的沟通中居民的意见和观点来回碰撞，有助于形成共识。沟通还是一种社会交往行为，持续的沟通能够增强社区的共同体意识，激发居民自治的积极性和主动性。在居民自治中，比较常见的沟通机制有居务公开和社区论坛等。

居务公开。在社区建设初期，居务公开是居民监督的重要手段。在一定程度上，起到了沟通居民委员会与居民的作用。从各地的居务公开来看，凡是涉及居民切身利益的社区事务进行定期的公开，包括政策公开、办事程序公开、财务公开、计划生育公开、流动人口管理及各项收费的收支情况公开等，并对居务公开的程序、时间、方式、管理和检查等进行了详细的制度性规定。[1] 居务公开不仅保护了居民的知情权与监督权，同时为普通居民参与社区事务、平等对话、广泛讨论和民主决策奠定坚实的基础。

社区论坛。与居务公开的单向性相比，社区论坛体现互动性，居委会借助论坛进行信息公布，居民也能够将自己的看法和意见反馈在论坛上，达到双向沟通的目的。南京建邺区在全区各社区利用阅报栏、黑板报、科普画廊设立"社区论坛"专栏，开设多样化的专栏，收集社区话题，开展话题大讨论，有利于社区建设共识的形成。[2] 随着互联网的发展，社区论坛网络化，极大地拓宽了居民参与的渠道，更具开放性、灵活性、分散性和自主性，[3] 比

---

[1] 参见徐勇、陈伟东等《中国城市社区自治》，武汉出版社2002年版，第124页。
[2] 参见何晓玲主编《社区建设模式与个案》，中国社会出版社2004年版，第132页。
[3] 参见魏娜主编《社区管理原理与案例》，中国人民大学出版社2013年版，第196页。

如，深圳市的社区家园网，囊括居民生活、居务公开、意见反馈等诸多板块，并将全市各社区联系起来，形成开放的社区参与平台，议题的产生更多元，主体间对话更平等，协商沟通更方便，居民参与更积极。

第三，居民自治中的参与机制。参与是居民在社区范围内，通过一定的组织、制度和方式参加与其利益相关的公共事务的过程。除了参与居委会选举，附着在具体利益之上的生活性参与比较多。诸如社区恳谈会、居民评议会和"三会"等都是带有协商民主意义的参与形式。

民主恳谈会。源于当时温岭市松门镇作为农业农村现代化教育试点，通过面对面的交流，促进参与者之间的互动与沟通，逐步衍生出民主沟通会、决策听证会、决策议事会、村民议事会等多样化的协商民主实践。从最初的设想来看，主要是一种干群对话沟通的创新，后来逐渐发展为涉及乡镇预算和重大事项等问题的讨论。有鉴于民主恳谈的先行示范，社区范围内的民主恳谈会作为一种沟通和参与的途径，逐步成为居民参与的一个综合渠道。

居民评议会。南京秦淮区开展"社区的事情居民议，社区的事情居民评"活动，在社区公示栏公示社区要做的工作，让社区居民评议，社区居委会登记居民意见与建议；定期召开居民评议会，把居民关心的问题反馈到社区；主动上门征求居民意见。①

"三会"制度。上海市卢湾区居委会在社区兴办为民设施和项目前，在决策涉及居民切身利益的重要事项前，会组织召开"听证会"，听取群众的意见；对政府驻社区单位和居委会成员，召开"评议会"，听取群众对这些单位和人员的评头论足；社区一旦有矛盾，通过召开"协调会"及时沟通解决纠纷，"三会"制度是社区自我管理、自我教育、自我服务和自我监督的有效载体。②

回过头来看，在众多的参与机制中，利益的表达是主要的内容。恳谈、听证、评议等多带有收集意见的功能，议事权和决策权掌握在参与组织者手中。只有在议事决策阶段，才能真正凸显协商民主的基本特征。

第四，居民自治中的议事机制。议事是居民围绕有关社区重大事项，以充分的讨论为基础，按照一定原则形成权威性结果的过程。议事是居民

---

① 参见何晓玲主编《社区建设模式与个案》，中国社会出版社2004年版，第136页。
② 参见何晓玲主编《社区建设模式与个案》，中国社会出版社2004年版，第118页。

自治中贯彻协商民主理念的生动实践,是协商民主的原则和方法比较集中的体现。当前,在议事机制方面,党群理事会、社区协商议事委员会和社区议事园等发展迅速。

党群议事会。一般由驻区单位党组织代表、社区在职党员代表、社区离退休党员代表和社区居民代表大会中的党员代表以及社区居民积极分子等组成,并邀请居民群众参会。议事前,由党组织收集和整理居民和单位建议,征求群众意见,将确定后的会议主题提前公布;议事时,党员群众充分讨论,按照少数服从多数的原则,形成议事决议;议事后,及时公布议事结果,接受居民群众的监督。

社区协商议事委员会。在前一轮的社区建设中,沈阳、武汉、海口、青岛等地成立社区协商议事委员会作为社区主体组织之一。议事会成员一般包括社区党支部书记、居委会主任、单位代表、社区知名人士、部分居民代表等,以更加灵活的形式吸纳社区中的精英分子和代表单位,以便对社区中若干事宜做出协商甚至决策。[1] 沈阳市明确规定社区协商议事会就社区内的公共事务进行协商讨论,代表社区成员动员、协商各方面力量参与社区建设。[2] 武汉市的社区协商议事会从功能来看,承担部分议事和监督作用,在某种程度上是社区居民会议或居民代表会议的有益补充。

社区议事园。经过多年的发展,社区议事园成为南京鼓楼区居民参与的常态化和制度化平台。社区议事园由议事箱、议事栏、议事厅和议事会四个基本要素构成。以议事箱收集议题与居民意见;以议事栏向群众公开议题、群众意见、专家点评和议事结果;以议事厅方便召开会议,接待群众来访;以议事会为载体,组织社区居民代表、单位代表、社区党员代表、专家等围绕议题展开讨论与协商,议定方案。此外,议事制度的创新实践还有"一心两会一站"基础上的北京西城区"民主议事制度",依托社区网络论坛的杭州西湖区德加社区"议事协商委员会制度"以及在"一会两站"社区管理模式上运行的深圳盐田区"居委会议事机制"等。[3]

---

[1] 参见徐勇、陈伟东等《中国城市社区自治》,武汉出版社 2002 年版,第 58 页。
[2] 参见李会欣、刘庆龙编著《中国城市社区》,河南人民出版社 2002 年版,第 114 页。
[3] 参见束锦《社会管理创新与协商民主的理论契合及实践探索——南京市鼓楼区议事机制调研》,《社会主义研究》2011 年第 5 期。

协商的重点在于议事与决策，直接涉及居民自治的核心环节。在社区治理结构议行分设、功能分化之后，从原来议行合一的居委会组织体系逐步向居委会、居民会议、居民代表会议和社区协商议事会等决策层与执行层分开的结构演进，社区居民有更多的机会参与社区议事和决策，直接行使当家作主的权利。

三 探索居民自治有效实现形式

纵观现阶段居民自治的实践，协调、沟通、参与和议事等虽然带有协商民主的元素，但是并不是严格意义上的协商民主，存在一系列现实的问题。一是小范围协商，缺少广泛的参与；二是先决策后协商，协商的作用是"征求意见"而已；三是想协商就协商，不想协商就不协商，一切依领导主观意志而定。① 正是由于协商民主未能充分发挥效用，在一定程度上影响了居民自治的有效实现。下一阶段的居民自治不仅要发掘和重视协商民主在居民自治中的作用，而且要在协商民主中探索居民自治的有效实现形式。不过，协商民主作为居民自治一种新的尝试，还需要相应条件的支持。

首先是相对独立的自治区域。要让协商民主成为居民自治的运转机制，必须确立社区相对独立性，使得社区居民一方面能够自主支配社区范围的自治事务，另一方面有能力处理各类公共事务。只有在这样一个自治区域内协商民主才能有效地开展起来，免受外界过多的行政干预。

其次是权力制衡的自治体系。协商民主虽然是对代议民主的超越，但是两种民主形式并不是截然对立的。协商民主需要代议民主所建立的权力相互制约的政治共同体。在居民自治中，居民会议、定期选举、居务公开、民主评议、财务监督和罢免等正在形成一个权力制约体系，保障协商民主不因任何个人的意识而改变。

再次是负责任的自治人。协商民主是持续的利益互动过程，每个居民从自己的利益出发，秉承相互理解的原则，参与到社区自治当中，寻找彼此间利益的交集，形成共同利益和集体理性。这就意味着在居民自治过程中利益

---

① 参见李君如《完善两种民主形式 形成中国民主理论》，《中国政协理论研究》2013 年第 2 期。

相关者要积极参与，合理表达自己的利益诉求。当共识达成后要认真遵守，做负责任的自治人。

最后是完备规范的自治制度。协商民主有系统的制度设计，以保证参与的有序性和过程的公开性。在众多居民参与的情况下，如何达成一致需要制度上的精巧设计，将真正的民意过滤为自治的议题，寻求居民之间利益的最大公约数，并保障协商过程的公平、公正和公开，为协商民主创造有利的制度环境。

然而，由于以往居民自治的惯性，协商民主的支持条件尚不完善。在未来居民自治进程中，协商民主仍然有很长的一段路要走。我们应当顺势而为，立足于基层民主协商，从协商意识、协商制度和协商观念、协商方式等角度入手着力推进居民自治中协商民主的发展。

第一，增强民主协商意识，对涉及居民群众切身利益的问题积极开展民主协商。协商民主对社区居民来说仍然比较陌生，然而居民是协商的主体，必须在居民自治中，不断增强居民的民主协商意识，鼓励利益相关者参与到具体的协商过程，努力营造民主协商、有序参与的社会氛围，借助对话、沟通来解决问题，倡导包容和理解的社区精神，兼顾各方的利益诉求，达成最广泛的社会共识。

第二，完善民主协商制度，确保社区民主协商有序进行。协商民主将程序性当作规范性的要求，在多元参与的情况下，程序性的制度规定是民主协商得以实现的重要保障。为此，必须贯彻公开性原则，对涉及群众切身利益的重大问题，及时对居民公布，规定民主协商的必经程序，严把议题设置、方案讨论和结果公开等关键环节，探索创新民主协商的方式和方法，在保障基层民主协商的实际效果的同时，方便居民群众参与。

第三，强化民主协商观念，实现多元主体的平等参与。协商民主是平等主体之间通过对话与沟通的方式达成的利益均衡，使各方的利益得到相应的考虑与照顾，最终形成一种彼此接受的解决方案。这就要求街道、社区以及驻区单位、企事业等主体能够以彼此平等的身份，平等的影响力，平等的资源条件，平等的说服能力等为基础，平等地参与到民主协商当中。

第四，创新协商民主方式，拓宽居民参与自治的途径。协商民主的独特优势在于其方式的多样性，包括沟通、交流、讨论、妥协等，而每一种方式又能够衍生出更多的办法。对于居民自治这种贴近日常生活的治理活动来说，需要更加丰富多样的方式方法。既可以利用非正式的社区邻里聚会，又可以采取正式的听证会。既可以依靠原有的协商议事组织，又可以设立新的理事会等。

　　事实上，从目前居民自治中协商民主实践来看，虽然起步晚，但是发展快。一方面是协商民主的内在价值与居民自治相契合，另一方面是协商民主某种程度上为居民自治的发展寻找新的突破口，促进了居民自治的有效实现，反过来对基层民主协商起到了助推的作用，形成了协商民主和居民自治的互联互动，这正是居民自治有效运转所不能缺少的内在动力机制。

第八章
城乡基层民主与全过程人民民主

中国共产党自成立起以实现人民当家作主为己任。改革开放以来，中国共产党不断探索中国特色社会主义民主政治之路，尤其是进入中国特色社会主义新时代以来，党中央不断丰富中国特色社会主义民主政治理论与实践，取得了一系列的重要理论成果，集中体现在"全过程人民民主"的理论体系。"全过程人民民主"是对中国特色社会主义民主政治的最新概括，是当前和今后一段时期中国特色社会主义民主政治建设的重要任务。

基层民主是社会主义民主政治最广泛的实践，也是全过程人民民主的重要部分。习近平总书记曾经指出，"基层是社会的细胞，历来是民主政治的发源地和实验田"[①]。实际上，被视为全过程人民民主构成要素的"民主选举、民主决策、民主管理和民主监督"最早来源于基层民主实践，基层民主是诞生于中国大地上的具有中国特色的基本政治制度，也是社会主义政治制度自信的最为生动的体现。为此，党的二十大报告在"发展全过程人民民主，保障人民当家作主"论述中强调"积极发展基层民主"，并提出"基层民主是全过程人民民主的重要体现"，为新时代加强基层民主建设指明了方向。

一 全过程人民民主研究中的基层民主

自"全过程人民民主"提出之后，学者们对全过程人民民主进行了比较

[①] 鲍洪俊：《习近平：基层民主越健全，社会越和谐》，《人民日报》2006年9月25日第10版。

系统性的研究，包括理论内涵、深远意义、思想渊源、实践基础、发展空间、实现路径以及具体实践等，不仅有系统研究的专著，而且相关学术论文大量发表，"全过程人民民主"研究得以迅速展开，具体来看涉及以下几方面。

一是全过程人民民主的理论研究。主要开展对全过程人民民主的理论逻辑、制度路径、体系框架、核心内容、运作形态、话语体系等的分析。其中，对全过程人民民主的理论定位是研究重点，如社会主义民主政治理论与实践的重大创新[1]，人类民主政治的新形态[2]，人民民主新基石[3]。在横向制度比较，全过程人民民主是超越西方民主的思维变革与制度变迁[4]，与"民主赤字""民主滑坡""民主倒退"的西方民主相比，是具有明显制度优势的高质量民主[5]。纵向的历史分析上强调全过程人民民主是建党百年基本经验的总结，是党的十八大以来深化民主政治发展规律后的重大理论创新[6]，有的研究认为全过程人民民主与中国传统政治思想有内在渊源[7]。

二是全过程人民民主的制度与机制研究。主要研究全过程人民民主与人民代表大会制度[8]、人民政协制度[9]、党的领导制度[10]的内在关系，总体上，强调全过程人民民主的制度基础是人大制度、政协制度和党的领导制度统一。[11] 在

---

[1] 参见王宗礼、李振江《全过程人民民主：社会主义民主政治理论与实践的重大创新》，《行政论坛》2021年第4期。

[2] 参见鲁品越《全过程民主：人类民主政治的新形态》，《马克思主义研究》2021年第1期。

[3] 参见郭静《全过程人民民主：人民民主理论的新基石》，《人民论坛》2021年第30期。

[4] 参见张树华《发展全过程人民民主》，《红旗文稿》2021年第17期；亓光《全过程民主：中国共产党治国理政的思维变革与政治逻辑》，《社会科学研究》2021年第2期。

[5] 参见樊鹏《中国特色社会主义民主为什么行》，《红旗文稿》2021年第14期。

[6] 参见唐皇凤《新时代中国共产党发展全过程人民民主的理论创新和实践进展》，《新疆师范大学学报》（哲学社会科学版）2022年第5期。

[7] 参见刘九勇《全过程人民民主的传统思想渊源》，《政治学研究》2021年第4期；储建国《全过程人民民主的理论逻辑与核心内容》，《国家治理》2021年第Z5期。

[8] 参见张君《全过程人民民主：新时代人民民主的新形态》，《政治学研究》2021年第4期。

[9] 参见江泽林《"两会制"民主视域下的人民政协——全过程人民民主的重要政治制度》，《中国社会科学》2021年第12期；朱凤霞《全过程人民民主视域下的人民政协职能拓展——基于四川"有事来协商"平台的分析》，《中州学刊》2023年第6期。

[10] 参见祝灵君《推进全过程民主离不开党的领导》，《探索与争鸣》2020年第12期；阙天舒、方彪《国家治理场域中全过程民主与新型政党制度——基于新时代中国话语建构的视角》，《社会主义研究》2021年第4期。

[11] 参见程竹汝《论全过程人民民主的制度之基》，《中共中央党校（国家行政学院）学报》2021年第6期。

具体机制上，突出全过程人民民主的法治保障①，在法治轨道上有序推进"全过程人民民主"②，以及全过程民主的法律界限等问题③。此外，还有关于全过程人民民主与责任政治④，全过程人民民主与民心政治⑤，全过程人民民主与国家治理⑥，全过程人民民主与铸牢中华民族共同体意识⑦等内在关联机制的研究。

三是全过程人民民主的实践研究。全过程人民民主从价值性命题转化为操作性命题，有赖于实践形式的丰富多样，诸如参与式预算⑧，作为全过程人民民主制度基础的人大制度微观实践，如基层立法联系点⑨，全过程人民民主与数字技术所塑造协商形态的关系⑩，智能技术为全过程人民民主带来的变化⑪，以及依托网络技术为基础的全过程人民民主的机制⑫，全过程人民民主与政策参与过程优化⑬，全过程人民民主与城市社区自主治理⑭。

整体来看，全过程人民民主研究已从价值—制度范式逐渐扩展到机制—

---

① 参见林彦《全过程人民民主的法治保障》，《东方法学》2021年第5期。

② 参见莫纪宏《在法治轨道上有序推进"全过程人民民主"》，《中国法学》2021年第6期。

③ 参见莫纪宏《"全过程民主"的民主特征与法律界限》，《西北大学学报》（哲学社会科学版）2022年第1期。

④ 参见张贤明《全过程民主的责任政治逻辑》，《探索与争鸣》2020年第12期。

⑤ 参见张爱军《全过程人民民主与民心政治》，《党政研究》2022年第1期；张等文、刘绍罩《以民主促民生：发展全过程人民民主的民生逻辑》，《政治学研究》2023年第2期。

⑥ 参见董树彬、何律春《全过程人民民主赋能国家治理：现实可能、作用机理与实践路径》，《学习与实践》2022年第2期。

⑦ 参见高永久、冯辉《全过程人民民主与中华民族共同体建设的内在逻辑》，《广西民族研究》2023年第4期；周玉琴《论新时代民族地区全过程人民民主发展的内在逻辑——以铸牢中华民族共同体意识为视角》，《社会主义研究》2023年第4期。

⑧ 参见上官酒瑞《参与式预算是全过程民主的实践形式》，《探索与争鸣》2020年第12期。

⑨ 参见孙剑纲《新时代全过程人民民主的人大实践》，《中共中央党校（国家行政学院）学报》2021年第6期；佟德志、林锦涛《基层立法联系点的全过程人民民主分析——以上海市为例》，《江淮论坛》2023年第2期。

⑩ 参见曲秀玲《全过程人民民主的数字协商向度：优势、问题与优化》，《统一战线学研究》2021年第6期。

⑪ 参见高奇琦、杜欢《智能文明与全过程民主的发展：国家治理现代化的新命题》，《社会科学》2020年第5期。

⑫ 参见张爱军《全过程人民民主与民心政治》，《党政研究》2022年第1期。

⑬ 参见孔繁斌《全过程民主：政策参与过程优化的新情境》，《探索与争鸣》2020年第12期。

⑭ 参见房亚明《"全过程民主"视域下城市社区自主治理的机制建构》，《湖北社会科学》2020年第2期。

实践层面，一方面继续系统论证全过程人民民主与马克思主义制度、中国特色社会主义民主政治和中华优秀传统文化的延续性和创新性，另一方面也更加注重如何将全过程人民民主运用于治国理政的各个层面和各个环节，将全过程人民民主的制度优势转化为治理效能。上述研究成果对于认识和把握全过程人民民主具有重要的理论意义。不过，相关研究成果集中在人大制度和政协制度等国家层面的制度，基层民主制度有所忽略，而基层民主由于其基础性、内生性、参与性等特征，是社会主义民主政治的基础。在宏观的理论与制度研究之外，基层民主与全过程人民民主研究成果较少。目前相关研究主要从农村基层民主视角来分析全过程人民民主的理念、价值与现实进路[①]或者全过程人民民主视角下基层民主与基层治理关联、走向与路径等[②]，使得现有的全过程人民民主研究缺少最为基础的部分。

二 基层民主在全过程人民民主中的发展演进

基层民主是中国共产党领导和探索人民民主的重要组成部分，回溯基层民主相关制度与实践的历史演变，基层民主与人民民主具有内在历史关联性。自中国共产党成立以来，对外为国家争主权，对内为人民求民主一直是党的奋斗目标。毛泽东同志指出，"中国缺少的东西固然很多，但是主要的就是少了两件东西：一件是独立，一件是民主。这两件东西少了一件，中国的事情就办不好"[③]。结合我国的历史经验，在争取人民民主的过程中应将民主建设工作的重点放在基层。

一是土地革命时期基层苏维埃建设。中国共产党成立之后就高度重视基

[①] 参见谢晓通、章荣君《全过程人民民主：理念界定、价值阐释与现实进路——基于农村基层民主视角的考察》，《学习与实践》2022年第2期；董江爱、王艺苑《农村基层全过程人民民主的内涵、特征及实现逻辑——基于山西H镇村"两委"换届的解释框架》，《理论探讨》2023年第2期。

[②] 参见任中平《全过程人民民主视角下基层民主与基层治理的发展走向》，《理论与改革》2022年第2期；鞠正明《村（居）民自治实践全过程人民民主的路径探析》，《甘肃社会科学》2023年第2期；高洪贵、宋宁《全过程人民民主赋能乡村治理的可能与可为》，《行政论坛》2023年第5期；王炳权《论全过程人民民主与基层治理》，《甘肃社会科学》2023年第1期；姜国兵《全过程人民民主如何在基层发挥功效？——基于深圳市"民生微实事"政策的考察》，《行政论坛》2023年第4期。

[③] 《毛泽东选集》第2卷，人民出版社1991年版，第731页。

层民主政治建设，不仅在经济上保障农民的土地权益，而且在政治上赋予农民以民主权利。1931年中央苏区创造了中国最早的基层民主制度——苏维埃代表大会制度，通过苏维埃代表大会为贫困农民参与基层政权提供了重要渠道。毛泽东同志曾经有一个形象的比喻，"我们要建立一个坚固的塔，就要从打下坚固的塔脚做起，我们要建立坚固的苏维埃，也要打下坚固的苏维埃塔脚，这就是城乡苏维埃了"[①]。1933年，中央苏区和多地区选民参与率高达80%，被毛泽东同志称为"最广泛的选举"[②]。接着建立与完善基层苏维埃代表联系制度、代表主任制度、代表会议制度、代表召回制度等，切实保障了基层苏维埃与群众的密切联系，赢得了广大贫困农民的拥护和支持，在艰苦的敌我斗争中红色政权得以长期坚持下来。

二是延安时期边区基层政权建设。在边区基层政权建设过程中，中国共产党推行"三三制"原则，规定"抗日统一战线政权的选举地等，应是凡满十八岁的赞成抗日和民主的中国人，不分阶级、民族、男女、信仰、党派、文化程度，均有选举权和被选举权"[③]。通过基层群众直接选举，建立乡参议会、乡政府以及下辖的行政村等组织，各根据地发动群众开展民主普选和民主运动，丰富了民主参与实践形式，例如，"红绿票选法""豆选法""画圈法"等。在大部分农民不识字的情况下，通过"豆选"等方式实现了广泛的民主选举。在"豆选"中，年满18岁的人口，无论男女、贫富、出身，都有投票权，并且"豆选"采取秘密投票方式，确保了选举的公平公正，其中对投票规则设计之缜密，令世人叹为观止。[④]

三是中华人民共和国成立后的民主建政。中华人民共和国成立之后，伴随着土地改革的是民主建政，在乡（行政村）进行了基层人大代表选举，由农民直接推选乡（行政村）人大代表，组织乡（行政村）政权，建立了基层民主政权，成为人民民主政权的重要基础。中国共产党开始探索一条基层民主规范化和制度化路径。1953年，彭真同志指出："没有群众自治，没有基层

---

① 毛泽东：《今年的选举》，载《建党以来重要文献选编（1921—1949）》第十册，中央文献出版社2011年版，第504页。

② 参见陈荣卓《新时代基层民主政治建设的三重考察：历史主线、行动方略及现代走向》，《马克思主义研究》2023年第7期。

③ 《毛泽东选集》第2卷，人民出版社1991年版，第743页。

④ 参见牛铭实、米有录《豆选》，中国人民大学出版社2014年版，第164页。

直接民主，村民、居民的公共事务和公益事业不由他们直接当家作主办理，我们的社会主义民主就还缺乏一个侧面，还缺乏全面的巩固的群众基础。"① 由此，在城市建立了人民广泛参与的群众性自治组织，在工厂进行了民主化改革，建立职工代表大会，在城乡建立了稳固的基层民主政权。人民公社时期还提出了"民主办社"，在工厂总结"两参一改三结合"的"鞍钢经验"，积极探索基层经济民主形式。从基层城乡社区、工青妇群众组织、企事业单位职工代表大会到行政机构内部管理等不同领域，都形成以投票为主要决策方式的选举制度，将民主原则贯彻到了社会生活各领域之中。②

四是改革开放后的基层群众自治建设。改革开放以后基层民主迎来了新的发展阶段，尤其是以基层群众自治为主要内容的基层民主政治。邓小平同志提出："把权力下放给基层和人民，在农村就是下放给农民，这就是最大的民主。"③ 在农村，分田到户之后，人民公社体制解体，农民群众面对社会失序和公共事业难题，自发组织村民委员会进行自我管理、自我服务和自我教育，随着村民自治在全国范围内的示范推广，基层民主的制度体系日益健全，民主选举、民主决策、民主管理和民主监督等"四个民主"成为基层民主政治的"四梁八柱"。城市基层社会在单位制解体后，逐渐形成以社区居委会为载体的居民自治，并迅速推广全国，共同构成城乡基层群众自治的主体。至党的十七大时，基层群众自治制度与中国共产党领导的多党合作与政治协商制度、民族区域自治制度一起成为社会主义基本政治制度。

五是新时代基层直接民主建设。面对基层民主政治建设的新情况与新问题，习近平总书记先后在全国人大和全国政协工作会议以及在地方参观考察中对积极发展基层民主进行了系列论述，重点强调"坚持和完善基层群众自治，发展基层民主，保障人民依法直接行使民主权利，切实防止出现人民形式上有权，实际上无权的现象"④。正是从"形式有权，实际无权"以及"选举前满天许诺，选举后无人过问"等突出现象出发，2019 年 11 月 2 日，习近平总书记在上海长宁区虹桥街道古北市民中心考察时提出，"我们走的一

---

① 《彭真文选（一九四一——一九九〇年）》，人民出版社 1991 年版，第 608 页。
② 参见陈周旺《全方位民主：中国特色社会主义民主的理论体系与制度选择》，《学术月刊》2020 年第 2 期。
③ 《邓小平文选》第 3 卷，人民出版社 1993 年版，第 252 页。
④ 习近平：《在庆祝全国人民代表大会成立六十周年大会上的讲话》，《求是》2019 年第 18 期。

条中国特色社会主义政治发展道路,人民民主是一种全过程民主"①。2021年7月1日,习近平总书记在庆祝中国共产党成立100周年大会上要求,"践行以人民为中心的发展思想,发展全过程人民民主",标志着中国共产党对中国特色社会主义民主政治有了最新的理论概括。2021年10月14日,习近平总书记在中央人大工作会议上发表的重要讲话指出,"我国全过程人民民主不仅有完整的制度程序,而且有完整的参与实践,实现了过程民主和成果民主、程序民主和实质民主、直接民主和间接民主、人民民主和国家意志相统一,是全链条、全方位、全覆盖的民主,是最广泛、最真实、最管用的民主"。2021年3月11日,十三届全国人大四次会议表决通过《关于修改〈中华人民共和国全国人民代表大会组织法〉的决定》,将"全过程人民民主"正式写入国家法律。

三 基层民主在全过程人民民主中的历史地位

回顾基层民主制度与实践的发展演进,基层民主在全过程人民民主体系中占有重要的历史地位,它是生长于中国土地上的基本政治制度,是社会主义民主政治的基础性工程,是人民民主制度自我完善的重要来源,是社会主义政治制度自信的重要体现。

一是基层民主内生于中国基层社会的基本政治制度。与其他基本政治制度不同,基层民主内生于中国基层社会。习近平总书记提出:"世界上没有完全相同的政治制度模式,政治制度不能脱离特定社会政治条件和历史文化传统来抽象评判,不能定于一尊,不能生搬硬套外国政治制度模式。"② 基层民主与中国传统乡村治理具有内在的延续性,植根于中国社会政治土壤。在中国历史上,基层社会有各种形式的自治,在国家权力不及的地方有所谓"宗族自治""乡绅自治",民族地区有"村寨自治"等,均体现了基层民众通过自己的力量来解决日常生活中公共问题的尝试。进入近代,随着西方"地方

---

① 习近平:《坚持和完善人民代表大会制度 保障人民当家作主》,《求是》2024年第4期。
② 习近平:《决胜全面建成小康社会 夺取新时代中国特色社会主义伟大胜利——在中国共产党第十九次全国代表大会上的报告》,人民出版社2017年版,第36页。

自治"概念引入中国，仿照西方地方自治制度，政府出台了城镇乡地方自治条例等，由于脱离当时中国社会政治条件与历史文化传统，最后并没有真正施行。一些地方实力派在山西、云南、广西等地推动"村本政治"和"村街自治"等，虽然名义上是自治，但是实际上的保甲制的翻版，最终地方自治在制度和实践都归于失败。只有中国共产党，有计划有步骤地赋予农民以民主权利，创造了直接行使民主权利的各种方式。在土地革命时期，基层苏维埃将广大贫雇农等纳入其中，维护贫雇农的切实利益，广大农民群众积极参与基层苏维埃大会。在延安时期，中国共产党在农村进行了民主政治建设，创造了诸如"豆选"等丰富多样的民主选举形式。中华人民共和国成立后，基层民主在社会生活各个领域全面推广。改革开放后，广西合寨大队的社员通过选举产生了中国第一个村民委员会，群众自我管理、自我服务、自我教育。随着《中华人民共和国宪法》规定和《村组法》颁布试行，一种新的基层民主形式得以确立。基层民主是内生于中国社会，并与中国历史传统与基层社会政治条件相适应的民主形式。

二是基层民主是社会主义民主政治的基础性工程。从社会主义民主政治的内在层次来看，国家民主来自社会民主，并最终回归社会民主，在社会层面发展基层民主，保障人民依法直接行使民主权利。[①] 实际上，人民直接行使民主权利是中国共产党发展全过程人民民主的重要目标。随着基层群众自治制度的普遍确立，其政治地位逐渐提升，尤其是在社会主义民主政治建设的过程中，基层群众自治的民主特性体现得更加充分。在随后的村民自治示范活动中原有的"三个自我"扩展为"四个民主"，即民主选举、民主管理、民主决策与民主监督，被称为"基层民主"或"草根民主"，逐渐成为社会主义民主政治的基础性工程。党的十二大报告提出，社会主义民主要扩展到政治生活、经济生活、文化生活和社会生活的各个方面，发展基层社会的群众自治。党的十五大报告提出，要进一步扩大社会主义民主。党的十六大报告提出，扩大基层民主的同时，强调扩大公民有序的政治参与等。党的十七大报告提出，人民依法直接行使民主权利，管理基层公共事务和公益事业，实行自我管理、自我服务、自我教育、自我监督，对干部实行民主监督，是人民当家作主最有效、最广泛的途径，必须作为发展社会主义民主政治的基

---

① 参见祝灵君《推进全过程民主离不开党的领导》，《探索与争鸣》2020年第12期。

础性工程重点推进。党的十八大以来，党中央强调，坚持和完善基层群众自治，发展基层民主，保障人民依法直接行使民主权利。党的二十大报告在"发展全过程人民民主，保障人民当家作主"论述中强调"积极发展基层民主"，并明确提出"基层民主是全过程人民民主的重要体现"。因此，相对单一代理制民主而言，社会主义民主政治具有复合民主制的特点，是间接民主与直接民主、人民代表管理与人民直接参与的结合，基层民主是整个社会主义民主政治的基础性工程。

三是基层民主是社会主义政治制度自信的根本。习近平总书记指出："坚定中国特色社会主义制度自信，首先要坚定对中国特色社会主义政治制度的自信。"[①] 坚持和发展基层民主制度是社会主义制度自信的重要体现。一方面，从制度体系来看，人民代表大会制度是根本政治制度，而中国共产党领导的多党合作和政治协商制度、民族区域自治制度以及基层群众自治制度是基本政治制度。作为基本政治制度之一的基层群众自治制度是中国特色社会主义政治制度自信的重要来源，同时，只有完整地认识基本政治制度与根本政治制度所塑造的制度体系，才能完整地理解政治制度自信。另一方面，从制度特征来说，社会主义民主政治是社会主义政治制度的重要特征，基层民主是社会主义民主最直接最广泛的实践，增强了社会主义政治制度的直接性、广泛性、真实性等民主特征。如果缺乏基层民主，那么社会主义民主就缺少了重要的一环，只有将以基层群众自治为代表的基层民主政治融入整个国家社会主义民主政治建设，才能为群众直接行使民主权利，广泛参与政治生活提供载体，社会主义民主政治才有坚实的基础。为此，习近平总书记在十八届中共中央政治局第一次集体学习时就强调，"把国家层面民主制度同基层民主制度有机结合起来"[②]。不论是从制度体系，还是从制度特征上，坚持和发展基层民主制度都是社会主义政治制度自信的重要体现。

四是基层民主是人民民主制度自我完善的重要来源。马克思认为："在民主制中，任何一个环节都不具有与它本身的意义不同的意义。每一个环节实

[①] 《习近平关于社会主义政治建设论述摘编》，中央文献出版社2017年版，第15页。

[②] 《紧紧围绕坚持和发展中国特色社会主义学习宣传贯彻党的十八大精神》，《十八大以来重要文献选编（上）》，中央文献出版社2014年版，第75页。

际上都只是整体人民的环节。"① 人民民主理应包括选举、决策、管理、协商、监督等环节，构成全过程人民民主的完整论述，其理论与实践源头可以追溯至基层民主中提炼的"四个民主"，即民主选举、民主决策、民主管理、民主监督等，这一理论概括来源于基层民主的创新实践。从自我管理、自我教育、自我服务中成长起来的农村基层自治性组织，逐步建立并实行了民主选举、民主决策、民主管理、民主监督等一系列自治制度。②党中央在规范村民自治活动中首次使用了"四个民主"的提法，并在基层民主建设中确立了民主选举、民主决策、民主管理、民主监督等四项制度，并赋予其丰富的内涵。党的十五大报告将整个社会主义民主政治阐述为"四个民主"，基层民主为人民民主制度自我完善提供了重要经验。党的十九大报告增加了民主协商，对"四个民主"进行了发展。习近平总书记提出，"扩大人民有序政治参与，保证人民依法实行民主选举、民主协商、民主决策、民主管理、民主监督"③。至此，党中央逐渐形成有关全过程人民民主的完整内涵。与人大制度、政协制度等一样，基层民主制度不仅能够贯彻落实全过程人民民主理念，而且能够为人民民主制度自我完善提供资源。

总的来说，在理论上，从基层民主提升至全过程人民民主的全新理论角度，由此进一步扩展基层群众自治的民主价值与理论空间，推动基层民主的发展完善，丰富与充实全过程人民民主的理论内涵，将国家层面的全过程人民民主与社会层面的全过程人民民主有机结合起来，形成一个多层次的全过程人民民主理论体系。在制度上，基层民主是发端于中国基层的基本政治制度之一，是最具有中国特色的民主政治制度，是中国特色社会主义制度自信的最为生动的体现，在推进全过程人民民主的过程中必须坚持和发展基层民主制度。在实践上，基层群众自治是最广泛的民主实践，不仅覆盖最基层的群众，涵盖最基本的政治社会生活，而且直接涉及最广大人民群众的利益，将全过程人民民主的理念、思路、方法等融入基层群众自治实践，维护基层社会的稳定，激发基层群众的社会活力，筑牢人民民主的基石。

---

① 《马克思恩格斯全集》第3卷，人民出版社2002年版，第39页。
② 参见张君《全过程人民民主：新时代人民民主的新形态》，《政治学研究》2021年第4期。
③ 《习近平谈治国理政》第3卷，外文出版社2020年版，第29页。

四 基层民主在全过程人民民主中的现实作用

全过程人民民主是全链条、全方位、全覆盖的民主，是最广泛、最真实、最管用的社会主义民主，在整个全过程人民民主体系中，当前基层民主的制度、理论与实践对于实现全过程人民民主仍然具有重要的现实作用，主要表现为以下几点。

一是基层民主是全过程人民民主制度体系的有机部分。早在村民委员会立法讨论之初，彭真同志就说："十亿人民如何行使民主权利，当家作主，这是一个很大的根本的问题。最基本的两个方面，一方面是人民通过他们选出的代表组成全国人大和地方各级人大，行使管理国家的权力；另一方面是基层实行群众自治，群众的事情由群众自己依法去办，由群众自己直接行使民主权利，这是最广泛的民主实践。"① 在全过程人民民主建设过程中，人大制度和政协制度等构成了代表民主和协商民主的重要组织载体，作为最广泛、最真实、最管用的全过程人民民主还需要基层民主作为其基础，由此形成一个具有完整制度和完整实践的人民民主体系。习近平总书记提出："古今中外的实践都表明，保证和支持人民当家作主，通过依法选举、让人民的代表来参与国家生活和社会生活的管理是十分重要的，通过选举以外的制度和方式让人民参与国家生活和社会生活的管理也是十分重要的。"② 近年来，不少地方积极探索基层民主有效实现形式，包括"两代表一委员"下基层，建立工作室以及基层立法联系点等，将国家层面民主制度与基层民主制度有机结合起来，进一步拓展了全过程人民民主的实践形式。人民民主从单纯关注国家形态的民主建设扩展为同时兼顾创造人民可实践、可运行的民主形式，并将创造人民可实践、可运行的民主形式作为国家形态民主建设的落脚点。③

二是基层民主是全过程人民民主制度实践的关键场域。习近平总书记提出："我们要继续推进全过程人民民主建设，把人民当家作主具体地、现实地

---

① 《彭真文选（一九四一——一九九〇年）》，人民出版社1991年版，第606页。
② 《习近平谈治国理政》第2卷，外文出版社2017年版，第293页。
③ 参见林尚立《论人民民主》，上海人民出版社2016年版，第123页。

体现到党治国理政的政策措施上来，具体地、现实地体现到党和国家机关各个方面各个层级工作上来，具体地、现实地体现到实现人民对美好生活向往的工作上来。"① 基层民主政治的发展始终坚持民主建设从与人民群众的切身利益密切相关的领域做起，从人民群众能够直接行使民主权利的领域做起，从能够做到的地方做起，这样，基层民主的内容具有直接性的特点。② 全过程人民民主除了"两会制"的定期实践，更为广泛的实践来自基层民主，基层民主发挥作用的场域在基层社会，而基层社会是国家与社会结合之处，基层民主由此具有特殊的实践优势，基层民主贴近群众生活，涉及最广大的基层群众，与基层群众利益直接相关，是群众参与基层公共事务的重要制度化渠道，并且基层群众能够直接参与其中，表达自己的观点，维护自己的利益，满足自己的需求，能够在基层的政治、经济和文化生活中切实感受到民主的价值和意义，更加积极地参与到基层民主当中。比如，湖北省广泛开展的美好环境与幸福生活共同缔造活动，就是通过组织发动群众参与，着力解决群众关心的、房前屋后的小事实事，对于基层群众来说，基层民主是广泛的、真实的和管用的。

三是基层民主是全过程人民民主的制度创新的重要环节。任何一种民主形态在确立了基本的价值与制度框架之后，需要在实践中不断丰富、调适和完善其运作形态与实现机制。③ 改革开放后，基层民主成为社会主义民主政治的实验田，为探索社会主义民主政治作出了重要贡献，诸如"海选""两票制""两推一选""四议两公开""村务监督委员会""小微权力清单""村民议事会"等都来自基层实践，逐步形成了民主选举、民主协商、民主决策、民主管理和民主监督等制度体系，对代表民主、协商民主、党内民主等有重要的示范借鉴作用，是探索基于中国实际的全过程人民民主制度体系的重要渠道。诸如在选举民主中主要体现为选举主体资格确立、候选人员条件确定、选举程序设置、选举过程监督、选举结果宣布和公示等。在决策民主中主要展示为决策创议、决策规划、决策合法化。在管理民主中主要是管理模式、

---

① 习近平：《坚持和完善人民代表大会制度 不断发展全过程人民民主》，《人民日报》2021年10月15日第1版。

② 参见徐勇、刘义强《我国基层民主政治建设的历史进程与基本特点探讨》，《政治学研究》2006年第4期。

③ 参见唐亚林《社会主义民主就是人民当家作主》，《红旗文稿》2020年第13期。

自由裁量、激励和惩罚模型等。在监督民主中主要为监督主体、对象、模式、工具、手段的议定。① 为此，基层民主可以为全面发展全过程人民民主提供制度创新的基层经验，而全过程人民民主基于此能够获得不断发展的内在动力。正如习近平总书记指出："中国特色社会主义政治制度过去和现在一直生长在中国的社会土壤中，未来要继续茁壮成长，也必须深深扎根于中国的社会土壤。"②

五 基层民主在全过程人民民主中的未来走向

源自中国土生土长的基层民主制度不仅为全过程人民民主提供了重要的经验，而且充分证明一个国家选择什么样的民主制度是由这个国家的历史、现实和人民所决定的。包括基层民主在内的全过程人民民主是社会主义民主制度的自我完善的结果，充分体现了社会主义民主政治的制度优势。积极发展基层民主将进一步彰显全过程人民民主制度优势和特点。

一是健全基层党组织领导的基层直接民主机制。全过程人民民主要坚持党的领导、人民当家作主和依法治国的有机统一。基层党组织领导的充满生机活力的基层群众自治是基层民主建设的重要方向。以往基层民主制度建设集中在村"两委"关系协调上，明确党组织领导地位，通过"一肩挑"和"交叉任职"来落实党组织领导，党的二十大报告提出积极发展基层民主第一条就是健全党组织领导的基层群众自治机制。一方面需要推动基层党组织书记通过法定程序担任村委会主任，同时将基层党组织的领导贯穿于基层民主的全过程，在选举、协商、决策、管理、监督等过程探索基层党组织的领导机制，尤其是在关系基层群众利益的重大问题、重大事项上要将党组织研究讨论作为前置条件，另一方面加强基层党组织建设，提高基层党组织的政治功能和组织功能，充分发挥党员的先锋模范作用，带领广大群众有序参与基层公共事务，将人民当家作主具体地、现实地体现到实现基层群众对美好生活向往的工作上来。

---

① 参见张明军《全过程人民民主的价值、特征及实现逻辑》，《思想理论研究》2021年第9期。
② 《习近平关于社会主义政治建设论述摘编》，中央文献出版社2017年版，第12页。

二是完善全链条全方位全覆盖的基层民主制度。与以民主选举为重点的基层民主建设相比，新阶段基层民主建设要突出全过程人民民主所要求的全链条全方位全覆盖。重选举而轻治理的基层民主实践使"四个民主"之间的关系失衡，造成选举与治理之间的绩效脱节。必须做到"四个民主"相互衔接，均衡发展，才能使基层民主不断推进并走向全过程人民民主。① 为此，不仅要改变民主选举与决策、管理和监督等不均衡的状态，而且要将基层民主各个链条各个环节各个部分有机衔接起来，避免出现"选举前漫天许诺，选举后无人过问"的情况。与此同时，在已有的建制性组织外，鼓励和支持建立各类议事会、理事会以及基层社会组织，通过村湾夜话、咨询会、恳谈会、听证会等多种形式开展民主协商，借助数字技术，推动基层民主数字化转型。数字协商民主可以打破时空地域限制，扩大协商民主主体参与范围，随时在线进行民意数据搜集与汇总。② 在基层公共生活中，着力构建多样、畅通、有序的基层民主渠道，丰富基层民主形式，从各层次各领域扩大基层群众有序政治参与，在基层治理领域更好体现群众意志、保障群众权益、激发群众创造。

三是探索多层次多类型多形式的基层民主实现形式。以往基层民主建设集中在行政村或者农村社区层次，基层群众主要通过选举来间接行使民主权利。全过程人民民主更加强调基层直接民主制度，为此，党的二十大报告提出，"完善基层直接民主制度体系和工作体系"，这就需要从推动基层群众直接行使民主权利的角度出发探索多层次多类别多形式的基层民主有效实现形式。基层民主的发展空间总体上有三个方面：权力空间、行政空间和社会空间。即从社会领域向政权领域，从村级民主转向乡镇及县级政府层级的民主，从重权力的获得转向"五个民主链条"的均衡发展。③ 一方面是基层民主向下延伸到村民小组或自然村，健全村民小组会议或者村民理事会等，围绕群众关心的小事实事开展议事协商。另一方面是基层民主向上发展，建立城乡基层群众自治组织与县乡人大代表会议的民意连接渠道，将基层民主与国家

---

① 参见任中平《全过程人民民主视角下基层民主与基层治理的发展走向》，《理论与改革》2022年第2期。
② 参见汪波《大数据、民意形态变迁与数字协商民主》，《浙江社会科学》2015年第11期。
③ 参见桑玉成《拓展全过程民主的发展空间》，《探索与争鸣》2020年第12期。

民主结合起来。正如彭真同志所期待的,"农民群众将一个村的事管好了,逐渐就会管一个乡的事情;把一个乡的事情管好了,逐渐就会管一个县的事情,最后实现基层民主与国家民主的对接"①。

四是积极将基层民主制度优势转化为治理效能。进入 21 世纪,世界民主政治的实践形式越来越表现为民主治理,治理对民主的吸纳和民主向治理的渗透越来越成为民主的理想和现实形式。民主要想得到巩固,也必须与有效的治理结合起来。② 按照最广泛、最真实和最管用的目标,基层民主政治建设不仅要加强选举、协商、决策、管理和监督等制度建设,健全全面、广泛、有机衔接的基层民主制度体系,而且要进一步健全与之相配套的组织体系、工作体系等,将基层民主的制度优势真正转化为治理效能,进一步增强城乡群众自我管理、自我服务、自我教育、自我监督的实效。我国现实有效的民主化战略,不仅要把握民主建设的渐进性和现实性,更要在对民生民主的追求中把民主和民生相结合,使民主建设与民生建设一体化,这是人民民主的内在要求及其特色所在。③ 基层民主延伸到社会生活的各个领域,通过民主改善民生,破解民主的治理困境。

---

① 《彭真文选(一九四一——一九九〇年)》,人民出版社 1991 年版,第 608 页。
② 参见佟德志《治理吸纳民主——当代世界民主治理的困境、逻辑与趋势》,《政治学研究》2019 年第 2 期。
③ 参见林尚立《民主与民生:人民民主的中国逻辑》,《北京大学学报》(哲学社会科学版)2012 年第 1 期。

中 篇

城乡治理的国家路径

第九章
回归国家与田野政治学的归属

近年来,田野政治学基于实地调查提出了具有原创性的"国家"概念体系,与之相伴的是概念本身引起了众多的争议。概念争议的实质是术语背后意义建构的差异,意义建构又受到研究者的建构策略影响。通过对田野政治学"国家"概念的框架分析,可以将其概念建构归纳为四种策略:一是从整体国家到基础性政治社会的框架转换,二是从治理主体的国家到治理对象国家的框架扩大,三是从现代国家建构到"国家化"的框架延伸,四是从基层社会到国家形态的框架搭桥。这些策略的背后是田野政治学在学科归属上"回归国家"的理论尝试,由此形成独特的概念建构逻辑,即在特定时代背景和学术话题中孕育概念,于既有概念和理论对话中生成概念,基于田野调查资料析出概念以及在研究者主动建构中积累概念。对田野政治学概念建构策略及其逻辑的框架分析,有助于理解田野政治学概念及其概念建构实践,促进政治学概念的交流与对话,推动政治学概念再生产,同时从概念角度来探析田野政治学回归政治学国家理论的路径。

一 概念建构与田野政治学的归属

伴随着中国政治学的恢复与重建,有关政治学发展方向的讨论从未停止,讨论最多的话题是中国政治学的本土化。早在20世纪90年代,许纪霖提出"学术的本土化与世界化"的问题,之后邓正来积极倡导并推动建立中国社会科学自主性。① 近年来，随着国家对于中国特色哲学社会科学发展的高度重视，学界有关中国政治学自主性的呼声日益强烈。事实上，中国政治学研究一直面临西方理论和中国经验之间的冲突，概念作为连接现实经验和理论体系的桥梁，作为中西政治学学术交流的通道，成为这一冲突的集中体现。

概念是政治学知识大厦的基石。海伍德（Andrew Heywood）在《政治学核心概念》中提出："要形成关于政治世界的知识，不能只靠观察，还要开发和提炼可以帮助我们理解它的概念。"②"概念是理论建构之砖，只有我们掌握了概念，我们就掌握了定义事物的权力。"③ 定义事物的权力使得概念建构本身充满着争议。尤其是在学术概念的跨文化旅行过程中，虽然可以从普遍性角度出发认为政治概念是人类政治现象的抽象，但是不同国家之间的差异却是真实存在的，由此带来马戎所说的"世纪难题"，即"西方基督教文明与中华文明这两个具有完全不同传统的政治秩序、思想知识体系之间究竟应当如何进行概念对接、术语互译与逻辑沟通"④。这种难题在中国政治学各个组成部分都有体现，比如，比较政治学领域的"概念拉伸"，中国政治思想史的"以西释中"。为此，在有关中国政治学的自主性话题讨论上，具有强烈本土化倾向的学者认为中国政治学的发展是在模仿、学习和追踪西方政治学研究，并将本土政治和学术话语丧失的原因归于西方政治学的盛行和盲目崇拜。林毅在对西方政治理论的评价后认为："当前政治学议题设定自主性的缺失，影响原创性概念或研究方式的阐述。"⑤ 肖滨直接指出："这些学术'沼泽地'的产生当然不能简单归结为术语翻译中词语选择的结果，其根子在于中国政治学丧失了概念建构的自主性。"⑥ 与之相对，从事政治学概念研究的学者更加关注概念翻译和使用中的混乱现象。王艳等认为："政治学概念本土化是站

---

① 参见许纪霖《学术的本土化与世界化》，《读书》1995 年第 3 期；邓正来《对知识分子"契合"关系的反思与批判——关于中国社会科学自主性的再思考》，《天津社会科学》2004 年第 6 期。

② ［英］安德鲁·海伍德：《政治学核心概念》，吴勇译，中国人民大学出版社 2014 年版，第 1 页。

③ ［德］石里克：《普通认识论》，李步楼译，商务印书馆 2010 年版，第 45—46 页。

④ 马戎：《民国时期的造"国民"与造"民族"——由王明珂〈民族与国民在边疆：以历史语言研究所早期民族考察为例的探讨〉一文说起》，《开放时代》2020 年第 1 期。

⑤ 林毅：《西方化反思与本土化创新：中国政治学发展的当代内涵》，《政治学研究》2018 年第 2 期。

⑥ 肖滨：《扩展中国政治学的现代国家概念》，《中国社会科学评价》2020 年第 2 期。

在中国立场上讲中国的概念。但是本土化绝不意味着自说自话,而是有一套逻辑自洽,符合中国实际的理论体系。"① 这就涉及本土政治学概念的建构方式问题。为此,郭忠华认为:"不能不顾概念建构的规律和世界知识体系的存在而关起门进行概念建构。如果这样,所建构出来的政治概念既可能导致重复,也可能难以为国际社会所理解。"即所谓的"概念重复供给",甚至"概念隔阂"问题,为此,他主张在构建中国特色的政治概念体系时必须如习近平总书记所强调的,"易于为国际社会所理解和接受",使国际社会能更好地认识中国。②

不论对西方政治理论持何种态度,学者们对于政治概念本土化较低、对现实解释力偏弱能够达成共识。西方的政治理论无法框定中国丰富的政治实践,而中国政治学学术概念的建构又没有形成足以替代西方理论的概念体系,为此,亟须中国政治学的概念建构上的努力。景跃进对已有概念建构的努力予以肯定,他认为:"不管结果如何,概念建构的努力值得充分肯定——这些术语旨在更准确地认识和描述中国政治现象,以避免西方概念运用于中国场景时出现的'概念拉伸'现象,可以预见,这方面的工作将因循已有的轨迹系不断深化下去。"③ 至于具体概念建构路径,周平认为:"中国政治学概念创造的策略包括从中国的经验中提炼出新概念,从决策性文件中析出学术概念,通过移植嫁接途径创造新概念,从中国传统文化中梳理出有用概念,从群众的创造中提炼出新的概念。"④ 郭忠华借用"知识树"的概念提出本土政治概念建构存在着三种可能的进路:"一是类政治概念的建构,旨在建构特定的政治学知识领域;二是政治概念更新,旨在以新政治概念取代概念之树的问题概念;三是种属政治概念的供给,旨在以本土政治概念完善类政治概念的家庭成员。"⑤ 在已有的政治学概念建构路径讨论中,学者们主张从中国政

---

① 王艳、李月军:《改革开放以来政治学概念译介及其本土化问题探析》,《观察与思考》2018年第4期。
② 参见郭忠华《本土政治概念建构的三种进路——基于"概念之树"的视角》,《探索与争鸣》2022年第6期。
③ 景跃进:《中国政治学理论建构的若干议题——田野基础、历史脉络与创新维度》,《华中师范大学学报》(人文社会科学版)2021年第4期。
④ 周平:《概念供给:中国政治学构建的关键》,《江汉论坛》2017年第11期。
⑤ 郭忠华:《本土政治概念建构的三种进路——基于"概念之树"的视角》,《探索与争鸣》2022年第6期。

治实践出发来建构政治学概念。张小劲认为："在近十多年里已经充分发展起来的有关中国现实问题的实证研究中，产生了许多指称和概括中国现实的理论概念，并在相当程度上得到了学界的公认，成为进一步展开实证研究的基础性成果。"[1]

从中国实践建构概念方面，近年来日渐成熟的田野政治学具有独特的优势，从学术话语、国家话语、政策话语、日常话语等角度提出了一系列原创性的政治概念，如"祖赋人权""家户制度""关系叠加""韧性国家"等，形成一个田野政治学"概念家族"，[2] 并逐渐形成了概念建构具体路径，包括如下环节：调查发现—田野事实—概念反思—概念加工—创造性转换—概念提出—概念论证—概念归类—概念延展—经受考验—体系建构—学术贡献等。[3] 郭忠华认为："在中国政治学概念体系构建方面，田野政治学所取得的效果最为明显，目前已经建立起相对完备的概念和理论体系。"[4] "'田野政治学'这些概念能否经得起时间考验目前尚无法定论，但其中的一部分已引起国内外学术界的广泛重视和讨论。"[5] 其中，房宁指出："田野政治学与当下社会科学的理论与方法发展趋势相契合，对于当代中国政治学学术发展和学科建设具有十分重要的意义。"[6] 周平认为："田野政治学研究把握了中国政治学学术转型的要求和机遇，对构建中国政治学学术体系做出了恰当而有效的回应。"[7] 叶娟丽等对田野政治学概念考察后认为："田野政治学从农民日

---

[1] 张小劲：《加强实证研究，建构概念体系：试论中国政治学术话语的发展策略》，《暨南大学学报》（社会科学版）2017年第1期。

[2] 田野政治学的概念家族包括四个方面。一是人。提出"农民理性扩张"，以历史和社会关系中具体的人为研究对象，并进一步提出"关系叠加"的概念。二是户。提出"家户制"，将其作为中国农村的本体性制度，并进一步提出"韧性小农"的概念。三是村。提出"祖赋人权"，从血缘关系角度发现社会成员身份、资格、地位、权力、责任的来源。四是国家。提出"国家化"，从国家整合的角度理解农村社会发生的一系列变动，并进一步提出"长周期"的概念。参见徐勇《田野政治学的核心概念建构：路径、特性与贡献》，《中国社会科学评价》2021年第1期。

[3] 参见徐勇《田野政治学的构建》，中国社会科学出版社2021年版，第291—294页。

[4] 参见郭忠华《时代更新背景下政治学理论发展的新方向》，《四川大学学报》（哲学社会科学版）2022年第3期。

[5] 郭忠华：《本土政治概念建构的三种进路——基于"概念之树"的视角》，《探索与争鸣》2022年第6期。

[6] 房宁：《政治学为什么需要田野调查》，《华中师范大学学报》（人文社会科学版）2021年第1期。

[7] 周平：《把握田野政治学的丰富内涵》，《中国社会科学报》2020年8月18日第1版。

第九章 回归国家与田野政治学的归属 117

常生产生活的行为理据与行为方式中归纳与提炼相应的政治概念，从而实现了对中国政治的重新定义。"① 景跃进提出："田野政治学的崛起，让一些政治学者看到了中国政治学在基本理论研究上的重大转型和变化，并认为中国政治学已处于'范式革命'的重要时点上，进而将田野政治学本质上概括为中国政治学。"②

当然，田野政治学建构的概念也引起一些争议，早在村治研究时期，田野政治学坚持"田野的灵感、野性的思维、直白的文风"③，从中国农村最基本的社会事实当中总结具有中国特色的学术概念，用来分析当前中国农村中特殊的政治社会现象。应星就此提出"朴素的经验主义"的批评，他指出："我们看不出这些新概念到底放在什么样的研究传统中能够得到理解，因而，我们也弄不明白这些概念的真正创造性所在。"④ 甚至被形容为"走马观花又一村，一村一个新理论"。有学者提出自己的担忧："立足中国经验并不意味着就能实现中国政治学概念的有效建构，如果没有对话和比较的意识，无法对概念进行有效提升，那么本土生成的概念就将仅仅具有防御性，能够论证中国特殊主义，但是并不具备普遍性。"⑤ 对此，徐勇做了学术方法上的系统回应，他认为："概念的争议在相当程度上是因为研究方法引起的。田野政治学强调事实先于价值，从事实出发；理解先于评价，以解释为重；他我先于自我，历史是过程。"⑥ 以上研究对田野政治学概念的提出背景、建构路径和方式等进行详细阐述，其他研究更多是从概念建构角度对田野政治学概念建构的评述等，并没有深入田野政治学概念体系内部去进行研究，以至于学界对田野政治学概念建构进路、策略等都不甚了解，也难以理解田野政治学的

---

① 叶娟丽、徐琴：《中国乡村治理研究本土化概念考》，《理论与改革》2021年第6期。
② 景跃进：《中国政治学理论建构的若干议题——田野基础、历史脉络与创新维度》，《华中师范大学学报》（人文社会科学版）2021年第4期。
③ 徐勇、吴毅、贺雪峰、仝志辉、董磊明：《村治研究的共识与策略》，《浙江学刊》2002年第1期。
④ 应星：《评村民自治研究的新取向——以〈选举事件与村庄政治〉为例》，《社会学研究》2005年第1期。
⑤ 徐明强：《从本土生成到比较视野——中国政治学概念生产的策略转变》，《比较政治学研究》2018年第2辑。
⑥ 徐勇：《实证思维通道下对"祖赋人权"命题的扩展认识——基于方法论的探讨》，《探索与争鸣》2018年第9期。

概念，甚至对一些概念有所误解。为了理解田野政治学的"概念"，本章试图深入田野政治学概念体系内部，围绕其核心的"国家"概念，对建构概念的策略性行为进行框架分析，直指概念背后的框架整合和意义建构等，从概念提出的幕后解读概念建构的前台。

二 基于"国家"概念的框架分析

概念是对某一类事实共同特征的概括。人们对于事实的理解和分析大多从脑中已有的一些既定范式出发，其背后的解读模式实际上影响着对于事实的理解与接受，一些观点之所以能够引起作者的共鸣或者认同，是因为观点与读者观念相符，符合读者的价值观和审美倾向，对读者原有的观念做了有限的修正。概念能否获得"理解"或者说能否通约与共享，从某种程度上需要从表面的词汇转向其背后的解读范式，即"框架"。欧文·戈夫曼（Coffman Erving）在《框架分析：经验组织论》一书中提出：社会事件原本混乱无序，人的认识能力却是有限的，正是框架的存在使得人们能够寻找、感知、确认以及标签化社会事件和信息。[1] 吉特林认为：框架是建构事实的过程，一系列信息筛选、强调和再现的过程。[2] 斯诺将框架理论用于社会运动中积极分子话语建构的策略性行动，更加突出其用于行动者在话语建构中行为及其背后的话语关系。在一定时空内发生的社会运动的共同主题，可以称为"主框架"，比如中国的新民主主义革命等。与此同时，在社会中存在着其他相关、相似或者相异的意识形态、价值和目标等，构成"次框架"，而社会运动组织者的目的是将从自身的主框架出发，通过各种策略性的行动对主框架进行宣传、改造等，建立与不同社会群体"次框架"的联系，进而组织动员相关群体的行为，称为"框架整合"。具体包括以下两种方式框架搭桥，即两个或两个以上在结构上不相干，但在意识形态和价值认同上相近的框架之间的结合，

---

[1] Goffman Erving, "*Frame Analysis: An Essay on the Organization of Experience*", Evanston: Northeastern University Press, 1986, p. 21.

[2] 参见［美］托德·吉特林《新左派运动的媒介镜像》，张锐译，胡正荣审校，华夏出版社2007年版，导言，第15页。

比如，土地改革过程中的访贫问苦和扎根串联，将生活的苦上升为阶级的苦。框架扩大，即一个或多个组织对某一意识形态、价值和目标有一定的认同，但尚未参与到这些价值、目标的社会运动，为了动员、强调价值目标重要性来动员相关组织和个人，比如，依靠贫雇农、团结中农。框架延伸，即社会组织为了动员更多的参与者，将意识形态、话语或目标进行修改，以便动员其他组织或个人，比如，抗日统一战线。框架转换，即为了社会运动的组织，积极分子往往修正甚至抛弃他们所持有的话语，提出新的目标与框架，比如，从以城市为中心到农村包围城市的战略转变。①

　　框架整合为概念研究提供重要的分析工具，在进行概念分析时要关注概念背后的意义建构，而意义建构离不开具体的框架设定。事实上，概念建构的过程可以看作研究者从已有的概念、命题和理论资源等基础上进行知识创造的策略性行动，从框架分析角度可以从概念建构的台前走向幕后，并以此对相关"概念"及其建构进行有针对性的探讨。在建构概念的过程中，研究者的时代背景、知识积累、立场观点和学术经历等设定了概念建构的"主框架"，其后续概念建构的过程是围绕着"主框架"展开的，正如斯诺所总结的框架整合一样，研究者会进行策略性的修订和改造等，以便提出新的框架来组织已有的概念并提炼出新的概念框架，概念建构的目的是让更多人能够理解和接受所提出的概念，虽然与社会运动视野下框架整合所具有的社会动员含义有所差别，但是意义建构部分是相同的，只是研究者的概念建构更加强调的是框架在研究者自己概念体系以及不同研究者概念之间的扩散，概念是如何衍生，其内在的逻辑是什么，概念是如何被研究者接受，又是在何种程度上被接受，等等，通过概念背后意义建构的框架分析有助于概念的理解，这也是框架分析理论从一般意义话语研究运用在学术概念上的一种初步尝试。对于田野政治学的框架来说，概念建构是在既有学科理论资源与时代背景下所确立的主框架中进行的，研究者通过框架整合而建构新的概念，并在框架扩散中传播概念，最后的目标是实现概念的通约与共享。

　　当前，田野政治学的各类概念众多，总数不下二十个，为了让讨论相对集中，所以集中于田野政治学概念体系中的"国家"系列概念。首先，在政

---

① 参见赵鼎新《社会与政治运动讲义》（第二版），社会科学文献出版社2012年版，第210—215页。

治学中，"国家"概念无疑具有重要的地位。作为政治学学术研究的一部分，国家总是政治分析的中心，以至于政治常常被理解为对国家的研究。① 其次，田野政治学也提出以国家为研究重点。徐勇认为："田野政治学的研究路径与其他路径的不同之处，便是农村农民和基层的社会层面来理解国家。如果不是从这个层面来理解，也就无所谓田野政治学。"② 田野政治学的研究不可能回避对于国家概念的分析，为此，在讨论田野政治学的研究对象时，没有国家关联的田野很难称为田野政治学，在事实上，回顾田野政治学的研究历程也充分体现了将国家纳入农村农民研究领域的隔阂，同时，未来田野政治学的主要工作是进一步将田野调查延伸到政治学的核心领域——国家，建立田野与政治学研究领域的联结。缘于此，本章从田野政治学的"国家"系列概念入手来展开相关研究能够满足案例的代表性要求，最大限度地展现田野政治学概念建构的策略及其内在逻辑。

三　田野政治学"国家"系列概念及其建构策略

田野政治学的概念建构从"主框架"来看是马克思主义及其中国化的理论成果，田野政治学所依赖的华中师范大学政治学学科脱胎于科学社会主义专业，早期的研究力量主要从事科学社会主义，在此过程中完成学术积累，奠定了政治学的科社底色，不少研究者通过阅读马列主义经典著作完成学术训练，为从事中国政治研究打下学术基础。因此，在后续有关国家的研究中，运用理论资源主要是马克思主义国家学说与中国历史与现实场景。作为田野政治学代表性学者，徐勇认为："马克思主义及其中国化的成果无疑是最重要的。马克思主义提供了基本的理论与方法，我们从事田野政治学，进入和深入田野，了解国家宏观政治与政策，具有政治高度，以中国田野大地为基础，在马克思主义及其中国化成果的指导下进行原创性研究。"③ 在此基础上，田

---

① 参见［英］安德鲁·海伍德《政治学核心概念》，吴勇译，中国人民大学出版社 2014 年版，第 25 页。
② 徐勇：《田野政治学的构建》，中国社会科学出版社 2021 年版，第 309 页。
③ 徐勇：《田野政治学的构建》，中国社会科学出版社 2021 年版，第 357—358 页。

野政治学开启了以下概念建构之旅。

一是框架转换,从整体国家到基础性政治社会。在田野政治学有关"国家"概念的论述中,主要引用恩格斯《家庭、私有制和国家的起源》一书有关国家特性的观点,"国家和旧的氏族组织不同的地方,第一点就是它按地区来划分它的国民。""第二个不同点,是公共权力的设立,这种公共权力已经不再直接就是自己组织为武装力量的居民了",而是"特殊的公共权力"。[1] 在这里,恩格斯提出了"国家"的两个原则,即地区原则和公共权力原则,主要来源于马克思阅读摩尔根《古代社会》一书有关早期国家形成的笔记资料,构成马克思主义有关国家形成与国家特征的重要基础。之后的马克思主义国家理论集中于国家权力这一原则的阐述。从经典理论出发,徐勇对国家的最初理解主要包括两个方面:首先,侧重于国家权力,这是因为革命问题在于政权问题;其次,将国家作为一个整体,尽管讲到国家整体与部分关系,但是涉及的是不同的政治体制。[2] 当然,这是与当时的学术环境与社会背景相关的,恢复不久的政治学研究主要侧重于意识形态导向和国家政治制度的宏观构造方面,这被视为政治学研究的主流。但是理想主义与现实政治的冲击使得政治学研究者重新思考学术研究的方向,在 20 世纪 90 年代开始出现学术重心的下移,从关注国家的宏观层面转向广阔的社会基层。在宏观政治面临困局的时候,政治实践常常以其执着超越政治学研究的视野。作为中国改革试点的农村改革的实践将政治学的目光由国家上层引向农村基层。[3] 田野政治学的研究者敏锐地从整体的国家观跳出来,深入国家权力所对应的基层社会。徐勇在《非均衡的中国政治:城市与乡村比较》中提出,对政治社会的考察,不能为极具诱惑力的国家上层权力更迭现象所迷惑,而应深入分析国家上层所立足的那个社会基础,需要以广阔的多层次视野透视和剖析政治社会。为了进行理论解释,徐勇以马克思主义国家理论资源为出发点,重点阐发了《家庭、私有制和国家的起源》中"国家从社会中产生"的理论观点,并加以改造,将国家或者说政治体系进行分层分类,提出

---

[1] 《马克思恩格斯选集》第 4 卷,人民出版社 2012 年版,第 187 页。
[2] 参见徐勇《田野政治学的构建》,中国社会科学出版社 2021 年版,第 199 页。
[3] 参见张厚安《三个面向,理论务农:社会科学研究的反思性转换——华中师范大学中国农村问题研究中心 20 年回顾》,《华中师范大学学报》(人文社会科学版)2001 年第 1 期。

"基础性政治社会"。他认为:"自从国家产生以来,政治体系就一分为二:一是来自社会,又凌驾社会之上,以其强制性的权力控制全社会的国家权力体系;一是在国家权力的统辖之下,与社会紧密联系在一起并深深渗透在日常社会生活之中的基础性政治社会。"[1] 通过对国家的分层,将整体国家分为国家权力体系和基础性政治社会,这就为基层研究提供了一个切入点,对于基层的研究有助于理解国家权力体系。他认为,只有在注意国家上层变化的同时,对其立足的政治社会的状况、特点和变迁给予特别的重视,才能全面准确地认识和把握中国政治发展的进程、规律和特点。[2] 但是这并不意味着国家与社会二分的关系,在提出上述观点后,他接着论述国家权力体系与基础性政治社会的关系,明确上层的国家权力是政治体系的本质和核心部分。但任何国家的权力的存在及作用都是以基础性政治社会为前提的。在田野政治学的国家概念中,虽然提出了国家权力体系和基础性政治社会两个层面,但是并不意味着西方理论中国家与社会的关系,实际上国家权力体系依然是核心或者本质,而基础性政治社会在某种程度上影响着国家权力体系。因此,对于国家或政治体系的二分法有助于从以往的整体国家观转换到国家权力体系与基础性政治社会,同时又明显地保留了马克思主义国家观中有关国家权力体系的核心地位,区别于国家与社会两分,避免简单地套用西方国家与社会关系的解释模式来理解中国,正是有了基础性政治社会的理论阐述,才为田野政治学从事基层研究,进行田野调查打下了重要的理论基础,否则,政治学者为何要研究基层社会,又如何研究基层社会。

从基础性政治社会出发,田野政治学在对基层政权进行相关研究时,能够顺利地进入有关村民自治的研究之中,因为村民自治是基础性政治社会的重要体现。当时对于村民自治的研究更多是从社会角度出发,将其作为中国国家与社会关系的新的阶段,或者说村民自治体现了基层社会的自组织,与当时有关民主政治的讨论相呼应。村民自治是一个小问题,却能够折射出国家与社会的重大关系,能够透视国家与社会的互动过程。[3] 不

---

[1] 徐勇:《非均衡的中国政治:城市与乡村比较》,中国广播电视出版社1992年版,第3页。
[2] 徐勇:《非均衡的中国政治:城市与乡村比较》,中国广播电视出版社1992年版,第3页。
[3] 参见徐勇《村民自治:国家与社会的关系重构和互动——对〈中国农村村民自治〉评论的回应》,载《徐勇自选集》,华中理工大学出版社1999年版,第189页。

过，从基础性政治社会的立论点出发，田野政治学对于村民自治的研究并非完全是从社会出发，后续在讨论和反思农村研究方法论时，徐勇提出当时研究只见"社会"不见"国家"，主张引入国家视角，实际上是之前理论观点的一种自然延伸。①

二是框架扩大，从治理主体的国家到治理对象的国家。田野政治学在20世纪90年代开始"发现社会"，提出了国家权力体系与基础性政治社会的二分法，从基础性政治社会角度研究村民自治。正如前述的观点，基础性政治社会与公民社会不同，因此，国家在田野政治学的论述逻辑中，换了一种表述方式，将其称为"政府主导性"，这在村民自治的发展中体现得比较充分。早在《中国农村政治稳定与发展》一书中，张厚安等就提出："与欧美式和拉美式现代化不同，中国现代化的国家主导和推动作用及对农村的关注特别突出。这是中国现代化高度发展和促进农村政治稳定与发展的重要条件和特殊优势。在现代化建设中，中国国家形态的特点是政府发挥主导性，通过国家的有效治理与经济、文化、社会和政治的整体发展来实现农村的政治稳定。"②尤其是在村民自治的试点过程中，田野政治学研究者较早注意到公民社会所设定的国家与社会二分及其理论预设，显然与实地调查中所观察到的事实不同，为此，徐勇认为："在民主化进程中，不能简单地将国家力量和政府行为视为消极物，在一定条件下，它会起到不可替代的积极作用。特别是对于发达的国家组织系统在历史上长期延续下来的中国来说，民主化进程应该充分利用国家力量和政府行为。这或许会使中国的民主化进程大大加快，并走出与西方不同的道路。"③此时，在村民自治向前发展的同时，农村出现严重的"三农"问题，"三农"问题研究覆盖了村民自治，众多的学者参与"三农"问题的讨论，田野政治学则从村民自治转向乡村治理，与村民自治相比，乡村治理正式将国家纳入其中，将"三农"问题作为现代国家建设的产物，要解决"三农"问题必须从国家治理乡村的历史变迁和未来趋势上寻找答案，由此将乡村治理与国家形态的转变关联起来。从村民自治到"治理"理论的

---

① 参见徐勇《当前中国农村研究方法论问题的反思》，《河北学刊》2006年第2期。
② 张厚安、徐勇主笔，项继权等著：《中国农村政治稳定与发展》，武汉出版社1995年版，第19—20页。
③ 徐勇：《民主化进程中的政府主动性——对四川达川市村民自治示范活动的调查与思考》，《战略与管理》1997年第3期。

引入，再到"乡村治理"的拓展，不仅引入国家视角，而且汲取"治理"这一外来学术资源，进行了马克思主义的创造性转化，通过援引《家庭、私有制和国家的起源》中有关国家与社会关系的论述，围绕"国家产生于社会，又高于社会之上"的理论观点，重构了现有的马克思主义国家概念体系，使得治理概念的引入看上去合理，将阶级斗争转移到国家权力使用方式上，在具体研究中展现出治理作为一个"分析性概念"的优势，并始终以中国实际为基础进行了场景化的研究，进而提出了"乡村治理"的概念。[①] 换言之，引入"治理"的概念是为更好地解释中国基层政治，其中体现了中国和中国学者的主体性。也正是在此基础上，我们在乡村治理领域开发出一系列具有原创性的研究成果。[②] 借助于对"治理"概念的解读以及之前国家权力体系和基础性政治社会的二分法，田野政治学从新的理论资源解释村民自治，相关研究向两个方向扩展：一是现代国家建构，二是村民自治赖以依存的社会根基。此处重点关注前一个方向的扩展。

与之前"发现社会"不同，田野政治学开始"回归国家"。田野政治学对现代国家理论进行了系统的研究，并结合中国实践进行了场景化的改造，用以解释中国农村社会的变迁。以《"回归国家"与现代国家的建构》一文为标志，田野政治学发表了一系列现代国家要素下乡的论文，十多年后结集出版《国家化、农民性与乡村整合》，核心观点是现代国家要素下乡意味着国家意志与元素带到乡村，国家权力向社会渗透，力图根据国家意志改造和构建社会，使社会日益国家化，具有愈来愈多的国家元素。社会对国家渗透并不是消极地接受，而会以各种方式作出自己的反应，顺应抑或反对，国家需要对之作出相应的调适。[③]

因此，与一般意义上的现代国家建构不同，田野政治学将其运用于国家对于乡村社会的整合，与以往的单向的国家整合不一样，更加强调国家与社

[①] 李泉在《治理思想的中国表达》一书中对此进行详细的介绍，他认为，徐勇的治理研究一方面承认治理的工具性，另一方面否定国家与市场的两分，而是将国家权力作为一种特殊的公共权力置于治理的核心内涵，马克思主义者从原有治理概念中解脱出来，能够大胆地结合中国场景进行概念的使用。参见李泉《治理思想的中国表达：政策、结构与话语演变》，中央编译出版社 2014 年版，第 84—87 页。

[②] 参见徐勇《田野政治学的构建》，中国社会科学出版社 2021 年版，第 340 页。

[③] 参见徐勇《国家化、农民性与乡村整合》，江苏人民出版社 2019 年版，第 5 页。

会的互动,即乡村社会如何来回应国家。既吸收了国家建构理论中有关国家权力对于社会渗透的观点,又为基础性政治社会或者基层社会保留了一定的自主空间。基于此,后续有关现代国家的理论的研究中又提出国家建构的非均衡与自主性的议题[1],将现代国家分为"民族—国家"与"民主—国家"两个层面,实际上是对现代国家建构理论基于中国场景的解释,"民族—国家"更多指向的是国家权力体系,而"民主—国家"更多指向基础性政治社会,更为重要的是对村民自治产生以来基层民主实践的总结,以及将社会主义民主政治纳入现代国家建设,以避免单纯强调国家建构所体现的"国家中心主义"倾向。为此,现代国家不仅仅是作为治理主体的国家,即国家权力体系及其对乡村社会的控制与渗透,而且是作为治理对象的国家,即基础性政治社会对国家权力体系的影响与反馈等。对此,肖滨在其讨论国家概念的论文中强调徐勇对马克思和恩格斯国家概念的介绍,包括两个指称对象:一是包括地区和被治理者的国民在内的国家组织实体,可以视作治理对象的国家;二是掌握公共权力、具有组织形式的暴力组织,可以视作治理主体的国家。[2] 在此基础上,徐勇的研究改变了以往单纯从韦伯、吉登斯等国家概念出发所造成的国家概念窄化的理论盲点。[3]

三是框架延伸,从现代国家建构到"国家化"。在对现代国家建构理论进行场景化研究的过程中,田野政治学同时提出了"国家化"的概念。国家化并非一个有意识建构或者提出来的"概念",更像是国家建构理论的一种代称。在最初有关"国家化"文字表述中,国家化是一个过程,标志着国家性日益深入渗透于主权国家领域。代表整体国家的中央统治权威集中体现着国家意志。这种国家意志反映了国家的自主性。国家通过各种自主性方式将国家意志贯彻到国家领域,进入国民生活之后,便形成国家意志。[4] 徐勇在《国家化、农民性与乡村整合》一书中,对"国家化"进行了正式的概念阐述:具有现代特性的国家将国家意志输入包括传统社会在内的各个部分,使社会

---

[1] 参见徐勇《现代国家建构中的非均衡性和自主性分析》,《华中师范大学学报》(人文社会科学版) 2003 年第 5 期。

[2] 参见徐勇《关系中的国家》(第 1 卷),社会科学文献出版社 2019 年版,第 13 页。

[3] 参见肖滨《扩展中国政治学的现代国家概念》,《中国社会科学评价》2020 年第 2 期。

[4] 参见徐勇《国家化、地方性与草根民主——读〈现代化、城市化与农村基层民主〉》,《中国农村研究》2002 年卷,中国社会科学出版社 2003 年版,第 396—399 页。

为国家所渗透。国家化是一个政治—社会概念，它是那些具有现代意识的政治主体及其赖以存在的条件共同推进的国家对社会的变革过程。通过对政权、政党、政策、法律、土地、产品、劳动、运动、计划、市场、服务、汲取、分配、投入、宣传、教育、文艺、阶级、集体、社区、消费、生育、健康、话语、交通与信息等各个方面在农村建构国家。① 此时的"国家化"依然与国家建构的概念一致。但是，随着村民自治遇到挫折及围绕农村基本问题认识的分歧，逐渐将田野政治学的视野引向历史深处，这就是认识中国的国家转变和乡村治理的历史根基和传统底色。从田野中观察国家，使田野政治学发现传统国家在各个地方的表现有很大的差异性，有的直接受到国家权力的支配，还有相当多的地方，国家权力对其而言只是若有若无。中国正是在这样的基础上进行现代国家建构，其路径和方式有很大差异。② 更进一步的研究提出，中国的现代国家建构与西欧有很大差别。一是中国的现代国家建构之前，已存在完整的国家形态，国家权力机器发达。而西欧的现代国家建构是建立在封建社会的"空地"上，权力主要散落在封建领主庄园中。现代国家建构就是将分散的权力集中于国家之手。二是中国很早就有了地域辽阔的政治统一体，国家通过中心权力对其他地域进行渗透和整合，从国家一出现，便开始了这一过程。而西欧只是随着封建社会的替代才建立起统一的国家，并有了国家权力向社会的渗透。根据西欧经验形成的现代国家建构理论在中国的适用性有一定的限度，过往基于现代国家建构理论形成的"国家化"概念也有一定的限度。为此，徐勇对原有的"国家化"概念加以扩展，这就是"国家化"不仅存在于现代国家建构时期，而且存在于自国家产生之后。当氏族社会为国家所替代，便开始了将不同氏族性的国家性扩展到国际地域的进程。③ 在此基础上，田野政治学认识到国家的多层次性（地方国家），国家的多区域性（不同地域社会形态的国家）以及国家的多阶段性（传统国家与现代国家）。在深度农村调查基础上，对传统农村社会形态进行调查，探求传统农村与国家之间的联结与互动机理。在随后的研究中，陈军亚提出作为理论与方法的"国家化"，认为"国家化"概念具有认识视角的内在性、解释路

---

① 参见徐勇《田野政治学的构建》，中国社会科学出版社2021年版，第267—268页。
② 参见徐勇《田野政治学的构建》，中国社会科学出版社2021年版，第216页。
③ 参见徐勇《田野政治学的构建》，中国社会科学出版社2021年版，第217页。

径的历史性、研究范式的包容性，获得作为方法和范式的"一般性"，并将"国家化"概括为"国家整合社会，社会回应国家"，并以西南地区的村寨调查为基础，建构"国家化"概念分析外生型国家的国家认同问题等。① 任路在《国家化、地方性与村民自治》一书中对"国家化"进行了可操作化的转换，进而作为分析村民自治的独特视角。② 吴春宝认为：田野政治学的"国家化"概念建构经历了自发、自觉到自为三个阶段，"国家化"包括传统国家向现代国家转型、国家整合乡村社会以及国家形态演进等三个递进层次的关系。③

通过国家建构延伸到国家化，打通了传统国家与现代国家之间的隔阂，为田野政治学从历史角度来思考国家问题提供了重要的理论基础。正如肖滨所言，从历史事实来看，"前现代中国"不仅是"一种具有自我意识的政治共同体"，而且是一种有统治集团（君主和官僚体系）、被统治者（臣民）以及疆域的传统国家。就概念工具而言，他们以所谓"民族—国家"概念作为话语工具，或以现代"nation"（国族、国民）为尺度，或以国界分明的领土及其主权为标准，来裁剪和评判古代中国的传统国家形态，无视传统国家和现代国家的根本区别，也是对现代国家概念不适当的使用。④ 既然国家化将传统国家和现代国家放在一个体系中进行分析，结合"深度中国调查"有关农村社会形态的研究，田野政治学逐渐开始向农村历史延伸，进一步扩展了田野政治学的纵向研究空间，其中，具有代表性的是有关中国国家形态演进的多卷本的《关系中的国家》。⑤ 国家的演进不只是观念的产物，更是历史条件的产物，受历史条件形成的各种关系的制约。从最基本的社会关系，通过关系扩展渗透到国家的各个领域，不同的关系形成叠加，进而使得国家演化带有历史延续性的特点，相互之间纠缠，进而呈现国家形态的重复性、周期性变迁。血缘关系之上的"王制国家"，地缘关系之上的"帝制国家"，地域—民

---

① 参见陈军亚《国家化：基于中国国家实践的理论和方法》，《南国学术》2021 年第 4 期。
② 参见任路《国家化、地方性与村民自治》，中国社会科学出版社 2022 年版，第 23—27 页。
③ 参见吴春宝《田野政治学的"国家化"概念：建构脉络及其基本策略》，《中国农业大学学报》（人文社会科学版）2022 年第 4 期。
④ 参见肖滨《扩展中国政治学的现代国家概念》，《中国社会科学评价》2020 年第 2 期。
⑤ 参见徐勇《关系中的国家》（第 1 卷），社会科学文献出版社 2019 年版；《关系中的国家》（第 2 卷），社会科学文献出版社 2020 年版；《关系中的国家》，社会科学文献出版社 2023 年版。

族关系之上的"帝制国家",世界—历史关系中的国家转型与世界体系中的现代国家等。

四是框架搭桥,从基层社会到国家形态。田野政治学注重所建构概念的扩展性,即源于田野调查建构的概念,不仅要能够解释田野调查中的现象,而且能够扩展到政治学领域,才能称为田野政治学。由此可知,田野政治学核心概念建构的最终目的是从农村理解中国,从基层理解国家,从微观透视宏观,从田野回归政治学,这就使得田野政治学的概念面临着的知识跨越,尤其是围绕基层社会提炼的某些概念与国家概念的桥接的时候最为突出,为此田野政治学采取框架搭桥的策略。其理论基础则是田野政治学所主张的"从微观政治形态发现国家政治的根基",论述的逻辑是将国家作为一个有机体,其特性是由基本单元的性质决定的,以社会基本单元为基础的微观政治形态是理解国家政治的一把钥匙。社会的基本单元是指社会整体中自成一体或者自成系统的独立成分,单元组成的社会结构必然带有这种单元的特色。从社会整体来看,基本单元属于微观组织,但是通过微观反观宏观。一是宏观组织是由微观组织构成的,微观组织的特性决定了宏观组织的构造;二是宏观社会整体和变迁体现和反映于微观组织之中。从微观的基本单元视角出发进行研究,可以深入探析和发现宏观社会的特性、变迁和走向。① 沿着上述研究思路,田野政治学提出了"家户国家""韧性国家"等概念。

首先,在国家组织单元上,家户制度与家户国家的搭桥。田野政治学是以田野为对象,侧重于农村研究,在讨论中国农村发展道路的过程中,学界出现村社制与家庭联产承包责任制的争议,为了从学理上对家庭联产承包责任制进行解释,田野政治学率先论证了中国本源性的传统是一家一户的家户制度,徐勇认为:独立、自由的小农家庭是中国村落社会得以存在的根基,由家庭制度和户籍制度共同构成的家户制是中国农村社会的基础性制度,中国农村发展应充分尊重与合理利用此传统才能真正走向现代。② 为家庭联产承包责任制找到历史合理性,家户制的概念来源可以看出政策话语转换为学术

---

① 参见徐勇、罗丹《新中国70年农村复合制基本单元的创立与变迁》,《东南学术》2019年第5期。

② 参见徐勇《中国家户制传统与农村发展道路——以俄国、印度的村社传统为参照》,《中国社会科学》2013年第8期。

话语的实例。其后围绕家户进行深度调查和系统的学术研究,进一步论证家户制的实践形态、家户功能与政府治理的关系,家户主义和基层治理的影响等。① 当然,田野政治学不满足于家户制本身的研究,更希望能够与政治学的核心问题建立起联系。徐勇认为:"我们做了大量的调查,比如家户制,积累了大量家户口述材料,如果不能提炼到国家形态的层面上,就没有学科属性,这一点恰恰是大有开拓余地的。……我们要用政治学的概念做研究。"② 至于如何在家户制基础上形成学科属性,毫无疑问,最终要回到有关国家形态的讨论。"家户制"的提出不仅是农村研究基础理论领域的一个重要进展,更重要的是将家户纳入中国国家进程的研究,从而将田野与政治学直接联系起来。③ 具体来看,国家的基本单位是人,人是通过组织进入国家的。家户不仅是农民自我组织的基本单位,人也是通过家户组织进入国家的。在中国,家户制度对于国家具有双重意义。一是国家组织的基础。家庭是血缘关系为基础的经济社会单位,编户是地域关系为基础的政治社会单位。从微观政治形态来看家户制包括两个不可分离的方面:社会以"家庭"为基本单位,家庭之上,家庭成员个体依附于家庭整体;国家以"编户"为基本单位,编户为基,作为国家的编户高度依附于国家。家户制形塑着中国特有的社会与国家的关系模式。④ 二是国家制度的来源。历史中国是家国同构和家国共同体,是一种家户国家。⑤ 以家户制为基础,中国的国家形态表现为一种"家户国家",这一国家形态有自身特性,包括强大的国家能力、国家运行的自给性特征以及国家纵向关系的强化。⑥

围绕家户制度,田野政治学团队发表了一系列的研究成果,将家户制度纳入中国的国家进程研究。一是将"家"与"户"连为一体性的家户制度;

---

① 参见黄振华《家户变迁与政府治理:基于农户的政治人类学考察》,北京大学出版社 2019 年版;陈明《家户主义的行为逻辑及其公共治理》,中国社会科学出版社 2018 年版。
② 徐勇:《田野政治学的构建》,中国社会科学出版社 2021 年版,第 13 页。
③ 参见徐勇《田野政治学的构建》,中国社会科学出版社 2021 年版,第 166 页。
④ 参见徐勇、叶本乾《关系叠加视角下的家户制政治形态——以传统汉族地区家户社会为基点》,《云南社会科学》2020 年第 4 期。
⑤ 参见任路《家户国家:中国国家纵横治理结构的传统及其内在机制》,《东南学术》2019 年第 1 期。
⑥ 参见黄振华《家户制与家户国家:中国国家形态的一个解释框架》,《东南学术》2021 年第 5 期。

二是基于实地调查材料,从多个方面发现家户与国家联结机制;三是将家户制作为理解中国国家进程的重要基础和视角。① 整体来看,由家户制到家户国家的逻辑基本上是按照家户—编户—国家组织单位/国家制度—家户国家来展开的,首先是从家庭联产承包责任制扩展到有关一家一户的讨论,进而从西方社会学意义上的家庭过渡到以家庭为单位的户,进而将其确立为家户制,正是由于建立在家庭之上的户的存在,突出了家户制的国家意义,户是国家编户齐民政策的结果,具有国家建构性。基于此,田野政治学进一步阐发了家户制与国家的联系机制,将家户作为国家治理的组织单元,或者将家户制所具有的特性概括为国家的特性,最终提炼出"家户国家"或"家户制国家"的概念。

其次,在国家特性上,韧性小农与韧性国家的搭桥。从家户研究开始,对于农户的研究构成田野政治学概念建构的重要来源,家户制虽然能够解释家庭联产承包责任制所具有历史合理性,但是对于未来农村发展而言,家庭经营始终与现代农业发展存在着张力,为此,中央文件提出小农户与现代农业体系的结合,为田野政治学提出新的理论议题,即小农户为何能够长期存续,由此提炼出"韧性小农"②的学术概念,将其概括为小农户作为生产共同体、生活共同体、责任共同体等所具有的自主责任机制,使得小农户能够在历史和当下的各种环境中依然具有生命力,具有足够的韧性,以便适应不同的环境,并探索其有效实现形式等。自"韧性小农"提出后,田野政治学试图将小农特性扩展为国家特性。因为中国在历史上长期是一个农业国家,农民占国家的大多数,农民的特性在一定意义上决定着国家的特性,韧性小农在一定程度上奠定了韧性国家的社会基础。这是与田野政治学以历史与社会关系中的人为研究对象相关的,更具体说主要是以农民为研究对象。地域、人口和政权是国家的基本要素。人口有不同的特性。中国是一个有着悠久农业文明的国家,农民长期占人口的大多数,是典型的农业国家。农业特性及对农民特性的认识,与国家政权和治理状况直接相关。③ 为此,田野政治学进

---

① 参见徐勇《田野政治学的构建》,中国社会科学出版社 2021 年版,第 168 页。
② 参见陈军亚《韧性小农:历史延续与现代转换——中国小农户的生命力及自主责任机制》,《中国社会科学》2019 年第 12 期。
③ 参见徐勇《田野政治学的构建》,中国社会科学出版社 2021 年版,第 125 页。

入田野现场,接触到的是一个个具体的人,这些人的行为是在历史与社会关系中发生的。正是这些处于一定历史和社会关系中的人构成国家的基本要素,也铸造出一个国家的品性。后续陈军亚在回顾"韧性小农"概念建构过程中试图将"韧性小农"扩展到新的研究领域,即"韧性国家"。其立论的逻辑是国家建立在一定的社会基础之上,社会基础的稳定性,决定了国家的稳定性。"亚洲各国不断瓦解、不断重建和经常改朝换代,与此截然相反,亚洲的社会却没有变化。这种社会的基本经济要素的结构,不为政治领域中的风暴所触动"。① 中国社会结构的稳定根基,在一定程度上源于家户小农在长期历史进程中形成独立生存、自我发展的韧性。在某种意义上可以认为,小农的韧性是国家韧性的重要来源之一。相比于之前的小农特性与国家特性的论述逻辑,后续从小农与国家稳定的角度点出"韧性"所指向的是社会稳定,与西方用"威权韧性"对当代中国政治定义相比,"韧性小农"扩展而来的"韧性国家"②,试图从韧性国家的历史社会根基的角度把握中国的政治特性,且这一特性是以中国内在演化为本位的。从上述分析可知,田野政治学在论述逻辑上是按照人—农民—农民特性—国家特性—韧性国家来依次展开的,对于历史和社会关系中农民的特点上升到国家的特性,并初步给出了相关的解释,这对中国这个有着悠久历史农业文明以及农业人口占多数的国家来说,不论是从文化基因还是从人口结构来看,农耕文化和农民都是重要的解释变量。

最后,在国家演进上,关系叠加与国家演化的搭桥。田野政治学在进行"深度中国调查"项目之时,主要是对农村历史形态的调查与研究,在此过程中,研究视角逐渐走向了历史的深处,相关理论资源来自马克思主义有关"人是社会关系总和"的论断。田野政治学的关系理论吸取了马克思主义关于人的本质是社会关系的总和及客观的现实关系决定国家政权的思想,但又在此基础上进行了发展,形成了由关系、关系扩展和关系叠加等核心元素构成的一个关系理论体系。③ 以此为理论原点,田野政治学顺势提出关系及其具体所指。中国农村社会并不是由一个原子化的农民构成的,而是一个由各种

---

① 《马克思恩格斯文集》第5卷,人民出版社2009年版,第415页。
② 参见陈军亚《家户小农:韧性国家的历史社会根基》,《学海》2021年第1期。
③ 参见徐勇《田野政治学的构建》,中国社会科学出版社2021年版,第351页。

"关系"构成的社会。"关系"是理解中国农村社会的重要视角,也是理解中国国家演化的重要视角。人类最初,甚至唯一的社会关系是血缘关系,产生的是以血缘关系为纽带的氏族组织。这是人类社会的出发点。之后,因为地域相近而产生的交往,将不同的血缘关系的人联结起来,并形成地域关系。利益的分化一方面造成氏族组织的解体;另一方面产生人们之间的利益冲突,从而形成用于调解社会冲突的国家。在共同的相近的地域内生活着不同的民族人群,并形成民族关系。在相当长时间,人们生活在互不联系的地方,国家只是地域性国家。只有到了近代,人类进入互相联系的"世界历史"进程中,从而产生了世界关系。① 在分析了关系类型之后,进一步提出"关系"是如何建构"国家"的。从已经出版的《关系中的国家》来看,一个基本的理论命题是"关系构造国家,国家再造关系"。具体来看,人类社会关系的不断扩展丰富,形塑和改变着国家和国家治理;在中国的文明进程中,依次出现的社会关系不是简单的断裂和重建,而是长期延续、不断扩展和相互叠加,由此造成制度的更迭式变迁和政治现象的反复性出现,并通过国家治理体系的改进而不断再生产出新的关系模式。当完成初步的理论分析之后,田野政治学用大量的研究来论述上面提到的各种关系是如何来构造国家,关系的叠加又如何带来周期性的国家形态演化等,通过对丰富的历史材料的引用、分析与解读等,展现了中国国家形态的演化过程及其内在逻辑。在中国,当国家产生之后,血缘关系并没有被简单地替代,不仅保留下来,且成为国家构成的主导性理论,从而形成"王制国家"。经过漫长的历史演化,地域关系居于主导地位,血缘关系并没有完全被替代,由此形成"帝制国家"。在共同地域上形成统一的国家政权,并与国家形成不同的互动关系。在世界关系下,中国不再是地域性国家,而是世界体系中的国家,并要求国家转型。现代中国受世界关系的支配,但历史关系仍然发挥着重要作用,赋予现代国家以中国特性。现代中国具有前所未有的能动性,再生产出多样化的关系。在对上述研究进行总结时,徐勇认为:"由社会联结构成的关系、因为社会联结的扩展造成的关系扩展、在关系扩展中出现的关系叠加,这是我构造的一种关系理论,并运用这一理论解释国家的演化。我以为这一理论可以更好地解释中

---

① 参见徐勇《田野政治学的构建》,中国社会科学出版社2021年版,第351页。

国的国家演进的变迁性、复杂性和反复性。"①

围绕国家演进的主题,田野政治学按照人—关系—关系叠加—国家演化的逻辑来展开概念建构之旅。从田野到政治学的框架搭桥过程中,国家是政治学研究的核心对象。国家的主体是人。人受社会关系的支配。国家的形成和演化因此受社会关系所支配。为此,在中国的文明进程中,依次出现的社会关系不是简单的断裂和重建,而是长期延续、不断扩展和相互叠加,由此造成制度的更迭式变迁和政治现象的反复出现,并通过国家治理体系的改进而不断再生产新的关系模式。

四 田野政治学概念建构的内在逻辑

田野政治学概念建构形成一个系统的概念家族,其中,与"国家"相关的概念占据着重要位置,不仅是田野政治学孜孜以求的学科属性的体现,而且是田野政治学投入相当时间和精力进行阐述的概念。因此,从政治学的角度来看,围绕上述概念的再研究能够为政治学研究者理解田野政治学的概念建构之路提供重要的参考,相比于其他农村研究相关的田野政治学概念来说,"国家"概念是政治学的核心问题,能够成为彼此沟通交流的平台,进一步推动田野政治学概念建构向前发展。回过头来看,田野政治学有关"国家"概念的建构背后有自己一套独有的建构策略,这些策略通过框架分析得以呈现,那么,框架背后的社会意义建构则需要进一步追问田野政治学为什么要采取上述策略,其策略的内在逻辑又是什么。

一是于特定时代背景与学术议题中孕育概念。概念背后的主框架是一种社会意义建构,这些社会意义建构离不开所处的时代背景,概念因时而定,因事而发,具体的时代和具体的时间确定了概念的内涵与外延等。任何一种理论都暗含一定的理论假设,这些假设限定了理论自身的适用边界和适用范围,一旦超出假设条件,理论的解释力便会大为降低。同时,不同的时空和制度背景也会对理论的适用性造成一定的影响。因此,理论范式的应用应置

---

① 徐勇:《田野政治学的构建》,中国社会科学出版社2021年版,第351页。

于相应的理论假设和具体的结构背景下予以考量。① 概念建构与时代的学术话题息息相关，不同时代的社会实践为田野政治学概念建构提供了现实的基础。实践是理论的源泉，也是社会科学话语体系构建的基本立足点。政治话语来自政治实践或政治生活实际。② 这也是田野政治学所强调的，徐勇认为："问题是创新的起点，也是创新的动力源。只有聆听时代的声音，回应时代的呼唤，认真研究解决重大而紧迫的问题，才能真正把握历史脉络、找到发展规律，推动理论创新。"③ 从村民自治，到乡村治理，再到家户制度和国家化等都体现了学术话题变迁过程中田野政治学的主框架的适时调整。

在政治学恢复重建的初期，政治学研究主要集中于国家上层，而对于社会基层问题缺乏应有的关注。伴随着学术重心的下移，政治学的注意力逐渐从国家制度转向基层社会，此时乡村社会发生了一场"静悄悄的革命"，即村民自治，为政治学者提供了一个难得的机会，从村民自治挖掘出基层民主、国家与社会关系等研究议题，在此过程中，田野政治学早期的研究也发生了明显的转向，作为国家政权体系部分的基层政权建设转向村民自治，并进入基层社会进行实地调查，在实地调查中重新认识基层社会。田野政治学的研究成果集中在案例论文和调查报告等，并提炼出诸如"基础性政治社会""乡政村治"等概念。从村民自治开始，田野政治学逐渐明确自己农村研究的定位和实地调查的基点，后续相关概念实际上都没有离开这两个立足点，不论是家户制、韧性小农，还是国家化等概念都是从农村社会的实地调查出发提炼的概念。

进入农村社会后，严峻的"三农"问题使得田野政治学的研究发生转向，即回到是什么原因导致农民负担沉重，进而延伸到农村税费改革和乡镇体制改革等议题，最后回到农民与国家关系的问题上，这就需要回答什么农民，什么国家。对于什么农民的议题，田野政治学做出了诸多尝试，如社会化小农、家户小农等。对于什么国家的议题，田野政治学重新回到国家议题的讨论中。此时政治学界在新权威主义的影响下更加关注国家在维持政治秩序和

---

① 参见郑杭生、汪雁《农户经济理论再议》，《学海》2005 年第 3 期。
② 参见商红日《纲领政治：中国共产党的历史实践与话语生产》，《河南社会科学》2018 年第 5 期。
③ 习近平：《在哲学社会科学工作座谈会上的讲话》，人民出版社 2016 年版，第 14 页。

促进发展中的作用,"找回国家"的相关国家理论被介绍到国内,一时间有关国家建构等理论资源广泛应用于田野政治学的相关分析中,通过重新认识国家来解释农民与国家的关系,以及未来的走向,陆续提炼出"民主国家""民生国家"等与民族国家相对应的基于中国国家实践的新概念,最终归于"国家化"的概念,这些都是从国家理论资源中提炼和概括的。

田野政治学对于国家的研究始终是与农村和农民联系在一起的,并非一般意义上的对国家理论的研究,而是处境化地运用国家理论来分析乡村社会,尤其是国家与农民关系,以及国家如何来治理乡村,就有了"乡村治理"的概念等,在这些概念中都鲜明地带有国家理论的元素,即发现社会并不意味着国家缺位,回到国家也并不意味着不见社会,田野政治学在国家与社会之间寻找某种平衡,以便来解释中国农村、农民乃至国家所发生的改变。

与此同时,中国又是一个历史悠久的国家,历史是重要的学术资源,尤其是在追求政治学的自主性的时候,与其取法于西方理论,不如以历史中国为方法。在这种背景下,政治学提出了历史政治学的研究方向,田野政治学在深入实地调查中实际上已经先行一步,因为如今的农村及其社会状况来源于过去的历史形态,在大规模、分区域的农村深度调查基础上对农村历史有了新的了解,为田野政治学增加了纵向历史的维度,从乡村社会历史中梳理和提炼的学术概念构成田野政治学概念建构的重要来源,比如韧性小农、祖赋人权等。深度调查之后,田野政治学更加关注中国乡村社会的历史传统,因为历史传统并不是消极的存在,传统因素在一定条件下可以发挥积极作用。学术研究需要从历史演变的逻辑,根据历史事物本身去了解其发展线索、走向、特点和规律,而不是片段式的理解。田野政治学不仅是从基层社会来研究国家,而且从历史形态来研究国家特性,围绕国家组织、国家特性和国家演化等提出了"家户国家""韧性国家"和"关系构造国家,国家再造关系"等概念和命题。通过对农村历史形态的调查与研究,为田野政治学的概念建构提供了新的空间。

二是于既有概念与理论对话中生成概念。早期田野政治学的概念被称为"朴素的经验主义""自我生成的特殊主义"或者"一村一个新理论",主要是认为田野政治学在概念建构中缺乏比较意识,只是从本土的或者实地调查的经验中提炼所谓的概念,忽视了与已有概念的比较,以及将基于特殊经验的概念上升为一般性的概念等。这与田野政治学以村庄案例研究为主要调查方法相关，产生所谓的"费孝通难题"，即由单个村庄的经验能否概括整个农村实际，对此，田野政治学已有反思，并逐渐从自我生成概念转换到对比生成，更加自觉地在概念建构过程中先对已有的概念和理论进行回溯、分析与反思，并结合实地调查的经验事实对概念进行修正，或者按照萨托利的"概念阶梯"进行内涵与外延的调整，甚至对某些概念的核心属性进行调整等。

郭忠华在对田野政治学概念进行分析时认为："田野政治学体现出一定的对话西方的目的，比如以'祖赋人权'对话'天赋人权'、以'家户制'对话'村社制'、以'东方自由主义'对话'东方专制主义'、以'关系叠加'对话'线性历史。'"[①] 并且对概念对话的本体以及可能的创新进行详细的阐述。在田野政治学的后续概念建构中都会对已有概念或者拟对话的概念进行梳理，从这些概念所使用的术语来看对话意识很明显。以家户制度为例，主要是与俄国和印度村社制的比较，从土地产权、生产经营、国家管理等角度，凸显家户制度所独有的特征，结合中国农村历史资料等进一步论证了家户制，是对中国农村本体论的一种新的解释。之后的"国家化"概念从初期与国家建构同义，到后面赋予新的内涵。一方面是突出"国家化"所具有的过程性，另一方面是将"国家化"概念置于国家产生之时便开始的国家成长，尤其是对于中国这样具有长期的国家传统的社会来说，可以将早期国家等历史阶段都纳入分析之中。至于东方自由主义、祖赋人权等概念就更加说明与已有概念进行对话的意识，甚至是对已有概念的一种属性调整，其实上述概念都是来自农村社会研究，或者说是从农民特性上概括出来的，从农民的自给自足和自在自治等出发提炼了东方自由主义，以便与东方专制主义相对，东方专制主义只是对国家上层政权的描述，而基层社会则由于家户小农所具有的自主空间形成所谓的"东方自由主义"。祖赋人权虽然从术语上与天赋人权概念相对应，实际上也是从宗族社会血缘关系中所规定的权利入手，进而阐述血缘理性所塑造的权利关系的合理性等，与基于抽象推理而形成的天赋人权概念相比，天赋人权是法政治学的概念，而祖赋人权更像是政治人类学的概念等。当然，这种基于田野经验所建构的概念与基于抽象推演所建构的概念有明显区别，也正是如此，"祖赋人权"概念提出后引起颇多的争议，实际上是

---

① 郭忠华：《时代更新背景下政治学理论发展的新方向》，《四川大学学报》（哲学社会科学版）2022年第3期。

思维方式的差异，基于实证调查和经验研究基础上的概念进行相关比较过程中是用特殊主义来对冲普遍主义概念，从经验性概念对冲规范性概念。对此，景跃进认为："价值概念不能用经验事实去反驳，如果接受价值概念，那么与之相反的经验事实就成为改造的目标。经验概念不能用价值立场来判断，要接受经验事实的检验，外来概念与本土经验发生冲突时，经验事实成为判定的标准。事实上，政治学概念通常是价值与经验复合体。"[1] 至于如何进行对话与比较，田野政治学强调"在比较中发现中国"，将不同国家作为同等的对象置于同样的历史条件下进行比较，是一种平等的对话。[2]

田野政治学所建构的概念偏向于具体的实践经验，因此，在与已有概念和理论进行对话过程中，田野政治学更加强调从经验上而非价值上来进行概念建构，从经验来看，任何概念都是有限的，不可能概括所有事实和问题。而田野政治学的概念建构是以经验事实为基础，事实来自田野调查，对于田野调查所获得事实的解读，与原有概念不一样，或者原有概念难以概括的事实，进而从中提炼出新的概念，由此田野政治学强调要大胆地提出原创性概念或者标识性概念。当然，田野政治学在建构概念过程中也对"朴素经验主义"或者说"特殊主义"保持着警惕，并提出田野政治学的概念不是田野生活的简单照搬，而是经过学术加工，进行过理论论证，具有学理支撑。田野调查建构的概念，不仅要解释田野调查的现象，而且能够扩展到政治学领域，才能称为"田野政治学"。[3] 田野政治学在建构概念时实际上有一个内在的理论对话过程，主要用田野事实与既有的理论，并以此作为概念生产的起点，此间也有理论的提炼、加工与反思等。从知识生产的逻辑看，田野政治学是一种本土化倾向很强的研究取向，其并不排斥西方的理论和概念，但更强调对中国事实的挖掘，并以此构建中国社会科学的主体性。[4] 对于概念的严谨批判来自逻辑与事实两个层面，田野政治学的概念建构力图从事实出发与西方

---

[1] 景跃进：《中国政治学的方法论反思——问题意识与本土关怀》，《浙江社会科学》2017 年第 7 期。
[2] 参见徐勇《历史延续性视角下的中国道路》，《中国社会科学》2016 年第 7 期。
[3] 参见徐勇《田野政治学的核心概念建构：路径、特性与贡献》，《中国社会科学评价》2021 年第 1 期。
[4] 参见黄振华《国家治理的家户逻辑：基于田野政治学的分析进路》，《学术月刊》2021 年第 7 期。

理论进行对话，并提出更能够概括中国事实的理论概念。

三是于田野调查资料之中提炼概念。习近平总书记在哲学社会科学座谈会上的讲话提出："哲学社会科学有没有中国特色，归根到底要看有没有主体性、原创性。哲学社会科学要以我国实际为研究起点，提出具有主体性、原创性的理论观点。"[1] 从中国实际出发是田野政治学概念建构的出发点。相比于一般意义上政治学的抽象价值型概念，田野政治学更加关注的是经验性的具体的事实。从方法论来说，源自田野政治学的实证思维方式，田野政治学关注"形而下"的部分性、特殊性、具体性，但是以把握和了解"形而上"的整体性、一般性、抽象性为前提的。[2] 田野政治学的概念来自事实，事实又源于田野调查，基于田野调查基础上对已有概念进行事实批判，进而建构新的概念，田野调查方法的差异决定了事实如何被呈现，又是如何来解读事实。在《田野政治学的构建》中系统回顾田野政治学所进行的田野调查，从单个案例调查到多案例比较，从大规模的抽样调查到深度的驻村调查，从村治实验到满铁调查资料翻译等，整体上，田野政治学进行了系统的多层次大规模深度性的农村调查，并在基础上获得经验质感，进而能够提出诸多的原创性概念。田野政治学从起步开始便将田野调查作为研究的基础，开始并没有生产概念的自觉，但是田野调查为生产概念提供了直觉，就是只有通过概念才能更好地概括所了解的事实。即使是对已有概念的解构与质疑，也是因为进入田野后掌握了大量事实才形成相应的意识，并力图产生新的概念。[3] 从田野政治学所采取的调查方法来看，侧重于民族志、实地调查、参与式观察等质性研究方法，对于田野调查所获得的材料主要是通过解读的方式来提炼事实，从某种意义上是从特殊主义角度出发，尤其是中国农村社会的独特材料来对既有理论概念进行事实上的批判，以此来建构原创性的概念。田野政治学的概念建构强调亲身感知、体验和观察具体、丰富、鲜活的事实，从具体方法来说，主要是依靠质性研究方法，而质性研究方法的核心是以人为研究工具，去理解研究对象进而提炼出理论命题的过程，与定量研究

---

[1] 习近平：《在哲学社会科学工作座谈会上的讲话》，人民出版社 2016 年版，第 19 页。

[2] 参见徐勇《政治学研究"田野学派"的崛起》，《政治科学研究》2018 年上卷，中国社会科学出版社 2018 年版，第 4—13 页。

[3] 参见徐勇《田野政治学的构建》，中国社会科学出版社 2021 年版，第 291 页。

所强调的可操作化的分析工具不同，很难用具体的数据和量表去测量，更多是一种基于对文化解读的方式，而非因果解释的方式，尤其是在框架搭桥的过程中，从家户制到家户国家，从韧性小农到韧性国家，从关系叠加到国家演化等都体现了一种文化层面的解读范式，将小农社会的特性的理解移植到对于国家的认识上。对于那些没有相关调查经验或者实践经验的研究者来说，难以理解田野政治学的相关概念，在一定程度上也影响了田野政治学概念的扩散。

基于此，田野政治学有所反思，最终明确提出田野政治学的宗旨——"有理论关怀的田野调查，基于调查的原创性理论"。一方面强调理论关怀的重要性，田野政治学要求调查者进入田野之前，头脑里具有一定的知识储备。这些知识储备从既往的学习中获得，潜移默化地为研究者观察事物提供思维范式和认识依据。[①] 另一方面又避免既有理论画地为牢，田野政治学概念建构的问题意识并非仅来源于既有知识和文献，还来源于研究者在进入田野、观察田野、获取田野事实的过程中，感受到的田野事实对既有知识的冲击。[②] 在田野与理论的循环往复过程中建构田野政治学的概念体系，上述观点可以概括为以实地调查为基础"走向田野"，以建立中国原创性概念和理论为本质属性"超越田野"的过程。[③] 之所以采取上述策略，实际上是田野政治学在研究对象、研究方法与学科属性之间寻求一种平衡。必须通过实地调查的研究方法进入现场，只有进入现场才能感受到田野的丰富性和多样性，并以此对既有理论进行修正或从田野实践中析出新的概念，这些概念又能够有机地融入政治学的学科知识体系。对于概念建构的前半程而言，田野政治学从实地调查中提炼不少新概念，但是对于概念建构的后半程而言，田野政治学仍然面临着概念扩散的问题，即如何融入政治学的学科知识。田野政治学强调从实际出发，而不是从既有的理论出发，能够基于田野调查经验进行理论创造。同时又提出概念建构是从政治学的学科知识入手，经过田野调查有所发现，再进行理论加工并提升到政治学的学科层面，彼此之

[①] 参见陈军亚《从感觉到自觉：田野政治学的概念建构路径——以"韧性小农"概念建构为例》，《天津社会科学》2022年第1期。

[②] 参见陈军亚《从感觉到自觉：田野政治学的概念建构路径——以"韧性小农"概念建构为例》，《天津社会科学》2022年第1期。

[③] 参见黄振华《田野政治学：构建中国特色政治学的重要路径》，《探索》2021年第6期。

间存在着一定的结构性张力。如果田野政治学一开始就限定在既有理论框架之中，那么也难以提出众多原创性概念。从田野政治学的基点来说，依然是基于田野而不是基于书本的政治学，通过田野发现和创造概念，使其具有田野政治学的属性，努力的重点则是寻求概念的学科归宿和概念提升。

四是于研究者的主动建构中积累概念。自中国政治学恢复重建以来，最初的概念引进、学习、运用，到建构概念的自主、自为和自觉是一个逐渐发展的过程。当前有关中国政治学自主性的讨论不仅是学术主位意识的增长，也是政治学发展阶段使然。在相当长的时间里，我们有反思的勇气，但缺乏对话与批评的底气。只是随着田野调查的深入，我们以事实为依据发现：既有的理论存在诸多不足，需要加以清理与辨析。[①] 政治学恢复重建以来，中国学者已经经过了取经、本土化再到自主性的阶段，在学习借鉴西方理论资源的同时，也一步步加深了对中国政治的认识与理解。从政治问题的政治表达向学理表达转变，从政治研究的西方理论注脚向政治学的中国原创性表达，从政治学的中国化到中国化的政治学，意味着中国政治学为世界政治学贡献知识成果的时代即将来临。当中国政治学人越来越认识到西方的政治概念和政治分析范式对中国特定的政治现象不具备完全的解释力时，对创新适合中国政治发展的学科体系、学术体系与话语体系的动力显得尤为强烈。[②] 为此，田野政治学提出，中国的学术创新要改变被动地位，必须从创造概念起。[③] 既然中国事实难以用西方概念来加以解释，那么中国学者可以以平等的视角去对待外来的理论，以平常心态去重新审视自己，在"比较中发现中国"。

具体如何推动概念建构，田野政治学强调概念标识性、积累性和方向性，并在具体的概念建构实践中一以贯之。一是概念建构的标识性。概念要能够体现中国特色政治学的学科、学术和话语体系，为中国政治学提供标识。为此，徐勇认为："构建中国特色政治学要吸收借鉴一切有益的知识体系和研究方法，但在这一过程中要始终保持自己的主体性，不能简单地'跟着说'，而

---

① 参见徐勇《田野政治学的构建》，中国社会科学出版社2021年版，第352页。
② 参见张桂林《逻辑要义、历史努力与认知前提：建构中国特色政治学话语体系》，《政治学研究》2017年第5期。
③ 参见徐勇《学术创新的基点：概念的解构与建构》，《文史哲》2019年第1期。

要在吸收和批判中'自己说'。"① 二是概念建构的积累性。随着学术积累，学术创新越来越艰难，不同学派形成的难度也越来越大。哲学社会科学创新可大可小，揭示一条规律是创新，提出一种学说是创新，阐明一个道理是创新，创造一种解决问题的办法也是创新。② 在概念建构中，田野政治学一直强调学科和学术意识，用政治学理论去开发田野调查资料，从开发中提炼中国化的政治学理论。虽然田野政治学经过三十多年的积累，形成了一些原创性标识性概念，逐步从自在自为到自主自觉，但是概念建构与理论研究的任务仍然在路上。尽管如此，"其作始也简，其将毕也必巨"（《庄子·内篇·人间世》）。三是概念建构的方向性。田野政治学在持续二十多年田野调查资料基础性进行理论开发，产出系统完备的中国化的政治学理论可能还需要很长一段时间，下一步努力的方向有三方面。一是概念的经验性与普遍性的有机结合，田野政治学创造的概念大量属于经验性的、描述性的概念；基于一定的时间和空间的事实，其通约性不强，即离开了一定的时间和空间，这一概念便缺乏概括力。二是概念的深度开发与扩展研究，田野政治学的概念基于田野产生，这些具有田野性的概念不一定能够自动与政治学联结起来或者能够直接提升为政治学概念，其中还有许多的中间环节和内在机制。三是概念体系的完善等。田野政治学所建构的概念看起来很零散，似乎杂乱无章，不成体系。但任何事物都是有规律可循的。田野政治学进入田野后会遵循事实本身运动的规律，从而在此基础上建构概念。③ 对于概念建构乃至理论研究而言，田野政治学的原创性概念刚刚起步，正在从为"概念孤儿"寻家到成家的阶段，田野政治学既是一种概念建构的方向，也是一种概念建构的自觉行动。

---

① 徐勇：《强化中国政治学研究的主体性》，《政治学研究》2021年第1期。
② 参见习近平《在哲学社会科学工作座谈会上的讲话》，人民出版社2016年版，第20页。
③ 参见徐勇《田野政治学的核心概念建构：路径、特性与贡献》，《中国社会科学评价》2021年第1期。

第十章
国家化、地方性与农村基层治理结构[*]

如何理解中国乡村治理结构的变迁？以往的研究将现代国家进程中国家与社会二元作为分析乡村治理的出发点，无形之中将乡村治理割裂为国家与社会的两种力量的对立、冲突和互动等，更将乡村治理置于历史断裂之中，忽视了历史延续性下中国乡村治理的内生性演化。当下重新审视乡村治理需要立足于历史的长时段，将乡村治理纳入国家治理的语境中，以"国家化"与"地方性"为分析框架，从传统国家到现代国家的变迁中，梯次分析特定地域社会中"中心与边陲""中央与地方""国家与基层社会"三个层次的关系是如何塑造不同时空条件下的"村寨自治""村街自治""社会自治"与"村民自治"，由此建立起基于历史延续性之下的中国乡村治理结构变迁，将当前的乡村治理结构视为历史传承基础上长期发展、渐进改进、内生性演化的结果。

一 农村基层治理结构的迷思

从历史的长时段来看，在中国乡村治理的历史谱系中陆续出现过"乡绅自治""地方自治""社会自治""村民自治"等不同乡村治理形态。由于对自治的理解不一致，所以也呈现出一系列的断裂，以至于陷入有关"自治"

---
[*] 本章以《国家化、地方性与乡村治理结构内生性演化》为题，发表于《华中师范大学学报》（人文社会科学版）2021年第1期，收录本书时略有修订。

的迷思。

第一次迷思源自近代以来地方自治运动的流变。当地方自治概念引入中国，并在清末新政中日益普及，最终形成近代历史上蔚为大观的地方自治运动，在寻求政治和社会革新的时候，一些立足于中国本土文化的有识之士认为自治不必舍近求远，其实，在中国传统乡村社会中历来有所谓"乡党之人治乡党之事"，即乡村自治，对此梁漱溟认为："许多事情乡村皆有办法；许多问题乡村皆自能解决；如乡约、保甲、社仓、社学之类，时或出于执政者之倡导，固地方人自己去做。"① 也有不少学者对于所谓"自治"，不论是乡绅自治还是宗族自治，提出不同的看法。吉尔伯特·罗兹曼（Gilbert Rozman）指出："十九世纪以来某些西方观察家提出：中国的村社是'地方自治主义式的民主'或者是一种'自由的、自我管理的社团'。这种想法已绝对不可信。"② 瞿同祖也认为："在清代中国，地方权力只是在官吏与士绅之间进行分配。"③ 刘泽华在论述专制权力的社会基础时说道："国家利用行政手段强制束缚农民于土地上面；另一方面，国家还干预小农的家庭形态。"④ 对于中国是否存在自治，上述两种观点都有各自的事实依据，但是所指向的并不是同一对象，传统乡村社会的"自治"与地方自治并不能画等号，彼此之间存在着差异。

第二次迷思是改革开放之后中国农村社会出现的一种新的乡村治理形态，即村民自治，然而，村民自治既不是来自自治思想，也不是来自制度引进，而是来自中国农村实践。因此，徐勇认为："村民自治兴起前缺乏足够的理论准备，兴起后缺乏足够的理论支持，由此造成村民自治的理论与实践严重脱节和滞后的状况。"⑤ 正是由于村民自治所具有的实践性特点，不能归类到地方自治、乡村自治或社会自治中任何一类，以至于被称为"理论的怪胎"，因为找不到村民自治之所以存在或者延续的理论资源，村民自治能否称得上

---

① 梁漱溟：《在中国从前历史上有无乡村自治?》，载《梁漱溟全集》（第5卷），山东人民出版社2005年版，第585页。
② 参见［美］吉尔伯特·罗兹曼主编《中国的现代化》，陶骅等译，上海人民出版社1989年版，第78页。
③ 瞿同祖：《清代地方政府》（修订译本），范忠信等译，法律出版社2011年版，第319页。
④ 刘泽华：《专制权力与中国社会》，天津古籍出版社2005年版，第104—105页。
⑤ 徐勇：《中国农村村民自治》（增订本），生活·读书·新知三联书店2018年版，导论，第13页。

"自治"尚有待斟酌和推敲。如果从自治的核心要素出发来识别和判断自治，村民自治是在基层社会生活中推进农民群众的参与。

然而，时至今日，基层群众自治在实践中都面临着"自治"与"行政"的内在张力，以及政府行政与群众自治如何有效衔接和良性互动问题，最根本的是如何理解国家与社会关系之下乡村治理形态。现有的研究大致有以下两种倾向。

一是立足于国家和社会的二分之下割裂的乡村治理形态。一直以来，围绕乡村治理形态的研究始终在国家与社会之间寻找合适的解释框架。社会中心主义者仿佛从基层群众自治中看到了国家权力的上移，农村社会自主性的增强，为此，从社会自组织角度来分析乡村多中心治理。与之相应，在"回归国家"的理论背景下，基层群众自治被解释为现代国家对乡村社会的整合，于是，对乡村治理的研究转向现代国家建构，偏向于国家中心主义。而后，对于基层群众自治的解释走上第三条道路，即国家与社会之间的"相互构建"，以区别于国家中心主义和社会中心主义。这种分析视角试图综合国家中心主义和社会中心主义的分歧，从更加全面的角度来理解村民自治。上述解释将国家与社会区分为两个体系，即便是国家与社会的互动也无法忽视两者之间内在的张力。然而，从国家建设的历程来看，并没有出现与国家分离的独立的社会空间和社会力量，传统国家时期所谓的乡村自治并非独立于官僚政权之外，而是"官督民治"，而近代的地方自治运动仅仅在中央权力衰弱后才短暂出现，各个地方的村治试验仅仅是为了加强地方国家政权建设。因此，如果从长时段来分析乡村治理的变迁，可能需要回到国家是如何治理乡村社会这一命题，从"国家治理"角度重新审视乡村治理。

二是立足于现代国家的时空定位之下断裂性的乡村治理形态。之所以出现国家与社会的二分，实际上源自现代国家理论所设定的时空要素，对于中国乡村治理的解释更多是从现代国家所确定的理论资源入手，聚焦现代国家建设过程中乡村治理的转型及其内在机理，但忽视了从中国乡村治理本体的演变来进行研究，以现代国家所设定的理想图景为目标，寻找乡村治理如何走向既定目标的路径和方式。显然，这是一种从当下向过去追溯的研究，无形之中可能忽略了乡村治理自身发展的脉络，即如今的乡村治理是如何从过去逐渐发展演化而来。因此，我们需要倡导一种历史延续性之下的乡村治理。在研究中国乡村治理的时候必须确立历史延续性的意义，是否意味着时间是停滞的或者历史是循环的。当然,不能从历史延续性角度做出如此的假定,更不能将似曾相识的历史事件归为同一对象,尽管有些历史事件惊人地相似。其实,相似的并不是历史事件本身,而是历史结构,这也是历史延续的关键所在,历史结构本身一直延续着,由历史结构所塑造的历史事件本身便具有结构性的特征。正如习近平总书记所强调:"一个国家选择什么样的治理体系,是由这个国家的历史传承、文化传统、经济社会发展水平决定的,是由这个国家的人民决定的。我国今天的国家治理体系,是在我国历史传承、文化传统、经济社会发展的基础上长期发展、渐进改进、内生性演化的结果。"[1]

二 国家化与地方性的分析框架

当乡村治理回归到国家治理农村基层社会方式这一元命题上,我们会发现乡村治理归根结底是一种关于农村基层公共权力的分配与运行的制度,乡村治理涉及农村基层公共权力分配的方式,乡村治理具有鲜明的国家性,这种国家性同时具有深厚的历史性,如果将乡村治理置于更为广阔的历史情境之下,那么乡村治理从属于现代国家建构这个更为宏观的历史结构,并萦绕在一个更为宏大的时代命题之下,即国家如何实现对农村基层社会的控制、渗透与整合,如何将农村基层社会纳入整个国家权力体系之中,这一历史过程可以被称为"国家化"。

(一)国家化

对于国家化的研究主要来自政治学,聚集在现代国家如何产生以及对建构路径的探讨,对于中国国家建构的思考。有学者对此进行了细致的梳理,具体来说,第一种是传统统治意义上的边疆"内地化""王化"和少数民族"汉化"。第二种是现代性意义上的"社会"的"国家化"。出于对"社会"的不同理解,这类研究又可以细分为三种更小的类型:(1)社会学和人类学研究中的"社区国家化";(2)政治学研究中的基层社会"国家化";(3)政

---

[1] 习近平:《完善和发展中国特色社会主义制度 推进国家治理体系和治理能力现代化》,《人民日报》2014年2月18日第1版。

治社会学研究中的"社会国家化"。第三种是民族国家建构意义上的"国家化"①。不过，以国家建构理论来思考中国乡村社会的国家整合研究则相对集中，其中，徐勇率先明确地从乡村整合角度提出和使用"国家化"，并进行了系统的论述②。他认为，国家化是国家一体化，又可称为国家整合，它是指构成国家的各个组成部分和要素形成一致性，并处于相对协调的状态，从而构成完整和稳定的政治共同体的过程和结果。③

上述分类和分析始终围绕"国家化"来展开，包括传统国家的内地化、基层社会国家化以及民族国家建构等，不过在使用"国家化"时，仍然需要一个更具综合性和可操作化的界定，因此，不得不回到国家概念本身。我们知道国家是人类社会目前为止最有效的公共权力集装器，以此为基础，国家化突出表现在两个方面。一是将分散的权力集中化。即分散在社会、地方或边缘的各类公共权力集中到国家手中，各种边陲地带的部族首领、头人，地方政权或基层社会的乡绅等都必须服膺于国家权力。二是高度集中的国家权力的渗透化。即国家权力能够有效地进入边陲地带、基层社会和地方政权。具体来看，国家化包括以下三个不同的面向。

一是中心与边陲关系。国家权力在空间上并不是均匀分布的，集聚政治权力的地域成为国家统治的核心地带，而周边乃至边陲地带所集聚的政治权力减弱。葛剑雄在研究历史中国的范围时认为："作为地域概念的'中国'一开始限于黄河中下游，随着统一国家的形成，疆域的扩展和经济文化的开发，中国的概念是不断变化和扩大的。一般来说，一个中原王朝建立了，它主要统治区就可以成为中国，而在它统治区的边远地区以及统治区之外就是夷、狄、蛮，就不是中国。"④ 作为政治权力的最高形式的国家是一个权力中心不断向周边扩展其影响力和支配力的过程，这个过程即"边陲国家化"。国家化最终的目标是基于暴力的垄断对国家领土进行有效的行政管理，在国家领土

---

① 刘金海：《关于"国家化"的一些思考》，未刊稿，2020年1月6日华中师范大学中国农村研究院"田野政治学"学术沙龙第一期上的发言。该发言对于"国家化"的概念进行了学术史的回顾，并做了细致的分类。此处使用刘金海教授的学术分类。

② 参见徐勇《国家化、农民性和乡村整合》，江苏人民出版社2019年版，第3页。

③ 参见徐勇《现代国家建构中的非均衡性和自主性分析》，《华中师范大学学报》（人文社会科学版）2003年第5期。

④ 葛剑雄：《普天之下——统一分裂与中国政治》，吉林教育出版社1989年版，第21页。

范围内国家权力无远弗届，不因为空间距离远近而影响到国家权力强弱，此过程是现代国家取代传统国家。

二是中央与地方关系。恩格斯认为："国家和旧的氏族组织不同的地方，第一点就是它按照地区来划分它的国民……第二个不同点，是公共权力的设立。"[1] 国家化是为了实现有效的行政管理而按地域划分国民，将国民组织到各级政权机关之中，由此形成自中央到地方各个层级的权力体系。作为国家权力代表的政权机构，其内部是有层级性的。中央政府作为整个国家权力的代表，而地方各级政府则是国家权力的组成部分，在中央政府的行政管辖之下，行使着地方国家权力。由此，国家化必须将作为国家权力代表的中央政府和作为国家权力组成部分的地方政府整合在统一的国家政权体系之中。

三是国家与基层社会关系。政治权力是社会权力的一种类型，最初形态的政治权力是嵌入社会之中的，之后逐渐脱离社会，并且凌驾于社会之上，成为一种具有独立性的强制性权力，将原来分散于社会中的权力集中起来，并对社会进行控制和渗透等。为此，最早提出国家化概念的徐勇认为："国家化视作一个过程，标志着国家整体和代表国家主权的中央权威日益深入地渗透于社会领域，并支配整体社会。"[2]

（二）地方性

与之相对，作为实践形态的乡村治理是农村基层民众的自生秩序与自主治理，具有鲜明的草根性，与历史上一再出现的各种类型的自主治理具有内在的相似性和历史的延续性。这类自主治理是传统国家向现代国家转型过程中边缘地带、基层社会、地方行政等地方性的回应，概括来说是在面对统一的国家化冲击下地方性的一种集中体现。此外，自主治理来自实践层次，而实践本身具有空间性，任何实践都离不开具体的时空设定，进而使得国家化不可避免地遇到地方性的阻滞，而对于地方性的吸纳和超越是国家能否真正完成特定历史阶段国家化任务的重要标志。

有关地方性的研究主要来自人类学的研究，社会学家布尔迪厄（Pierre Bourdieu）将这些社会成员所置身的地点、环境、社会舞台及其空间统称为

---

[1]《马克思恩格斯选集》第四卷，人民出版社2012年版，第187页。
[2] 徐勇：《"回归国家"与现代国家建构》，《东南学术》2006年第4期。

"场域"。场域既可以是地理上的,也可能是功能上的,还可以是文化价值观上的。① 吉尔兹(Clifford Geertz)则根据在东南亚的田野调查,提出地方性知识的概念,认为地方性知识是一种具有本体地位的知识,即来自当地文化的自然而然的、固有的东西。与西方知识、现代知识、普遍知识相对照的与当地人紧密联系的不能够脱离具体的人、地点和内容的知识体系。② 然而,场域或者地方性知识本身是相对模糊的概念,却被中国研究者广泛借用来解释中国社会。不过,"地方性"概念则更多是从中国本土事实出发提炼的概念。在论述乡土社会的时候,费孝通谈道:"乡土社会的生活是富于地方性的。地方性是指他们流动的范围有地域上限制,在区域间接触少,生活隔离,各自保持着孤立的社会圈子。"③ 在这里地方性隐约地代表着乡村社会或者村落社会,并未有明确的所指,是与国家相对的一个概念。徐勇在研究国家对乡村社会整合中,提出农民性的概念,他认为,"与国家相对的地方性是指地方行政关系和地方性知识或资源等"④。上述研究对地方性都有一个相对清晰的界定。本研究将地方性视作与国家化相对的一个概念,除了地方行政关系、地方性知识等,还包括如下三个层面。

一是边缘性。国家权力在空间上表现为聚集性,如王朝的统治核心地带都城或京畿,或者税赋主要来源地等。但是由于地理空间阻隔或者交通条件所限,离权力中心越远的地方,受权力中心影响越小,即所谓"山高皇帝远"。正如魏特夫(Karl August Wittfogel)所言:"中国古代集权国家管理上的局限性,在行政效果递减原则下,中国集权国家管理程度已经超过了效益的最高值,但仍只能实现所谓的'部分管理',中国古代的集权国家的权力,也有国家鞭长莫及的领域,人民享有一定程度的自由。"⑤ 由此,边缘具有一定的自主性和独立性,在服从权力中心统治的基础上保有一定的自主空间,而权力中心也通过主权与治权的分离,将治权委托于当地的地方人物,采取

---

① 参见[法]皮埃尔·布尔迪厄《实践理论大纲》,高振华、李思宇译,中国人民大学出版社2017年版,第213—237页。
② 参见[美]克利福德·吉尔兹《地方性知识:阐释人类学论文集》,王海龙、张家瑄译,中央编译出版社2000年版,第71—72页。
③ 费孝通:《乡土中国 生育制度》,北京大学出版社1998年版,第175页。
④ 徐勇:《国家化与地方性背景下的双向型县域治理改革》,《探索与争鸣》2009年第11期。
⑤ [美]卡尔·A. 魏特夫:《东方专制主义:对于极权力量的比较研究》,徐式谷等译,中国社会科学出版社1989年版,第110页。

间接统治。当然，这种由于地域空间带来的边缘性会随着经济社会的转型而改变，尤其是在现代国家建设中，逐渐将边陲纳入整个国家之内。

二是分权性。在统一的国家权力内部存在着内在的层级性，尤其是对于超大规模的国家而言，必须通过分层治理才能够实现国家的有效治理，为此，要建构多层次的委托代理关系，其突出表现为从中央到地方的各级行政层级等，中央政府代表国家掌握着作为整体象征的国家权力，而实际上国家权力的执行则依靠各级行政机构，地方各级政府具有一定的自主性，中央政府一直试图控制这种自主性取向，但是在缺少制度性约束的条件下，中央政府与地方各级政府始终存在权力收放的"钟摆问题"，适度分权的结果是制度性的地方自治，过度分权则可能导致地方主义或地方割据。

三是社会性。国家并不是外在于社会而存在的，但是国家不能与社会画等号，国家有其内在的边界，社会自有其生长的空间。"传统中国的治理结构有两个不同部分，其上层是中央政府，并设置了一个自上而下的管制系统，其底层则是地方性的管制单位，由族长、乡绅或地方名流掌握。"[1] 至现代国家时期，无论如何强调国家的作用，或者将国家渗入社会当中，并不能完全取而代之。既然如此，唯一的办法是去影响、支配或者控制社会，以便其服从于国家。在现代国家建设进程中，这一过程更加明显，国家以前所未有的力量深入社会，各种法令、政策等都改变着从家庭到社群的状况。国家权力的进入带来基层社会的反作用，家庭、邻里、社群等进行着相应的调整，发挥着相应的社会功能。但国家权力本身难以应对高度复杂的社会需求，不得不寻求与社会的合作，基层社会的民众也有更多的机会来应对国家权力，以此保持基层社会的自主性。

根据国家化与地方性的分析框架，进一步提出如下研究假设。

假设1：伴随着传统国家向现代国家转型的过程，国家权力日益从中心延伸到边陲，从中央延展到地方，从国家渗透到社会，最终将边陲变为新的腹地，地方变为中央政权的组成部分，整个社会都为国家控制。

假设2：国家化和地方性本身是一个累积性的过程，每一阶段所需要解决的结构问题的侧重点并不一致。在传统国家时期，国家化与地方性的互动集中在中心与边陲、中央和地方关系上，转型国家时期，国家化与地方性的互

---

[1] 王先明：《近代绅士——一个封建阶层的历史命运》，天津人民出版社1997年版，第21页。

动重心转移到中央和地方、国家与基层社会关系上,到现代国家时期,国家化与地方性的互动聚焦国家与基层社会关系。

假设3:边陲、地方和基层社会并非被动地接受国家权力,而是与其存在内在张力,表现为空间上的不平衡和时间上不均衡等。由此在地域社会中呈现丰富多变的乡村治理实践,可见不同历史阶段的乡村治理是上述互动关系的延续,是不同的国家化与地方性的组合形式所带来的结果。

三 农村基层治理结构的内生性演化

为了充分展现国家化与地方性对乡村治理形态的塑造,本章尝试从村民自治发源的桂西北地区出发,桂西北的乡村治理大致经历了"村寨自治""村街自治""民主办社""村民自治"等不同的形态,具有一定的典型性和代表性。此外,"区域社会的历史脉络,蕴含于国家制度和国家'话语'的深刻理解之中。如果忽视国家的存在而侈谈地域社会研究,是难免'隔靴搔痒'或者'削足适履'的偏颇的"[1]。"国家在场"背景下的地方社会研究进路有助于更富有情境地理解乡村治理的形态演化。

(一)传统国家国家化、地方性与村寨自治

任何现代国家的建构都是在特定历史环境中发生的,必然有其特定的历史起点和发生逻辑。传统国家是国家化的起点。安东尼·吉登斯(Anthony Giddens)认为:"传统国家的统治集团缺乏左右其臣民日常生活的固定手段。政治中心缺乏程式化地型构其公民之日常生活的能力,从本质上正意味着,尽管阶级分化社会中的国家机器已开始兴起,但社会的大量领域仍保留自己的独立性。"[2] 在被韦伯称为"早熟国家"的中国,传统时期便拥有了发达的官僚制,具备现代国家的某种典型特征,但是整个国家的治理结构却仍是传

---

[1] 陈春生:《走向历史现场》,载黄海妍《在城市与乡村之间:清代以来广州合族祠研究》,生活·读书·新知三联书店2008年版,总序,第5页。

[2] [英]安东尼·吉登斯:《民族—国家与暴力》,胡宗泽、赵力涛译,生活·读书·新知三联书店1998年版,第11、23页。

统的。正如费孝通所说的国家权力对于基层社会"是松弛的和微弱的,是挂名的,是无为的"[①]。实际上,传统时期国家化受制于若干重要的因素,诸如,国家规模、农业财政和国家机构等,使得传统时期的中国无法实现社会权力的集中,也难以将国家权力渗透到基层社会,乡村治理更多地体现为"弱国家化—强地方性"的结构特征,由此形成"村寨自治",其主要特点如下。

一是土司制。传统国家时期,中国的国家权力围绕着设郡县治所的各类行政城市而展开,这些地方主要是农耕经济比较发达,深受儒家文化浸染的地带,有完善的行政系统,属于传统国家统治的中心地带。与之相对的是偏远地区,称为"化外之地",在这些地方传统国家统治相对薄弱,或者仅仅是名义上的统治,各类地方事务仍然掌握在地方头人手中。国家在边缘地区采取因俗而治的统治策略,实行与内地郡县制不同的土司制。土司制的核心是由地方头人等充任世袭土官,由土官而非中央政权下派的定期轮替的流官来治理地方,中央政权除了对土官承袭、考绩,并不干预土司地方事务,土司并不需要向中央政府缴纳税赋,只需要定期上缴贡赋等;土官之下的各级土目也由土官自行任命,由此形成相对独立的地方政权,土官在治理地方拥有较大的自主权,土官更多依赖与土官有人身依附关系的各类土目,土目在获得土官赐予的土地的同时,承担相应的职役,土目除了收取租税和安排劳役,并不干预村寨事务。

二是村寨头人。村寨之中的公共事务由村寨头人、寨老、都老等处理,他们并非由土官或土目直接任命,而是在村寨内逐渐形成的。由此,在这些地区逐步形成双层的治理结构,上层是依托于土地关系、人身依附和身份等级基础上的土官和土目治理体系,下层则是村寨内的自我管理体系,即村寨自治。与内地的以乡绅或族长等为主不同,村寨主要依靠头人、寨老、都老等进行治理,他们的权威来自承应土官和土目各类租税和劳役等公共事务和处理日常纠纷时等基于同意权力所形成的威望,常常将土民称为"村寨之父"。与基于土地或暴力之上的土官和土目相比,村寨头人等更多的是一个"声望群体",尤其是在处理村寨内部事务所积累的信任。如果处事公正,则能够赢得村民的信任,如果处事不公,则可能失去村民的信任,也就失去了村寨内的声望,有可能被其他村寨头人所代替,甚至被村民鸣鼓而攻之。

[①] 费孝通:《乡土中国 生育制度》,北京大学出版社1998年版,第63页。

三是乡规民约。村寨头人等要取得信任和积累声望，就不能任意妄为，必须根据村寨的乡规民约等习惯法行事，这些乡规民约一部分来自历史的传承，另一部分来自后续的议定。当然，乡规民约并非村寨头人等私下制定，而是通过村民共同讨论决定，所议定的内容都是与村民生活相关的，由此形成所谓的"诸法合体"。乡规民约既然来自村民自行约定，那么也能够得到自觉遵守，而不需要过多的外在强制，由此乡规民约得以广泛约束村民的各类行为。当村民违反乡规民约时，必然受到相应的惩戒，此类惩戒由村寨集体讨论决定，在村寨公众舆论的压力之下，形成强大的约束力。在乡规民约之外出现的日常纠纷等则依赖村寨头人的调解，这种调解本身依靠的也是习惯法。在村寨头人的主持下纠纷双方各自陈述理由，最后由村老进行评理并给出处理意见，这被称为"讲筹"。当然，一些难以评断的纠纷或者纠纷事实不清的则可能通过"神裁"的方式来解决，这也是约定俗成的习惯法的一部分，以此来解决村寨中出现的各种纠纷，避免出现超出村寨的争讼等，以达到"争讼不入官府"的目的。村寨内尽量通过约定俗成的规则来管理纠纷，尽可能地避免土官或土目的干预。对于村寨来说，土官和土目所代表的外在秩序意味着更多的租税和劳役等，因此，村民更倾向于村寨内的自生秩序。

（二）转型国家国家化、地方性与村街自治

进入近代，传统国家已然陷入总体性危机之中。与当时中国日臻成熟的传统国家机器相比，世界历史进入现代国家时代。与传统国家不同，现代国家是国家权力高度集中和全面渗透过程。杜赞奇（Rrasenjit Duara）曾深刻地指出："国家权力在现代的扩展涉及一个双面的过程：一是渗透与扩展的过程，一是证明此种渗透与扩张过程的合法性"。[①] 据此，徐勇在论述国家化过程中提出：现代国家至少包括两个不可分离的部分，一是作为领土单位的民族国家，二是作为政治制度的民主国家。[②] 在中国的国家建设中，民族—国家与民主—国家进程是非均衡的，最先的任务是从分散割裂的国家走向统一的民族—国家，获得国家的独立、民族解放，民族—国家建设在位序上明显优

[①] ［美］杜赞奇：《从民族国家拯救历史：民族主义话语与中国现代史研究》，王宪明译，社会科学文献出版社2003年版，第86页。

[②] 参见徐勇《国家化、农民性与乡村整合》，江苏人民出版社2019年版，第23页。

先于民主—国家建设。对于边陲的有效统治成为传统国家向现代国家转型的关键,边陲地带逐渐被转变为国家的腹地。从边陲土司成为统一国家部分的地方政权后,与之叠加的是,传统国家高度集权的政治体系面临着千年未有之变局。清末以来的地方政治势力的崛起导致中央政权不得不承认地方分权。对于传统国家来说,地方势力的兴起意味着地方的割据,意味着越来越强烈的离心力,一旦中央集权无法解决这一问题,后续的结果是整个国家的崩溃。显然,转型国家的国家化面临地方性的挑战,尤其是地方自治和基层政权建设等最终未能如设想一般实现,严重的地方权力危机由此出现,乡村治理更多体现为"弱国家化—弱地方性"的以下结构特征,由此塑造"村街自治"。

一是村街制。转型国家建设进入以地方国家建设为主要内容的阶段,各地方实力派在加强地方政权建设的目标下推动了各种形式的乡村自治实验,新桂系在民国中后期的村街自治便是其中典型之一。推行村街制重组基层政权组织,按照村街—保—甲—户的方式组织基层政权,取代原有的各种基层组织,将基层组织纳入统一的地方政权体系中。

二是村街长。村街自治目的是将国家权力延伸到基层,为此在基层社会建立村街公所,村街公所隶属于上级的乡镇政权,村街长代替以往的乡保等成为新乡村精英。在推选村街长过程中,新桂系明确提出"行新政用新人",即以地方政权选任的村街长代替以往基层社会的"土豪劣绅"等乡村旧式人物;侧重于选用接受新式教育的基层精英来充任村街长,并且将村街长与国民学校校长、民团队长等结合起来,形成"三位一体"的治理主体。村街长不仅由上级政府提供薪俸,而且接受上级政府相应的考核与培训,改变以往基层人员半公职的状态。

三是村街大会。为了体现地方自治精神,村街公所设置了村街大会,作为民众参与村街事务的平台,详细列出应该由村街大会所讨论的各类兴革事务。村街大会由村街长来组织和召集。在纵向结构上,村街公所是乡镇之下的基层建制组织;在横向结构上,村街长与村街大会构成村街公所治理结构,村街向乡镇长负责的同时也接受同级村街大会的监督,村街大会成为村街自治的核心结构。正是由于村街大会的存在,村街长之外的村民也能够参与到村街事务的决策之中。

伴随村街公所的建立,与以往村寨自治相比,乡规民约逐渐被公共规则代替。这些公共规则一方面是基于行政权力的公共规则,即村街公所作为基层政权所承担的相应公共责任和行政工作单位，必须服从乡镇行政指令，各类村寨矛盾纠纷等也需依照法律处理。另一方面是基于自治权力的公共规则，即村街大会作为民意机构所承担的公共规则。通过民众的参与来讨论相关村街公共事务，对于村街长的行为和村公所承担的公共责任进行监督。在村街大会中，民众可以讨论村街承担的各种行政任务如何完成，如何保持各种行政任务能够相对公正地分配，如何避免以往出现的负担不均和随意征派等。村街大会还可以积极讨论如何兴办地方政府所倡导的各项公共建设等，由此村街大会承担起公共责任，其不单是征收税赋的工具，而且在兴办公共事务的过程中，是村民公共参与的平台。

当然，从村街自治的实践来看，村街大会的作用有限。很多地方的村街大会成为村街长分配行政任务和传达行政命令的工具，这既有民众参与不足的原因，又有村街长有意为之等原因。说到底，是村街公所兴办公共事业和村街大会所议论的各类公共事务并不能解决当时农村根本性问题。而且由于村街长等的薪俸和各类公共建设的资金都来自当地农村的税收或摊派，实际上是加重了农民的负担，因此，农民对所谓"村街自治"并不感兴趣，村街自治也仅仅是"挂名"而已。

（三）现代国家国家化、地方性与民主办社

到中华人民共和国成立后，借助于革命战争的胜利，中国共产党重构了整个国家权力结构。中国共产党不仅建立了统一的政权组织，而且加强了对于基层社会的控制，现代国家建设的重点转移到国家与基层社会关系问题上。从中央到地方各级政权建立后，基层建政成为国家重组农村基层社会的重点。在中国共产党下派的工作队的指导和帮助下，基层社会展开了轰轰烈烈的土地改革运动、互助合作化运动和人民公社运动，通过广泛的群众动员，改变了农村经济结构，实现了农村权力结构的"翻转"。以往处于社会底层的贫雇农不仅在经济政治上"翻身"，而且在思想意识上"解放"，成为中国共产党的群众基础，坚定地站在中国共产党周围，支持新生国家政权，由此，国家权力顺利地延伸到基层社会，并获得巨大的政治成功。在此基础上，旨在将分散的农民组织起来的集体化运动进一步推动了国家权力对基层社会的全面渗透。互助组、合作社乃至人民公社并不是单一的经济组织，而是组织农民走向社会主义道路的政治组织，农村基层组织逐步从经济组织和政权组织的

分离，走向政治经济组织一体化，基层政权影响、控制和支配农民生产生活乃至交往等，使得国家权力获得超经济的强制力量，能够有效地组织和动员基层社会的资源。到人民公社时期，国家权力第一次全面渗透到基层社会，实现了基层社会的国家化。

当然，国家权力并非直接渗透基层社会，而是随着集体化运动的加快，基层社会国家化程度的加深，基层社会的自主性才逐步让位于国家权力的控制。在土地改革运动中，村民并不能完全脱离村庄社会原有的血缘和地缘关系，村民更多是在工作队和上级安排下按部就班地参加到运动当中，村庄社会内在的社会机制仍然发挥着作用，社会运动中基层社会逐渐回归到日常生活。在集体化阶段，入组入社、农业生产和政治生活中依然可以看到基层社会内在的自主性、政治性与生活性、国家性、村落性与草根性等相互交织在一起，农民的思想和行为并不完全符合政治性的要求，更多地体现出日常生活、村落社会的特征。即便是在人民公社阶段，从劳动生产到劳动收益分配等都被纳入国家的安排之下，仍然可以在劳动中看到基层社会的自主性，虽然农民不能直接表达这种自主性，但是却通过"反行为"① 间接地表达了农民对于高度集中的政治经济体制的抵制，以便基层社会能够扩大自己的自主空间，导致整个公社体制的变动与调整等，都体现了在高度集中的人民公社体制中基层社会的自主性。

由于基层社会自主性的存在，或者是从调动农民生产积极性的角度出发，在中华人民共和国成立后的国家权力向下延伸和全面渗透的过程中，党和政府在各个时期不断强调群众自愿和参与的原则，这与马克思所阐述的社会自治思想相契合，即社会自治不仅需要劳动者占有土地等生产资料，而且要让劳动者掌握整个生产过程，参与到生产管理经营当中。基于此乡村社会形成"强国家化—弱地方性"的"社会自治"。其主要特点有以下几方面。

一是民主建政。在土地改革中，工作队组织和动员广大贫雇农建立农民协会等农民组织，使得广大底层农民参与到土地改革运动中，保证了土地改革运动的顺利进行。可见，土地改革的政治成果是将农民动员组织起来，形

---

① 反行为：高王凌在研究人民公社时期提出的一种理论观点，农民对集体非直接反对行为，如瞒产私分。参见高王凌《人民公社时期中国农民"反行为"调查》，中共党史出版社2006年版。

成一股强大的政治力量，为民主建政创造了条件。在基层民主建政中，由于广大群众的支持和参与，打倒原来的村街长等旧政权组织，而且建立了以农民为主体的基层政权组织。当作为外在力量的工作队离开后，农民得以继续掌握和巩固基层政权组织，从而农民被赋予广泛的民主权利。

二是民主管理。土地改革后，为了将农民组织起来，彻底破除贫困的根源，国家推动了互助合作化运动。早期互助合作运动中，农民能够自愿入组入社，也能够退组退社，农民的自主性得到尊重，并且，由于原本以家庭为单位的个体劳动转变为集体劳动和统一经营，由家庭做出的生产经营决策等转移到互助组或农业社内部，如此就需要集体决策。为了能够保证农民的民主权利，互助组和合作社在内部管理上采取民主管理的方针，由组员或社员推选互助组组长或合作社社长，在重大的经营决策和日常的生产管理中互助组组长或合作社社长组织召开社员会议，听取群众意见，让社员参与到管理当中。

三是民主办社。在人民公社时期，国家相关文件也提出"民主办社"的原则，即将互助组和合作社阶段的民主管理进一步上升为办社的原则，强调社员群众的参与，为此，在劳动生产组织、管理、评工记分等方面生产队都组织动员群众参与。并且人民公社各级管理委员会也由社员代表大会推选产生，接受社员代表大会的监督，民主办社作为一项重要的制度安排贯彻到公社的管理当中。

然而，随着基层社会的国家化，上述方针、原则和制度越来越难以贯彻落实。究其原因，一是动员式参与。在民主建政中贫雇农更多的是基于动员式参与，而非出自内在的利益动机。二是干部的脱草根性。政治身份和政治表现等形成新的基层政治精英群体——干部，他们与群众之间因身份、待遇等分化而关系越发紧张。三是国家对于基层的资源汲取。国家进一步加强了对于基层政权和干部的控制，形成高度集中的政治经济体制，导致农民公共参与的空间相对缩减。因此，有学者甚至认为：公社的建立并没有完成国家政权建设，或者最多可以说，只是初步完成。①

---

① 参见龙太江《乡村社会的国家政权建设：一个未完成的历史话题——兼论国家政权建设中的集权与分权》，《天津社会科学》2001 年第 3 期。

（四）非均衡国家建设、基层社会与村民自治

改革开放后产生的村民自治实际上是基层社会国家化退潮后，基层社会自主性的一种集中体现。整体来说，改革开放后国家一直强调将权力下放给地方和基层社会，并在集中的基础上加强民主，尤其是在基层经济生活、政治生活和社会生活中民众的民主参与，从某种意义上来说，这意味着现代国家建设重心从民族国家向民主国家转移，国家权力以新的方式进入乡村社会。

在公社体制解体之后，基层组织陷入瘫痪或半瘫痪状态，随之而来的是一系列基层社会失序等问题，影响到了基层稳定。如何重组基层社会、恢复基层治理秩序成为当时国家亟须解决的重要问题。当时在桂西北，诞生了中国最早的一批村民自治组织，虽然名称各异，但是这些村民自治组织与传统村寨自治有着相似性。村民自治组织的乡规民约是从历史传统中汲取了治理资源，传统村寨文化对于地方社会的影响为农民提供了建构秩序的基本工具。首先在组织形式上，面对社会治安的问题，村民并不是借助于生产队组织，而是通过类似于村寨时期的"议众"，将生产队队长和老党员等发动起来，讨论决定成立村民自治组织来维护治安。其次是组织单元上，主要以自然村落为单位组织起来。村内血缘和地缘关系紧密，与外在力量所划分的生产队相比，更容易形成集体行动。最后是在组织规则上，与传统村寨的乡规民约类似。村民制定禁盗和防盗等禁约，具体而细致地列出所禁之事，并规定了严厉的惩罚措施，实际上是按照习惯法来运行。依靠上述村民自治组织，村落得以恢复社会秩序，并扩展到村落其他公共事务，一种新的基层组织形态取代了社队体制。直到撤社建乡过程中才正式将村民委员会确定为乡镇之下的法定基层组织。中央政府最终选择村民自治的方式来重组基层社会，既可以有效地重组基层社会，利用村民自我管理、自我服务和自我教育，来维持基层社会秩序和提供力所能及的公共产品等，也可以节约大量的财政资源，而不必承担起官僚化所带来的财政压力，更为重要的是通过村民的参与，可以将与群众利益相关的村庄公共事务交予村民民主讨论决定，村民也能够对选举产生的村干部进行监督，村委会能够协助基层政权完成相应的国家任务。

当然，中央政府当时倾向于村民自治，并非有意识地要通过农村基层政

权建设来完成政治体制改革，也不确定村民自治对中央政府的政治支持作用。[①] 不过，村民自治本身代表着一种公共参与方式，仿佛公社时期未能真正贯彻落实的"民主办社"在改革开放后变成现实，并扩展到基层社会生活的各个方面，这些与当时国家所提倡的民主政治建设相契合。在国家政治层面，改革开放以后，国家一直强调加强社会主义民主建设，以此改变之前高度集中的政治体制，并释放更多的社会活力。政治体制改革主要集中在两方面：一方面是党和国家领导体制的改革，另一方面是中央政府向地方和社会下放权力等放权让利的改革，因此，在国家政治中出现了一波民主建设的高潮，奠定了社会主义民主政治的基本框架。当时有关社会主义民主政治的讨论，实际上将国家民主与基层社会民主结合起来作为民主国家建设的内在结构，因此，在推进国家民主政治建设的同时，国家尝试从基层建构中国民主。

不过，现代化进程中现代国家建设始终处于非均衡状态。改革开放后，由于基层社会国家化退潮以及社会主义民主政治的发展，民主国家建设在现代国家建设中的位序优先于民族国家建设。当现代化进程日益推进，为了能够有效地动员乡村社会的资源，完成整个现代化任务，需要国家权力向下延伸，于是，在民主国家建设过程中受到民族国家建设惯性的深刻影响，乡村治理突出表现为村民自治与乡镇政府行政权力之间的内在张力，由此带来了村民自治的行政化。具体表现为以下几方面。

一是体制行政化。在村委会成立之初以及《村组法（试行）》中，村委会设置都是以自然村为单位。在自然村内，村民地域相近、利益相关、文化相连，容易形成集体行动，也有利于兴办公共事业等，所以实践中普遍在自然村成立村委会。在村委会被有计划地试点的过程中，各地普遍将村委会设立在自然村之上的生产大队一级。如果村委会设在自然村，乡镇政权要面对大量的村委会，不便于管理，增加了管理难度，为此，各地普遍将村委会上移到生产大队，以便协助乡镇政府的行政工作，村委会所在的村庄被称为"行政村"，在原来生产队或自然村成立村民小组。在基层政权建设过程中村委会主要与公社体制进行接轨，与之相对应的是村委会承担越来越多的行政工作。

[①] 参见胡永佳《村民自治、农村民主与中国政治发展》，载刘亚伟编《无声的革命——村民直选的历史、现实与未来》，西北大学出版社2002年版，第319页。

即便是与公社接轨之后,村委会作为群众性自治组织,按照法律规定只是承担协助乡镇政府工作,与乡镇政府的关系是指导关系。随着《村组法(试行)》颁布施行以及相关政策的示范,一些地方的基层政权在面对村委会时仍然试图直接对其领导。为了能够绕开法律的规定,包括桂西北在内的整个广西壮族自治区又将村委会下移到自然村,在行政村设立乡镇政府的派出机构——村公所,规定其与乡镇政府的关系是上下级关系,承担乡镇委派的各项工作,并对乡镇负责,在整个乡村治理体制上进行了一次调整,强化了行政权力对于基层社会的控制。

二是职能行政化。在《村组法》正式颁布之后,作为乡镇政府的村公所被撤销,统一改为村委会,并且随着农民民主观念和意识的增强,村委会的法定地位和民意基础得到巩固。乡镇政府不能直接或明显地干预村民自治,但是仍然可以通过一些间接的方式来影响和制约村委会及其村干部等,如目标管理责任制、两选联动与党管干部、村财乡管与资源约束、挂点干部、乡村组条块关系、干部培训与政治教育等。这些措施虽然并未从体制上改变村民自治的性质与地位,但是从功能上看,乡镇政权已经有足够的能力来影响和支配村委会,在整个汲取型政权的结构中,村民自治的法律制度仍然难以改变基层政权的行政惯性。

三是去行政化。进入21世纪,汲取型乡村关系下基层政权与农民的关系体现在农民缴纳税费与基层政权提供必要的公共服务的权责对应机制上。当基层政权无法提供公共服务的时候,农民则以不缴纳税费的方式来加以抗衡。当取消农业税及其他税费后,上级转移支付并未及时调整到位,导致基层政权缺乏财政资金,无法提供必要的公共服务,农村公共服务水平和能力下降。更为重要的是,基层政权与农民的关系因此发生转变,基层政权虽然不向农民收取税费,避免了与农民之间的冲突,但是也不能提供必要的公共服务,与农民的关系日益疏远。对于农民而言,基层政权是外在于乡村社会的存在,悬浮于乡村社会之上,即悬浮型政权。

正是在基层政权和村委会日益脱离农村社会和农民的同时,基层社会也面临着公共服务退化与短缺等问题,农民在自然村或村民小组围绕公共建设重新组织起来,通过"一事一议"的方式来解决影响农业生产和日常生活的农村基础设施问题,成为新世纪以来村民自治发展的一种新趋势,即村民自治重心下移,同时也预示着在外在行政环境改善的情况下,基于基层社会自主性的村民自治获得了新的发展空间。

四　农村基层治理的二维结构

不同历史阶段的乡村治理均处于国家化与地方性的结构之中，由于不同阶段中国家化方式与地方性因素的不同组合塑造不同的乡村治理，同时，国家化和地方性本身是一个累积性的过程，随着不同历史阶段的时空转移，每一阶段所需要解决的结构问题的侧重点并不一致，随着国家化与地方性关系侧重点的转移，以及国家化与地方性的不同组合，可以得出如下判断。

一是在传统国家时期，中心与边陲关系和中央与地方关系是整个结构中的侧重点，国家化集中表现在边陲的国家化和地方的国家化，主轴是土司制到郡县制的转换，村寨自治并非国家权力有意为之，而是地方性的结果。传统国家所具有的弱国家化与强地方性形成结构塑造了"村寨自治"。

二是在转型国家时期，大规模的改土归流已经结束，转型国家至少具有了现代国家的外壳，此时的关键问题是中央与地方关系以及国家与基层社会关系。虽然地方实力派的地方政权建设催生了"村街自治"，但这是与中央政权集权的反向运动，损耗了地方自治所推动的国家化的努力，同时也加强了地方国家对于基层社会的控制，从而取代了原来地方性之上的"村寨自治"，由此形成弱国家化与弱地方性的"村街自治"。

三是中华人民共和国的成立意味着转型国家的结束。借助革命战争，中国共产党解决了中央与地方关系等问题，历史结构的重点转移到国家与基层社会关系上。在现代国家建设中，国家权力的高度集中和全面渗透，形成了统一的和强有力的中央政权，以及国家权力对于基层社会的控制，此时的地方性主要表现为农户的自主性，由此形成强国家化与弱地方性之下的"社会自治"。

四是到改革开放后，现代国家建设进入新阶段。在高度集中的政治经济体制逐渐解体的过程中，基层社会自主性增强，以往全面渗透的基层社会国家化有所减退，但国家仍然保持着对于基层社会的适当控制，并没有滑向弱国家化的一端，同时给予基层社会足够的自主空间，在基层政权之下设立村民委员会，赋予农民广泛的民主权利，由农民进行自主治理，从而形成强国家化与强地方性之下的"村民自治"。上述关系如表 10-1 所示：

表 10-1　　　　国家化、地方性与乡村治理形态的二维结构

现代国家 （强国家化、弱地方性） 社会自治	现代国家 （强国家化、强地方性） 村民自治
转型国家 （弱国家化、弱地方性） 村街自治	传统国家 （弱国家化、强地方性） 村寨自治

国家化与地方性分析框架可以帮助我们重新理解乡村治理的历史延续性。当我们回顾乡村治理的历史结构，也许会发现历史有一定的相似性，这种相似性实际上来自历史的延续性，历史并非断裂的，而是绵延的。不论是从中国历史本身，还是从乡村治理历史结构来说，都能够体现出历史延续性。柯文（Paul A. Cohen）在研究中国的时候认为，不应该将某一时间作为前后截然分开的历史界线，因为历史本身意味着延续性[1]。张乐天在研究人民公社制度的时候认为，公社制度虽然试图与之前的村落社会传统区隔开来，但是村落传统依然隐伏在公社制度当中，而当公社制度解体之后，农村社会依然保留了公社制度的遗存，影响着改革开放之后的乡村社会。[2] 为此，在研究中国乡村治理的时候，需要确立一种延续性，而非断裂性的乡村治理概念。

国家化和地方性分析框架可以帮助我们重新整合乡村治理的既有框架。与以往国家与社会关系所锚定的时空特征相比，国家化将前现代国家纳入分析之中，回到国家所具有的抽象特征，从而建构一个更具有包容性的分析概念。对于中国这样具有深厚大一统历史的国家而言，如果仅仅以现代国家为起点来进行研究，可能导致一些观念和理论的生硬套用。如果从国家化角度入手则能够将相关研究进一步延伸到传统国家时期。当然，本研究的意图并不是要主张国家中心主义，很明显，地方性始终是国家化进程中的重要变量，

---

[1] 参见［美］柯文《在中国发现历史——中国中心观在美国的兴起》，林同奇译，中华书局 1989 年版，第 173 页。

[2] 参见张乐天《告别理想：人民公社制度研究》，上海人民出版社 2016 年版，第 315 页。

涵盖边陲、地方和基层社会等，本研究试图建立一个更具有弹性的解释框架，即中国乡村治理的内生性演变实际上是在国家化与地方性的互动之中逐渐展开的。

第十一章
国家化、民族性与农村基层治理形态*

中国有着丰富的基层治理资源。以往的研究在实践上侧重于汉族地区基层治理，忽视了民族地区基层治理的形态。在理论上更多的是从乡村自治角度来加以研究，忽略了国家对于民族地区基层治理的介入。本章基于广西壮族社会历史调查中"寨老制"相关文献资料，从"国家化"角度重新认识少数民族基层治理结构的内生性演化。在治理单元上，传统国家通过"改土归流"，将具有人身依附关系的封建村寨共同体转变为承担国家政治责任的村寨共同体。在治理主体上，传统国家通过"以职代役"，将"村寨头人"纳入国家建制体系。在治理规则上，传统国家通过"因俗而治"，将乡村习惯法融入成文法。当然，上述"国家化"的努力也受到村寨特有"民族性"的影响，在政治责任上"田荒粮不荒"带来村寨的"越级上告"，"以职代役"的村寨头人"听调不听宣"，"以俗入法"仍难以改变"争讼不入官府"，传统国家在瓦解土司制度之后，仍然需要面对"一村一寨"，而非"一家一户"，由此形成以村寨为单位的基层治理共同体。

一 民族地区基层治理与国家化

基层治理是实现国家治理体系和治理能力现代化的基础工程。2021年，中

---

* 本章以《国家化、民族性与基层治理结构演化——基于广西壮族社会历史调查资料中"寨老制"的研究》为题，发表于《中国农业大学学报》（社会科学版）2022年第4期，收录本书时略有修订。

共中央、国务院颁布《关于加强基层治理体系和治理能力现代化建设的意见》明确基层治理的最终目标是"基本实现基层治理体系和治理能力现代化,中国特色基层治理制度优势充分展现"。中国有着悠久的基层治理历史传统,在推进基层治理现代化进程中如何认识和把握传统基层治理是一个关键性问题。

(一) 理论与实践的偏移:基层治理现代化的传统资源

中国传统基层治理研究大多集中在汉族地区,形成了诸如"双轨政治""乡绅自治""宗族治理"等理论命题,有助于理解中国传统基层治理。实际上,这些理论命题大部分是从传统汉族地区经验出发,无形之中遮蔽了少数民族的基层治理历史与经验,作为中国基层治理的一部分,民族地区的基层治理同样值得关注。改革开放初期的基层群众自治就诞生于广西壮族村寨之中。因此,推进基层治理现代化不能忽视少数民族乡村所遗留的治理资源。以往的研究更多是从社会角度将村寨治理作为乡村自治的一种形式,"这一表现为内在整合、自我运行功能的乡村自治制度,是一种具有民主色彩浓厚、以乡约为核心实行治理、民主决策以及村民监督特征,表现出比宗族、乡绅等汉族地区传统的农村自治制度更多合理性和有效性,这种机制的合理性和有效性,在传统壮族农村,一直发挥着社区自我管理的作用"[1]。有学者甚至认为:"原始自治体系,即在离封建政治、经济中心较远的地方,一些壮人以'壮老'为核心聚族而居,实行以'壮老制'为核心的带原始公社色彩的自治体制。"[2] 总的来说,将寨老制等作为一种外在于国家的、具有社会中心主义色彩的基层治理制度,由此认为村寨治理是一种自发秩序所塑造的自治形态。与之相对,本章试图从国家治理角度出发,探索村寨治理不仅是村寨自生秩序,而且是国家建构的秩序。传统国家一直在努力将村寨及其所属的地方社会纳入国家统辖之下,而地处偏远、权力分散、文化多样的少数民族村寨深刻地影响着传统国家的治理策略。

(二) 理论探讨:作为理论与方法的"国家化"

从整体上来说,民族村寨治理涉及整个国家民族地区基层社会治理,将

---

[1] 陈洁莲等编:《民主壮族——中国壮族乡村民主自治研究》,广西人民出版社2009年版,第61页。

[2] 张声震主编:《壮族通史》,民族出版社1997年版,第757页。

民族地区整合到整个国家权力体系之中，实际上是民族地区的"国家化"进程。对于国家化的理论想象，政治学研究直接从现代国家出发，指向的是基层社会"国家化"，沿袭着社会组织和集体化的脉络，抑或是从政治社会学研究中的"社会国家化"，即国家化指具有现代特性的国家将国家意志输入包括传统社会在内的各个部分，使得社会国家化。① 更为普遍的理解是"国家化"与现代国家建构的过程类似，即民族国家建构意义上的"国家化"，在欧洲表现为许多地区的统治走向高度制度化的过程。② 其前提是把国家化的原动力确定为现代国家（等同于民族国家），"国家化"就是现代（民族）国家取代并主导社会的过程。不过，以国家建构理论来思考中国基层治理则相对集中，研究者们一方面是从乡村整合角度提出和使用"国家化"，并进行了系统的论述，包括"政权下乡""政党下乡"等现代国家形式对于乡村社会的整合；③ 另一方面将"国家化"与国家建构或国家与社会关系理论等进行区分，以确定基于中国场景的"国家化"理论。④

综上所述，国家化更多地指向现代国家建构的过程，传统国家是否存在国家化的过程呢？其实，"国家化"概念更早地出现于民族学者的笔端，大多数民族学者论述传统统治意义上的边疆"内地化""王化"和少数民族"汉化"，更多是从传统国家出发来宽泛地论述"大一统"国家对于民族地区的影响。人类学者对高地逃避统治方式的研究也说明了"国家化"的影响。⑤ 很明显，与现代国家相比，传统国家的外部是一个分散分裂互不联系的世界，其内部也处于一种分散分裂互不联系的状态。⑥ 传统国家所面对的是一种充满偏远性、分散性及社会文化差异性的民族地区。在后续的"国家化"研究中，徐勇进一步对"国家化"的外延进行了扩展，将"国家化"定义为历史过程概念，并以此分析中国历史上的各民族多元一

---

① 参见徐勇《国家化、农民性和乡村整合》，江苏人民出版社2019年版，第5页。
② 参见[英]杰拉德·德兰迪、[英]恩斯·伊辛主编《历史社会学手册》，李霞、李恭忠译，中国人民大学出版社2009年版，第447页。
③ 参见徐勇《国家化、农民性和乡村整合》，江苏人民出版社2019年版，第62页。
④ 参见陈军亚《国家化：基于中国国家实践的理论和方法》，《南国学术》2021年第4期。
⑤ 参见[美]詹姆士·斯科特《逃避统治的艺术：东南亚高地的无政府主义历史》，王晓毅译，生活·读书·新知三联书店2016年版，第405页。
⑥ 参见徐勇《国家化、农民性和乡村整合》，江苏人民出版社2019年版，第20页。

体格局。① 由此，可以将整个"国家化"分为两个部分：一是将分散的权力集中化，即将分散在社会、地方或边缘的各类公共权力集中到国家手中，各边陲地带的部族首领、头人以及地方政权或基层社会的乡绅等都必须服膺于国家权力；二是高度集中的国家权力的渗透化，即国家权力能够有效地进入边陲地带、基层社会和地方政权。通过对中国历史经验的分析，实现了"国家化"概念的拉伸。"国家化"的前半程能从中国历史发展中得到验证，因为与西欧现代国家产生于邦国林立的封建割据时代不同，中国一直以来是以"大一统"的形式存在的，保持着政治统一体的存续，形成了强国家传统，其国家化的历史过程远比西方现代国家更长。因此，传统国家有一个将偏远、分散和差异性的民族地区"国家化"过程。对传统国家后半程"国家化"而言，国家权力如何渗入基层社会却语焉不详，仿佛只有到了现代国家才有国家权力对基层的渗透。实际上，传统国家做出的各种努力，在某种程度上影响了基层社会治理的形态。"国家化"概念的引入是为了打破中国语境中传统国家与现代国家二元对立的局面，从国家角度去寻找一种历史的延续性。

（三）广西壮族寨老制度：传统基层治理的典型案例

传统村寨治理为分析"国家化"与"民族性"之间的关系提供了一个典型的研究样本，其典型性体现在以下两方面。一是村寨是民族地区的基本单元。对古代社会进行研究时认为："只有通过基本单元的性质，才能阐述整个社会体系。基本单元的性质决定了由它所组成的上层体系的性质。基本单元是怎样的，其复合体也是怎样的。"② 对于传统村寨的研究有助于阐述整个少数民族社会体系，体现其"民族性"特征。二是村寨治理是研究传统国家"国家化"的最小样本，以往关注的"国家化"前半程更多侧重宏观层次"大一统"国家的制度设计，后半程的"国家化"只能从最基层的微观社区中得到充分体现，即传统国家如何深入村寨社会，以此作为衡量"国家化"的一个重要指标。村寨治理是在一定地域范围内展开的，村寨公共权力依靠

---

① 参见徐勇《国家化、民族性与区域治理——基于历史中国经验的分析框架》，《广西大学学报》（哲学社会科学版）2020年第4期。

② ［美］路易斯·亨利·摩尔根：《古代社会：下册》，杨东莼等译，商务印书馆1977年版，第234页。

特定规则建立公共权威与公共秩序，并处理公共问题的过程。由此可见，村寨治理结构的核心要素包括村寨治理单元、村寨治理主体和村寨治理规则等，主要涉及"谁治理""如何治理""治理什么"等问题，由此决定村寨治理的历史形态。为此，本章将从传统村寨治理入手，分析"国家化"与"民族性"如何塑造特定的传统村寨治理形态。

二 村寨治理单元的民族性与国家化

基本单元的属性决定着整个社会整体的性质。与汉族地区不同，村寨构成了传统壮族地区基层治理的基本单元，这一单元是中央王朝"以土治土"所确立的土司制度下，基于共同劳役基础所形成的村寨共同体。

（一）村寨共同体

回溯广西壮族自治区地方建制变迁将会发现"国家化"的整体趋势，这个过程并不像汉族地区简单设立郡县，而是经历了长期而复杂的斗争。中央王朝通过羁縻、土司到郡县制将广西壮族纳入中央政府统治，并未完全实现国家权力对于地方社会的有效管理。"大一统"的中央王朝不得不采取"以土治土"的统治策略，任用当地土著头人等充任官员，允许其世袭，而由中央王朝加以名义上的委任，在形式上纳入中央王朝的统治，形成土司制。土官的行政系统依赖人身依附关系，这种人身依附关系源自土司社会的身份等级制度，由此确立每一个人的社会身份和政治责任，以及附着在身份上的政治权利和义务关系等，使得整个地方社会获得一种内在的政治秩序。土官无疑处于社会等级制的顶端，其下有土目、土民等，依据政治权力和社会身份，形成高低贵贱的身份秩序。这种等级秩序以土官为圆心，随着血缘关系、人身依附和隶属关系等逐渐向外展开，与之相对应的是社会地位、土地财富分配、政治特权等一系列的秩序关系。

在既有的等级秩序之下，土官统治的经济基础依赖领主土地制及其之上的劳役地租。在土司地区，田地一般分为官田与私田，私田一般为官族私庄和普通农民所拥有的田地，不纳税也不需要承担劳役，但是只占整个土司地区田地的一小部分。大部分田地都是名目繁多的"官田"，"官田"属于土司和土目。在广西天峨县白定乡，土官治下的土地主要分为粮田和私田，仅粮田有税赋，而私田免除税赋。对于土民而言，几乎每个月都需要给土官服劳役，如安平土司下利屯，挑夫送礼、送干柴、送艾草、抬土官赴圩或外出等。[①] 劳役地租以支配土民劳动力为前提，使其失去流动迁徙的自由，土民被紧紧地束缚在土官和土目的土地上。此外，土官和土目的土地相对集中于一些官庄或私庄，形成各种聚落性的村寨，村寨多归属于某一土官或土目，以村寨为单位共同承担劳役等，无形之中强化了村寨作为政治责任单位的作用。村寨不仅是土民生产生活的基本单位，而且是土地产权的基本单位，更是承接土官劳役负担的基本单位。

（二）重新编户

随着统一的中央政权日渐巩固，为了加强对土司地区的控制，明清时期实行"改土归流"，土司地区的土地制度发生变化，土官所属的田地虽然归土官所有，但是之前免除税赋的私田在清丈田亩之后与官田一样需要缴纳税赋。这打破了粮田与私田在税赋上的差异，使其共同承担官府的税赋。土司地区的土地和人口均纳入中央政权的管辖之下，依照户籍和田地等承担国家责任，彻底废除了土官的封建领主特权，尤其是土民繁重的劳役负担等，土民租种土官的田地，除了租税，不再承担各种类型的劳役，整个土官衙门也不复存在，劳役经济逐渐过渡到地主经济，土官不再是拥有政治经济权力的"领主"，只是享受政治优待、占有大量土地的地主而已，被剥离其政治权力。不过，改土归流之后，汉官及其衙门等仍然由地方税赋来供养，取代繁重劳役的是日渐增加的国家税赋。清丈田亩后所有的田地都需要缴纳税赋，为了更加有效地征粮派款，汉官衙门重新按照户口划分区域、编组基层组织等。在土官时期，下级各类组织分为哨目、保正等土目，土目与土官之间有着明显的主从附庸关系，依靠各种封建义务联系起来。这是一种非制度性的组织体系，带有很大的随意性。改土归流后设立分府分县管理原来土官辖地时，汉官重新建立团总、老布、郎首等土目，以便催役催粮。由于过于频繁的征派，各级土目逐渐退出。在恩城土司，清末各种征派导致土目不愿意充任团总等，

[①] 参见广西壮族自治区编辑组、《中国少数民族社会历史调查资料丛刊》修订编辑委员会《广西壮族社会历史调查》（一），民族出版社2009年版，第4—5页。

他们长则干几年，短则只干一两个月，最后各户轮流充任。① 有的地方打破各级土目的基层组织，按照政权组织单位重新进行编组。如天峨县白定乡在改土归流之后在汉官衙门之下建立团、亭、甲三级组织。

（三）田荒粮不荒

随着保甲制度的建立，官府和村寨之间的冲突加剧，官府常常超出规定征派。为应对此现象，一方面官府自上而下地约束地方官员的行为，另一方面村寨自下而上越级上告。前者主要依靠官府颁布各种禁革陋规，明文限制各种征派，以杜绝地方官府加派等。如《广西少数民族地区石刻碑文集》就辑录了大量"额定应征各项例规碑""额定钱粮等项碑""永免夫役碑""永革陋规碑"等内容。一是厘定本地应缴钱粮，要求官府在额定的钱粮下征收，百姓则应及时缴纳；二是取消各种额外赋役的政令，避免苛索。② 一旦官府超出与村寨约定俗成的规矩，村寨头人就越级上告。如龙脊乡相关资料记载：

> 乾隆年间，统治者苛索各种陋规，群众不堪受其剥削，十三寨的头人聚集讨论对策，但是议了多日仍得不到解决办法，某头人的长工潘天红，提出自己的意见，并自愿到当时的桂林府禀告，头人们很赞同潘的意见，供给其路费到桂林去，结果明令取消了各种苛索。③

对村寨来说，上告本身也面临着潜在的风险，直接与地方官员冲突。正因如此，寨老和头人等不愿意直接上告，而让其他人代为上告，为此，与官府随意加派负担相比，村寨的越级上告十分有限，能够真正取消过度的加派也属少数。

在传统土司制度之下的村寨是基于人身依附和共同劳役基础上的社会单

---

① 参见广西壮族自治区编辑组、《中国少数民族社会历史调查资料丛刊》修订编辑委员会《广西壮族社会历史调查》（三），民族出版社2009年版，第125页。

② 参见广西民族研究所编《广西少数民族地区石刻碑文集》，广西人民出版社1982年版，第187页。

③ 参见广西壮族自治区编辑组、《中国少数民族社会历史调查资料丛刊》修订编辑委员会《广西壮族社会历史调查》（一），民族出版社2009年版，第98页。

元,而改土归流之后,传统国家改变人身依附的共同劳役制度,并重新编户,建立保甲制度等。村寨共同体作为基层治理单元纳入传统国家之中。但是村寨本身共同体的属性使得传统国家权力无法深入其中,即便是编户和保甲制等也只是在村寨之上增加一层国家权力外壳,相反,由于传统国家税赋汲取等外在压力使得村寨共同体的内聚力更强,为此,传统国家与村寨之间维持着一个约定俗成的合作关系,村寨并不具有抵抗国家权力的制度性力量。虽然传统国家常有自我约束行为,但是并不能避免对村寨的过度汲取,最终引发传统国家与村寨的矛盾和冲突,传统国家在冲突中利用村寨之上的建制体系等占据着主导地位。

三 村寨治理主体的民族性与国家化

村寨作为政治责任单位,建立国家与农民之间的联系,但是在村寨内部存在着和汉族地区乡绅、族长类似的中间力量,即村寨头人等治理主体。

(一) 村寨之父

在村寨内部,基层社会秩序更多依赖传统村寨所遗留下来的村寨头人。俗话说"乡有乡老,寨有寨头"。壮族的史料记载:中华人民共和国成立前,壮族地区普遍流行"寨老制",那时每个寨子都有一个威望较高、办事公道的老者,被大家称为"波板",意为村寨之父。① 寨老不是自封的,也不是说村中凡是年老的人就自然而然地成为寨老。而是由壮族村民选举产生,或是由年迈卸任的寨老举荐经群众认可的人充任。当时龙脊乡的调查资料记载村寨头人的产生过程。

> 侯家寨的侯永保就是其中一个,有一年,龙脊负担的粮赋比往年加重了,他便自动到兴安官府去请求减轻,结果真减轻了一些负担,群众都很感激他。平日他对群众的纠纷,是抱着大事化小事,小事化无事的息事宁人的态度来调解。在他的晚年,龙脊十三寨群众赠给他一块匾,

---

① 参见覃国生、梁庭望、韦星朗《壮族》,民族出版社1984年版,第37页。

上面写着"名登天府"。大家对他都很尊敬。①

当然,如果寨老办事不公,便会失去村民的信任,村民可以"鸣鼓而攻之"。如毛呈寨头人廖锦盛被群众公议罢免。

> 毛呈寨萧鸿兴有一天丢失了一头猪,诬赖邻居廖景平、廖景凤二人偷盗,请头人廖锦盛来排解。廖锦盛得了萧家的"背手钱",要替萧家说话,强迫廖景平二人负责赔偿萧家的损失。但廖景平二人不服,便敲起锣来叫全村人给他们评理,经大众讨论后,大家都认为这是无理的诬害,是头人判决的不公,并戳穿是头人吃了钱替萧家说话,群众一致指骂廖锦盛的不义,又罚廖锦盛出两吊钱来赔偿廖景平、廖景凤两家的名誉损失,事情才算了结。②

总体而言,在村寨治理中,寨老行使其对村民的组织、领导和管理等职责,诸如召开长老会议、村民议事会等,以讨论、决定和处理村中的重大事情。

(二)头人充任团总

传统国家主要通过保甲制来强化对基层社会的控制。中央政权多次颁布保甲条文,制定了对边疆和民族地区的保甲编制措施。此后,清末地方变乱,中央政府诏令地方办团练,在乡设团局,团局有团总,包揽全团事务,团练以保甲抽丁和编组,经费来自保甲摊派和筹集。作为国家权力代表的官府将"委牌"发给"头人",让其充任团总。团总的产生,有两种不同的说法:一说是先由群众在本地有威信的头人中推选出一人报到官府去,然后经官府核准并发给委牌;另一说是在新县官上任时,访查本地一些父老,看谁是本地头人,谁能通笔墨,谁家有财富,一一查清楚后,不征求其本人同意即加以

---

① 参见广西壮族自治区编辑组、《中国少数民族社会历史调查资料丛刊》修订编辑委员会《广西壮族社会历史调查》(一),民族出版社2009年版,第95页。
② 参见广西壮族自治区编辑组、《中国少数民族社会历史调查资料丛刊》修订编辑委员会《广西壮族社会历史调查》(一),民族出版社2009年版,第95页。

委派，给予委牌。① 由此可见，当时的国家政权竭力让民众推选的寨老充任国家政权体系内的团总一类的官方角色，实现"民选官委"，将寨老制与保甲制合二为一。② 至中华民国时期，随着壮族地区社会经济文化的发展，中央集权政治进一步渗透，壮族传统的社会结构逐步瓦解。社会环境的改变导致寨老制也发生了变化。有些地方寨老被纳入政府权力机关，担任基层组织的保甲长或乡村长，寨老制自然消失。有些地方的保甲长或乡村长取代了寨老的部分作用，寨老的职权和责任范围不断缩小。有些地方寨老的职能和团总、保甲长或乡村长的职能融合在一起，担任寨老的人同时被委任为政府的基层职员。③

（三）听调不听宣

传统国家没有足够的能力来直接任命团总、保甲长等组织成员，只能从地方上的寨老和头人中委任。与传统的以职代役相似，所委派的团总和保甲长等不能脱离基层社会，传统国家政权也难以进行有效的控制，自然削弱了国家控制基层社会的效果。

其一，对基层社会来说，寨老和头人接受官府的委派本身对于村寨是一种外在的压力。在龙脊乡，清光绪以前凡是新县官上任时，对团总都要重新发给委牌，在发给委牌时又要勒索不少银钱。但这些款项不是由被委派者独自负责，而是由整个十三寨各户分摊负担。据说当时被委派的人多是不愿意接受委任的，可是为了免去地方上遭受各种麻烦和灾难，被委者也只能负担名义上的责任，实际工作则由十三寨的头人共同负责，因而这笔款就落在群众的肩上。④

其二，在基层社会中，寨老和头人等是基层秩序的主导者，即便不是由寨老、头人充当团总或保甲长，也受到他们的影响，并且越往基层，这种影

---

① 参见广西壮族自治区编辑组、《中国少数民族社会历史调查资料丛刊》修订编辑委员会《广西壮族社会历史调查》（一），民族出版社2009年版，第90页。
② 参见陈洁莲等《民主壮族——中国壮族乡村民主自治研究》，广西人民出版社2009年版，第22—23页。
③ 参见《壮族简史》编写组、《壮族简史》修订本编写组《壮族简史》，民族出版社2008年版，第91—92页。
④ 参见广西壮族自治区编辑组、《中国少数民族社会历史调查资料丛刊》修订编辑委员会《广西壮族社会历史调查》（一），民族出版社2009年版，第90页。

响力越大。如龙脊十三寨划分为上、中、下三个甲……每甲有甲头（甲长），一年一任，是由各寨各户壮年男子轮流充当。实际上多由头人指定的，任期亦往往依照头人的意见和他本人办事的能力来决定，有连任几年的，也有几个月的。主要的责任是收集委牌钱或传递公文、传讯案件，有时亦代理头人出席各种会议，因而逐渐在群众中树立威信，最后爬上头人的职位。①

其三，在基层社会中，寨老和头人除了协助官府征收税赋，维持治安，与国家政权的关系有限，不可能主动介入村寨以外的地方事务。除少数上升为团总后和官府有着往来，绝大部分头人与官府来往很少，原因是他们既不由官府委派，也不经官府核准或备案，同时他们平日所处理的事务，亦很少和官方有关系；除非在群众间有了诉讼，官方为了弄明白事情真相，才派人来叫头人到官府去作见证，所以，头人与官府是很少来往的。②

寨老被称为"村寨之父"，他们的权力来自村寨共同体中寨民的认同和信任，成为基层治理主体，维持着村寨的公共秩序。当传统国家的基层治理单元覆盖村寨共同体之后，"村寨之父"不得不充任团总、保长、甲长等"村寨之长"，于是，基层治理主体包含着两种身份，彼此之间存在张力。虽然传统国家通过以职代役来推动村寨头人等履行职责，但是无法提供足够的财政资源支持，属于"无给职"基层治理主体。村寨头人等更加偏重"村寨之父"的身份，对于传统国家所设定的身份，村寨头人通过逃避充任、轮流充任或指定他人充任等方式进行消极应对，最终的结果是"听调不听宣"。

四 村寨治理规则的民族性与国家化

在壮族历史上，习惯法发挥着社会关系调节作用，以至于中央王朝的统治者治理壮族地区时，一般采取"因俗而治"的策略。所谓"因俗而治"是中央王朝采取有别于统一的成文法或行政命令，而以当地约定俗成的习惯法

---

① 参见广西壮族自治区编辑组、《中国少数民族社会历史调查资料丛刊》修订编辑委员会《广西壮族社会历史调查》（一），民族出版社2009年版，第89页。
② 参见广西壮族自治区编辑组、《中国少数民族社会历史调查资料丛刊》修订编辑委员会《广西壮族社会历史调查》（一），民族出版社2009年版，第96—97页。

为基础进行统治。

（一）乡村禁约

由于国家权力未及，地方性的事务都依赖当地村寨头人来处理，逐渐形成地方性的规则。壮族地区的习惯法包括乡规民约、村规民约、族规、款规、禁忌、风俗等类型，内容涉及生产生活各个方面。这些习惯法集中表现为各种类型的乡约和禁约。

壮族地区的习惯法主要由寨老领导村民讨论制定或修改，有些则沿袭传统。每当一年春秋两季之始，龙脊十三寨的主要头人或大部分头人集中开会，他们称为"议团"……"议团"是为了预防歹人盗窃，共同讨论、修改、补充"乡约"的条款。在讨论的过程中，不论是头人或凭兴趣前来旁听的群众，都可以发表自己的意见……乡约的讨论，往往拖延几天之久，最后要绝大多数人同意即算通过，乡约便成为十三寨群众必须遵守的法律。[1] 在习惯法中，除了规劝和告诫，还规定了若干重要的处罚机制，因此，习惯法在壮族地区有明显的约束力。

一是罚款悔过。不论小偷、大偷，罚款照三份均分，即失主占一份，检举人占一份，一份归公。如果失主直接捉盗，则失主占二，一份归公。偷窃犯在交出罚金之后，还得请失主和寨老吃酒，立悔过书，表示双方和好及不再犯。[2]

二是互保担责。家中的布匹衣服之类被盗，失主往往在报告寨老后，通告村人，要求偷盗者把原物在晚间送至某一指定地点，以便次晨由主家取回了事。如"喊村"三天之后，仍无人送回原物，失主便通知寨老，要求各户用联保法互相保证，如果各户都能相互作保，只好留待日后调查，如日后查出为某甲偷盗，则加倍处罚其保证人某乙，某甲反而无罪。如果村中有无人作保的人，失主即认定这人是偷盗者，便向他追赃。[3]

---

[1] 参见广西壮族自治区编辑组、《中国少数民族社会历史调查资料丛刊》修订编辑委员会《广西壮族社会历史调查》（一），民族出版社2009年版，第102—103页。

[2] 参见广西壮族自治区编辑组、《中国少数民族社会历史调查资料丛刊》修订编辑委员会《广西壮族社会历史调查》（一），民族出版社2009年版，第260页。

[3] 参见广西壮族自治区编辑组、《中国少数民族社会历史调查资料丛刊》修订编辑委员会《广西壮族社会历史调查》（一），民族出版社2009年版，第260页。

三是赔命除绝。对于人命案，由死者家属及其房族和同村人，集体到凶手及其家族中去，"讨论"并将其财产全部分光，最后还得由后者给若干"赔命金"，方肯罢休。重大案件则由头人根据群众意见，将犯者处以极刑，但判处死刑必须得到其家族和舅父的同意，立字为凭方可，称为"除绝"。对于较为严重的处以针刺、吊梁等"肉刑"。①

（二）以俗入法

随着中央集权统治的加强，官府法令和村寨习惯法结合的现象出现，官府参与制定修改习惯法的情况逐渐增多，官府也将乡规民约作为司法审判和处理纠纷的依据和补充。

一是乡规民约需要经过官府的授权或审定。以官府授权的形式来制定或订立民约，或者官府发布命令要求各村寨制定乡规民约，经官府批准后执行，有的村寨将制定的乡规民约呈送官府审阅，获得官府认可。例如，广西龙胜各族自治县和平乡《龙脊地方禁约碑稿》记载："具恳禀龙脊乡老头甲人为恳乞，青天大老爷台前非别兹因小民地方不遵法律，肆行伎俩，狂獗不已，所以地方坐视不忍，只得公议禁规，以儆后犯。今小民谨将规式禀矣仁天龙目赐览，倘有错伪，万乞仁天删明，俾小民刊碑，流芳百世，则小民万古衔结报之矣。"②

二是司法判例中将乡规民约作为事实加以认定。清代广西司法中地方官员借助审理、宣判某一司法判例的机会，将一些民间习惯作为案件的事实加以认定，并与司法判例一起公布，将民间的习惯法上升为成文法，具有国家法的效力。例如，广西太平土州《以顺水道碑》记载：宣统二年相邻村寨因为上游村寨设立水车阻碍水路，引起用水纠纷。地方官在拆除水车后，将判决结果和十八条水规逐一列举，勒石示人。③

三是以乡规民约作为判决依据，补充成文法的内容。广西河池罗城龙岸镇

---

① 参见广西壮族自治区编辑组、《中国少数民族社会历史调查资料丛刊》修订编辑委员会《广西壮族社会历史调查》（一），民族出版社2009年版，第16—17页。
② 广西壮族自治区编辑组：《广西少数民族地区碑文契约资料集》，广西民族出版社1987年版，第201页。
③ 参见黎莲芬、袁翔珠《历史与实践：广西村民自治的若干法律问题研究》，广西师范大学出版社2011年版，第159—165页。

下地陈村宣统二年《给示勒碑》记述了一起发生在上下游两村之间的水源纠纷案件。当地县官在判决时没有遵循两村之间以往取水的惯例，而是按自己的理解判决，上游村占六、下游村占四，结果民众不服判决，到府告状。知府认为县令的判决"殊未允协"，并按当地习惯进行了判决，上游村及下游村两村各占四成，其余两成，由向来有水源各村均匀摊派，而昭公允，以息争端。①

（三）争讼不入官府

在传统社会中，判刑、惩罚和多数裁决的宗旨是尽可能避免。争端应该加以"消除"，而不是判决或仲裁……说服教育第一，而不是依靠权威或压制。② 乡约和禁约只是明文规定了习惯法中比较重要的公共治安和社会秩序等问题，民间的具体纠纷则更多地依靠村寨头人依"理"来处理，这一过程称为"讲筹"，以达到"争讼不入官府"。

在讲筹中，寨老听完纠纷双方当事人陈述之后，会主动到村中了解基本情况，并在当事人都在场的情况下，引用过去的案例、故事传说或俗语，阐明道理，使理亏者心悦诚服地接受裁决。一经调解，双方又和好如初，寨老调处纠纷是义务性的，仅需当事人提供几餐饭食，或从赔偿中分得一成左右以作酬劳，其他并无额外的经济待遇。③ 寨老是壮族习惯法的主要执行者。在一些地区的乡约中，还强调乡规民约必须由寨老或头人主持，甚至规定群众到官府诉讼必须由头人代告。有时候一个寨老解决不了问题，则会邀上邻村的数个寨老共同商讨。如果仍然不能解决，则可上告官府。习惯法对违规或犯罪行为的处理，一般采取舆论谴责、罚款、罚工、体罚、革逐乃至处以极刑的手段，视其情节严重程度、认错态度和赔付能力而定。官府对习惯法的执行情况不会干涉。相反，如果习惯法解决不了问题，人们往往会讼之于官府；如果犯者不遵从习惯法的判决，寨老等人亦会将之扭送到官府。④ 直到民

---

① 参见黎莲芬、袁翔珠《历史与实践：广西村民自治的若干法律问题研究》，广西师范大学出版社2011年版，第165页。

② 参见[法]勒内·达维德《当代主要法律体系》，漆竹生译，上海译文出版社1984年版，第485—486页。

③ 参见郭亮《桂西北村寨治理与法秩序变迁——以合寨村为个案》，西南政法大学博士学位论文，2011年，第109页。

④ 参见《壮族简史》编写组、《壮族简史》修订本编写组《壮族简史》，民族出版社2008年版，第94—95页。

国时期,由头人代告官府和不准平民私自奔告的情况才有所改变,不再像过去那样强调寨老或头人在排解纠纷中的作用,也不再明文限制群众直接同官府打交道。

寨老依靠乡规民约来治理村寨,这些乡规民约是村寨共同体历史延续和层层累积的内生性规则,是融入村寨生产生活与交往的一套不言自明的行为规范。传统国家在治理基层社会的过程中将习惯法纳入传统法律体系:一是明确由传统国家的授权和审定后颁布乡规民约,将习惯法纳入国家法之下;二是将乡规民约作为事实加以认定,纳入司法审判过程,使习惯法上升为成文法;三是将乡规民约作为判决依据,补充成文法内容。在乡规民约的约束之下,寨民的相互关系与矛盾纠纷能够进行广泛的自我调解,不需要外在的国家权力介入。

五 村寨治理的特性及其国家化机制

在传统国家时期,国家和村寨间大体维系着"听调不听宣""争讼不入官府"的状态,这种治理形态之所以成为可能,源自"国家化"与"民族性"之间的互动。为了维持中央集权的国家,必须推动民族地区的"国家化",既包括国家政权层面的设郡置县,也包括改土归流之后对于基层社会的政治整合。在整个"国家化"过程中,民族地区的"民族性"嵌入"国家化",由此形成了独特的村寨治理形态。如表11-1所示,村寨处于国家权力的末梢地带,采取与内地不一样的治理方式,形成"不治治之""以土治土"和"因俗而治"的治理策略。与内地的郡县制度相比,土司地区保留了更多的独立性和自主性,由此形成了其独特的地域文化传统。在土司制度中,土官并不是由中央政权委任,而是通过土官家族世袭其职,中央政权再予以确认。土司土地上的人口归属于土官及各级土目,土民依附于土官或土目才能获得土地和生计,并以村寨为单位承担共同劳役,形成一个村寨共同体。除了劳役和纳贡,土官并不直接面对村寨土民。与内地的家户制度不同,土官主要通过村寨制度来组织和管理土民,村寨才是当地政治生活中负责任的单位。壮族村寨中历史延续下来的村寨之父,如寨老等保有自己的权威,与基于血缘基础上的宗族和基于土地财富、知识和声望基础上的乡绅不同,寨老的权力来自他们在处理村寨事务过程中所承担的公共责任，在处理民间纠纷中依照习惯法主持公义所树立的威望，更重要的是来自村民的信任。如果其处事不公，便会失去村民信任，其权威也会失去基础。

表 11-1　　　　　传统壮族村寨与汉族村庄治理结构比较

结构特征	壮族村寨	汉族村庄
政权组织	土司	郡县
行政结构	土官—土目—土民	县官—保甲—农民
责任单位	村寨	家户
经济形态	劳役地租	实物经济
社会关系	身份等级与人身依附	身份差异与流动自由
民间权威	头人、寨老等	族长、乡绅等

改土归流之后，随着郡县制取代土司制度，传统国家加强了对于村寨社会有限度的干预，如表 11-2 所示。在村寨治理单元、主体和规则等层面逐步影响传统壮族村寨治理，以往带有壮族村寨治理民族性特征的一些治理元素逐渐被代替。首先将寨老等委托为团总或保甲长等，吸纳到地方官府所控制的基层组织体系当中；其次是作为国家权力代表的官府参与到基层社会规则的制定与执行过程中，并将其作为国法的部分依据和有益补充；最后是官府在村寨履行特定责任和义务后，并不直接干预村寨事务，与寨老等维持着一种合作关系。但是，当地方官府随意增加村寨责任的时候，寨老等只能通过上级官府颁布禁革例规或者越级上告来约束地方官的行为。不过，从社会历史调查资料来看，传统壮族村寨治理是一种资源、人员和规则的整合过程，并未达到应有的"国家化"目的，其原因有三。一是资源汲取。村寨承担越来越多的国家征派，传统国家政权的汲取性功能并未改变，随着重新编户和建立保甲等组织，壮族村寨所承担的负担越来越明显，村寨与官府的冲突越来越多，村寨共同体面临解体风险。二是人员吸纳。村寨原有的头人等充当为官府服务的团总，村寨头人采取以他人代受等方式，仍然实际掌握着村寨权力，保持着"听调不听宣"。三是规则吸收。对原有的习惯法等进行审定、认定和补充，介入村寨原有法律秩序，由此确立法令的权威等，而村寨依然

按习惯法来解决纠纷，以实现"争讼不入官府"。

表 11-2　　　　　传统壮族村寨治理的国家化机制及其结果

治理结构	核心要素	民族性	国家化	国家性	结果
村寨治理单元	治理什么	村寨	编户齐民	家户	田荒粮不荒
村寨治理主体	谁来治	寨老	以职代役	团总	听调不听宣
村寨治理规则	如何治	禁约	以俗入法	法令	争讼不入官府

总之，传统壮族村寨的"国家化"只是改土归流后的内地化，与传统基层治理的历史结构相适应。其与汉族地区家户制度相比，带有更多的村寨共同体和寨老制度底色。正因如此，改革开放之后，基层群众自治制度才能够产生于桂西北壮族村寨。因为村寨自治的传统资源在人民公社解体后为村寨公共事务的处理提供了一种地方性知识，村民在此基础上实现村寨权力结构的重塑，维持了村寨的公共秩序。此后，党和政府在尊重基层群众自治的基础上，逐渐将其嵌入国家基层建制体系，顺利完成改革开放后的基层政权重建，形成"乡政村治"的治理结构并延续至今。以上经验对当前建设基层治理共同体而言具有参考价值。首先，传统治理资源嵌入基层治理，基层治理现代化从某种程度上来说是"国家化"，即基层治理被塑造为国家治理的同构体，更加强调国家权力的作用。然而，基层治理面对的基层社会本身具有多样性，传统治理资源所构成的地方性知识是基层治理的重要基础，需要在尊重地方性知识的基础上，将传统治理资源嵌入基层治理现代化。其次，建构基层治理共同体。共同体意味着特定地域范围内不同主体间持续的互动。在日常生活中形成的自然村寨、村屯等共同体有其内在的权威与秩序，基层治理现代化过程中，国家权力渗入其中。传统的村寨共同体是在外部压力之下所形成的排他性治理共同体，犹如"土围子"。新时代需要重建基于内在公共需求和公共责任的基层治理共同体。最后，在基层治理共同体中，真正实现共建共治共享，即人人有责、人人尽责和人人共享的基层治理格局。传统村寨治理更多的是差等的责任和差别的参与，难以保障普通村民的参与权利，而现代基层治理共同体落脚点是激发每个村民的公共意识，推动每个村民的公共参与，回应每个村民的公共需求。

第十二章
政党、社会与农村基层治理单元

  坚持党的全面领导，加强基层党组织建设成为农村基层治理结构调整的明显特征，也是推进基层治理体系和能力现代化的重要举措。习近平总书记强调："只有党的各级组织都健全、都过硬，形成上下贯通、执行有力的严密组织体系，党的领导才能'如身使臂，如臂使指'。"[1] 并对基层组织建设提出要求，党的基层组织是党的肌体的"神经末梢"。[2] 必须激活基层党组织，增强基层组织力，真正使党的组织生活和党员教育管理严起来、实起来。[3] 为此，在中共中央政治局讨论修订的《中国共产党农村基层组织工作条例》中，习近平总书记再次强调要加强农村党支部建设，坚持支部建在村上，实现对农村各领域全覆盖，使每一个农村党支部都成为坚强的战斗堡垒。为什么要将"支部建在村上"，这个概念是如何发展演变的，如何来理解它的理论价值，以及由此折射的政党与社会的关系等，这些问题值得进行深入的讨论，从"政党带进国家与社会"的基础上，更突出"将支部纳入政党研究"，系统梳理农村基层党支部建设的历史变迁、内在逻辑、基本经验等。

---

  [1] 习近平：《贯彻落实新时代党的组织路线，不断把党建设得更加坚强有力》，《求是》2020年第15期。

  [2] 参见中共中央党史和文献研究院编《十九大以来重要文献选编》（上），中央文献出版社2019年版，第560页。

  [3] 参见中共中央文献研究室编《习近平关于全面从严治党论述摘编》，中央文献出版社2016年版，第36页。

一 政党与基层社会的内在关系

"支部建在村上"实际上是政党与社会之间关系的问题,支部是中国共产党的基层组织,村是中国农村社会的基本单位,是农民生产生活交往的重要单元。因此,"支部建在村上"所体现的核心问题是如何看待政党与社会之间的关系。在西方政党理论话语体系中,国家与社会的分离构成政党理论的基础,而政党与社会也是分开的。西方学者明显将政党归于社会之组成部分。与之相对,在中国情境之下,政党与社会的关系并非分立,而是政党融入社会,甚至来整合、引领社会。在对西方国家现代化进程的比较研究以及国家与社会关系理论的辩难当中,中国学者从中国政治实践中提炼出"政党中心主义"范式。其实,早在改革开放后的新权威主义论已经埋下伏笔,该理论所经常援用的亨廷顿(Samuel P. Huntington)对于发展中国家政党力量曾作出如此判断,他认为:"一个现代化中政治体系的安定,取决于其政党的力量。一个强大的政党能使群众的支持制度化。政党的力量反映了大众支持的范围和制度化水平。凡达到目前和预料到的高水平政治安定的发展中国家,莫不至少有一个强有力的政党。同有强大政党的政治体系相比,在没有强有力政党的政治体系中,更容易出现暴乱、骚动和其他形式的政治不安定。"[1] 显然,关于发展中国家政党的论述给中国学者以丰富的理论启发。在现代化比较研究基础上,杨光斌提出"政党中心主义",他主要是从各国现代化的历史路径来进行分析,他认为:中国现代化是以政党为中心,以区别于德国的国家中心主义和英美社会中心主义,并与苏联模式进行了横向比较。[2] 其他一些学者也注意到中国共产党始终是中国政治绕不开的话题,尤其是公民社会理论和回归国家理论的热议中,对于当代中国政治有深入研究的景跃进很早就从村级两委关系的实践中提出政党的独立性、自主性等问题。他认为:"在基层政

---

[1] [美]塞缪尔·亨廷顿:《变化社会中的政治秩序》,李盛平等译,华夏出版社1988年版,第396—397页。

[2] 参见杨光斌《制度变迁中的政党中心主义》,《西华大学学报》(哲学社会科学版)2010年第2期。

治中，党组织的角色既存在于纵向的乡村关系之中，乡镇党委与村庄党支部之间的上下级关系，也存在于横向的两委关系以及乡镇层面的党委与政府关系，党组织作为一个中介将村庄的两委关系与乡村的国家—社会关系联结了起来。"① 此后在理论和方法上呼吁"将政党带进来"②。不能像研究其他国家那样，直接用国家与社会的二分法来研究中国问题，要充分考虑到党作为一种特殊政治力量在国家生活、社会生活以及国家与社会关系中的重要作用。③林尚立的研究更为明确地将政党作为分析变量，他认为："在国家与社会关系中，作为中国社会领导核心的中国共产党具有决定性的作用。我们可以把党作为政治力量归结到国家的范畴，并由此来分析国家与社会的关系，但是问题在于党作为一种组织力量，与社会有着密切的关系，这就意味着中国社会的权力关系与一般国家（包括西方国家）有很大的差别。这种差别决定了我们不能像研究其他国家那样，直接使用国家与社会的二分法来研究中国问题，要充分考虑党作为一种特殊的政治力量在国家生活、社会生活以及国家与社会关系中的重要作用。"④

表 12-1　　　　　　　政党中心主义与相关理论资源的对比

理论资源	社会中心主义	国家中心主义	政党中心主义
特定场域	先发国家	后发国家	当代中国
理论目标	公民社会	回归国家	找回政党
政党地位	政党归入社会	政党归入国家	政党在国家与社会关系中的特殊作用

上述学者更多的是从宏观政治和制度体系上来分析政党、国家和社会

---

① 景跃进：《党、国家与社会：三者维度的关系——从基层实践看中国政治的特点》，《华中师范大学学报》（人文社会科学版）2005 年第 2 期。

② 参见景跃进《将政党带进来——国家与社会关系范畴的反思与重构》，《探索与争鸣》2019 年第 8 期。

③ 参见林尚立《集权与分权：党、国家与社会权力关系及其变化》，载陈明明主编《革命后社会的政治与现代化》，上海辞书出版社 2002 年版，第 152—153 页。

④ 参见林尚立《集权与分权：党、国家与社会权力关系及其变化》，载陈明明主编《革命后社会的政治与现代化》，上海辞书出版社 2002 年版，第 152—153 页。

的关系，尤其是对当代政府和政治制度的研究，以及由此提出的"党政体制"等，实际上，从结构上来看，党对国家的领导主要表现为两个方面：一方面是依靠科层结构的政府组织体系内建立的党内组织关系，诸如中央和地方关系、政府与群众性社会团体的关系等，按照民主集中原则进行领导，另一方面是中国共产党在科层之外对于社会的政治整合，通过党员以及渗透于社会的基层党组织从基层组织社会。为此，与以往研究取向不同，一则在中国国家治理场景中，与以往的国家与社会二分不同，政党组织本身成为一种相对独立的力量，因此才有海外中国研究中对"找回中国共产党"的研究倡导，国内政治学者也普遍有一种"将政党带进来"的尝试。二则在宏观的"党政体制"等制度主义的分析之下，相关研究侧重于政党与国家的关系，而在政党与社会关系上，中国共产党对乡村社会的政治整合构成了政党中心主义非常重要的理论切入点。徐勇认为，中国乡村整合"恰恰得力于政党向乡村社会的渗透，是政党而不是其他组织成为农村整合的主要力量"[1]。

中国共产党对于乡村社会的整合，主要是政党组织建立、党员吸纳、积极分子、政党所推行的土地政策以及政治运动等进入乡村社会。一种观点是从外向内来分析中国共产党如何整合乡村社会，认为：中国共产党的组织、人事和权力等要素在乡村社会延伸与渗透的系列行为解释为嵌入，中国共产党通过组织嵌入、人事嵌入等方式嵌入乡村社会的政治、社会和文化系统，从而与乡村社会建立联系，并对其施加影响。[2] 其中，组织嵌入是中国共产党长期以来采取的整合社会的方式。通过建立在各个层面、各个领域的党的各级组织，尤其是党的基层组织，中国共产党把一盘散沙的社会凝聚成了一个整体。[3] 正如有学者所指出的：组织网络的建设是中国共产党最有力的整合机制，而党的政治功能又主要是通过党员来完成的，一般情况下，"党员的规模和数量与中国共产党的整合能力是成正比例的"[4]。

不过，在使用嵌入概念的时候，内含着政党与社会的两种力量的冲突与

---

[1] 徐勇：《"政党下乡"：现代国家对乡土的整合》，《学术月刊》2007 年第 8 期。
[2] 参见罗峰《嵌入、整合与政党权威的重塑：对中国执政党、国家和社会关系的考察》，上海人民出版社 2009 年版，第 16 页。
[3] 参见林尚立《组织创新：党的先进性建设的战略任务》，《党政论坛》2006 年第 4 期。
[4] 王邦佐、谢岳：《社会整合：21 世纪中国共产党的政治使命》，《学术月刊》2001 年第 7 期。

互动。嵌入是经济行为和非经济的社会关系和结构之间的互动关系。[①] 嵌入及其反向运动构成了这种互动关系的核心。不少学者以此分析中国共产党嵌入乡村社会，提出"嵌入式整合"等概念。[②] 然而，政治整合在很大程度上并非对社会成员的直接控制，而是通过作为政治组织的党组织和作为政治身份的党员的影响力来整合社会。[③]

不可否定的是政党与农村社会本身在内在性质与组织原则等方面来看是差异明显的，但并不是彼此分离的，政党对于乡村社会的整合并不完全是自外向内的嵌入整合。政治整合包括精英群众一体化，即将政权与民众联系在一起，以缩小其存在的距离。[④] 那么，政党对于乡村社会的政治整合说到底是实现政党和农民的一体化。在这个过程中，政党嵌入乡村社会的程度经历了显著的变化，中国共产党事实上已经成为乡村社会的一部分，政党融入乡村社会之中，反过来乡村社会也在影响着政党整合的方式。

整体来说，上述研究成果对于理解中国共产党与社会关系具有重要的启发意义，同时，相关研究成果集中于中华人民共和国成立之后中国共产党的实践，对于中华人民共和国成立之前政党与社会关系更多是中国共产党组织史的梳理，而缺乏连贯性的理论建构，实际上，对于政党与社会的关系早已存在于中国共产党成立之初的组织实践中。改革开放后的中国共产党与社会关系研究立足于后集体化时代中国共产党的收缩和调适，将论述重点偏移到社会的变化给政党组织带来的挑战，以及政党对此的应对所产生的结构性变动，忽视了中国共产党加强自身建设，以及不断整顿基层党组织的努力，以至于无法理解在经济社会变动日益频繁的新时期，中国共产党为何需要完善党的全面领导基层治理。为了能够对中国共产党与社会关系有一个贯通性的理论解释，有必要将理论分析的起点前移至中国共产党成立以来与农村社会的关系，解释"支部建在村上"背后政党整合乡村社会的理论逻辑和发展演

---

① 参见［英］卡尔·波兰尼《大转型：我们时代的政治与经济起源》，冯钢、刘阳译，浙江人民出版社 2007 年版，第 53 页。

② 参见陈亮、李元《去"悬浮化"与有效治理：新时期党建引领基层社会治理的创新逻辑与类型学分析》，《探索》2018 年第 6 期。

③ 参见袁方成、杨灿《嵌入式整合：后"政党下乡"时代乡村治理的政党逻辑》，《学海》2019 年第 2 期。

④ 参见［美］格林斯坦、波尔斯比编《政治学手册精选》（下卷），储复耘译，商务印书馆 1996 年版，第 228 页。

变的历史逻辑。那么，自中国共产党成立以来，在政党与社会关系的大背景下，党的基层组织建设是如何演进的，进而透过党的基层组织将政党与社会关系置于时间维度上来分析。

二 农村基层党组织基本单元的演变历程

中国共产党自诞生以来，在工作和生活的单元建立基层党组织是一项重要的组织原则，这项组织原则的目的是党组织进入基层社会时首先必须解决在基层社会单位建立党的组织的问题，尽可能地实现对基层社会的广泛覆盖。但是这项组织原则并非一开始便确立，而是与整个无产阶级政党的演进相关联的，尤其是在中国共产党初期，在政党组织原则和方式上并未进行自主性探索，而是依循着既有的外部输入的观念和行动。

（一）支部建在农会上

与一般政党类型不一样，中国共产党是无产阶级政党，与世界无产阶级政党联系在一起，更为重要的是从建党理念、组织原则和组织结构等方面并非来自中国，而是从外部输入。1847年，世界上第一个无产阶级政党——共产主义者同盟成立。其组织结构分为支部、区部、总区部、中央委员会和代表大会。支部作为共产主义者同盟的基层组织，是共产党组织强化基层动员能力的关键，能够深入基层社会的最底层，马克思和恩格斯提出要求："应该使自己的每一个支部都成为工人协会的中心和核心。"[1] 共产主义者同盟的支部组织是建立在工人协会这一工人组织之中，而工人协会主要是以工作单位即工厂为基础，并未延伸至工人社区等，此外，专注于工人阶级运动的马克思和恩格斯并未将农村党组织建设纳入共产主义同盟组织建设的议程，当时更多的是从工人阶级着手进行组织建设。直到1848年欧洲革命时，马克思、恩格斯看到在德国和法国等革命进程中，农民群体在社会革命中扮演着重要的角色，为此，他们指出"工人应当同农村无产阶级联合起来"[2]，"共产主

---

[1] 《马克思恩格斯选集》第一卷，人民出版社2012年版，第558页。
[2] 《马克思恩格斯选集》第一卷，人民出版社2012年版，第562页。

义同盟各支部和盟员要通过一定的组织形式影响和领导各群众组织"①。至此，在马克思主义建党理论中逐渐明确了在农村建立党组织的要求，而支部作为当时基层组织成为农村党组织的主要形式。虽然提出了建立农村组织的主张，但未能形成广泛的党组织建设实践。

当社会主义运动中心转移到俄国，布尔什维克在十月革命胜利后面临严峻的形势，从争取民众支持，保护革命成果的角度出发，列宁强调："无产阶级在争取政权的斗争中，除了组织，没有别的武器。"② 并提出"不仅需要工人阶级的大多数，也需要农村居民中被剥削劳动群众的大多数"③，并认识到在农村，主要群众是农民，需要解决的斗争任务不是反对资本，而是反对中世纪残余。④ 为此，列宁提出："党的支部应该起榜样作用，在每个部队中成立共产党的支部，建立农村党支部。"⑤ "每个支部和每个党的工人委员会，都应当成为'在群众中进行鼓动工作、宣传工作和实际组织工作的据点'。"⑥ 在整个无产阶级政党发展历史上，第一次在实践中提出在农村广泛建立党支部。1919 年 12 月，俄共（布）在党章中规定，农村党组织的最高领导机关是支部党员大会，由它选举支部委员会，支部委员会是执行机关，领导当地组织的一切日常工作；农村党支部至少由党员三人组成，并经县、市或区委员会批准，主要负责在农村贯彻执行党的决议、吸收新党员和进行经济工作、组织工作等。俄共（布）开始集中力量在全国广大农村建立党的基层支部，将其与革命胜利后的基层政权建设结合起来。

随着十月革命的经验传播到中国，中国共产党人在一些城市，如北京、上海、武汉、长沙、广州等地建立党的支部组织，以及旅日、旅法等共产主义小组等，此时，中国共产党党员人数较少，而且相对分散，大部分党组织规模较小，以支部或小组的形式为主。此外，当时党的工作重心在城市，早期党员主要是知识分子，党组织决定集中我们的全部精力组织工厂工人，特别注意组织工人。组织农民和军队的问题成了悬案⑦。当时，4 亿中国人口中

---

① 《马克思恩格斯全集》第十卷，人民出版社 1998 年版，第 428 页。
② 《列宁全集》第八卷，人民出版社 2017 年版，第 415 页。
③ 《列宁论党的建设问题》，中共中央党校出版社 1993 年版，第 378 页。
④ 《列宁选集》第四卷，人民出版社 2012 年版，第 79 页。
⑤ 张蔚萍、张列军：《毛泽东建党学说史（上册）》，江西人民出版社 1987 年版，第 57—60 页。
⑥ 《列宁全集》第十七卷，人民出版社 2017 年版，第 338 页。
⑦ 参见中共中央文献研究室、中央档案馆编《建党以来重要文献选编（一九二一——一九四九）》（第一册），中央文献出版社 2011 年版，第 24 页。

大部分是农民,产业工人只占少部分。直到 1921 年 7 月,全国范围内的中国共产党正式成立,从此,在中国出现了完全新式的、以共产主义为目的、以马克思列宁主义为行动指南的、统一的工人阶级的政党。[1] 在具体的组织原则方面,1921 年中共一大的《中国共产党第一个纲领》规定:"凡是党员五人以上的地方,应成立委员会。"[2] 1922 年 7 月,中共二大通过的《中国共产党章程》规定:"农村凡有党员三人至五人均得成立一组,每组公推一人为组长,隶属地方支部。"[3] "组"确定为党组织的基本单位,此阶段中国共产党的组织由于党员人数有限,又以知识分子为主,所以以某个城市和地区的党员为基础形成以小组为单位的组织形态,尚处于政党组织自身建设阶段,未能进入中国广大的农村社会。直到 1923 年,党中央从革命角度重新认识政党的组织原则,强调建立群众性政党。党的三大确定的党纲指出:"至于农民当中共人口百分之七十以上,占非常重要地位,国民革命不得农民参与,也很难成功。"[4] 李大钊认为:"中国的浩大的农民群众,如果能够组织起来,参加国民革命,中国国民革命的成功就不远了。"[5] 正是在这样的背景下,1923 年 8 月,中国共产党第一个农村党支部正式成立,当时弓仲韬、弓凤洲、弓成山三人组建了中共安平县台城特支,弓仲韬任书记,受中共北京区委直接领导。伴随着各类基层组织的建立,1925 年党的四大提出:"我们党的基本组织,应是以产业和机关作为单位的支部组织,每一支部或几个支部在一块时,应由有经验的党员指导党的工作",并具体规定了支部设置原则、任务职责、组织制度和活动方式等。[6] 首次将支部界定为党的基本组织。

与此同时,正值国民革命运动时期,中国共产党在农村地区进行革命动员,广泛地建立农会组织,相比于早期的分散的农村党支部,此时,中国共产党依托有农会组织,党中央提出以各地农会中之支部为中心,来独立地进

---

[1] 参见胡乔木《中国共产党的三十年》,人民出版社 2008 年版,第 7 页。
[2] 赵生晖:《中国共产党组织史纲要》,安徽人民出版社 1987 年版,第 4—5 页。
[3] 赵生晖:《中国共产党组织史纲要》,安徽人民出版社 1987 年版,第 12 页。
[4] 中央档案馆编:《中共中央文件选集》(第一册),中共中央党校出版社 1989 年版,第 110 页。
[5] 《李大钊文集》(下),人民出版社 1984 年版,第 834 页。
[6] 中央档案馆编:《中共中央文件选集》(第一册),中共中央党校出版社 1989 年版,第 380—381 页。

行本党公开的宣传和支部的工作。① "在每个最低级的农会内，均有本党支部的组织，为这个农会行动指导的核心。"② 当时，1926年陈独秀发出《给各级党部负责同志的信》，他指出，中国最大部分的领土是农民世界，应当提出一个口号"党到农民中去"③。到1926年7月中央执委会第三次会议第一次提出一切工作归支部，要求纠正过去把地方组织当作党的基础的错误，强调今后要"把党的真正基础建筑在各个支部上面"，要求在最低级的农会内，均有本党支部的组织。农民入党应以"是否忠实而勇敢地为农民利益斗争为标准，不必问其有无宗法社会思想及迷信"④。至此，"党到农民中去"，并在农民协会当中建立党的支部组织，成为中国共产党组织建设的重要部分。因此，这一阶段实际上可以概括为"支部建在农会上"。

随着国共合作和国民革命运动的推进，中国共产党发动农民支持国民革命，组织农会，并将党支部建立在农会中，第一次比较大规模地在农村建立党的基层组织。毛泽东同志指出："党的组织已经从狭小的圈子中走了出来，变成了全国性的大党。"⑤

对于农村基层党组织，1927年党章修正案在综合基层党组织建设实践基础上对其功能和地位进行了明确的规定：支部是党的基本组织，支部是党与群众直接发生关系的组织。⑥ 要努力发展共产党的组织于农民之中，应在贫农中间努力发展党的组织，使之真正成为群众斗争的核心。⑦ 农村广泛的群众组织完全要靠党在乡村之中有广大的支部组织，支部工作在党的组织现状之下，占极重要的位置，今后须特别重视支部工作。⑧

---

① 参见中共中央文献研究室、中央档案馆编《建党以来重要文献选编（一九二一——一九四九）》（第二册），中央文献出版社2011年版，第242页。

② 中共中央文献研究室、中央档案馆编：《建党以来重要文献选编（一九二一——一九四九）》（第三册），中央文献出版社2011年版，第305页。

③ 参见赵生晖《中国共产党组织史纲要》，安徽人民出版社1987年版，第47页。

④ 赵生晖：《中国共产党组织史纲要》，安徽人民出版社1987年版，第44页。

⑤ 《毛泽东选集》第2卷，人民出版社1991年版，第612页。

⑥ 参见中共中央文献研究室、中央档案馆编《建党以来重要文献选编》（第四册），中央文献出版社2011年版，第273页。

⑦ 参见中共中央文献研究室、中央档案馆编《建党以来重要文献选编》（第四册），中央文献出版社2011年版，第284、327、362页。

⑧ 参见中共中央文献研究室、中央档案馆编《建党以来重要文献选编》（第四册），中央文献出版社2011年版，第638页。

早期的农村基层党组织侧重于宣传和组织动员,支持国民革命,之后更加明确支部作为农会组织主导性力量的存在,为此,党中央明确要求:支部不仅是群众的领导者,而且是群众的组织者,要将它周围的群众组织起来,加强核心作用,领导群众实行坚决斗争。党的支部要在群众中充分起核心作用,每个党员都要成为群众的领导者、组织者。要让每个支部成为党的堡垒。"核心"和"堡垒"等概念充分体现了党支部的主导性,党支部组织和动员贫农参加国民革命运动,形成一股强大的革命力量。毛泽东在《湖南农民运动考察报告》中对农民的革命主动性进行了描述:"农民既已有了广大的组织,便开始行动起来,于是在四个月中造成一个空前的农村大革命……孙中山先生致力国民革命凡四十年,所要做而没有做到的事,农民在几个月内做到了。这是四十年乃至几千年未曾成就过的奇勋。"[1]

总的来说,马克思、恩格斯所倡导的党支部更多是作为阶级政党基础,设置于产业工人的协会组织中,到列宁在俄国的革命实践中注意到农村问题,从争取农民支持革命角度,将党支部广泛延伸到农村,主要是在巩固农村政权的一种手段,中国共产党一开始也是在工人协会,以及由贫农等农村无产阶级所组成的农民协会中建立党支部,以组织和动员农民参与革命,推翻反动政权统治。基于这个目的,中国共产党在马列主义的阶级党基础上带有群众党的特点,即从原有的农会组织走向广大农村,从政治动员走向政治领导,从少数知识分子走向争取广大农民认同和支持的道路。正因为当时采取"支部建在农会上"以及"一切权力归农会"等革命主张,中国共产党得以进入农村基层社会,并发展和壮大了党的组织。中共党员数量从党的四大的994人,增至党的五大的5.7万人。

(二)支部建在乡上

在农民运动风起云涌之时,由于国民党右翼背叛国民革命,取消农会和逮捕农会干部以及共产党员,中国共产党在农村依托农会所建立的党支部受到严重破坏。不过,大革命的失败让党的重心从城市转向农村,在农村中建立党组织,坚持革命斗争变得更加重要。与"支部建在农会"不同,进入土地革命战争时期,中国共产党始终面临着恶劣的武装斗争形势,农

---

[1] 《毛泽东选集》第1卷,人民出版社1991年版,第14—16页。

村组织建设具有新的特点，最重要的是将革命军队的党建方式与革命根据地党组织建设结合起来。秋收起义之后，毛泽东在三湾改编时确立了"支部建在连上"的军队党组织建设原则，在部队中，以班排为单位设立党小组、连队建立支部、营团建立党委，连以上各级党组织书记同时兼任部队中的党代表，部队中一切重大问题均须经党组织集体讨论决定。① 确立了党对军队的领导地位，在《井冈山的斗争》一文中，毛泽东指出：红军所以艰难奋战而不溃散，支部建在连上是一个重要的原因。以此作为革命斗争的重要经验。

立足于湘赣边界的革命根据地处于农村地区，通过对社会经济的分析，毛泽东认为："边界的经济，是农业经济，有些地方还停留在杵臼时代（山地大都用杵臼舂米，平地方有许多石碓）。"② 在此基础上，以家族为单位的乡村社会特点给党的基层组织建设带来新的挑战。毛泽东指出："社会组织是普遍地以一姓为单位的家族组织。党在村落中的组织，因居住关系，许多是一姓的党员为一个支部，支部会议简直同时就是家族会议。"③ "边界各县的党，几乎完全是农民成分的党，若不给以无产阶级的思想领导，其趋向是会要错误的。"④ 为此，1927年11月至1月，毛泽东在永新、宁冈等地召开党组织负责人和成员参加的座谈和会议，"在这些会议上，毛泽东分析形势，要求大家在斗争中重建和发展党的组织。他还从军队里抽调一批有政治工作经验的党员干部，到农村基层去开展建党工作"⑤。在井冈山革命根据地建立政权的过程中，各县区乡两级党组织建立起来并开展工作。1928年6月中共六大讨论通过了《苏维埃政权的组织问题决议案》，规定"党是苏维埃思想上的领导者，应经过党团指导苏维埃"，"党应预先保障其在苏维埃领导机关中的领导作用，因此，党必须在苏维埃中组织有威望的能工作的党团，以执行党的命令"。毛泽东提出"军队的党帮助地方党发展"的方式，军队干部到农村基层开展建党工作过程中，将"支部建在连上"的党组织原则贯彻到农村党组织建设中。具体来看农村党支部将面临

---

① 参见鲍振东等《党的基层组织建设论纲》，社会科学文献出版社2011版，第29页。
② 《毛泽东选集》第1卷，人民出版社1991年版，第74页。
③ 《毛泽东选集》第1卷，人民出版社1991年版，第74页。
④ 《毛泽东选集》第1卷，人民出版社1991年版，第77页。
⑤ 逄先知、金冲及主编：《毛泽东传》（一），中央文献出版社2011年版，第167页。

以下两方面的转变。

一是农村党支部的结构转变。在农村广泛建立党组织的策略，以此来动员农民进行革命斗争，支持革命事业。毛泽东同志认为："如果中国共产党在十年至二十年之内，同农民有正确关系，那就可以保证中国革命在世界范围内的胜利，如若不然，我们就忍受二十年至四十年的白色恐怖。无产阶级与无产阶级的先锋队共产党，如果同农民关系搞不好，那就会灭亡。"[1]

二是农村党支部的功能转变。毛泽东同志认为："我们要胜利，一定还要做很多的工作。领导农民的土地斗争，分土地给农民；提高农民的劳动热情，增加农业生产……解决群众的穿衣问题、吃饭问题，住房问题，柴米油盐问题，疾病卫生问题，婚姻问题。总之，一切群众的实际生活问题，都是我们应当注意的问题。"[2]

此阶段可以概括为"支部建在乡上"，建立在最基层一级苏维埃组织，类似于军队连级单位，将党支部覆盖延伸到中央苏区的基层政权，以往以生产单位建立党组织的基础上，扩展到以基层政权即苏维埃会议为单位建立党支部，扩大了党支部的覆盖面，增强了党组织的渗透力和影响力。

随着长征的战略转移，到达陕北之后，根据革命斗争的外在环境和建立抗日政权的内在需要，中国共产党在农村中大力发展党的基层组织。当时，边区处于封锁状态，为了加强对敌斗争、发展生产和巩固政权，党支部依然设立在乡政府。在边区，一般的党支部干事会由三人组成，即支书、党员乡长及乡民兵连长或乡文书或锄奸主任中择其一个最强者参加，人数较多的支部，得视工作之需要，再增设一个到两个干事。小组一般按地区组织，但编在变工队等生产组合内的党员，可临时组织在该队中开会。[3] 随着党的基层组织体系的建立，1938年3月15日，中共中央正式作出《关于大量发展党员的决议》，毛泽东指出："为了克服困难，战胜敌人，建设新中国，共产党必须扩大自己的组织，向着真诚革命、信仰党的主义、拥护党的政策、并愿意服

---

[1] 《毛泽东文集》第三卷，人民出版社1996年版，第400—401页。
[2] 《毛泽东选集》第1卷，人民出版社1991年版，第136—137页。
[3] 《西北局办公厅关于组织问题座谈会资料》，载中央档案馆、陕西省档案馆《中共中央西北局文件汇编（内部资料）》1994年，第62页。

从纪律、努力工作的广大工人、农民和青年积极分子开门，使党成为一个伟大的群众性的党。"① "一切愿意为着共产党主张而奋斗的人，不问他们的阶级出身如何，都可以加入共产党。"② 在大量的十倍百倍发展党员的口号激励下，党员人数在短期内得到迅猛发展，边区党员由一开始的三万多名发展到五万多名。③

在党支部和党员数量发展的同时，党员成分复杂，基层党组织不够巩固，党员质量不够高等对党的组织适应性提出了新的挑战。实际上，党组织的主导性和认受性在覆盖性增加的前提下并未得到相应的提升。为此，陈云呼吁高度重视党的支部工作，"支部是党的最下层的组织，也是党的最基本的组织。党的一切口号、主张、政策，依靠支部才能具体深入到群众中去。支部不但要在组织形式上具有核心堡垒的姿势，而且要在实质上真正起到核心堡垒的作用"④。为了整顿农村基层组织，党中央先后下发《陕甘宁边区党委关于改进支部工作的指示信》《陕甘宁边区党委、边区政府关于乡村级党和政府及民众团体组织问题的决定》《陕甘宁边区党委组织部关于今后工作的指示信》，明确支部的作用，支部是党的下层基本组织，是路线方针政策贯彻落实的基础，支部是乡政府的领导者，要大力改进支部工作，注意解决群众关系的问题等。进一步充实党支部组织，党组织要深入乡村、家庭，发展党员，建立党组织，做好群众工作，将党组织与农民群众联系起来。审查党员，严肃党的纪律，清理基层党员队伍，加强基层党支部建设，建立制度的经常会议制度和工作制度。各种会议按期召集，支委会每十天召开一次，支干会半月一次，小组会七天一次，党员大会三月一次，其他重要会议临时召集。边区党委建立两级巡视制度，深入农村基层，将农民的意见和建议反馈上来，将党的政策贯彻落实下去。

经历了党员发展和党组织整顿之后，党的基层组织体系普遍建立起来，并在边区工作中发挥战斗堡垒作用，有效动员和组织革命力量，完成民族民主革命的历史任务。"动员"和"组织"，这两个共产党政治行动的孪生口

---

① 《毛泽东选集》第2卷，人民出版社1991年版，第523—524页。
② 魏建国主编：《瓦窑堡时期中央文献选编 上》，东方出版社2012年版，第27页。
③ 参见陈廉编写《抗日根据地发展史略》，解放军出版社1987年版，第101页。
④ 陈云：《开展群众工作是目前地方工作的中心》，载中共中央办公厅调研室编《毛泽东 周恩来 刘少奇 朱德 邓小平 陈云论党的群众工作》，人民出版社1990年版，第421页。

号，精确地指明了增强政党之路。能一身二任的政党和政党体系使政治现代化与政治发展二者并行不悖。① 到 1949 年年底，全党党员人数 448.8 万人，其中农民 340.1 万人，占 75.8%。② 全国共有 20 万个党支部，其中地方支部 16.9 万个，农村支部占 79.8%。③

（三）支部建在社上

一个处于现代化的社会，其政治共同体的建立，应当在"横向"上能够将社会群体加以融合，在"纵向"上能把社会与经济阶级加以同化。④ 中华人民共和国成立之后，在开展土地改革的同时，国家在农村进行广泛的基层建政，农村基层党组织在基层建政过程中延伸到广大农村社会，尤其是在农村权力结构的"翻转"中，党组织确立了在农村的领导地位。20 世纪 50 年代以后，中国国家权力在基层村庄的延伸，并不仅仅是一种行政权力的下伸，党组织的设立以及由此形成的党的一元化权力结构才是导致村庄权力结构变化的真正原因。⑤ 1950 年 12 月，中央人民政府政务院颁布《乡（行政村）人民代表会议组织通则》和《乡（行政村）人民政府组织通则》，第一次规定了行政村是一级基层政权组织，由村人民代表会议选举产生村政府，对农村地区实施全面的行政管理。在乡（行政村）范围内进行基层政权建设，以此来重新组织农村基层社会，党的组织建设是主要的手段，在此过程在全国农村范围内建立了党的基层组织，其组织原则是继承革命和战争时期的将"支部建在连上"和"支部建在乡上"。毛泽东指出："我们应当将全中国绝大多数人组织在政治、军事、经济、文化及其他各种组织中，克服旧中国散漫无组织的状态。"⑥

---

① 参见［美］塞缪尔·P.亨廷顿《变化社会中的政治秩序》，王冠华等译，生活·读书·新知三联书店 1989 年版，第 371 页。
② 参见赵生晖《中国共产党组织史纲要》，安徽人民出版社 1987 年版，第 242—243 页。
③ 中共中央党史研究室：《中国共产党历史第 2 卷》（上册），中共党史出版社 2011 年版，第 167 页。
④ 参见［美］塞缪尔·P.亨廷顿《变化社会中的政治秩序》，王冠华、刘为等译，生活·读书·新知三联书店 1989 年版，第 366 页。
⑤ 参见吴毅《村治变迁中的权威与秩序——20 世纪川东双村的表达》，中国社会科学出版社 2002 年版，第 87 页。
⑥ 《建国以来毛泽东文稿》第一册，中央文献出版社 1987 年版，第 11—12 页。

不过，在中国共产党工作重心转移至城市后，基层党组织建设更加强调工人阶级的阶级色彩，尤其是中华人民共和国成立初，中国共产党党员中农民占多数。为此，1950年党的七届三中全会报告指出："必须注意有步骤地吸收觉悟工人入党，扩大党的组织的工人成分。在老解放区，一般地应停止在农村中吸收党员。在新解放区，在土地改革完成以前，一般地不应在农村中发展党的组织，以免投机分子乘机混入党内。"① 至1951年，中共中央召开第一次全国组织工作会议，通过《关于整顿党的基层组织的决议》，提出："在新区农村，土地改革完成后吸收经过教育符合党员条件者建立党的支部。"首先在8000个农村党支部中进行了建党的"典型试验"，接着在1952年8月开始农村整党建党工作。在建党条件已经成熟但尚未建党的乡村，按照谨慎发展的原则，有计划、有领导地培养新的党员、组建新的支部。经过三年的整顿，到1953年6月底，全国共新建8.2万个党支部。② 此时，农村基层党支部主要建立在划小的乡或行政村上。

紧接土地改革运动之后，为了支持工业建设和消灭农村社会分化，农村走上农业社会主义改造和集体化道路。在中央的统一领导下，农村党支部承担着领导广大农民开展以互助合作为中心的农业增产运动，逐步实现对农业的社会主义改造的历史任务。中央明确要求："如同对待土地改革工作一样，各级党委对农业生产互助合作运动应始终保持着集中的具体的领导，掌握住运动的全部情况，随时发扬成绩和经验，纠正缺点和偏向。"③ 在此过程中逐步建立高度集中的政治经济体制，党支部不仅成为政治生活的中心，而且成为农村社会经济的中心。正如有学者所指出的："党的领导一开始就全面直接介入国家建设和社会发展之中，并形成了以党的领导为核心进行国家建设和社会改造的局面，其最大特点是：党不仅成为国家建设和社会改造的领导力量，而且成为国家建设和社会改造的组织基础……社会的改造与重构直接以党的组织力量和组织网络为资源，从而构建起以

---

① 《毛泽东选集》第6卷，人民出版社1999年版，第72页。
② 参见中共中央党史研究室《中国共产党历史第二卷（1949—1978）》（上册），中共党史出版社2011年版，第171—172页。
③ 中华人民共和国国家农业委员会办公厅编：《农业集体化重要文件汇编（1949—1957）》上册，中共中央党校出版社1981年版，第259页。

党的组织为网络的新的社会组织体系。"① 具体来看，在建社方面，党支部决定建立农业社的有关政策和方针，并且肩负着制订农业社的发展计划、社章和领导机构人员选定的重任；在生产方面，党支部负责把社的计划纳入国家计划轨道。所有干部、党员、积极分子要积极参加农业合作社，并且要充分保证党的骨干分子、积极分子担任村基层组织、经济组织和社会组织的领导或关键职位的负责人。农村党支部的一切工作都是为了实现农业的社会主义改造。② 到 1955 年，基层党组织在乡镇全覆盖，并一直延伸到行政村、合作社，至 1956 年，农村党员发展到 670 万人，比 1953 年增加一倍，大部分建立了党委或党总支、党支部的乡镇占 98.1%，绝大部分行政村（高级社）建立了党支部或党小组。③

随着互助合作化运动高潮的到来，在农村普遍建立了人民公社，1958 年 12 月，党的八届六中全会通过的《关于人民公社若干问题的决议》指出，人民公社是我国社会主义社会结构的工农商学兵相结合的基层单位，人民公社应当实行统一领导，分级管理的制度。在党内成立党委和检察委员会，下设组织、宣传、武装、政法等部门，行政上成立管理委员会，下设生产、商业、畜牧、财贸、工商等科。基层分片成立党总支，下设生产大队和生产队。人民公社体制不仅进一步推动了农村党组织的建设，而且进一步确立了党组织的领导核心地位。人民公社既是"政社合一"的体制，也是"党政合一""党经合一"的组织休制。公社设立党委，生产大队设立党支部，生产小队设立党小组，由此形成党的组织网络。党组织、政权组织、经济组织高度重合，党委书记全面负责并处于领导核心地位。但是，当时公社按照"一大二公"原则建立，规模大、集体化高，一个公社相对于原来的几个乡，生产大队由多个村组成，在生产大队建立的支部组织无法进行有效领导，加上"一平二调"，挫伤了农民的积极性，农业生产出现滑坡，于是，在调整巩固充实提高的政策背景下，逐步减小公社规模，实行"三级所有，队为基础"的组织原则，恢复原来一乡一公社一村一大队的设置，党支部建立在村级规模的生产

---

① 林尚立：《中国共产党执政方略》，上海社会科学院出版社 2002 年版，第 45 页。
② 参见赵生晖《中国共产党组织史纲要》，安徽人民出版社 1987 年版，第 281—283 页。
③ 参见中共中央组织部《中国共产党党内统计资料汇编（内部发行）》，党建读物出版社 2011 年版，第 136、331 页。

大队被逐渐固定下来。1961年12月18日，邓小平在审阅中共中央《关于改变农村人民公社基本核算单位问题的指示（草案）》时，所做的唯一亲笔增补，就是在文件第6页加写了"党的支部仍应以大队为单位建立，以便于加强全大队各方面的领导"。①

此时，建立在生产大队上的农村党支部逐渐稳定下来，成为中国共产党与农民群众的桥梁，在农村各项工作中发挥着领导核心的作用，最终完成了自中国共产党成立以来一直在努力达到而未能实现的在广大农村地区全面建立党的基层组织的历史使命。农村党组织的普遍建立意味着诞生于城市的政党延伸到农村地区，并由一个城市精英政党转变为草根性政党，从而将历史上一直外在于政治体系的农民变为有组织的政治力量，并使之成为政权的稳定基础。② 具体来看有如下两点。

一是在纵向结构上体现为中国共产党与农民群众的直接联系。中国共产党将其领导体制延伸到农村社会，在最基层单位建立党支部和党小组，从制度上沟通党和国家与农民之间的联系。并且中国共产党一开始就将民主集中制作为其领导和组织体制。民主制要求党必须得到民意的支持，集中制要求党的组织内部遵循下级服从上级的原则。通过这一体制，保证党的基层组织下对民众负责，上对党的领导负责。当这一体制延伸到农村之后，便可以有效地联系国家与农民，使农民的意见能够向上传达，党和国家的意志能够有效地贯彻。

二是在横向上体现为中国共产党对其他群众性团体的整合。不仅每个生产大队都建有党的组织，每个生产大队都有若干数量的党员，而且还建立有青年团、妇联、民兵等功能性、群众性的群众团体。这些群众团体直接隶属于党组织，但比党组织的群众性更强，人数也更多。由此形成一个以党支部为核心的农村政治组织网络。农村的每家每户（除在一定时期被视为敌对分子的家庭），几乎都有党员、青年团员、妇联成员、民兵等政治组织的成员。由党组织及其领导下的群众性政治组织来组织农村的政治、经济、文化和社会等一切活动，并贯彻党和国家的意志。由此将广大分散的农民团结在党和

---

① 中共中央文献研究室编：《邓小平年谱（1904—1974）》（下），中央文献出版社2009年版，第1680页。

② 参见徐勇《"政党下乡"：现代国家对乡土的整合》，《学术月刊》2007年第4期。

国家的周围并置于其直接领导之下。

(四) 支部建在村上

改革开放后,党的中心工作转移到经济建设上,农村党支部建设的功能定位转移到农村经营体制改革和发展农业生产等方面。1980年6月颁布的《中国共产党农村支部工作条例(试行草案)》明确指出:农村党支部要"把工作重点放在领导农业生产建设上来,把生产的发展和社员物质文化生活的改善作为做好支部工作的主要标志"。不过,随着高度集中的人民公社体制的松弛和家庭经营体制的建立,一方面农民获得生产自主权,不需要生产队安排农业生产,大部分的生产队长躺倒不干,另一方面生产队一级由于缺乏党组织,无法有效地组织起来,公共秩序和公共事业等出现严重问题,已经影响到农民的生活。农村基层党组织也因为失去公社体制的支撑而陷入瘫痪和半瘫痪状态。沈大伟认为:"改革开放后,中国社会的变迁已经导致党的影响从社会、经济、文化各方面大幅度退潮,为了适应这一既有的现状,中国共产党才开启了一系列的意识形态与组织领域的创新。"[①] 林尚立也认为:"在计划经济体制时期,中国共产党主要是通过组织优势实现了对社会的高度整合。在依靠组织资源实现的社会整合面临挑战的形势下,政党必须在组织整合的基础上开发政治优势,形成对社会的政治整合。"[②] 于是,1980年在广西宜州、罗城一带出现了最早的村民自治组织,如宜州合寨村成立了第一个村民委员会,刚开始的时候,这些村民自治组织大都设置在自然村,由一个或几个生产队组成,但是未设立党组织,生产大队党支部通过村民自治组织中党员发挥作用来实现党的领导,这种方式导致党支部与村民自治组织在层级上的分开,同级又缺少党组织,因此在一定程度上影响了党组织的领导。这一状况引起了中央的担忧。1982年6月,中央组织部召开党的基层组织工作座谈会,分析党的基层组织现状,强调抓好农村中党的基层组织的整顿。在中共中央关于1984年农村工作的通知中,强调要加强农村党组织建设,提高

[①] [美] 沈大伟 (David L. Shambaugh):《中国共产党:收缩与调适》,吕增奎、王新颖译,俞可平审定,中央编译出版社2011年版,第231—235页。

[②] 林尚立:《中国共产党与国家建设》,天津人民出版社2017年版,第284页。

党组织的战斗力,改变软弱涣散的状况。①

事实上,公社体制废除后,实行家庭经营体制,农村的党组织形式也相应地发生了变化。一是党支部由建在生产单位回归到建立在行政区域,即行政村。二是建立了村民委员会组织且实体化。面对这一状况,国家力图以法律的方式确立农村党组织的核心地位,以发挥其组织农民的作用。为此,1987年党的十三大通过的《中国共产党章程部分条文修正案》,要求凡有党员3人以上的基层单位,都应当成立党的基层组织,这样,我国农村党的基层组织按乡、镇、村来设置,以党内法规的形式被确定下来。1989年8月21日全国组织部长会议上,江泽民明确指出:"党是按照民主集中制的原则组织起来的统一的整体,否认基层党组织的作用,必然会削弱党的领导。……党的战斗力,党的力量,表现在哪里?我看首先表现在近三百万个基层党组织的战斗堡垒作用。不然,中央的领导作用从哪里来?……力量的源泉来自哪里?来自基层。"②此后,在有关村民自治建章立制的实践过程中又进一步明确了党组织的领导原则,但由于村委会在自然村,党支部仍设置于原来的生产大队一级,不便于党支部对村委会工作的领导。这个问题在村民自治实践中得到解决,随着村民委员会在全国的普遍建立,虽然根据《村民委员会组织法(试行)》规定"村民委员会一般设在自然村"。事实上,多数的省份是在原来生产大队一级设置村民委员会,在原来的生产小队设立村民小组,生产小队与自然村接近,整体上将村民委员会上移,之所以如此,除了自然村难以界定,更重要的原因就是自然村大都没有党支部领导核心,又没有共青团、妇联、民兵组织等的配合,假如成立村委会也可能难以发挥作用,因此为了与人民公社体制衔接,发挥党组织的领导作用,便于党的领导和社会管理,正式颁布的《村民委员会组织法》取消了之前有关村民委员会一般设立在自然村的条款,并规定:中国共产党在农村的基层组织,按照中国共产党章程进行工作,发挥领导核心作用,领导和支持村委会行使职权;依照宪法和法律,支持和保障村民开展自治活动、直接行使民主权利。实际上承认了

---

① 参见中共中央文献研究室、国务院发展研究中心《新时期农业和农村工作重要文献选编》,中央文献出版社1992年版,第237页。

② 中共中央政策研究室、中共中央文献研究室编:《江泽民论加强和改进执政党建设(专题摘编)》,中央文献出版社、研究出版社2004年版,第401—402页。

地方实践的合理性，同时通过法律法规的修订来赋予其合法性。至此，在村民自治体系发展中通过村民委员会的上移，实现与党支部的同级，以便于组织和人员更加健全的党支部对村委会的领导。当村委会与党支部处于同级之后，村支"两委"关系成为当时基层治理结构的突出问题。① 正如学者指出："在村民自治实践过程中，国家通过实施'政党下乡'和'行政下乡'对乡村社会进行整合、渗透的同时，难免会与乡村自治组织产生紧张的关系。也就是说，作为具有强制性的党政权力与作为具有自主性的乡村自治权力在合力推进村民自治的过程中，由于各种因素的作用可能会形成一种紧张关系。"② 具体来看，1988年《村民委员会组织法（试行）》规定："村民委员会是村民自我管理、自我教育、自我服务的基层群众性自治组织，实行民主选举、民主决策、民主管理和民主监督"。此外还规定："中国共产党在农村的基层组织……依照宪法和法律，支持和保障村民开展自治活动、直接行使民主权利。"从法律对二者基本职责的规定来看，党支部的职责主要是政治性、原则性的，村委会的职责则是事务性、具体性的。③ 1990年8月，中央组织部等五部委在山东省莱西县举办全国村级组织建设工作座谈会（史称"莱西会议"）。会议提出：村级基层党组织除领导农业生产和精神文明建设两项任务外，还具有自身建设、领导其他组织和其他工作等核心任务。因为上述重要决定，莱西会议成为中国共产党农村基层组织建设史上里程碑式的重要会议。1990年12月中共中央发出《关于批转〈全国村级组织建设工作座谈会纪要〉的通知》，明确提出加强以党组织为核心的村级组织建设。村党组织对村委会的领导主要体现在：提出全村经济发展与精神文明建设的意见，通过村委会的工作，把党的方针、政策和党组织的意图变为群众的自觉行动。讨论村民委员会的重要工作，支持和帮助村民委员会按照法律独立负责地开展活动。协调村委会同其他组织的关系。对在村民自治组织工作的党员和干部进行考核和监督。1994年9月，党的十四届四中全会通过

---

① 参见张长立《村民自治过程中村党组织与村委会关系的冲突与协调》，《江苏社会科学》2009年第6期。

② 肖滨、方木欢：《寻求村民自治中的"三元统一"——基于广东省村民自治新形势的分析》，《政治学研究》2016年第3期。

③ 参见王金红《"两委矛盾"：经验分析与理论批评》，《华中师范大学学报》（人文社会科学版）2005年第5期。

《中共中央关于加强党的建设几个重大问题的决定》，指出：加强以党支部为核心的村级组织配套建设，并同基层民主法治建设和社会治安综合治理结合起来，建立健全民主监督制度和村规民约，调动农民群众当家做主的积极性。

总的来说，在村民自治时期，农村基层党组织建设主要体现在农村基层党组织如何与村委会的协调，以及如何领导村委会开展村民自治活动，此阶段主要侧重于村支"两委"的关系。伴随村民自治的兴起，村民委员会成为基层治理的重要载体，如何协调与党组织的关系决定着基层治理的格局。实际上，村"两委"农村基层治理结构的主要组织，党的领导是基层治理的政治原则，因此，在农村基层治理结构上，按照制度规定，党支部是领导核心，村委会在党支部的领导下进行村民自治。不过，因为村"两委"的产生方式和职责等方面的不同，所以在实践中经常产生村支"两委"矛盾，成为乡村治理讨论的热点问题。其后主要通过两种途径来解决此类问题，一种是通过基层党组织条例，加强党组织权力，明确党组织领导原则，另一种是通过人员的"一肩挑""交叉任职"等方式，在一定程度上缓解了村"两委"关系。

进入21世纪，随着农村经济社会的发展，农村社会结构进一步分化，在原有的村委会、经济合作社之外，出现了大量的新型组织。在这些组织中建立党组织成为改革开放后农村基层党组织建设的重要趋势，集中体现在打破了长期以来"一村一支部"的党组织设置模式，在新型的社会组织和经济组织中设立党组织，特别是一些乡村经济比较发达的地区，纷纷在合作社、协会中建立党支部，有的还成立了联合党支部。1986年2月，中共中央组织部制定印发了《关于调整和改进农村中基层组织设置的意见》（下文简称《意见》），明确指出"乡镇企业、跨村、跨乡、跨县的经济联合体、村办企业、个体工商户等4类经济组织，有3人以上的党员都要建立党支部，50人以上的建立党总支"。1994年《中共中央关于加强农村基层组织建设的通知》指出："适应农村产业结构、劳动力就业结构以及党员分布情况的变化，党组织要及时调整设置形式。"1994年党的十四届四中全会通过的《中共中央关于加强党的建设几个重大问题的决定》提出："各种新建立的经济组织和社会组织日益增多，需要从实际出发建立党的组织，开展党的活动。"① 对于农村基层党组织的设置进行了规定,丰富和扩展了支部建设的单位和形式等。

此外,"支部建在村上"也随着农民外出务工出现新的变化。农村经济发展所形成的剩余劳动力,逐渐向城市流动,农民外出务工改变了原本城乡封闭的社会格局,大量的农民进入城市务工,城乡分割的二元体制逐渐松动,对于农村党支部建设带来新的冲击。

一方面,对于农民工流入地来说,不少地方从社会管理角度出发,在农民工流动党员人数相对集中的乡镇、街道或村居等设立流动党员党支部,由所在乡镇或村居党组织领导。另一方面,对于农民工流出地来说,农村劳动力的由乡到城流动,带来农村城镇化和人口异地城镇化,与之相应的是农村常住人口减少,人口的空心化导致的自然村,甚至行政村消失,进而出现合村并组,建在行政村的支部数量出现明显缩减。从 2010 年开始公布的历年《中国共产党党内统计公报》的有关数据来看,2010 年有 59.4 万个建制村建立了基层党组织,到 2016 年已缩减为 55.1 万个,2016 年比 2010 年整整减少了大约 4.3 万个农村基层党组织。

为了因应这种以建制村为单位的农村党组织缩减和各种类型新型社会组织和经济组织的出现,作为党组织基本单元的党支部更为广泛地在城乡社区建立起来,具体表现在以下三个方面。

一是"两新"组织、产业园区等功能性党组织广泛地建立起来,采取的主要措施是优化基层党组织设置方式,除地域和工作地点,通过行业分工、党员流向等积极探索将党支部建在楼宇上、产业链上、项目上,提高基层社会的再组织水平。② 对于农村中出现的理事会、议事会、乡贤会等组织建立党的组织,在各类合作社、协会以及农业企业中建立党支部等,实现党组织对于基层社会的全覆盖。

二是加强农村各类支部的制度建设。在各种新类型的支部建设之后,为了加强基层组织建设,党中央确定 2012 年为基层组织建设年,将创先争优活动和基层组织建设年等融为一体。2012 年 2 月,中央组织部印发《关于在创

---

① 《中共中央关于加强党的建设几个重大问题的决定》,《求是》1994 年第 20 期。
② 参见唐皇凤、李要杰《中国共产党基层组织政治功能的百年演进和基本特征》,《华中科技大学学报》(社会科学版) 2021 年第 3 期。

先争优活动中开展基层组织建设年的实施意见》的通知，要求"着力解决基层党组织中的突出问题"，在农村要全面落实"一定三有""四议两公开""抓好后进村集中整顿，提升村级组织建设水平"。

三是强化农村基层党组织的内涵和能力建设，比如服务型党组织建设、全面领导乡村振兴、全面领导乡村治理等。2014 年，中共中央办公厅印发《关于加强基层服务型党组织建设的意见》，要求通过加强教育培训，不断增强农村党组织书记、党员和党务干部的服务意识，着力打造服务型党组织。2018 年，中共中央、国务院出台了《关于实施乡村振兴战略的意见》，要求："强化农村基层党组织领导核心地位。"2019 年，中共中央印发的《中国共产党农村工作条例》规定第一原则就是"坚持党对农村工作的全面领导"。2021 年，中共中央、国务院印发《关于加强基层治理体系和治理能力现代化的意见》，进一步明确党对基层治理的全面领导。从以往强调领导核心到如今的全面领导，进一步凸显了农村党组织的责任，也为党支部建设提出了新的要求。

自从改革开放以来，"支部建在村上"对于巩固农村基层党组织，提升基层党组织领导核心作用具有重要意义，同时，随着农村经济社会的发展，"支部建在村上"更转化为一种常规的农村基层党建策略，即尽量将基层党组织延伸到基层社会各类组织及其组成单元，实现党组织的覆盖，优化党组织的设置以及开展活动的方式，党组织在各自社会单元中发挥领导核心作用，由此在剧烈的社会转型过程中自下而上地不断重组基层社会。

表 12-2　　不同历史时期农村基层党组织建设基本单元的探索

历史时期	大致时间	中心任务	支部设置	基本单元	核心功能
大革命时期	1921 年至 1927 年	推翻军阀政权	支部建在农会上	农会	宣传动员农民
土地革命时期至中华人民共和国成立初期	1927 年至 1953 年	土地革命、武装斗争和根据地建设	支部建在乡上	乡政权	组织领导基层政权

续表

历史时期	大致时间	中心任务	支部设置	基本单元	核心功能
集体化时期	1953年至1978年	社会主义改造、发展农业生产和集体化运动	支部建在社上	高级社和生产大队	推动集体化运动
改革开放后	1978年至今	完善家庭联产承包责任制，领导村民自治等	支部建在村上	行政村	领导村庄各项事业

三 农村基层党组织基本单元的影响因素

习近平总书记提出："基层是党的执政之基、力量之源。只有基层党组织坚强有力，党员发挥应有作用，党的根基才能牢固，党才能有战斗力。"一直以来，中国共产党农村基层党组织始终贯彻一条核心原则，即"支部建在最基层"，这样做的目的是将党的领导融入基层治理结构当中，让农村基层党组织成为基层治理结构的核心。当然，"支部建在最基层"这一重要的经验源于共产党积极回应外部环境变化，主动进行党组织结构的调整等。从建党百年的历史变迁角度来看，大致经历五个适应性调整期，分别是"支部建在农会上""支部建在乡上""支部建在社上""支部建在村上"等。从最终的效果来看，农村基层党组织建设无疑是成功的。回顾中国共产党成立以来农村基层党组织建设的过程，从1921年成立时仅有58人的党，1923年第一个农村党支部建立，发展到2019年有9514.8万名党员的大党，从当年只有少数地方组织，发展到2021年486.4万个基层组织，乡镇和行政村党组织覆盖率达到99.9%。正是通过基层党组织实现了对分散乡村社会的高度的有机的整合。林尚立认为："中国共产党在基层社会广泛建立党的组织，发展党员，并通过党的组织将整个国家网罗为一个有组织的整体。"①

这种成功的政党整合得益于在不同的历史阶段所采取的农村党组织建设策略,其内在逻辑是中国共产党面对分散的乡村社会如何进行有效的政治整合,在此基础上进行政治宣传、组织、动员等,领导农村革命、改造、建设和改革等。从政党与社会关系以及政党整合乡村社会的内在逻辑出发,主要受到以下三个因素的影响。

一是覆盖性。对于高度分散的农村社会来说,基层党组织本身的结构也需要与之相适应,因此,在农村基层社会单元建立党的基层组织成为政党整合乡村社会的第一步,一般来说,离农村基层社会单元越近,基层党组织的影响力和渗透力也越强;而越远离农村基层社会单元,其基层党组织的影响力和渗透力也越弱。为此,中国共产党自成立以来就不断探索建立一种以党组织为核心的高度组织化的社会形态。到中华人民共和国成立后,伴随着执政地位的确立,中国共产党在农村基层社会普遍建立基层组织,尤其是在人民公社时期,高度集中的公社体制中所有的个人都归属于一定的组织单位;所有的单位都以党的组织为组织和领导核心;所有的单位都成为党和政府管理国家、组织社会的实际行动主体。② 在不同历史阶段,党的基层组织的覆盖性是存在着明显的差异的,由此决定了政党整合乡村社会的广度。

二是主导性。随着党的基层组织在基层社会结构上的广覆盖,在新的权威和秩序建构中,党的基层组织重组基层社会,由此确立党在基层社会的主导作用,不仅包括政治领导,而且包括社会生活等。在党的组织系统向一切社会组织延伸的过程中确立起来,各级党组织不仅强调党的一元化领导的条件下直接行使行政管理权,并且通过组织群众而成为社会凝聚起来的政治黏合剂。③ 当然,在不同历史阶段,党的基层组织主导性的具体表现形式存在差异,由此决定政党整合乡村社会的强度。

三是认受性。作为政党整合的对象,农民是一个很重要的变量。亨廷顿认为:"一个获得大规模支持的党显然要比一个仅获得有限支持的党来得强

---

① 林尚立:《当代中国政治:基础与发展》,中国大百科全书出版社2017年版,第170页。
② 参见林尚立《两种社会建构:中国共产党与非政府组织》,《中国非营利评论》2007年第1期。
③ 参见路风《单位:一种特殊的社会组织形式》,《中国社会科学》1989年第1期。

大。同样，如果某一政党体系有着广泛的群众参与，另一政党体系却因日益增长的政治参与而与它的原先支持者逐步分离，从而由原来有着广泛基础的政治组织蜕变成一小撮毫无根底的政客，那么前者肯定强于后者。"[1] 整体而言，由于中国共产党的领导地位是历史形成的，赋予中国共产党高度的政治威望，然而，对于处于农村基层社会的党组织来说，这种认受性受到差序政治信任的影响，作为整体的中国共产党的政治认受性并不必然带来基层党组织的认受性，农民更多的是从生活而非政治的角度去思考和认识农村基层党组织，基于此，每隔一段时间，基层党组织都面临着整顿的过程。在不同历史阶段，党的基础组织的认受性的程度不一，由此决定政党整合乡村社会的内在效度。

在上述因素的影响下，政党和乡村社会的关系大致可以分为三个历史阶段，即政党进入社会、政党嵌入社会和政党融入社会，三个阶段并非断裂而是连续的进程，后一个阶段在前一个阶段基础之上，构成了一个完整的政党整合乡村社会的历史过程，在三个阶段中农村党支部建设的覆盖性、主导性和认受性不同，进而影响政党整合乡村的效果。

第一阶段是"政党进入乡村社会"。开始党组织建设重心初期集中在主要城市的工人阶级，随着对中国社会和中国革命力量的深入认识，中国共产党早期领导人提倡"到农村去"，党的组织才逐步向农村延伸，这种延伸并非系统性地或者有计划地建立农村基层党组织，而是呈现发散性的和临时性的。然而，这种探索却是非常重要的。中国共产党源于马克思主义的建党思想，借鉴列宁的建党实践，一方面继承了共产党的支部制度，将其作为党组织的基本结构，另一方面根据中国的国情，在农村建立党支部。面对分散的乡村社会，中国共产党在中国历史上率先采取了建立无产阶级政党基层支部的方式来组织基层社会，将不同地域和工作生活单元中的党员组织起来。随着革命斗争形势的变化，共产党从城市转向农村，在农村开展武装斗争和创建革命根据地，对于党的组织结构提出新的要求，为此，毛泽东依靠军队改编和建党的经验，将"支部建在连上"原则第一次运用到农村基层政权建设中，实现了农村基层党组织的第一次适应性调整，以此来广泛动员农民群众支持

---

[1] [美] 塞缪尔·P·亨廷顿：《变化社会中的政治秩序》，王冠华等译，生活·读书·新知三联书店1989年版，第370页。

革命斗争，最终实现农村包围城市，武装夺取政权。

之所以能够取得革命的成功，关键在于通过农村党支部建设有效组织动员乡村社会，从覆盖性来看，不论是建党初期的农村特别支部建设，还是大革命时期的农会组织中的党支部以及土地革命时期和抗日战争时期根据地的基层政权同级的党支部等，其覆盖性是有限度的，这是受制于革命斗争严峻形势和秘密建党的原则，不过在政党进入乡村社会一开始，中国共产党就努力将农村党组织建设作为重要工作。从早期的农村基层组织分散零星的存在，到农会时期有计划地进行党支部建设，再到根据地时期将农村党组织建设与基层建政结合起来，建立了日益完善的、成体系的农村基层组织体系，并且从早期农村党支部的宣传党的主张，发展党员，到农会时期组织动员农民支援国民革命，再到后来确立党组织的主体地位，进行土地革命和武装斗争等，农村党支部逐渐确立在乡村社会的主导性，并通过土地政策、民主建政、政治运动等方式获得了农民的支持和拥护，提升了农村党支部的认受性。因此，虽然当时的农村党支部在狭小的苏区、边区活动，但是却能够成为真正的战斗堡垒，建立稳定的基层政权，并能够在严峻的战争环境下长期坚持下来。

第二阶段是"政党嵌入乡村社会"。在中华人民共和国成立之后，农村党组织建设以公开的方式进行，并与全国农村基层政权建设结合起来，农村党支部广泛而普遍地建立起来，不论是老解放区还是新解放区都建立了党的基层组织，并且在此过程中，农村基层党组织领导了土地改革和基层建政工作，党支部成为基层社会的政治权威和主导力量，其他社会力量都被纳入党组织领导之下，原有的社会权威被政党权威所代替，伴随着农村基层党组织的全覆盖和政治领导地位的确立，农村基层党组织完成了重新组织农村基层社会的任务。与此同时，农村基层党组织的主导性因为集体化运动而得到扩展，在政治领导之外，全面嵌入农村社会经济生活的各个方面。为了推进合作化和人民公社运动，政党组织结构进行第二次适应性调整，形成"党政合一"的农村基层治理体系，农村基层党组织结构与基层政权组织结构高度统一，并逐渐延伸到基层政权之下的各类群众组织，农村基层党组织不仅纵向上"一竿子插到底"，而且在横向上渗透到农村基层社会的方方面面，形成全能型结构，此阶段确立了支部建在大队的原则，由于高度集中的政治经济体制，按照民主集中制的原则，大队支部接受公社党委领导，生产计划和粮食分配等按照公社的统一安排，同时"三级所有，队为基础"的公社体制又赋予生产队更多的自主权,大队支部主要承担生产任务的分配和协调等。然而,"一大二公"的公社体制束缚了农民的生产积极性,导致农业生产的倒退和农民生活的困难,依靠公社体制权力的农村基层党组织脱离农民群众的现象增多,其认受性受到影响,这也导致了公社体制解体后农村党组织的"瘫痪"和"半瘫痪"。

第三阶段是"政党融入乡村社会"。改革开放后的农村党组织建设鉴于公社时期的大包大揽,逐渐向农民放权,激发农民的生产积极性和主动性,也对农村党组织带来了一定的冲击。虽然在改革开放后农村基层党组织在乡镇村实现全覆盖,但是农村基层党组织的主导性或者说领导地位未能够得到充分体现,党支部回归到政治、组织和思想领导等,村庄治理也实现村民自治,由村民自我管理、自我服务、自我教育和自我监督等,在一定程度上弱化了农村党组织的功能,针对于此,农村基层党组织建设进行了及时调整,即强调党支部领导下的村民自治。为了实现与公社体制的对接,原来在自然村自发成立的村委会上移到原来生产大队所在的行政村,使得村支"两委"同级,便于党支部领导村委会,此后围绕同级村支"两委"关系进行了第三次适应性调整,在法律条文、政策文件明确了领导原则基础上,农村基层通过组织结构相互嵌入、人员的交叉任职和议事程序的创新等协调村支"两委"关系。相比于改革开放前农村基层党组织的全能角色,此阶段更多的是将政党融入乡村社会,深入农村基层社会的组织肌理之中,这也体现在覆盖性、主导性和认受性的动态调整之中。在覆盖性上,进入新世纪以来,农村经济社会发生了深刻的变化,社会流动性增强,新型社会组织和经济组织出现,以及土地确权和产权改革等带来利益关系深刻调整等,农村基层党组织及时调整,打破以往"一村一支部"的设置模式,将支部建在产业、建在协会、建在合作社、建在自然村等,不是简单以建制单位为依据来设置农村党支部,而是根据农村社会组织体系来重新调整支部设置,将农村基层党组织进一步延伸到基层社会之中。在主导性上,历次农村基层党组织的整顿,不论是制度建设,还是运行机制等方面都强调加强农村基层党组织自身建设,并在处理与村委会以及各类新型组织关系过程中明确党组织的领导地位,更为关键的是在具体的基层治理机制等方面赋予党支部明确的功能,加强党组织服务基层社会的能力等,将党的领导融入基层治理当中。在认受性上,毋庸置疑的是新时代以来,农村基层党组织建设让党支部在脱贫攻坚、乡村振兴等领域发挥重要作用，站在了服务群众的第一线，党群干群关系与税费改革前相比得到了明显的改善，农村基层党组织的群众基础得到进一步的巩固。具体如下表所示：

表12-3　　　　农村基层党组织基本单元的影响因素和政治效果

支部设置	影响因素			政治效果
	覆盖性因素	主导性因素	认受性因素	
支部建在农会上	局部覆盖	宣传动员	部分认同	政党进入乡村
支部建在乡上	有限覆盖	组织领导	高度认同	
支部建在社上	全面覆盖	高度集中	全面认同	政党嵌入乡村
支部建在村上	有效覆盖	领导核心	有效认同	政党融入乡村

四　农村基层党组织基本单元的历史经验

　　从政党与社会关系本身来看，中国共产党成立以来基层党组织建设成为政党整合乡村社会的关键机制，真正成为中国共产党的神经末梢，构成了中国共产党战斗堡垒和执政之基。对于未来农村基层党组织建设和基层治理而言，具有重要的经验性启示。

　　一是农村党组织建设是中国共产党组织建设的基础，尤其是在乡村社会。毫无疑问，党的基层组织是党的基石，相比于城市来说，农村基层党支部的这种基础性作用更为明显。这一结论是中国共产党农村基层党组织建设历史变迁的结果，从"到农村去"，到"支部建在农会""支部建在乡上"，再到"支部建在社上"，最终将"支部建在村上"，在不同的历史时期，采取不同的支部设置方式，对农村基层社会进行有效的组织和动员，将庞大而分散的中国农村社会整合为一个整体，为中国共产党的发展和壮大提供了强大的动力。从党员人数和党组织数量来看，农民党员和农村党支部成为中国共产党的重要组成部分。从党的斗争战略来看，在广大农村地区建立革命根据地，最终实现农村包围城市，农村基层党组织在中国革命中发挥重要作用，至社会主义建设时期，农村基层党组织推动集体化，以实现农村支持城市，农业支持工业,推动了整个社会主义经济建设。改革开放肇始于农村经营体制改革,农村基层党组织通过及时调整,发挥了领导核心作用,在新世纪逐渐肩负起基层治理和乡村建设的重任。凡此种种,都说明农村党组织建设在农村革命、建设、改革、振兴等阶段的基础性作用。

二是农村基层党组织之所以起基础性作用,是因为将支部建在最基层,支部建在哪里实际上考验着中国共产党组织建设。事实上,中国共产党与国民党在乡村社会的政治竞争中,中国共产党赢得最终的胜利,从政党组织体系来说,国民党的基层组织以县乡为主,而中国共产党将支部延伸到最基层,从县乡延伸到村,正由于中国共产党能够将自己的基层组织建在最基层的村庄,由此获得更为强大的组织动员能力。当然,"支部建在村上"也经历了不断探索的过程,最初依靠农会组织来建立党的支部,重点在领导农会,开展农民运动,以支持国民革命,之后革命根据地建设中,党支部主要在乡一级建立起来,也在村庄或者互助合作组织建立党小组,直到中华人民共和国成立后,在大规模的土地改革和民主建政过程中,党支部建立在乡或者行政村,逐渐过渡到以合作社为单位,公社时期以生产大队和生产队为单位,这些都是基层生产生活的基本单元,是超出个体家庭之上的社会组织单位,中国共产党的基层组织已经扩展到最基层,以此重组基层社会,打破了农村原有的社会组织体系,建立了以农村党组织为基础的组织体系,进而自下而上地完成了对乡村社会的政党整合。

三是支部建在最基层关键是实现覆盖性、主导性和认受性的统一。支部建在最基层并不是简单地以设置支部为目的,而是根据革命形势和农村社会特点健全农村基层组织体系,将党的基层组织有效覆盖乡村社会,党的神经末梢融入整个基层社会的肌理,农会、苏维埃、互助合作社、生产大队生产以及行政村等组织外,改革开放后各类新型组织、协会、合作社以及各类功能性党支部、流动党支部等,党的基层组织始终因应乡村社会的分化,不断提升党组织的覆盖率,在此基础上,发挥党组织的主导性,从最初宣传党的主张,进行政治动员,夺取革命胜利,至后来农村各项事业的领导核心,再到对基层治理或乡村振兴的全面领导,党支部在农村革命、建设、改革和发展中占据着重要的位置,承担着战斗堡垒和执政之基的作用。党支部是中国共产党直接面对基层群众的一线,党的路线方针政策等贯彻落实的"最后一公里",在整个历史阶段来看,农村基层党组织从原则和宗旨上始终将为人民服务作为出发点，并通过土地改革、互助合作、农村经营体制改革、税费改革、新农村建设以及乡村振兴等推动乡村社会向前发展，解决农村社会所面临的各类问题，满足农民的现实需求等，进而获得农民的支持和拥护，让农村基层党组织真正融入乡村社会当中。

第十三章
政党、土地与农村基层治理变迁

中国共产党成立以来，农村基层治理结构发生深刻的变迁，这一变迁不仅是国家与社会关系转型的结果，也是农村产权与治权互动的产物，具体来看，土地改革时期，通过产权均等化，广泛动员农民参与，重组农村基层社会，实现"乡村建政"；合作化及人民公社时期，通过产权集体化，经济组织政权化，农民纳入高度集中的政治经济体制，实现"政社合一"；改革开放以后，通过产权农户化，农民自发组织起来，建立村民委员会，实现"乡政村治"；进入新世纪，通过产权分置化，赋予农民更多的财产权利，基层治理迎来新一轮的调整期。从农村基层治理结构变迁的基本经验来看，关键是充分尊重农民产权基础上，进一步健全产权治理的相关体制机制，让农民广泛参与到基层治理之中，实现产权与治权的有机衔接和良性互动。

一 土地产权与乡村治权的关系

土地是农民最为重要的产权，也是治权的载体，土地权属关系意味着一种治权关系，构成一种支配与服从的关系。为此，有学者认为："地权制度的变革，从某种意义上讲，是一个农村各阶层利益的再分配与重组的过程，以往的每次地权制度变更冲击了既有的社会阶层结构。"[①] "土地的权属关系

[①] 陈成文、罗忠勇：《土地流转：一个农村阶层结构再构过程》，《湖南师范大学学报》（社会科学版）2006年第4期。

（有关土地权属关系的财产制度）是农业社会时代最重要的产权制度，在一定程度上成为乡村社会治理的基础。"[1] 有鉴于此，近年来，围绕土地产权与乡村治理产生了一系列富有启发性的研究成果。一些研究者认为产权变革与乡村治理具有共时性特征，土地产权前后相继的变化带来乡村治理的制度的变迁。没有土地改革，新中国建立的农村基层政权就不会获得农村最大多数人民的支持；没有强有力的农村基层政权，国家土地集体化也难以顺利推进；没有土地集体化的最终确定，政社合一的农村人民公社也难以建立；没有农村人民公社管理的弊病，家庭联产承包责任制便不会发生；没有家庭联产承包责任制，"乡政村治"的农村政权体制就不会建立起来。[2] 另一些研究者在此基础上更加明确产权变革与乡村治理的内在相关性，即乡村治理的每一次根本性的变革都与乡村基本经济制度，尤其是产权结构及经营方式的变革密切相关，认为乡村的集体化和集体经济的发展对公共权力的组成、配置、功能、运作及效能等有着多方面的影响。[3] 乡村权力结构、权力运作及乡村的民主与权力资源及村的经济背景等的关联，特别是乡村产权结构尤其是乡村现存的集体产权的作用和影响。[4]

  上述研究成果围绕产权与乡村治理进行了探索性的研究，提出不少值得进一步研究的命题，不过，在乡村治理的实践中产权具体是如何影响治权，进而影响乡村治理，彼此之间内在的因果联系机制是什么，尚不明确。为此，本章以中国产权与乡村治权变动最为频繁时期为对象，产权变动最频繁的时期是治权变化最明显的时期，也是两者之间因果机制最为显著的时期，从中华人民共和国成立七十周年入手，重点分析产权与治权关联下产权的分配将影响治权的分配，治权在农村不同的阶层中如何分配，进而形成不同的乡村治理主体，以及主体间关系性质如何，最终形成何种乡村治理的结构体系等。

---

  [1] 吴晓燕：《农村土地产权制度变革与基层社会治理转型》，《华中师范大学学报》（人文社会科学版）2013年第5期。
  [2] 参见江燕《建国以来农村基层政权的发展路径和基本经验》，《长白学刊》2009年第5期。
  [3] 参见项继权《集体经济背景下的乡村治理：南街、向高和方家泉村村治实证研究》，华中师范大学出版社2002年版，第366—369页。
  [4] 参见吴晓燕《农村土地承包经营权流转与村庄治理转型》，《政治学研究》2009年第6期。

二 土地改革、耕者有其田与乡村建政

在中华人民共和国成立前,农村土地产权私有,占有不均。根据1927年国民党农民部土地委员的调查,全国无地农民占55%,少地农民即贫农(占地2/3公顷以下)占人口总数75%,占土地总量的6%,中农(占地2/3公顷至2公顷)占人口总数11%,占土地总量13%,而地主富农(占地2公顷以上)占人口总数14%,占土地总量81%,农村土地分配不合理可见一斑。由此,基于地权的不均,农村社会分裂为地主与农民两个主要的社会阶层,地主是土地的产权所有者,又是乡村治理主体乡绅的主要来源。地主、宗族领袖以及拥有儒家知识和功名的士绅往往三位一体,对于维护封建统治起着重要作用。进入近代社会之后,随着国家政权的下乡以及科举制的废除,一方面国家权力日益渗透到乡村社会,直接任用官员等管理基层社会,不再通过乡绅等中间阶层来完成国家的任务等,另一方面乡绅本身日益减少,基于传统社会土壤的声誉等乡绅生产机制已经不复存在,乡绅离乡进城,乡绅劣绅化趋势明显。正如杜赞奇对华北农村乡村的分析,自清末以来,乡绅与国家政权之间日益疏远,而农村中的豪强、恶霸、地痞、流氓之辈占据了农村社会的权力中心,他们构成所谓的盈利型经纪[1]。乡村社会普遍出现盈利型经纪代替保护型经纪,基层政权的内卷化,国家政权建设不仅没有带来基层政权能力的提升,反而导致基层政治的衰败,最后通过中国共产党领导的土地革命及其基层建政打破了民国以来基层政权内卷化的趋势,让基层治理进入新的轨道。

中华人民共和国成立后的基层政权建设是在土地改革中展开的,土地改革实现了耕者有其田,打破了土地占有的不均,随着土地产权的变化,地主被打倒,农民得以翻身,贫下中农等成为基层治理的主体。具体来看基层政权出现了以下几方面变化。

一是瓦解既有权力结构的经济基础。土地改革后,地主等财产被瓜分,

---

[1] 参见[美]杜赞奇《文化、权力与国家:1900—1942年的华北农村》,王福明译,江苏人民出版社2008年版,第36—37页。

其赖以行使权威的经济基础和象征资源被剥夺，贫困的农民分得了土地和其他财产。1952年，全国农村总人口5.06亿，新解放区完成土地改革的农业人口约3.1亿，加上根据地已完成土地改革的农业人口1.45亿，约占全国农村总人口的90%，其中约占全国农业人口总数60%—70%的3亿无地少地的农民获得了约7亿亩土地，免除了过去每年向地主缴纳的700亿斤粮食的超重地租。①

二是赋予贫下中农以政治权利。在土地改革运动中，封建地主作为一个阶级被消灭了，农民实现了从未有过的身份自由和人格平等，社会地位、经济地位和政治地位明显上升。土地改革唤醒了农民的民主意识和政治参与意识，切切实实培养了他们的民主观念和政治热情。② 农民的社会地位和政治地位发生了急剧的变化，昔日生活在社会最底层、在政治上毫无地位可言的贫、雇农，一夜之间成了农村中的主人，而昔日把持乡村社会、政治生活的地主、富农却一夜之间变得威风扫地，落到了在乡村社会和政治生活中毫无地位可言的最底层。③

三是在新政治主体之上建立新政权组织。土地改革的过程也是农村基层政权建设的过程。原有的保甲制度被废除，连同传统的家族治理等都被消解，重新按照新的原则来组织基层社会，从而保证新的政权组织的确立。于是，在完成了土地改革的广大农村地区，农村基层顺利地由选举产生了乡、区、县三级人民代表会议或代表大会，选举产生了乡、区、县三级人民政府，还选举产生了农民协会等组织，这些由贫下中农选举产生的政权组织代表了人民群众的利益和愿望，成为基层治理的政治基础。

三 合作化运动、集体产权与政社合一

土地改革所形成小农产权并不是社会主义革命的最终目的，产权公有才

---

① 参见董辅礽主编《中华人民共和国经济史》（上卷），经济科学出版社1999年版，第72—82页。
② 参见江燕《建国以来农村基层政权的发展路径和基本经验》，《长白学刊》2009年第5期。
③ 参见陈吉元等主编《中国农村社会经济变迁（1949—1989）》，山西经济出版社1993年版，第86页。

是社会主义革命的最终目标。在中华人民共和国成立之后,国家加快推进工业化进程,而分散的小农产权既不能保障工业所需要的粮食等原材料供应,又面临着资源汲取的困难,此外,小农产权所滋生的发家致富倾向,导致农村社会新的分化,与社会主义的原则相违背。为此,国家针对小农经济状况,着手从土地产权的改革入手来调整整个农村生产关系,以便推动生产力的发展。对农业的社会主义改造最为重要的是通过合作化将小农改造为合作经济,最后发展为公有制经济。有关农村社会矛盾的论述相应发生了变化,土地改革时期是地主与农民之间的矛盾,合作化运动中是小农与国家之间的矛盾。"农民小生产者经济自发发展着的资本主义与党所领导的合作化道路的矛盾,是当前农村中的主要矛盾,而党所领导的合作互助运动,是矛盾的主要方面。"[1] 为此,在土地改革后不久,1951年12月中共中央发布《关于农业生产互助合作的决议(草案)》要求:必须保护农民已取得的土地所有权,在土地私有的基础上,农民按照自愿和互利的原则,发展劳动互助或者生产,进行集体劳动。互助组一般由4—5户农户组成,在农忙时将各自的劳动力、农具和牲畜集中起来使用,形成临时性的互助合作。1953年12月,中共中央发布《关于发展农业生产合作社的决议》指出,党在农村工作的根本任务,就是要促进农民联合起来,逐步实现农业的社会主义改造。该文件肯定了我国农业合作化的道路,是由互助组到初级形式的半社会主义的农业生产合作社,再到完全社会主义的高级形式的农业生产合作社。初级合作社由20—30户农户组成,按照统一的计划将土地等资产组织起来。初级社的领导机构是管理委员会,合作社主任有权检查和监督生产队、生产组的种植计划,实现统一计划、统一调配、统一生产经营和统一收益分配。在社会主义改造的热潮中,初级社很快向高级社发展,土地等生产资料从农民私有变为社员集体共有,集体统一经营,共同劳动,统一分配。高级社不仅管理和组织农村经济活动,还要担负起社员进行政治教育、维护农村社会秩序、执行上级行政部门的命令、发展农村文化等任务和责任。[2] 从互助组、初级社,再到高级社,实现了产权农民所有到社员集体所有的转变,农民被纳入一个个集体产权单位,随

---

[1] 中共中央文献研究室编:《建国以来重要文献选编》(第三册),中央文献出版社1992年版,第273页。

[2] 参见《农业生产合作社示范章程草案》,《人民日报》1955年11月11日第2版。

着土地等生产资料的集体所有，农民生产生活高度依赖集体，并且高级社的功能也逐渐从互助社的单一劳动、农具和牲畜等有限的经济互助，到初级社时期农业生产过程和劳动成果分配的统一安排，再到高级社时期，高级社承担了政治教育、行政管理等基层事务。随着高级社的发展，村级行政组织的职能被经济合作社所代替，实现了村社合一，即行政与经济组织的合一，成为我国农村基层政权的新基础。

事实上，高级社存在的时间并不长，其后高级社发展为人民公社，按照"一大二公"的要求，人民公社与高级社相比，主要在规模和公有化程度上体现差异，并且沿着合作组织证券会的方向发展。在行政管理方面，当时的高级社基本上都是乡镇体制下的村级组合，并且已经承担起农村经济和社会的许多事务。乡镇政权与高级社在职能管理上存在一定的冲突，为了便于生产和管理，国家基层政权体制与农村社会的经济组织合在一起，建立了人民公社，实现了政社合一。1958年8月，中央政治局会议通过《关于在农村建立人民公社问题的决议》，到1958年10月底，全国74万多个农业生产合作社组成2.6万多个人民公社，参加公社的农户有1.2亿户，占全国总农户的99%，全国农村基本实现了人民公社化。[①]

总之，在合作化运动及之后的人民公社运动中，围绕产权的集体化，土地改革之后形成的基层治理格局发生了明显的变化。

一是首先是合作组织的政权化，逐渐取代政权组织，最后形成"政社合一"的高度集中的政治经济体制，国家权力影响到每个人。在人民公社中，每一件事几乎都要依赖别人来提供手段，因而经济计划几乎涉及人民全部生活的各个方面。从原始的需要到与家庭、朋友的关系，从工作性质到老百姓闲暇的利用，很少有生活的哪一个方面，计划者不对之施加有意识的控制。[②]

二是公社权力集中在干部手中，出现脱离群众的情况。由于土地等生产资料为集体所有，农民的生产生活离不开公社集体，而在公社条例中原本规定的民主办社并没有得到贯彻落实，在公社管理过程中缺乏群众的参与，只

[①] 参见董景山《我国农村土地制度60年：回顾、启示与展望——以政策与法律制度变迁为视角》，《江西社会科学》2009年第8期。

[②] 参见[英]弗里德里希·奥古斯特·冯·哈耶克《通往奴役之路》，王明毅、冯兴元等译，中国社会科学出版社1997年版，第91页。

能在公社各级干部的安排下从事生产生活,社员没有退社的自由,也不可能参与公社管理,干部成为基层治理的主体,干部接受上级政府的领导,干部更多地按照对上负责的原则来进行相关管理,为了完成相关任务经常对社员采取各种强制或半强制手段。

三是由于干部的脱草根性,出现一系列贪污浪费腐化的问题,在群众中引起强烈的不满,为此,国家通过定期的政治运动来整顿调整基层干部,将一些干部撤换,并将运动中表现积极的社员群众推上干部职位,群众在政治运动中得以检举揭发干部的行为,虽然起到了一定的监督作用,但是也由于缺少制度性的规定而造成打击面过宽,以及夹杂私人纠纷所带来报复性行为等,基层治理并没有因为运动而导向良性轨道,基层群众也因为频繁的运动而带来运动疲劳症。

人民公社体制建立之初过于强调产权规模和产权性质,超出了农村社会的发展水平,由于产权规模过大,高度集中在公社一级,产权性质是集体所有,于是在农业生产方面,出现大范围频繁的"一平二调",公社范围内平均主义严重,拉平各生产大队之间的土地等生产资料,无偿调用某个生产大队的物资、劳动力等,在农民生活方面,实行供给制和公共食堂制,严重影响了农民的生产积极性,农业生产出现明显的退步,农民生活出现明显的困难。在经历了一系列教训之后,人民公社体制进入调整时期,1960年11月,中共中央发出了关于农村人民公社当前政策问题的紧急指示信,强调"三级所有,队为基础,是现阶段人民公社的根本制度""队为基础"即生产大队为基础,将生产大队作为农村基本生产资料的所有者和核算单位,而小队只是向生产大队包产的作业单位。1961年中共中央修改《农村人民公社工作条例(草案)》,取消供给制和公共食堂,恢复家庭基本生活单位的地位。1962年中共中央发布《关于改变农村人民公社基本核算单位问题的指示》,将核算单位从生产大队下移到生产队。同年9月,党的八届十中全会通过了《农村人民公社工作条例(修正草案)》,规定"人民公社的基本核算单位为生产队,生产队实行独立核算,自负盈亏,直接组织生产,组织收益分配,农村人民公社是政社合一的组织,是农村的基本单位和基层政权单位"[①]。

随着产权单元的下移,形成以生产队为基础的产权体系。超过农村实际

[①] 陈锡文等:《中国农村制度变迁60年》,人民出版社2009年版,第339—340页。

的大公社体制逐渐回归以生产队为基础的小公社体制。现在的正统做法是把集体化单位和自然系统明确地联系起来，小队和公社的系统已被嫁接在农村生活的古老根基之上。① 产权单元下移，生产、核算和分配等下移，实际上是向生产队和群众放权，群众得以参与到生产队管理之中，劳动成果分配与劳动本身对应起来，激发群众的劳动积极性和主动性，生产队干部是不脱产干部，由生产队社员群众推选产生，与社员一起从事农业劳动，从生产队集体获得工分，同时也接受社员群众的监督，至少在生产队范围内社员群众能够参与到生产队日常的生产和管理活动中，由此在以生产队为基本产权单元的基础上，保持了公社体制的稳定性，直到家庭联产承包责任制瓦解了公社的产权基础才逐渐改变高度集中的政治经济体制，政社合一向政社分开转变。

四　农村改革、分田到户与乡政村治

改革开放使得农村迎来新一轮的产权结构调整。党的十一届三中全会通过《中共中央关于加快农业发展若干问题的决定》，允许联产承包，1980年中发75号文件在肯定联产承包责任制基础上，一定范围内为包产到户开了口子。农村家庭经营由于以血缘为纽带，所形成的长期共处、相互依赖关系，办起事来可最大节约交易费用。这一特性决定了它更适用于管理农业。农业既是经济再生产，又是自然再生产，生产的季节性，使其受到气候变化制约，往往遇到难以预测的自然风险，劳动和收益不可能等价对称，家庭成员可以避免斤斤计较，降低制度性损耗，做到利益共享，风险共担。② 从全国来看，1979年，所有生产队中只有1.02%转向家庭联产承包责任制。到1980年，已有14.4%的生产队发生了转变。1984年以后，已有99%以上的生产队采用了家庭联产承包责任制。

产权单元回归到家庭。家庭联产承包责任制在坚持土地等基本生产资料

---

① 参见［美］施坚雅《中国农村的市场和社会结构》，史建云、徐秀丽译，中国社会科学出版社1998年版，第172页。

② 参见杜润生《中国农村制度变迁》，四川人民出版社2003年版，第318页。

公有制的前提下，采取统一经营与分散经营相结合的原则，将劳动者的权责利紧密结合起来的制度。农民可以通过家庭联产承包获得土地的使用权，使得农民获得了一定的财产剩余权，从而调动了农民的生产积极性。农民不仅获得了土地的承包经营权，拥有了生产经营的自主权，而且通过农村产权关系的变化，改变了与集体、国家的关系。之前的行政隶属变为相对平等的契约关系。包产到户之后，生产队与社员之间变成了承包关系，或者说契约关系，社员在交足国家的、留够集体的之后，剩下的都是自己的，在这种情况下，农户真正成为生产经营的实体，而不再是作为行政组织人民公社的附属物。人民公社对农户的领导，单纯依靠行政命令已经行不通了。家庭承包责任制确认了农民的个人利益，集体所有制则促使集体成员以产权为纽带构成利益共同体。为了维护和实现个人利益，农民要求更多地参与公共事务。[1] 经济利益是自治的基础和核心，经济利益又直接来源于产权，而产权的核心部分是所有权，中国农村独特的产权结构——生产资料集体所有制决定了只能实施村民自治。[2]

1980年广西壮族自治区宜山县三岔公社合寨大队陷入分田到户后村庄公共失序和公共建设的困境，此时，生产大队的干部都甩手不干，于是，在生产队长的组织下，村民自发推选产生"村民委员会"，制定村规民约，自我管理村庄的公共事务，自我兴办各类公共设施，有力地改善了村庄的面貌，随后周边各自然屯相继成立村民自治组织，并引起广西乃至中央的关注，为农村基层治理提供了新的选择。随着人民公社的解体，原本政社合一的体制与农村经济社会发展不相适应。1983年，中央发文《关于实行政社分开 建立乡政府的决定》，在全国范围内普遍开展"撤社建乡"工作，按照政社分开的原则，公社不再承担一级政权的职责，而由乡政府作为基层政权，在乡政府以下成立村委会，作为群众性自治组织，按照1987年颁布试行的《村组法》规定："村民委员会是村民自我管理、自我教育、自我服务的基层群众性自治组织，实行民主选举、民主决策、民主管理和民主监督。"由此，形成以乡政府为最基层政权，在乡以下建立村民委员会，依法开展村民自治的"乡政村治"

---

[1] 参见徐勇《中国农村村民自治》，华中师范大学出版社1997年版，第34页。
[2] 参见邓大才《利益相关：村民自治有效实现形式的产权基础》，《华中师范大学学报》（人文社会科学版）2014年第4期。

的治理体系。在村委会产生之初,村委会主要设立在自然村。一方面是分田到户之后家庭拥有的自主经营权,在自然村范围内各家相识相知,并且有血缘和地缘联系,容易形成自我组织能力。另一方面是公社时期确立的产权体系主要以生产队为基础,而生产队大都是自然村,分田到户的时候土地也是在生产队内分配,生产队集体是土地的发包方,与农户家庭具有经济上的联系,同一生产队内部地域接近、田块相连,公用水利设施等,有比较多的共同利益。为此,当初颁布试行的《村组法》提出村委会的建议一般在自然村,不过,当村委会在全国普遍建立的时候,村委会却大多数建立在原来生产大队一级,即后来的行政村。之所以进行如此调整,大多数学者认为是为了与公社体制进行对接,如果村委会设在自然村,原来生产大队一级便缺乏建制组织,并且生产大队一级仍然保留有农村基层党组织,而党组织是基层政权的重要支撑,是基层政权组织领导农村的重要载体,村委会作为农村群众自治组织,不仅承担村民自我管理、服务和教育的工作,而且应该协助乡镇政府,所以,为了便于基层政权以及党对农村工作的领导,全国各地普遍将村委会上移到原生产大队一级,现在的行政村,甚至一些已经将村委会设在自然村的地区也将村委会上移到行政村。如果从产权的角度来看,村委会的上移也是土地产权变化的一种结果。1986 年颁布的《中华人民共和国土地管理法》规定:"集体所有的土地依照法律属于村农民集体所有,由村农业生产合作社等农业集体经济组织或者村民委员会经营、管理。"同时规定:"村农民集体所有的土地已经分别属于村内两个以上农业集体经济组织所有的,可以属于各该农业集体经济组织的农民集体所有。"为此,在一些地区,土地的最终权属已从生产队(村民小组)一级过渡为生产大队(行政村)一级。1996年,全国土地归村(原生产大队)所有的数量已达 328219 个,占当年全国村民委员会数量的 44%。[①] 随着土地产权权属的变化,1998 年正式颁布施行的《村组法》删去了村委会一般在自然村的条文,并在村委会的职责中明确其作为集体土地等资产管理的主体,村委会的设立便于经济社会发展,从这方面来看,产权单元的变化对于村委会上移进而对乡村治理体系进行适度调整,在家庭联产承包责任制和统分结合的双层经营体制长期保持不变的情况下,"乡政村治"的基本格局也将持续下去。

---

① 参见张晓山《中国农村土地制度变革的回顾和展望》,《学习与探索》2006 年第 5 期。

五　土地流转、三权分置与未来基层治理

进入21世纪，随着工农城乡关系的变迁，大量的农民进入城市务工，农民离土又离乡，农村出现大面积的土地流转，在家庭联产承包责任制基础上土地的经营权等发生流转，土地流转的范围从村民小组或行政村内部向外扩展，超过了原有承包经营关系，村集体之外的经营主体通过村集体反租倒包进入村庄承包土地，推动土地的规模化经营等。此外，由于承包期的延长，经过第二轮承包地调整之后，农户承包地保持稳定，农户与村集体之间的发包与承包关系相对弱化，并且随着农村税费改革的推进，原本由村集体依照土地承包关系所收取的提留等逐渐并入农业税附加，直至最后取消农业税等，减轻了农民负担，却带来了农户和村集体关系的疏远。农村税费改革的一个意外后果是加剧了农民个体与村庄集体乃至农村基层政府的疏离，土地在名义上虽仍然属于集体，农民跟村集体却几乎没有任何其他的实质性联系。[1] 一方面是农地承包经营权的流转带来承包经营权权属关系的复杂化，更多的主体进入土地权属关系网络之中，另一方面是村集体所有权在税费改革之后出现的隐形化，导致农民与村集体的关系日渐疏离。这个现象不论是对农地产权关系，还是农村基层治理而言都意味着新的变数。为此，党的十七届三中全会提出按照依法自然有偿原则，允许农民以转包、出租、互换、转让、股份合作等形式流转土地承包经营权，发展多种形式的适度规模经营。2014年中共中央办公厅、国务院办公厅颁发《关于引导农村土地经营权有序流转发展农业适度规模经营的意见》，明确提出所有权、承包权、经营权"三权分置"的具体要求。在基层治理的社会基础上，长期以来集体内部成员相对平均的经济关系和相对扁平的社会结构将随着"三权分置"政策的嵌入和经营权的流转，特别是重新大规模造就农村社会分层而发生改变，必将影响农民

---

[1] 参见吴理财《中国农村社会治理40年：从"乡政村治"到"村社协同"——湖北的表述》，《华中师范大学学报》（人文社会科学版）2018年第7期。

之间的社会关系。① 在基层治理的主体上，一方面随着土地承包经营权的流转，"资本"的进入，村庄治理主体会随之增加。另一方面，能人的外流不利于村组干部结构的更新，从长远看，会对村庄治理产生消极影响。② 在基层治理的方式上，多元化的产权涉及多个主体，其利益诉求不同，不能采取强制、命令的方式"一刀切"，一元的治理单位势必难应对多元化的产权需求，必须采取协商、民主的方式予以解决。③

以此为起点，未来基层治理将继续在"乡政村治"的格局下进一步发展，同时，三权分置的产权改革将对基层治理带来以下新的变化。

一是集体产权结构与基层治理主体，集体产权结构包括所有权、承包权、经营权等，随着农村经济社会的发展，三权归属于不同主体，在基层治理过程中，涉及村集体、村民、新型经营主体等关系，同时也涉及村民与非村民的关系，在"三权分置"的背景下，基层治理内部的权力体系应与集体产权结构相适应。二是集体产权结构与基层治理体系，集体产权结构包括行政村集体产权和村民小组集体产权两个层次，"三权分置"背景下，村民小组集体产权的落实对于以往以行政村为主的基层治理体系来说是一次变化，集体产权双层结构带来两级基层治理体系。三是集体产权结构与基层治理能力，集体产权改革的重要目的是加强集体产权的权能，包括所有权的收益分配，承包权的继承退出，经营权的抵押担保，等等，对于村集体来说，影响村委会、村小组的资源动员与组织协调能力，对于村民来说，影响其知情、决策、监督等能力，对于新型经营主体来说，影响其参与、协商等能力。

因此，必须在三权分置产权改革的背景下进一步健全基层治理的制度体系，释放基层治理的内在活力，进而形成与产权改革相适应的基层治理体系。

一是落实集体土地所有权与基层治理体系发展，集体土地所有权及其相关的集体收益分配权等涉及基层治理组织和集体经济合作组织之间的利益关系，需要根据实际情况，逐步理顺基层治理组织与经济合作组织的关系，是政经机构分离，政经职能分离，还是政经统一。集体资产管理经营与村务监

---

① 参见何得桂《产权与政治：集体林权改革的社会影响——从山区农村治理角度的分析》，《湖北社会科学》2013年第1期。

② 参见吴晓燕《农村土地承包经营权流转与村庄治理转型》，《政治学研究》2009年第6期。

③ 参见邓大才《产权单位与治理单位的关联性研究——基于中国农村治理的逻辑》，《中国社会科学》2015年第7期。

督、村务公开等的影响,需要根据资产管理的要求,创新村务监督的方式技术等。集体土地所有权在村民小组的地方,村民小组有集体土地的发包、调整和监督的权力,需要进一步协调村委会与村民小组的关系,形成"两级自治"的格局。二是严格保护农户土地承包权与基层治理权利保障。在赋予农民更多财产权的同时,还需要相应地保障农民的民主管理权利,尤其是对于集体土地处置的知情权、决策权、监督权的保障。针对土地承包权的继承、退出,村集体收益分配权等,进一步明确村民资格、村委会选举资格等。三是加快放活土地经营权与基层治理的机制创新。首先是新型经营主体参与基层治理的方式与途径,既要保障新型经营主体的各项经营权利,又要确保农地的集体所有性质,保护农民的权益。其次是土地经营权流转后,村民外流,村民与村集体之间的关系以及对于村民选举制度影响,需要探索村民选举的简易机制。最后是随着新型经营主体等进入村庄,逐步形成开放的社区,多种主体参与社区生活,需要探索农村社区条件下的基层治理有效实现形式等。

六 农村产权变迁与基层治理结构

中华人民共和国成立以来农村基层治理发生了深刻的变化,对于农村基层治理变动的理解大部分是从国家制度的角度去进行梳理,从国家整合乡村的角度加以概括,抑或从乡村社会本身的阶层变化来加以研究,事实上,农村基层治理体系的变化是国家与农村社会之间互动的产物,但是上述国家与社会的宏观解释并未完整细致地解释农村基层治理的内在机制,为此需要从中观层面努力寻找农村基层治理的内在逻辑,其中,产权是一个重要的中观解释变量。纵观中华人民共和国成立以来农村基层治理,每一次的结构变迁都对基层治理结构产生明显的影响。在中华人民共和国成立前,基于土地产权私有和占有不均,农村基层治理表现为地主乡绅治村,以及随后出现的盈利型经纪等基层治理结构的内卷化问题。中华人民共和国成立后,在土地改革时期,通过打土豪分田地、废除保甲制、打倒地主乡绅等,实现耕者有其田,农民获得土地,赋予农民以政治权利,从而实现农村权力结构翻转,并重组农村基层社会,建立基层政权。在合作化运动中,逐渐从小农土地所有制过渡到社集体所有制,农民被纳入合作社体制当中,伴随着合作社功能的政权化，农村基层治理结构向"政社合一"发展，到人民公社时期，建立高度集中的政治经济体制，公社体制取代基层政权组织，由于产权的高度集中，以及由此形成的行政强制，农村基层治理获得强大的动员能力，同时也带来一系列经济社会问题，挫伤了农民的主动性，最终通过人民公社产权与核算单位的调整，形成"三级所有，队为基础"的小公社体制，进而使得农民获得一定的自主权，维持了公社体制的稳定。至改革开放后，分田到户，农户家庭获得土地的承包经营权，不仅自己决定农业生产，而且在生活上也由农民自主安排，还获得了公共空间的自组织能力，并在人民公社体制解体后出现的社会失序过程中自发成立村民委员会，村民委员会成为撤销人民公社建立乡政府后基层治理的组织载体，奠定了改革开放之后农村基层治理的基本制度框架。随着农村经济社会的快速发展，农村土地产权迎来新一轮的深刻调整，从两权分置到三权分置，从土地承包到如今土地流转，从家庭经营到规模经营，从农户到家庭农场、农业合作社等新型经营主体，农村基层治理必将面临新一轮的变迁。

表 13-1　　中国共产党成立以来农村产权变迁与基层治理结构

时期	产权单元	产权主体	产权关系	治理结构
中华人民共和国成立前	农户	地主、农民	占有不均	保甲制下的地主乡绅治村
土地改革	农户	农民	耕者有其田	贫农中农的农民协会
集体化时期	农户到合作社，再到人民公社	农民、社集体、基层政权	三级所有，队为基础	"政社合一"的公社体制
农村改革	农户、村集体	农户、村集体	平等契约关系	乡政村治
后税费改革	农户、村集体	农户、村集体、合作社等	多样化的承包经营关系	"三权分置"背景下的乡政村治

从中华人民共和国成立七十年来农村产权与基层治理变迁的历程看，产权与治权的相互协调配合是农村基层治理的基本经验。首先是充分尊重农民的产权。实际上，赋予农民更多的财产性权利，不仅是对农民经济权利的保

护，而且是对农民政治权利的保障，有助于农民更为广泛地参与到农村基层治理之中。历史来看，土地改革时期通过耕者有其田，充分发动和动员农民参与到基层政权建设中，农民获得了土地，党取得了农民，正是农民的广泛参与才在短时间内完成乡村建政，由此奠定了国家政权稳定的基础。此后农民被卷入集体化运动之中，随着产权逐步的集体化，农民被动参与到基层治理当中，既缺乏基于产权利益上的主动参与，也缺乏内在的参与效能感。改革开放之后，赋予农民承包经营自主权，为了维护自身利益，解决社会治安和公共建设问题，农民自发组织起来，建立群众自治组织，恢复了农村社会秩序，兴办各种公益事业，参与到村庄的民主选举、民主管理、民主决策和民主监督之中，最终依托法律法规赋予农民广泛的民主权利。伴随"三权分置"等一系列有关农地制度改革的深入推进，国家明确提出赋予农民更多的财产性权利，在此有理由相信，由于农民财产性权利的增长，农民将更加广泛地参与到基层治理当中，并且这种参与将进一步推动农村基层治理结构和能力的现代化。其次是完善与产权配套的治权。农村产权变迁应与治权相适应，即在农村产权变迁过程中农民能够参与到产权的占有、使用、处置、收益、分配等内容，因为农村产权单位同时也是治权单位，所以更一般意义上来说，需要进一步健全基层治理的相关制度规范，让产权与治权相配套，避免出现产权与治权错位带来产权本身的治理问题。在赋予农民更多的财产性权利的同时也要赋予农民更多的参与权利。在村集体资产上，不论是集体土地征用还是集体资产改革等，必须让农民有更多的知情权、参与权和决策权，在处置、收益、分配等关键环节中设置农民参与的制度和机制，严格按照法定的程序来进行，在农户承包经营权上，村集体依法履行监督管理权，保证承包经营权合法有序流转，既不能损害农民利益，也不能侵犯村集体利益。显然，需要相应的制度设计来协调和处理农地产权关系之中可能出现的内在张力，尤其是在"三权分置"背景下产权主体日益多元化和开放化所带来的更为复杂的治理关系等。

第十四章
政党、群众与农村基层治理主体

回顾党的百年历史，群众路线是中国共产党领导人民取得新民主主义革命、社会主义建设和改革开放成功的法宝，是中国共产党人将马克思主义的群众观、认识论，与中国革命与建设具体实际相结合的产物，是中国共产党在不同历史阶段，面对不同的历史任务与内外形势，探索党同人民群众血肉联系的理论成果，在革命、建设、改革中逐渐萌发、完善与成熟，最终形成了"一切为了群众，一切依靠群众，从群众中来，到群众中去"的根本工作路线，用以指导中国共产党的具体实践工作，并在实践中发展完善。党的十八大以来，党中央要求在新的历史条件下毫不动摇地坚持群众路线，积极探索适应新形势要求的群众路线的途径、方法和机制。中共湖北省委以"美好环境与幸福生活共同缔造"实践活动（以下简称"共同缔造"）为载体，积极探索新时代党的群众路线实践形式，将党的群众路线历史与现实，理论与实践有机结合起来，走好新时代党的群众路线。

一 新时代党的群众路线的意义与要求

中国共产党治国理政进入新的历史交汇点，在全面建成小康社会和实现党的第一个百年奋斗目标之后，进入全面建设社会主义现代化国家的伟大进程。如何凝聚亿万人民群众的力量，团结和带领中国人民实现中华民族伟大复兴成为新时代党的群众路线的重要历史使命。

（一）新时代党的群众路线的重要意义

进入新时代，党的群众路线面临着诸多的现实挑战，从党与群众的结构关系来看，新时代群众路线不仅取决于党员干部坚持群众路线的意愿，而且取决于群众自身的变化等。

一是从内在需求来看，人民群众日益增长的对于美好生活的向往与经济社会发展不平衡不充分的矛盾日益突出。一方面是人民群众需求增多，需求更为丰富。"我们的人民热爱生活，期盼有更好的教育、更稳定的工作、更满意的收入、更可靠的社会保障、更高水平的医疗卫生服务、更舒适的居住条件、更优美的环境，期盼孩子们能长得更好、工作得更好、生活得更好。"[1]另一方面是人民群众需求层次多样，群众参与积极性提升。"人民群众不仅是对物质文化生活提出了更高的要求，而且在民主、法治、公平、正义、安全、环境等方面的要求日益增长。"[2] 基于此，党做出庄严承诺，人民群众对于美好生活的需求就是党的奋斗目标，人民群众需求的满足越来越依赖党和政府的努力，为此，党和政府在满足人民群众的需求中妥善处理各方面利益任务更加繁重，如果处理不当，不能及时回应群众需求，容易造成群众对党和政府不满，出现"群众脱离党"的危险。

二是从外在环境来看，当前党员干部做群众工作的外在环境发生了明显的变化。一方面是当前党群关系与革命、建设时期外在结构性压力不同，党不能离开群众的紧迫性降低，另一方面，党和政府掌握的人、财、物等资源的能力增强，党员干部容易出现忽视发动和组织群众的现象，看不到群众积极性、主体性对于党和政府工作的重要意义，党员干部坚持群众路线的内在动力有所弱化，党内脱离群众的形式主义、官僚主义、享乐主义、奢靡之风等"四风"问题滋生，从根本上损害党群干群关系，出现"党脱离群众"的危险。

基于"群众脱离党"和"党脱离群众"的双重危险，党的十八大报告提出："在全党深入开展以为民务实清廉为主要内容的党的群众路线教育实践活动，着力解决人民群众反映强烈的突出问题，提高做好新形势下群众工作的

---

[1] 《习近平谈治国理政》第一卷，外文出版社2018年版，第4页。
[2] 习近平：《深入理解新发展理念》，《求是》2019年第10期。

能力。"① 在纪念毛泽东同志诞辰 120 周年座谈会上，习近平总书记进一步指出："群众路线是我们党的生命线和根本工作路线，是我们党永葆青春活力和战斗力的重要传家宝。不论过去、现在和将来，我们都要坚持一切为了群众，一切依靠群众，从群众中来，到群众中去，把党的正确主张变为群众的自觉行动，把群众路线贯彻到治国理政全部活动之中。"② 党的群众路线成为治国理政的重要方式和手段，对于如何将党的群众路线贯穿于治国理政全部工作，党的十九届四中全会做出明确要求："贯彻党的群众路线，完善党员、干部联系群众制度，创新互联网时代群众工作机制，始终做到为了群众、相信群众、依靠群众、引领群众、深入群众、深入基层。健全联系广泛、服务群众的群团工作体系，推动人民团队增强政治性、先进性、群众性，把各自联系的群众紧紧团结在党的周围。"③ 为探索新时代党的群众路线提供了具体的指引。

（二）新时代党的群众路线的时代要求

进入新时代以来，习近平总书记对于新时代党的群众路线进行了全面系统的论述，尤其是在坚持党的群众路线的传统基础上，强调将群众路线贯彻落实到治国理政全部工作中，从而开辟了党的群众路线的新途径、新方式与新机制等，成为习近平新时代中国特色社会主义思想的重要组成部分，不仅赋予党的群众路线新的时代内涵，而且反映了党的群众路线新的时代要求。

一是坚持马克思主义的群众观点。群众观点不仅是党最基本的政治观点，而且是党最根本的工作路线。不论过去、现在还是未来，在任何时候任何情况下，党都必须坚持党的群众路线，坚持全心全意为人民服务的宗旨，把实现人民群众的利益作为一切工作的出发点与归宿。为此，习近平总书记提出："江山就是人民，人民就是江山。"④ 党的二十大报告也指出："人民性是马克思主义的本质属性。"⑤ 因此，在新时代要毫不动摇地始终坚持党的群众路线，

---

① 《十八大以来重要文献选编》（上），中央文献出版社 2014 年版，第 40 页。
② 《十八大以来重要文献选编》（上），中央文献出版社 2014 年版，第 697 页。
③ 《中共中央关于坚持和完善中国特色社会主义制度 推进国家治理体系和治理能力现代化若干重大问题的决定》，人民出版社 2019 年版，第 8 页。
④ 汪晓东等：《江山就是人民 人民就是江山——习近平总书记关于以人民为中心重要论述综述》，《人民日报》2021 年 6 月 28 日第 1 版。
⑤ 习近平：《高举中国特色社会主义伟大旗帜 为全面建设社会主义现代化国家而团结奋斗——在中国共产党第二十次全国代表大会上的报告》，《人民日报》2022 年 10 月 26 日第 1 版。

并贯彻落实到治国理政全部工作。

二是解决群众关心的热点和难点问题。新时代党的群众路线出发点是以人民为中心，一切为了人民，因此，党员干部要认真体察群众愿望，关心群众疾苦，把人民群众的安危冷暖时刻挂在心上，从人民群众热切期盼的具体事情做起，尽心尽力帮助群众解决生产生活中的实际困难，把群众工作做深、做细、做实。在党的二十大报告中，习近平总书记强调："我们要实现好、维护好、发展好最广大人民根本利益，紧紧抓住人民最关心最直接最现实的利益问题，坚持尽力而为、量力而行，深入群众、深入基层，采取更多惠民生、暖民心举措，着力解决好人民群众急难愁盼问题。"[①] 所谓急难愁盼的问题实际上就是群众关心的热点和难点问题，也是新时代党的群众路线的着力点。

三是探索发动和组织群众的方式方法。解决急难愁盼的问题需要充分相信和依靠人民群众，为此，新时代党的群众路线积极研究并把握新形势下群众工作的特点和规律，切实提高有效开展群众工作的本领。认真研究经济社会生活的新变化和群众工作的新特点，探索适应新形势要求的群众工作的途径、方法和机制。党的二十大报告提出，"加强新经济组织、新社会组织、新就业群体党的建设。注重从青年和产业工人、农民、知识分子中发展党员，加强和改进党员特别是流动党员教育管理"[②]。新时代党的群众路线更加强调发动和组织群众的方式方法，要相信群众、依靠群众和引领群众，通过群众参与共同解决急难愁盼的问题。

二 通过"共同缔造"走好新时代党的群众路线

围绕新形势下做好群众工作的时代要求，湖北省从群众关心的热点难点问题入手，探索群众工作途径、方法和机制。湖北省第十二次党代会报告明确提出："走好新时代党的群众路线，始终保持与人民群众的血肉联系。我们

---

① 习近平：《高举中国特色社会主义伟大旗帜 为全面建设社会主义现代化国家而团结奋斗——在中国共产党第二十次全国代表大会上的报告》，《人民日报》2022年10月26日第1版。

② 习近平：《高举中国特色社会主义伟大旗帜 为全面建设社会主义现代化国家而团结奋斗——在中国共产党第二十次全国代表大会上的报告》，《人民日报》2022年10月26日第1版。

党的根基在人民、血脉在人民、力量在人民。要广泛开展党员干部'下基层、察民情、解民忧、暖民心'实践活动,切实在基层一线倾听群众呼声,发现矛盾问题,解决实际困难,密切党群关系。以城乡社区为基本单元,以改善群众身边、房前屋后人居环境的实事小事为切入点,以建立和完善全覆盖的基层党组织为核心,以构建'纵向到底、横向到边、共建共治共享'的城乡社会治理体系为目标,广泛开展美好环境与幸福生活共同缔造活动,发动群众决策共谋、发展共建、建设共管、效果共评、成果共享。"从文件起草来看,在指导思想上,共同缔造的实质是组织群众、发动群众,坚持"一切为了群众,一切依靠群众,从群众中来,到群众中去",做到群众事群众议,群众事群众一起做,建立共谋、共建、共管、共评、共享机制,走好新时代群众路线。

(一)共同缔造体现了"一切为了群众"的初心使命

党的二十大报告指出,"维护人民根本利益,增进民生福祉,不断实现发展为了人民、发展依靠人民、发展成果由人民共享,让现代化建设成果更多更公平惠及全体人民"[1]。为此,湖北省明确将重点放在从基层群众最关心的现实问题入手,开展美好环境与幸福生活共同缔造实践活动。

一是深入基层一线倾听群众需求。基层是与人民群众直接联系的生活领域,也是人民群众需求最直接的体现,更是矛盾纠纷最突出的场域,从党的群众路线的本质上来说,加强党与群众的血肉联系除了在党的章程纲领制度等领域代表人民根本利益、将人民的利益作为一切工作的出发点之外,更重要的是党如何融入群众,群众如何参与到党的领导之中,共同缔造强调党员干部要通过"下基层""察民情""解民忧""暖民心"四个步骤来深入党的群众路线教育实践活动,打破党员干部坐机关等群众的情况,通过党员干部积极主动下基层,以完成行政任务为重点转移到以直面群众、解决问题为重点,通过党员干部体察民情,知晓基层群众所思所想,更为重要的是从中掌握群众所忧所虑,立足于本职工作着力解决群众关心关注的热点难点问题,通过党员干部的实际行动,为基层群众办实事、办好事,温暖群众的心,以

---

[1] 习近平:《高举中国特色社会主义伟大旗帜 为全面建设社会主义现代化国家而团结奋斗——在中国共产党第二十次全国代表大会上的报告》,《人民日报》2022年10月26日第1版。

此达到密切党群关系的目的，并在过程中让广大党员干部受教育受启发，自觉在以后的工作中贯彻落实党的群众路线，避免形式主义、官僚主义等问题。

二是解决群众关心的房前屋后实事小事。一切为了群众讲的是目的，就是为什么要这样做。一切为了群众，全心全意为人民服务，是党的根本宗旨，是党的一切工作的根本出发点和归宿，是无产阶级政党区别于其他政党的显著标志。在共同缔造中，一切为了人民是总的要求，如何为了人民则是具体的路径，归根结底是另一个"民"，即"民生"，将民生问题作为践行一切为了人民的具体体现，为此，共同缔造活动强调切实在基层一线倾听群众呼声，发现矛盾问题，解决实际困难，密切党群关系，将一切为了人民落实在基层一线。在共同缔造的具体实践方面则聚焦于"美好环境与幸福生活"这一主题，美好的环境包括良好的生态环境、整洁的人居环境、完善的基础设施、便利的公共服务等诸多方面，是涉及与人民群众生活息息相关的各种外在环境的总称，幸福的生活则是从人民群众内在的心理状态出发，让人民群众分享经济社会发展的成果，老有所养、病有所医、幼有所教等，让人民群众有更高质量的获得感、幸福感和安全感等，美好环境与幸福生活从外到内具体体现了中国共产党一切为了群众的初心与使命。

三是尊重群众的主体性创造性。在共同缔造的具体实践中，基层群众充分利用现代信息技术拓宽民意表达，依托座谈会、工作坊、理事会等形式共商共建，审议"需求、资源、项目"清单，统筹建设计划和项目资金，主动参与到文明公约制定、公共空间认领认管和积分制管理之中，真正成为城乡基层共同缔造工作中的"主人翁"。

（二）共同缔造拓展了"一切依靠群众"的路径机制

"一切依靠群众"讲的是手段的问题，就是如何去做、采取什么方式去做的问题。一切依靠群众是要相信群众自己能够解放自己。列宁指出："一个国家的力量在于群众的觉悟。只有当群众知道一切，能判断一切，并自觉地从事一切的时候，国家才有力量。"[①] 一切依靠群众必须在一切工作中发动群众、组织群众。对此，党的二十大报告指出："创新和改进领导方式，提高党把方

---

① 《列宁选集》第3卷，人民出版社2012年版，第347页。

向、谋大局、定政策、促改革能力，调动各方面积极性。"① 共同缔造的核心是在新形势下创造发动与组织群众的新方式、新方法，将党的领导建立在群众广泛参与基础上，充分调动群众的积极性。

一是在群众参与单元上，共同缔造以城乡社区为基本单元。习近平总书记指出："社区是城市治理体系的基本单元。我国国家治理体系的一个优势就是把城乡社区基础筑牢。"② 社区是群众生产生活交往的共同体，满足基层群众需求，解决基层群众困难最直接的场域，并且在城乡社区，基层群众相熟相知、地域相近、利益相关、文化相连、便于自治，有利于群众参与，有利于及时回应群众需求，能够通过群众的自我管理、自我服务、自我监督、自我教育解决大量的现实问题，并能够向基层政府及时反映相关问题和诉求，通过下沉党员、驻社区单位、驻村帮扶等多种方式，建立党员干部与群众的直接联系，在组织和发动群众上具有独特的单元优势。

二是在群众参与动力上，共同缔造活动以改善群众身边、房前屋后人居环境的实事小事为切入点。利益是参与的动力机制，共同缔造活动的切入点是实事小事，不是虚事大事，是与群众最直接的利益相关的事情，群众参与的积极性最高，并且能够在城乡社区得到有效解决，解决之后群众的获得感也最明显，群众对于党和政府的评价实际上与身边事、房前屋后的实事小事息息相关，因此，从群众能够参与、愿意参与、参与有效果的实事小事切入，逐渐培养群众的参与意愿与参与能力，更为重要的是依靠群众的参与来撬动实事、小事，打破以往政府做、群众看的困局，积极鼓励群众有钱出钱，有力出力，与党和政府同心同德，凝聚民心，汇聚民力，一起来解决经济社会发展中出现的问题和困难。

三是在群众参与引领上，共同缔造活动明确党建引领的要求，即以建立和完善全覆盖的基层党组织为核心。一切依靠群众既要尊重和支持人民群众的首创精神，又要反对命令主义和尾巴主义，将党的领导与群众参与结合起来。基层群众在参与身边事、房前屋后实事小事的过程中，不可避免存在分散性、盲目性，局部利益和眼前利益等张力，这就需要党的领导，通过宣传

---

① 习近平：《高举中国特色社会主义伟大旗帜 为全面建设社会主义现代化国家而团结奋斗——在中国共产党第二十次全国代表大会上的报告》，《人民日报》2022年10月26日第1版。

② 刘维涛等：《把城乡社区基础筑牢》，《人民日报》2022年6月30日第2版。

动员，教育和组织群众，没有党的领导，群众路线是不完整的，模糊党组织与群众的差异可能带来政治风险，即脱离群众和党组织平庸化。如果党的领导完全以群众意见为根据，将群众意见不进行整合提高就等同于党的意见，那么从表面上看是党的意图在群众中得到了贯彻，但其实质是失去了对群众的领导。因此，在共同缔造过程中注意党建引领，建立和完善全覆盖的基层党组织，根据以城乡社区为基本单元的实际情况，在村民小组、小区、楼栋等建立基层党组织，群众参与延伸到哪里，党的领导就覆盖到哪里，在具体处理群众实事小事的过程中，不可避免涉及驻地单位、社区组织和公司企业等多主体，基层党组织具有独特的组织优势，通过党建联席会议等形式能够将不同主体纳入共同缔造活动中，跨越不同主体的组织界限，将党的领导和群众的参与有机结合起来。

四是在群众参与体系上，共同缔造活动以构建"纵向到底、横向到边、共建共治共享"的城乡社会治理体系为目标。当前，随着城乡经济社会发展，人民群众呈现"原子化"的趋势，面对高度分散化的基层群众，如何有效地组织群众是实现群众有序参与的重要前提，为此，共同缔造提出社会治理体系的"纵向到底、横向到边"，实现党的领导、政府负责、社会协同、群众参与、技术保障相结合的共建共治共享的社会治理体系，将日益分化和高度分散的人民群众纳入整个社会治理体系，在此过程中党的领导贯穿其中，借助于政府机构、社会力量与群众组织等中介实现党与群众的立体的最大接触面，在党组织本身全覆盖的基础上达到党组织融入整个社会体系，实现党的有形覆盖与有效覆盖的结合。"纵向到底"主要是党的组织延伸城乡基层社区，在城乡中的居民、楼栋、小区或村民小组与社区或村庄各个层次形成群众—党员—党员中心户—党小组—党支部的纵向结构，辅之以行政建制的组织体系。"横向到边"主要是以党组织和建制组织为主轴在城乡社区每个层面上扩展与社会力量、群众组织等的领导协助合作等多类型的横向关系，借此最大限度地联系基层群众。"共建共治共享"则是在上述"纵向到底、横向到边"的社会治理体系静态结构之上，加入动态的治理过程，"纵向到底、横向到边"的目的不是控制而是参与，在建立最广泛的联系群众的结构体系之后，通过党的领导、社会协同、群众参与等方式来协调不同社会主体和力量共同参与到整个城乡社会治理过程，以群众共建为起点，以群众共治为手段，以群众共享为目的，让党的群众路线在基层社会领域找到抓手，进而在城乡基层治理中贯彻落实党的群众路线。

（三）共同缔造探索了"从群众中来，到群众中去"的方式方法

习近平总书记强调："党的领导工作的正确方法就是将群众意见集中起来形成正确的决策，又到群众中宣传解释，将决策化为群众的行动，并在群众实践中检验这些决策是否正确。"① 共同缔造在具体的工作方法上提出"决策共谋、发展共建、建设共管、效果共评、成果共享"等"五共"工作法，实质上是"从群众中来，到群众中去"的具体实践形式。共同缔造既是认识论，又是方法论。

一是决策共谋。党员干部做群众的学生，虚心向群众学习，从群众的议论中发现问题，从群众的根本利益出发，同时发挥党的领导作用，将群众意见集中起来形成正确决策，并提出解决问题的方针与政策。为此，共同缔造从群众关心的问题入手，为了找准群众的真实需求，积极搭建群众的议事平台，把每个居民都纳入一个或多个社会组织中，鼓励群众有序参与，出谋划策，找到"最大公约数"，形成解决问题的行动方案。

二是发展共建。党员干部做群众的老师，将基于群众意见之上党的决策回到群众中进行宣传解释，发动群众，见之于行动，将党的决策化为群众的自觉行动。共同缔造活动中要求以群众选择的房前屋后、环境改善、基础设施配套等实事项目为载体，通过村民理事会、同驻共建理事会等组织，调动各方力量共同参与城乡社区建设，增强群众参与感，使得群众更加珍惜共建成果。

三是建设共管。党员干部要在具体的行动中号召群众一起参与整个管理过程，保障党的决策和行动能够切实贯彻落实，延伸到后续的管理过程。共同缔造要求通过完善村规民约、居民公约等自治规则，开展积分制、红黑榜等形式，组织绿地认领、空间认管等志愿活动，加强共建成果的维护和管理。探索群众自治的有效实现形式，鼓励群众积极参与城乡社区管理与服务工作。

四是效果共评。党的决策及其具体行动需要在群众实践中检验是否正确，通过群众的综合评价来衡量决策与行动的实际效果，以及与理想目标的差距，

---

① 《坚持以人民为中心——关于新时代坚持和发展中国特色社会主义的根本立场》，《人民日报》2019年7月25日第6版。

以便对党的决策进行调整完善等。共同缔造活动要求按照"服务谁,谁评价"的原则,发动群众,建设全过程评价标准和评价机制,对项目建设和活动开展情况评价和反馈,持续改进工作,提升群众满意度,以此推动党员干部与群众一起共谋共建共管。

五是成果共享。党的正确决策和群众的自觉行动产生的实际成果由广大人民群众共享,这是党的根本宗旨与性质所决定,也是党的群众路线的出发点与归宿。共同缔造活动积极引导群众建立和完善成果共享规则,提升城乡服务的普惠性与可及性,让社区全体居民共同享有并维护社区公共环境、公共空间、公共设施等,让共建成果最大限度惠及广大人民群众。

"决策共谋、发展共建、建设共管、效果共评、成果共享"构成共同缔造活动的领导方法与工作方法。从决策、行动、评价到成果等完整的链条展现了党建如何引领共同缔造的领导方法,将"从群众中来,到群众中去"具体落实到"美好环境与幸福生活"共同缔造活动之中。与此同时,共谋、共建、共管、共评、共享的"五共"工作法又是一个完整的体系,贯穿于共同缔造的始终,彼此相互交融、相互促进、不可分割,是一套具有可操作性的工作方法。共谋、共建、共管、共评、共享构成一个首尾相接的循环,体现了群众意见、党的决策、宣传发动组织群众、群众行动等循环过程,使得党的决策一次比一次更正确、更生动、更丰富,更加贴近群众意见与需求,更加密切党与群众的关系,体现了共同缔造所蕴含的方法论内涵。

三 "共同缔造"对于走好新时代群众路线的贡献

党的群众路线建立在对人类社会发展规律、社会主义建设规律、共产党执政规律的认识基础上,为我们认识世界、改造世界提供了强大思想武器。共同缔造作为新形势下党的群众路线的实践形式,充分体现了"一切为了群众,一切依靠群众,从群众中来,到群众中去"群众路线的基本内涵,同时在实践中进一步发展完善党的群众的有效实现形式,对于湖北省走好新时代党的群众路线具有重要贡献。

（一）共同缔造将党的群众路线原则要求转换为体制机制创新

党的群众路线是党的生命线与根本工作路线。在实际工作中，是否树立群众观念，坚持群众路线，对于党员干部来说缺乏硬性约束和程序规范，主要依赖思想觉悟和工作作风，这使得群众路线在执行中存在极大的不确定性。[1] 那么，以共同缔造走好新时代党的群众路线不仅需要重申原则要求，加强党员干部思想作风建设，而且需要在实践中探索适应新形势要求的群众工作的途径、方法和机制。基于此，共同缔造的目标不仅仅是开展一次实践活动，而是要探索并形成一批可复制可推广的经验，尤其是在城乡基层治理中，探索形成共谋共建共管共评共享机制，让"一切为了群众，一切依靠群众，从群众中来，到群众中去"的群众路线可操作化。

一是完善基层党组织的领导机制。各地的工作重点落在建立与完善全覆盖的城乡基层党组织体系，纵向上延伸到户，横向上扩展到人，整体上，整个党组织体系建立起来，并通过在各级各类组织中建立党组织，以及党员下沉、党员亮身份、党员领岗定责等形式，实现了党组织的有形覆盖，把党的领导贯穿共同缔造活动全过程、各方面。不仅建立完善纵向到底的党建引领基层服务管理机制，推进党的领导和政府服务纵向到底，把党的主张和政府工作落到基层、深入群众，而且建立横向到边的党建引领社会组织体制机制，激发社会组织活力，促进各类社区组织有序参与城乡基层治理。通过建强党组织、健全纵横体系，真正将基层党组织的政治优势、组织优势转化为治理效能。

二是推动基层治理体制的重心下移。各地以城乡社区的美好环境和幸福生活共同缔造为载体，一些地方通过投资金、争项目、垒大户、造盆景，将试点的重点落在办点上面，仅仅在较短的时间内就创造了亮点成绩，相关经验也得以进行推广和复制。面对基层社会出现的新变化新趋势，共同缔造着力破解重心下沉的障碍，推动理念、权力、资源、服务等下移，赋能基层治理，按照"能下尽下、应下尽下"原则，推动市、县两级将资源、服务、平台下沉至乡镇（街道）、村（社区）等基层单位，让基层"有权办事、有钱办事、有人办事、有时间办事、有劲办事"，推动了基层公共服务均等化

---

[1] 邓杨：《推进协商民主与深化党的群众路线》，《光明日报》2014年8月27日第13版。

发展。

三是探索基层治理保障机制。各地推进重心下移时容易出现不均衡的情况，下沉的是服务责任，而没有下沉相关权力和资源等，有选择地进行下沉，同时市县下沉的相关服务责任缺少配套，乡镇和街道等没有能力承接相关职能，也没有相关人事权、财政权、考核权等，反而增加了基层的负担，导致乡政职权破碎等，因此，共同缔造以乡镇和街道综合服务能力改革为切入点，根据不同地区不同类型的基层政府实际情况，从权责利相统一的角度，在体制机制上增强乡镇和街道动员、组织、服务群众的能力，完善相关机构职能、权属关系、人员考核等配套改革，在县级职权范围内建立共同缔造相适应的项目招投标、财政资金统筹使用、"以奖代补"等体制机制，真正为基层赋权减负增能。

（二）共同缔造将党的群众路线外在压力转化为自觉行动

各地在开展共同缔造过程中通过领导挂点、工作专班、干部包保、建设样板点等方式压实相关责任，不少地方为了推进工作实行"一周一督查，一月一评比，一季一拉练"，从市县到乡镇街道，再到城乡社区，一级一级往下延伸行政压力，虽然能够在短时间内组织动员推进相关工作，以回应上级领导和部门的要求，但是也容易出现"一阵风"的现象。由于基层干部工作负担增加，在办事留痕、填表迎接等形式主义工作中，走向念文件、挂标语、喊口号，做"绣花枕头一包糠"的表面文章。随着外在压力减弱或者遇到相关体制机制的阻碍时有可能难以深入，共同缔造通过体制机制的创新，将外在压力转化为自觉行动，持续推动党的群众路线走向深处。

一是外在压力转化为干部群众的理念认识。是否贯彻落实群众路线，既取决于自上而下的政治压力，也与领导干部个人的群众观念密切相关。[1] 在共同缔造试点过程中，加强党员干部理论的培训与学习，利用党校、干部培训基地等阵地，分层分类对基层党组织书记、工作专班、社区工作者、志愿者、群众代表等开展专题培训，同时加强对广大群众的宣传，采取湾组夜话、场子会等群众喜闻乐见的形式，利用各种平台和渠道向群众宣传推广共同缔造

---

[1] 参见韩志明、顾盼《民意技术的形与质——群众路线与协商民主的技术比较》，《河南社会科学》2017年第8期。

的理念和方法，让群众与党员干部一样深刻地认识共同缔造的核心要义和基本要求，由先知先觉者带动不知不觉者，逐渐统一思想认识，深刻地理解共同缔造的最终目标和重要任务，自觉将其融入共同缔造具体工作中。

二是理念认识转化为干部群众的内在激励。党员干部在参与共同缔造活动中理解和掌握做好群众工作的理念和方法，充分听取群众意见，尊重群众首创精神，从群众可见可知可感的实事小事做起，发挥群众主体作用，发动群众"一起干"。广大群众的积极参与实际上也减轻了党员干部的工作压力，相关工作能够获得群众的支持和认可，党员干部本身从共同缔造活动中受教育受启发，有获得感、幸福感和成就感，形成强大的内在正向激励，转变基层干部的思维习惯和行为方式，从主观的、命令式的方法回归到深入细致的群众工作方法，更加自觉推动共同缔造，践行新时代党的群众路线，实现从"决策者"变成"引导者"的角色转变。

三是内在激励转化为干部群众的自觉行动。作为共同缔造的主体，群众应该更加积极主动地参与共同缔造，以往党员干部基于外在的压力推行党的群众路线，在此过程中群众是被动的或者说消极的，在群众路线的语境中，党始终是主导者，群众则是受动者，是被动的。[①] 所以才会出现"政府干、群众看""等靠要"等思想。共同缔造从公共服务、基础设施建设、人居环境改善等"有形"的物质建设入手，通过"你"和"我"到"我们"的思想转变，促进干部群众的角色变化，组织方式、治理方式的变化。对于群众来说，只有一起讨论某件事，共同参与规划、建设后，才会觉得是自己的事情，也才会愿意管理这个事情。管理好这个事情以后，通过评价奖励先进、营造良好社会风尚，大家才能更好共享建设成果，享受共同缔造的过程，群众才能从"旁观者"变成"参与者"。

（三）共同缔造将党的群众路线结果导向转变为过程导向

党的群众路线的目标与归宿是"一切为了群众"，在新时代就是满足人民群众日益增长的对美好生活的向往。为了人民群众是党的群众路线的目的，但是党的群众路线强调"一切依靠群众"，不能以"为了群众"而代替"依

---

① 参见余金刚《群众路线与中国国家治理：以国家和社会关系为视角的分析》，《社会主义研究》2014 年第 6 期。

靠群众"。一直以来各级政府有单向管理的冲动，随着经济社会发展，政府具有强大的资源动员能力，使得政府依靠财力支持能够在短时期内满足群众的一些现实要求，这就减弱了政府依靠群众的动力，更加强化了政府大包大揽的习惯，只重结果上的"为了群众"，忽略了过程上"依靠群众"，共同缔造主张决策共谋、发展共建、建设共管、效果共评、成果共享，改变了公共事务"干部干、群众看"的传统治理局面，更为重要的是，进入新时代后人民群众对美好生活需要更趋向多样化、多层次，不仅有物质方面的需求，更有参与方面的需求。从这一角度看，共同缔造在践行党的群众路线方面，实现了结果导向与过程导向的有机统一。

一是共同缔造是一个内生过程。共同缔造是以群众身边的、房前屋后的实事小事为切入点，内生于城乡基层社区，来自群众的切实需求，需要真正找准群众的需求，避免想当然地替群众提问题、作决策，要找到真问题，解决真问题，从群众的真实需求入手，将"一切为了群众"落实到满足人民群众对美好生活的向往，对美好环境与幸福生活的具体要求上。共同缔造不是走过场，而是始终瞄准群众真实的现实的需求，更不是代替群众想当然，这是共同缔造最朴实的出发点。群众的需求只有群众最了解，在共同缔造中充分尊重群众的想法和意见，让群众来提问题，不用"我以为"来代替"群众意愿"。在满足群众需求的共同缔造过程中，充分激发人民群众的内生力量，充分尊重人民群众的首创精神，充分调动人民群众参与社会建设的积极性，共同缔造成为一个不断发动群众，组织群众，统筹政府、社会、群众多元力量和资源，共谋共建共管共评共享的内生过程。

二是共同缔造是一个长期过程。共同缔造不是短期内的活动，为了避免出现"贴标签""垒盆景"的现象，湖北省在试点过程中扎扎实实地推进基层治理体制机制创新，从城乡基层治理寻找突破口，毫无疑问，体制机制的创新需要长期的努力，敢于啃硬骨头，解决共同缔造过程中出现的带有共性的、普遍性的体制机制问题，破解困扰城乡基层治理现代化的难题，本质上是一个长期的改革创新过程，一旦取得突破就能够将城乡基层治理导入良性的发展轨道，取得长期性的效果。共同缔造的关键是发动组织群众，激发群众主体意识并非一朝一夕之功，从一开始的不理解、不配合到最后的主动参与，这个过程来之不易。与之相对，党员干部在共同缔造中逐步将群众路线的理念和方法融入具体工作中，长期坚持下去，不因领导的改变而改变，不因领导的注意力改变而改变，最终形成体制机制性的创新成果。

　　三是共同缔造的一个互动过程。共同缔造不是政府独角戏，而是多元主体互动过程。在城乡基层社区内基层政府、企事业单位、社会组织、居民等主体参与其中，共同缔造协调处理不同主体的利益关系，形成政府治理与社会调节、居民自治的良性互动，为此，共同缔造以建立和完善全覆盖的基层党组织为核心，以"纵向到底、横向到边，共建共治共享"的城乡社区治理为基本体系，将多元主体的频繁互动纳入制度化的体系之中，建设人人有责、人人尽责、人人享有的城乡基层治理共同体，建设有秩序、有活力、有凝聚力的城乡基层社会，将有为政府、有效市场和有序社会结合起来。共同缔造同时也是各级政府互动过程，围绕城乡基层治理体制机制，统筹各级政府的力量，省市两级做好顶层设计和全面谋划，立足共同缔造，转变观念和方法，针对困扰基层治理的难点问题从体制机制上开展试点，出台相应的政策支持措施，充分调动基层政府的积极性和能动性。基层政府大胆探索，将省市的共同缔造措施贯彻落实，将试点的好做法提炼总结为好经验，将好的经验上升为好的政策，形成上下互动的体制机制创新格局，为共同缔造创造良好的制度环境，从上至下，从下至上走好新时代党的群众路线。

下 篇
城乡治理的研究方法

第十五章
乡村有效治理的田野实验研究*

田野政治学的对象是农村，方法是调查，进路是制度，引导是实验。政治学人进入农村，研究制度，大脑里不可能是一片"空白"，不带有价值取向。田野政治学一开始就强调：追求实验，即强调实验先于方案。通过实验，提炼和检验理论方案，使之具有可行性、可操作性和可预见性。正是通过多次现场实验，将田野政治学的研究由表及里，引向深入。由此构成田野政治学与其他政治学研究的不同路径。

一 以田野实验作为研究方法

改革开放事先并没有清晰的路线图和时间表，更没有一揽子成熟的方案。"摸着石头过河"成为改革探索的重要方式。从某种意义上说，中国的改革又是人类历史上的一场伟大实验。华中师范大学的政治学人是从研究基层政权制度变迁进入农村田野的。农村基层制度改革是实践，也是实验。除了调查，实验也成为重要的研究方法。在进行田野调查时，"实验"还没有成为政治学人的研究方法。外国的实验政治学更是闻所未闻。近些年兴起的田野实验，或称为实地实验、现场实验，是结合了田野调查和实验研究两种社会科学传

---

* 本章与徐勇教授合作，以《以现场实验为引导的田野政治学建构——基于华中师范大学四次政治实验的回顾与反思》为题，发表于《广西师范大学学报》（哲学社会科学版）2021年第4期，收录本书时略有修订。

统。田野实验是实验者通过对研究对象进行人为干预的某种处理而进行的实验调查活动，是在观察对象的生活环境中进行的。① 田野调查侧重于参与式观察研究对象，特别适合政治行为、政治过程和政治制度等事实性的描述分析等，可以称为"硬政治"，对于行为、过程和制度背后的个体的态度、观念等"软政治"缺少足够的研究手段，与之相对，广泛应用于经济学、人类学和心理学的实验研究方法则显示出对个体态度和行为的独特研究优势，在政治学领域受到越来越多的关注。

不过，改革开放初期，田野政治学在研究制度变迁的实践中也采取了田野实验的方式。伴随农村改革实践的深入，通过实验来检验既有的宏观理论很早便成为田野政治学研究者的一种研究理念和方法。最早从事村民自治现场实验的张厚安教授认为："实践是检验真理的唯一标准。过去，社会科学研究的最终成果往往只是出一本书或写一些文章就完了。可是这些成果正不正确，对实践有没有指导意义，还没有得到检验。于是，我们决心突破以往的做法，要亲自把研究得出的结论，运用到一个村去进行实验、比较，通过实践检验、修正结论，再指导实践，并更好地为实践服务。"②

之后田野政治学提出"三实"主张，其中"一实"，便是"实验"。所谓追求实验，即强调实验先于方案。要解释世界，成为学者；也要改造世界，成为实践者。而改造世界的方案应该来自社会实验。通过实验，提炼和检验理论方案，使之具有可行性、可操作性和可预见性。③ 由此可见，与当前田野实验所强调的实验研究有所不同，改革开放后兴起的现场实验是类似于"社会实验"，即国家（尤其是地方和基层政府）或学术团队、社会组织所主导，针对村庄治理中存在的紧迫问题，通过输入新的治理理念、制度规范和组织模式等，引导村庄变革治理模式，以图实现村庄良治的社会实践。④ 其实，中国"村治实验"开始于20世纪30年代村治建设、乡村建设运动、村本政治和村治计划等，通过"村治实验"培养村民的组织和参与等，以推动乡村社

---

① 参见韩冬临《田野实验：概念、方法与政治学研究》，《国外社会科学》2018年第1期。
② 张厚安：《三个面向，理论务农：社会科学研究的反思性转换——华中师范大学中国农村问题研究中心20年回顾》，《华中师范大学学报》（人文社会科学版）2001年第1期。
③ 参见徐勇《中国农村村民自治》，华中师范大学出版社1997年版，第5页。
④ 参见马华《村治实验：中国农村基层民主的发展样态及逻辑》，《中国社会科学》2018年第5期。

会复兴等。此外，中华人民共和国成立以来，各级政府在推动政策创制和执行过程中所采取的试点和示范方法也具有一定实验色彩。由此，构成了改革开放后田野政治学进行现场实验的重要理论和实践来源。

改革开放是中国历史上前所未有的一场伟大社会实验，而在农村改革中产生和发展的村民自治，则是中国历史上前所未有的民主实验。民主化是一个长期的、艰巨的过程，它的成效要经过较长时间才能逐步显示出来，进而实现由民主制度向民主习惯的转换。村民自治亦是如此。村民自治作为一种基层直接民主和现阶段农村治理的一种有效方式，人们对其地位和意义的认识有一个过程。从一般意义上讲，国家层面的民主影响更大，经济文化较发达的城市更易于推进民主化进程。那么，在我国现阶段，为什么必须重视基层民主？基层人民群众自治为什么首先在经济文化较落后的农村取得了突破性进展？特别是在经济文化较为落后的农村实行村民自治是否有成效？是否合适？它与其他自治形式有何不同？是否属于自治？许多人对此认识不清，甚至持怀疑态度。在村民自治实践中，也出现了将村民自治视为仅仅是实现某种目的的手段，而不是国家政治制度和民主化进程的重要组成部分的情况。当村民自治能给农村治理或某些社会成员带来直接好处时，就被接受和采用，否则便被消极对待或放弃。与此同时，相当多数的人对实行村民自治的长期性、艰巨性和复杂性认识不足，看不到村民自治作为一种崭新的民主形式和治理方式，需要有相应的经济、政治、社会和文化条件，必须循序渐进，有步骤、有秩序地进行。① 正是因为对村民自治的认识还存在许多不同看法，而这些看法势必影响村民自治进程。与此同时，从事村民自治研究也不能只是简单地进行理论论证，而应该深入实践去了解这一过程。社会科学研究本来以社会实践为其研究对象，其正确认识也只能来自社会实践，但在相当长的时间里，人们习惯于从书本到书本，远远地脱离社会实践。这正是人们往往陷入抽象地讨论民主，或用某一既定理论剪裁现实而于现实无补的误区的重要原因之一。村民自治是一项亿万农民参与的生动、具体的社会实践活动。要真正了解、认识这一前所未有的民主实践，只有深入其中，直接观察和切身体验，才能把握其内在的运动规律。② 因此，把握其内在运动规律的最重要

---

① 参见徐勇《中国农村村民自治》，华中师范大学出版社1997年版，第14—15页。
② 参见徐勇《中国农村村民自治》，华中师范大学出版社1997年版，第18页。

的方法便是"实验"。

二 以农民参与为目标的"水月庵实验"

实验是一种有目的的人为活动,通过这种活动观察对象的状况,发现对象的特点,掌握对象的规律。当进入村民自治研究领域时,只知要实验,但对于怎么样进行实验,特别是政治学实验,并没有足够的理论准备。这是因为,20世纪90年代末,村民自治成为举世瞩目的中国民主的一个窗口,人们对其寄予各种想象。村民自治的研究者,自然会对这一热潮的来临欢欣鼓舞,村民自治终于由"冷门"变为"热点"了。研究者不能停留在一般的文本论证上,更要进入现场去了解,去发现真实状况。其中,最好的办法是"实验"。这是因为研究者在田野调查中毕竟是外来人,是外来的观察者。只有"实验",才能将自己作为主体融入其中,亲自感受和体验实际过程,从而发现一般现象观察发现不到的内在因素。

基于上述思考,第一次"村治实验"在湖北省黄梅县水月庵村进行,张厚安教授作为"村治实验"的发起者,在湖北省委书记贾志杰同志的亲自关心和支持下,从1997年3月起,带领两位教授、两位副教授、两位博士、四位硕士参加了该村的"依法建制,以制治村,实现农村基层管理工作规范化"的实验。当时的实验设计以农民的参与为目标。民主的重要特点是大众参与,人民群众是政治主体。这种政治主体不仅仅是文本上的,更重要的是实际行动者。正如托克维尔(Alexis de Tocqueville)所言:"在民主国家里,全体公民都是独立的,他们不能单凭自己的力量去做一番事业,如不学会自动地互助,就无法保护自由。"[①] 村民自治的制度安排为农民参与治理过程提供了制度平台。但在这一制度下,农民能否有效参与其中,这是一个问题。正是带着这一问题,实验团队希望通过在水月庵村的实验了解和观察农民参与的现实状况。实验团队入村后经过认真的调查评估发现,该村陷入村民自治的困境之中。当时中共中央对农村基层组织的要求是"三有"(有人管

[①] [法]托克维尔:《论美国的民主》(下卷),董果良译,商务印书馆2013年版,第693—694页。

事、有钱办事、有章理事)。该村的现实却基本上是"三无"(无人管事、无钱办事、无章理事)。根据实验前调查情况,实验团队在黄梅县委书记的直接支持下,试图通过农民参与的方式推进村治的改善。具体包括以下步骤。

其一,民主选举。1997年4月下旬到5月上旬进行村党支部换届选举。首先召开全体党员大会,进行预选,由党员群众直接采取无记名投票的方式差额选举出6名正式候选人。随后采取差额选举的方式正式选举产生5位支部委员,组成新一届村党支部。在村党支部选举中最引人注目的是,村民李某不仅进入6名候选人之列,而且以仅次于党支部书记的高票当选为村党支部副书记。这是镇领导和村党支部书记事先没有预料到的。在村党支部预选后,当时主持选举的镇领导对要不要当场公布预选结果一直拿不定主意。在党员的强烈要求下,镇领导才决定当场宣布预选结果。最后李某在正式选举中当选为副书记。所以,李某可以说是从票箱里"跳"出的一匹"黑马"。选举结果当场公布后,群情激动,在场党员热烈鼓掌。一些党员甚至将选举会议视为水月庵村的"遵义会议",是该村历史上的转折点。镇领导也认可了这一结果。村民们认为这是水月庵村"历史上破天荒的"。据实验组在其他地方的实地调查和对一些村民自治模范村的选举观摩,水月庵村的村委会选举在民主程序上可以说是领先的。出人意料的是,村委会换届选举才200天,高票当选且踌躇满志的李某竟主动辞职。镇、村干部和村民再三挽留,无奈李某去意坚决,不再管事,令选民们大失所望。为使村里"有人管事",水月庵村不得不在村委会换届选举一年后再次启动民主选举程序——改选村委会主任。

其二,制定村民自治章程。选举后的村委班子当务之急是建立现代型民主法治管理模式,编制一套适合水月庵村实际的"村民自治章程",需要新当选的村委会领导全体村民去完成,"章程"制定后又将是规范全村干部和群众的行为准则。在这一过程中,许多村民代表都提出要对村账进行清理。实验团队与县工作队认识到清理财务问题关系到"建章立制"工作的成败。于是经过村民代表会议决议立即清账。清账工作遭到了村主要财务经手人的坚决抵制。由此可见清账问题困难重重,最后在县委书记的直接干预下,清账工作虽然进行了，但由于各种人为障碍问题并未彻底搞清楚。①

水月庵村的实验过程十分曲折，实验过程的结果经常出乎意料。水月庵村一年内进行了两次村委会主任民主选举。对选举的投入之大，选举的民主程度之高、程序之严格，不仅在该村前所未有，在全国可能也少见，实验者就有多人一直住在该村，并给予指导。但即使如此，为什么出现了村民寄予厚望，本人也踌躇满志的李某就职不到 200 天便坚辞其职呢？为什么一些村民开始积极参与选举，后又积极逃避呢？为什么村民第二次选举选择了村民钟某，但又怀揣着不安呢？这背后蕴含着复杂的因素，也折射出不少具有普遍性和值得深思的问题。一是村民的积极参与意向与不甚积极的参与行动，二是法人行动者的责、权、利分离，三是民主选举之后的权力制衡和监督，四是外力影响与内源发展。

通过对水月庵村两次村委会主任民主选举过程及其变数的分析，实验团队得出如下结论。其一，在现阶段农村民主选举作为一种治理方式是必然选择。其原始动因便是实行家庭承包后农民正在成为利益主体，其自主性日益增强，他们需要通过民主选举维护和扩大其利益。其二，民主选举程序启动后，并不一定会产生预期成果。这是因为，民主选举作为权力资源的分配方式，作为一种大众参与行为，会受到复杂多样的因素影响。在现阶段，复杂的利益格局和传统的体制架构是最主要的变数。其三，与任何一种治理机制和方式一样，民主选举也是有缺陷的。但与其他机制和方式相比，民主选举可以保证权力的有序更迭，可以成为一种纠错机制，如水月庵村的一年内进行两次村委会主任选举。……经水月庵村的实验和其他村的调查表明，农民日常政治生活最关心的只是两个人，一是中央最高领导人，这意味着国家治理的大政方针；二是基层领导人，这意味着谁直接当家理财。普通民众从选举自己的领导人开始，不断培养民主素质和习惯，最后过渡到选举更高的领导人。水月庵村实验，研究者既使对民主选举背后的复杂变数有了进一步认识，也对民主选举机制的特殊作用和必要性有了深一层的思考。②

---

① 参见徐勇主编，马华等著《南农实验：农民的民主能力建设》，中国社会科学出版社 2011 年版，第 25—28 页。

② 参见徐勇《利益与体制：民主选举背后的变数分析——以湖北省月村村治实验为例》，《华中师范大学学报》（人文社会科学版）1999 年第 2 期。

三 以农民组织为目标的"岳东实验"

在长期历史上,中国农民处于一盘散沙状态,这也是数千年实行专制统治的社会基础。中国共产党在民主革命中提出的重要方针便是将分散的农民组织起来。正是依靠组织起来的农民使得中国共产党取得民主革命的胜利。中华人民共和国成立之后,通过人民公社体制将农民组织到集体之中。随着人民公社体制的废除,实行家庭承包,农民的组织化程度下降。尽管他们有了独立的个体利益,有了利益驱动的参与诉求,但是,农民的分散性使得他们不能以组织化的方式参与基层治理。水月庵村的农民深刻体会了这一点。在田野调查时,有农民说,改革前集体生产,会多;改革后家庭生产,会荒。多年没有开会,好不容易开一次会,净是吵架!在实验中为了将农民集聚起来开成会,费尽心力。没有组织的农民,也难以抵制不合理的政府负担。正是基于这一背景,继湖北省黄梅县水月庵村实验之后,研究中心在安徽省蒙城县的岳东村开展了以农民组织为目标的实验。

第二次"村治实验"的方向是整合农村资源,培育发展各种类型的乡村组织。其目的是发展能够代表和维护中国农民利益、促进社会协调发展的农民组织,提高农民组织化程度,改变农民在市场经济条件下的弱势地位。在这种理念的指导下,2004年10月1日在安徽省蒙城县岳坊镇岳东村正式揭牌成立岳东村综合发展试验区。这次实验强调农民合作组织,希望农民通过自主、自为的组织化建设,培养农民的合作意识和参与意识。[1] 蒙城县的岳东村实验是华中师范大学中国农村问题研究中心成立之后进行的"村治实验",主要以年轻老师和研究生为主体。他们热情很高,满怀理想,并对实验方案进行了充分的论证。因为没有政府的支持,实验条件比水月庵实验更为困难,其结果也与预期相差甚远。

岳东村实验相对水月庵实验可以说是我发展农民组织的一种尝试,这种草根组织来源于民,服务于民。纵观整个实验过程,岳东村每个实验项目几

---

[1] 参见徐勇主编,马华等著《南农实验:农民的民主能力建设》,中国社会科学出版社2011年版,第33页。

乎都是轰轰烈烈开始，匆匆忙忙收场。除进行养鸡协会、普法协会、乡村图书馆建设，实验团队在岳东村还试图建立村庄公共事务理事会、村庄住宅合作社、老年人协会等，这些项目在尝试初期就被迫终止。

　　反思实验，实验者的主要困惑在于，为什么每个实验都进行了科学评估却最终归于失败？虽然任何政治实验都允许失败的存在，但或许实验者能从这些失败中总结出一些有规律性的经验。从养鸡协会中实验团队归纳出其失败的原因在于：一是管理不完善，缺乏有序的制度作保障；二是有些会员的入会动机功利化，农户的合作能力欠缺，协会的成长环境受到制约。养鸡协会的主要贡献有，农民的市场意识、抗风险意识、成本控制意识得到增强；农民的参与精神得到培养。从普法协会中实验团队得到的启示有，村委会应当是宣传维护国家法律法规的主体力量，法律知识的输入应当首先建立在法律体系的完善和权威性建立的基础之上，农民只有在认识到法律的权威性和公正性的情况下才会主动寻求法律的帮助。普法知识的宣传和学习应注意各个自然村的差异性，电视、广播应当成为信息社会传递涉农法律的主要媒介。普法协会项目值得肯定的是农民的法律意识得到增强。从岳东图书馆项目中，实验团队取得的经验教训有以下几点：一是公益组织的可持续性如何得到维系？公益组织的可持续建设需要有充足的经费做后盾，需要有能力的管理人员去管理。二是对农民的教育要尊重农村的现实，市场经济增加了农民日常生活的流动性，流动中的农民是接触现代社会的先行者，可以尝试在城市中加大对流动农民教育的投入。[①]

　　之后笔者重访岳东村时有两个场面印象深刻，并引起深思。一是在实验村庄，一群被组织起来的农民系着红巾作为标识。这使人马上联想到历史上的红巾军。而这里正是当年红巾军最为活跃的地方。当时流行一句话："政府组织农民怕，农民组织政府怕。"这句话深刻揭示了农民与政府之间的复杂关系。正因如此，这一实验为当地干部所高度警惕，更不可能支持。二是当时正处于农民负担沉重，干群关系特别紧张的时期。以实验点所在地区为背景的《中国农民调查》一书火遍神州。读过此书的人无不对书中的地方干部"欺压"民众咬牙切齿。但是在实验村庄考察时，恰逢与书中描写的干部一起

――――――――――

　　① 参见徐勇主编，马华等著《南农实验：农民的民主能力建设》，中国社会科学出版社2011年版，第37—38页。

开会，亲眼所见的干部并不是那样"凶恶"，甚至有些老实"土气"。什么原因造成了这些老实"土气"的干部变得"凶恶"？这也是长期需要思考的问题：任何权力都必须受到制约，但如何通过制度建设使权力受到制约却是一件非常困难的事情，由此触发了第三次"村治实验"。

四　以农民能力为目标的"南农实验"

将分散的农民组织起来，这已是共识。但如何将农民组织起来，则并不容易。中国共产党长期依靠的是政治动员将农民组织到政治体系中来，在相当程度上属于"被组织"。这种"被组织"的农民也容易因为体制机制原因而重新陷入无组织状态。人民公社体制废除后，农民以家庭为基本单位，组织化程度不高。安徽省蒙城县岳东村的实验便是试图推动农民重新组织起来。但这一实验是外部力量推动的，农民仍然是作为被组织的客体。农民虽然组织起来了，但在组织过程中自身的能力并没有提高，一旦外部力量弱化，组织很容易解体。正是在此背景下，正式启动了以农民能力为目标的"南农实验"。

在党的十六届五中全会闭幕不久，由南方农村报与华中师范大学中国农村问题研究中心合作开展新农村建设试验，计划在广东选取若干村庄，进行为期五年的建设试验。2006年4月12日，华中师范大学中国农村问题研究中心、南方农村报社和筛选的4个村（吴川市新勇村的上能自然村、博罗县铁场村、连平县西坪村的欧村自然村和蕉岭县广育村）及其所在的地方政府代表，共同签署了《合作共建新农村示范实验点协议》（正式将"试验"的提法改为"实验"，因为这项活动是用于验证已经存在的理论），并举行了启动仪式，实验命名为"共建新农村——南农实验"，意为"农民和政府、学术机构、媒体在南方农村地区共同建设新农村"。这是一个以人为本、尊重农民权利，由村民充分参与，并且以提高农民福利为目的的社会实验，它把学术资源、媒介资源、政府资源和民间资源有机地结合起来。希望通过实践，探索出新农村建设中规律性的东西，寻找多样化的发展模式。[①]

[①] 参见徐勇主编，马华等著《南农实验：农民的民主能力建设》，中国社会科学出版社2011年版，第17页。

南农实验是在前两次实验基础上开展的，南农实验的重点是解决农民的民主能力问题。在以往的村治实验中，农民在利益追求能力上的弱势与利益表达渠道不畅以及能力的缺失是联系在一起的。农民的利益诉求在改革开放之前被长期压抑，致使其丧失了对自身权益发掘的能力，同时也不能有效掌握表达其利益的方式和渠道。一方面无法把村落社区的声音有效传达到各级政府以争取于己有利的政策；另一方面在官民之间发生利益冲突的情况下则扩大了冲突的范围。因此，希望通过系统的学习和培训，一方面提升乡镇人大代表沟通和协调能力，使之能够顺利地收集到选民的意愿和争取到最广泛的支持，同时能够将选民的意愿通过各种途径表达出来。另一方面，强化村民自治的实施质量，使村民代表大会的决策和监督作用得到加强，提高选举后的村民自治质量，进而使普通农民识别自身利益和表达自身主张的能力得到根本改观，农民能够明确地意识到自己的利益所在，对自己与国家的关系有理性的认识和独立的见解。2009 年 11 月 8 日，"农村治理创新与社会实验研讨会"在广东省蕉岭县举办，对实验中产生的"蕉岭模式"进行了论证。"南农实验"主要是通过各种项目和方式，提升农民能力，包括农民的表达能力、合作能力、监督能力等。这一实验特别注意强化农民的主体性，挖掘农民的内生动力，激发基层的自身活力，因此取得了较好的成效。

一是农民表达能力提升。南农实验对村民进行政策法律培训，实验初期，在综合评估实验村庄农民的表达、合作和监督等民主能力的基础上，对四个实验村村委会干部、乡镇人大代表、村民代表、县乡干部等进行了农业政策、法律、科技、文化知识等方面的培训，除此之外，通过在村庄内部建立妇女权益论坛等形式来提升妇女的表达和参与能力，提升了妇女的主体意识，激发妇女参与村庄公共事务的积极性，进而带动整个村庄的公共生活。

二是农民自我组织和协商议事能力提升。实验村庄本身不同程度地存在各种治理问题，尤其是村庄内的干群纠纷和宗族矛盾等，实验团队积极引导农民通过协商、对话等方式表达利益诉求和处理村庄公共事务，如成立各种层次和类型的村庄议事会和理事会等，在党组织的领导下，成功地解决了村庄遗留的山林纠纷、村内宗族矛盾等问题，并广泛动员群众投工投劳参加村庄公共建设等，兴建了村庄公路、文化活动室等，有的实验村庄针对村庄产业发展难题成立各种合作社组织，针对农田水利灌溉等问题成立水利协会，针对自来水管理问题成立用水协会等，提升村民的自我组织和协商议事能力。

三是农民的监督能力提升。在新农村建设过程中，各实验村庄围绕村庄公共开支和公共建设，强化了村民的监督意识，在实验后期主要的实验点广育村，由村庄老党员、老干部组织的村务监督委员会成为村庄监督重要载体，辅之以村务公开制等，发挥了内生性的民主监督作用，其成功经验逐渐在整个蕉岭县推广开来。

五 以乡镇选举为目标的"杨集实验"

自1997年开启的"水月庵实验""岳东实验"和"南农实验"是以实验者为主体推动的、有计划有目的并具有连续性的政治学实验。除此之外，作为政治学者还参与观察了以地方领导为主体的实验。随着以村民直接选举村主任的村民自治的推进，"海选"一词成为热词。如果村民能够直接选举村主任，那么能否由农民直接选举乡镇长？四川省胆子较大。在人民公社体制还没有废除时，四川人便率先将人民公社的牌子摘下来了。人民公社体制废除后，实行村民自治，根据国家立法，村主任由村民直接选举，乡镇长则是由乡镇人大代表选举。受村级"海选"的激励，1998年12月，四川省遂宁市市中区政府基于对当地农民要求由自己直接选举乡镇长的回应，在步云乡进行了直选乡镇长的试点。这是中国第一例乡长直选，尽管争议不小，但仍然属于允许试点的范围。之后，直接选举乡镇长的试点越来越多。正是在此背景下，湖北省京山县在杨集镇进行了"两推一选"乡镇长的实验。这一实验是在当地党政直接主持下进行的。华中师范大学中国农村问题研究中心参与了选举观察。

与"步云直选"不同，杨集的实验更为谨慎。先由群众推荐，再在小范围进行选举。其选举结果也没有发生"意外"，符合组织的预期。即使如此，这一选举也是对原有方式的突破，特别是授权机制的改变。如果用现行的法律条文和组织规则衡量，杨集实验显然是有所超前的。如果用民主化的理想标准衡量，杨集实验的有限性更是显而易见的。尽管杨集实验不是那么理想化，但它的示范性意义却是空前的。这就是它第一次将竞争机制引入基层政权体系，将自我封闭的政治体系向社会开放，"亲民之官"的任职和升迁不再只是由上级决定，所治下的民众也有了发言权和影响力。它强烈冲击着长期历史沿袭的单向的自上而下授权体制，也改变着长期习以为常的官场规则。这种突发性的规则变化势必引起基层政治生活的动荡。尽管民主化成为一种潮流，但当这一潮流成为真正的现实来到面前，人们又显得十分仓促、窘迫，甚至规避，缺乏必要的心理准备和承受力。因为规则的改变不仅涉及当事人的切身利益，而且会极大冲击人们习以为常的行事理念，从而出现政治不适应性。

　　杨集实验只是一次竞争性选举的尝试。对于这种尝试是否会延续，谁也没有把握。面对多年习以为常且与官员利益攸关的"潜规则"，民主授权机制的能量似乎又太弱小了。在总体上追求稳定的格局下，这一尝试的最终结果仍然是中国传统青睐的"大团圆"。但它给当事人带来的冲击恐怕不只是喜悦，更多的是压力，以致在这场稍带点竞争性的选举过程中，当事人都已不再看重结果了，更希望早日结束不确定性竞争所带来的煎熬。仅仅就这一点来说，这一事件对于中国政治改革过程就已极具象征性意义了。正因为如此，可以不从民主化价值的一维性看待杨集实验，而是将其作为一种嵌入性的事件，作为一种非常规性的"政治标本"，从中透视和分析中国基层政治的真实运作过程。①

　　尽管乡镇选举回到法律制度的规范中来了，选举突破也未能延续，但是授权机制作为一个政治学的话题仍然值得关注。"步云直选"是地方主政者推动的，没有外部介入。若干年后，重访步云乡，并对参与直选的当事人进行了访谈。从当事人的反应看，他们对直选乡长的事情印象很深，事过若干年后还对当时的场景记忆犹新。乡镇选举虽然回归到常轨，但普通村民对于能够直接参与村干部的选择还是非常兴奋的。

六　在实验中深化认识的田野政治学

　　自1996年开启村治实验，进入田野现场进行实验达10多年，实验参与者对政治实验有切身的体会。事实上，政治实验的难度太大。做规范研究主要依据文本，做田野调查是旁观者，做田野实验的人必须进入现场，置身其中，并且长时间身在其中。从实验项目的提出，到获得批准；从进入现场，到事先调查；从设计方案，到听取意见；从方案实施，到问题的处理；从实

---

① 参见徐勇、贺雪峰主编《杨集实验：两推一选书记镇长》，西北大学出版社2003年版，第11—15页。

验结果，到对实验结果的检验，实验者都得亲力亲为。缺乏任何一个环节都会造成实验难以为继。令实验过程更为艰难的是不可控因素太多。尽管实验团队是在省委书记的支持下进入现场实验的，但当地领导更关心的是给他们带去的项目和资金，对于农民参与的村治实验并不感兴趣。实验过程中遭遇困难，实验者希望当地领导支持，但当地领导往往缺乏积极性。实验团队为此数次找当地最高领导交谈。好不容易做好领导的工作，农民在调查中也普遍答应参与选举。但临到选举那一天，距离选举时间过了两个多小时，村民们才稀稀拉拉来到选举会场。好不容易从票箱里选出了一个村主任，结果干了不长时间就坚决不干了，又得重选。费了很大力制定了一个村民自治章程，结果干部出于人情带头违背章程。与之相对，无论成功还是失败，政治实验对于研究者来说意义很大。常言道：事非经过不知难。政治实验的难度太大，但收获也大。它从以下几方面改变和深化了实验者的认识。

一是制度与制度在实际生活中的运行存在巨大的差异。实验团队最初是以非常乐观的心态进入现场的。在第一次"村治实验"中，参与者认为实验是根据国法民意，为村里编制一个制度模板。这个模板制定好以后，全国的村庄都可以按照这个模板运行。但事实是这一制度模板的编制非常困难，编制好以后也不一定会发挥实效。

二是制度环境直接制约着制度的运行。前两次"村治实验"时期，正值"三农"问题特别严重，农民负担特别沉重，计划生育特别艰难的时刻。地方领导最关心的是如何完成任务，民众最关心的是如何减轻负担。"村治实验"并不是实验地最为关心的。"南农实验"之所以成效显著，与制度环境的变化密切相关，当时正值社会主义新农村建设时期，各类资源输入农村社会，实验本身也得到了新闻媒体、地方政府和社会力量的支持。

三是实验是一种试错，正是在试错中丰富和深化理论认识。中国的改革是一场伟大的实验。其重点特点是在一些地方和基层先行先试。中国的民主政治建设是一项伟大工程，也是一项前所未有的伟大事业。邓小平、彭真等对民主有坚定的信念，同时又非常慎重，他们主张从基层着手，"出了问题容易纠正"的观点是经得起实践考验的。实验在一定程度上是试错，有问题可以纠正。这是中国改革的一条宝贵经验。学者起初对基层民主的认识十分乐观。但正是在实验中使参与者充分感受、体验和认识到民主的复杂性、艰难性和曲折性。研究者自以为农民有了选票会欣喜若狂，没想到投票时，农民优先选择的是"钞票"。研究者自以为农民组织起来就有力量，但这一力量也可能是一种不可预期的力量。研究者自以为编制了制度模板就可以自我运行，不承想制度背后的力量更为强大。这都是研究者事先没有预料到的。从这一结果看，前两次"村治实验"是"失败"的。但正是"失败"的结果激发起田野政治学的研究者走向历史深处，去发现蕴藏在制度背后的因素和机制。这正是田野政治学启动"深度中国调查"并在深度调查中发现政治现象背后的社会基础的重要原因所在。如果没有实验，田野政治学很难走向历史深处，走向社会根基，也就很难有之后的田野政治学自觉了。

四是社会科学研究有自己的方法，绝不能照搬自然科学的方法。实验是比调查更为深入的研究方法。但政治学作为社会科学的实验，远比自然科学困难得多。自然科学的实验条件是根据科学研究的目的，尽可能地排除外界的影响，而社会科学的实验恰恰经常受到外界的影响。早年的空想社会主义者之所以空想，在于他们的实验试图与外界隔绝。这也说明，政治学不能简单照搬自然科学的方法。美国的政治科学以自然科学方法为标准，这种科学愈多，就愈不科学。这在于人不是可以控制的物。这一观点不是突发奇想，而是基于多次实验的经验教训。当然，实验作为一种方法是非常重要的，只是这种实验与自然科学的实验有所不同，不能以自然科学的实验为标准。社会科学的实验重在参与，重在参与过程中的新发现，重在将新发现提升为有规律的理论。因此，田野政治学要坚持实验，实验可以深化认识；但要避免简单地照搬自然科学方法的实验。

五是实验者在实验过程中得到提升。实验不能以成败论英雄。在水月庵实验时张厚安教授经常给实验团队打气说，自然科学的实验也要经过若干次才能成功，甚至永远不能成功，更遑论社会科学的实验。正是在实验过程中，实验者不断试错，不断自我调适，并不断自我教育、自我提高。实验中研究者经常会感受和体验农民自我组织何其难，只有通过行政的力量才能将"一盘散沙"的农民组织起来，但组织农民的行政力量往往成为凌驾于农民之上的力量。这一点马克思早有论断，即行政支配社会。但是从后两次实验来看，随着农民民主能力的训练和培养，农民是能够自我组织起来，并有序地参与到村庄公共生活，这就进一步启发实验者对农民的重新认识和深度理解。

第十六章
村民集体行动的过程事件研究[*]

村民集体行动是一个常论常新的话题。在国家—社会关系视角下，村民的集体行动是国家权力下乡对于农村社会的冲击所带来的，然而从村民集体行动的丰富实践来看，部分村民集体行动是以村庄内部冲突外溢为抗争性的集体行动，为此，农民集体行动的研究除了依循国家到村庄的思路，还需要"回归村庄"，探索村庄因素在村民集体行动中的作用，将村民集体行动置于传统文化、权力结构和利益关系所组成的村庄情境中。通过对一个村庄的集体毁约事件的观察，认为村庄原初认同中的处境公平是村民集体行动的情境底色，随之而来的话语争夺是村民围绕各自记忆、利益和情理所作的情境诠释，最后的具体行动则是情境化所产生的情境共振的结果，于是，村民集体行动沿着多重情境一波又一波向前推进。

一 村民集体行动诸理论

中国农民的集体行动从历史上宏大的农民起义和农民战争到小地方的抢粮抗捐等不一而足，历史学者对此多有研究，比如周锡瑞（Joseph W. Esherick）等关于义和团运动的讨论，逐步形成对中国农民起义的三种理论观照，以韩书瑞（Susan Naquin）为代表的千年王国论、马克思为代表的阶级斗争论和以

---

[*] 本章以《村民集体毁约的行动逻辑——广东南村的实践表达》为题，发表于《中国农村研究》2014年上卷，收录本书时略有修订。

裴宜理（Elizabeth Perry）为代表的地方政治论等。① 与从前的农民革命和运动相比，近年的农民上访、征地强拆和泄愤事件等引起中国学界的持续探讨，欧博文与李连江提出"依政策抗争"和"依法抗争"两个解释框架，农民依据国家法律和中央政策，以上访为手段来维护其政治权利和经济利益不受地方政府和地方官员侵害。② 于建嵘则提出"有组织抗争"和"以法抗争"的概念，认为农民的利益表达接近于政治抗争行为，对象直指县乡，目的是主张农民的权利，是对整个权利格局的挑战。③ 同时，应星以库区移民上访为对象，提出上访"问题化"的行动策略和动员机制。此后，他基于农民集体行动的弱组织性和弱政治性提出"草根动员"理论④，随后提出农民集体行动发生机制的本土概念"气"与"气场"，它是中国人在蒙受冤屈、遭遇不公与陷入纠纷时进行反攻的驱动力，是中国人不惜一切代价来抗拒蔑视和羞辱、赢得承认和尊严的一种人格价值展示方式⑤。方江山从政治学角度出发，立足于研究转型时期农民利益格局调整，农民为了维护自身的利益进行非制度参与，其对象不是基本制度而是乡村干部和具体制度。⑥ 郑欣采用博弈论的分析视角，重点研究分析当前国家、乡村干部与农民之间的博弈生存关系，从农民的日常生活中观察上访，认为"治访循环"式的村民上访催化了当前乡村社会利益分化与冲突以及权威结构的裂变。⑦

整体上，中国语境下的集体行动研究集中在社会群体性事件研究和农民集体上访研究，另外还有对农民自主行为的研究⑧。因为它们不仅是舆论

---

① 参见［美］李丹《理解农民中国：社会科学哲学的案例研究》，张天虹、张洪云、张胜波译，江苏人民出版社 2008 年版。
② 参见欧博文、李连江《当代中国农民的依法抗争》，载吴毅主编《乡村中国评论》第 3 辑，山东人民出版社 2008 年版，第 1—12 页。
③ 参见于建嵘《当前农民维权活动的一个解释框架》，《社会学研究》2004 年第 2 期。
④ 参见应星《草根动员与农民群体利益的表达机制——四个个案的比较研究》，《社会学研究》2007 年第 2 期。
⑤ 参见应星《"气"与中国乡村集体行动的再生产》，《开放时代》2007 年第 6 期。
⑥ 参见方江山《非制度政治参与——以转型期中国农民为分析对象》，人民出版社 2000 年版，第 85—93 页。
⑦ 参见郑欣《乡村政治中的博弈生存：华北农村村民上访研究》，中国社会科学出版社 2005 年版，第 267—281 页。
⑧ 例如：应小丽立足于非对抗行为对农民自主行为的研究，参见《农民集体行动逻辑与结果——以浙江省 H 村的一次选举事件为例》，《学习与探索》2009 年第 2 期；《草根政治：农民自主行为与制度创新——1952—1992 年浙江为例》，《政治学研究》2009 年第 2 期。

的热点，也是公共政策制定的重点，所以吸引了越来越多的注意力。不同学者根据不同的研究兴趣和研究对象对集体行动作出多样的解释，相似研究旨趣的学者也尝试着进行理论对话，推动着集体行动研究从总结归纳向理论演绎发展。[①] 如果将有关农民集体行动的研究进行分类会发现，多数的集体行动属于国家与农民关系上的逻辑演绎，然而对于村庄内部的集体行动是否继续适用国家—社会关系的分析方式是值得探讨的。查尔斯·蒂利（Charles Tilly）对法国农民集体行动三种类型作出总结，第一种是村落内部的冲突与对抗，村民内部之间的互动，比如宗族械斗、派系纠纷等；第二种是村落受到外部的冲击，村落以集体行动来回应，比如，外来文化、外来权力而引起的文化抗争或者暴力抵制；第三种是村落主动地集体行动，向外争取权利或者机会，比如集体上访、请愿等。[②] 基于此，村庄内的集体行动是在什么样的行动逻辑下生长的呢？村庄内的集体行动与反应性集体行动[③]和主动性争取行动的关系，是独立的阶段还是重叠的连续呢？

本章的研究对象选取广东省东北部的一个客家村落，即南村[④]。南村是黄村下面的自然村，村民以丘姓和钟姓为主，宗族文化浓厚，村落保留着祠堂、族谱和祭祖等宗族景观。村民多依山而居，山中林木茂盛，后山千亩松树是南村主要的集体资产。2010年松林承包给私人割松脂，一年后村民们想毁约并收回承包权，然而事情并不如村民所想的那么简单。围绕村民集体毁约的前前后后，村民与承包人、村干部和镇干部进行了多次冲突与角力，从中可以发现在村落场域下村民集体行动的实践逻辑。

二 村落社会中的集体规则

费孝通把乡村社会与现代社会区分开来，前者是礼俗社会，后者是法

[①] 参见刘涛《农民集体行动研究的理论基础、进展与方向》，《福建行政学院学报》2009年第5期。

[②] C. Tilly, *The Contentious French*, Cambridge, MA: Harvard University Press, 1986.

[③] 应星对村庄集体行动"反应性政治"的概括，参见应星《村庄集体行动的"反应性政治"逻辑》，《人民论坛·学术前沿》2012年第10期。

[④] 根据学术规范，本章中所涉及的人名和地名均作技术处理。

理社会，他说道："现代社会是陌生人组成的社会，各人不知道各人的底细，所以得讲个明白；还要怕口说无凭，画个押，签个字"，"乡土社会的信用并不是对契约的重视，而是发生于对一种行为的规矩熟悉到不假思索时的可靠性"。① 处于乡土社会向现代社会转型背景下的村民集体毁约把乡土社会与现代社会的碰撞放大到可显的程度，隐伏千里的乡土与现代之差异从毁约所指向的协议表达出来，不可否认的是，协议所言明的只有现代社会的简约主义，未曾言明的则是乡土社会的复杂情境。中国人以一种持久的，以相互依赖为心理基础的人际关系网络形成情境中心的处事态度，"因情境不同而存在种种截然有别的真理，在某些境遇中是正确的原则在别的情形下可能并不适用"，"一个恪守情境中心的中国人事实上倾向于多重道义准则，既然持有双重或多重道德行为准则被视为正常，那么这些标准也不会给个人带来任何冲突"。② 聚焦到故事中的协议，显然其具有多重情境要素叠合的现象，现代契约情境与乡土惯例情境，国家权力情境与村社自主情境，干部权力情境与村民权利情境，等等。

（一）"隐藏"的协议：村庄传统惯例的隐伏与现代契约

基于乡土社会的定性，现代契约被当作外部世界或者现代社会植入乡土社会的理念，却遭遇乡土社会本身特质的冲击，所以契约难以成为乡土社会的行为原则，"土规则"与"洋规则"进行着博弈。比如，张静在讨论村社土地集体支配问题时，间接地阐释了村民集体毁约现象的细节，她认为农村土地使用上的集体毁约现象源自村社土地集体支配惯例，包括乡村社会土地集体共享的循例、村庄集体的权利保障地位，以及乡村分配正义的公正观念。村民集体共享土地收益的公平观念来自更大空间的互惠关系，土地集体共有对生存空间安全与福利提供的保护性反应，群体生存方式导致绵延不断的社会关系再造。③ 南村宗族型村落的特性进一步强化这种群体生存方式。因此，村民集体毁约就是村社集体支配惯例对现代契约的

---

① 费孝通：《乡土中国　生育制度》，北京大学出版社1998年版，第10页。
② [美] 许烺光：《宗族・种姓・俱乐部》，薛刚译，尚会鹏校，华夏出版社1990年版，第2页。
③ 参见张静《现代公共规则与乡村社会》，上海书店出版社2006年版，第224页。

解构。

在南村，村民集体毁约的标的物是后山的千亩松林，松林是村落的集体财产，维系着村民对于村落的认同。在宗族氛围浓厚的南村来说，后山是族产，为此，村民对于族产的看法与普通商品的看法存在着差异。宗族中的族产为村民提供了双重保障，其作为一脉相承的共同象征，另外也是社会经济的保障，保证族内弱者能够从中得到援助，隐含的意义在于族产保持了宗族的物质存在。由此，长久以来，村民对于后山松林都有超出于一般商品或者物品的共同情感和共有惯例。关于族产共有的传统惯例可以从田地的变动中看出，同一宗族内的村民转让田地，按照族规应当先询问本族村民是否愿意接受，对于外来者承租田地也要获得宗族的同意，外来者即使拥有了田地也不一定能够融入宗族村落。

村庄传统的共有惯例在乡村社会变迁中依然坚守在村民的意识与行为当中，虽然在中华人民共和国成立后历次社会运动中，宗族的修谱牒、建祠堂、祭祖先等活动受到抑制，但是宗族文化在口耳相传和族人的记忆中得到延续，南村的族谱就是在运动过后通过族老的回忆和一家一户的问询收集起来的，记忆的模糊使得一部分谱牒有待进一步考证，整体上宗族姓氏房系辈分得以承续，与之相关的传统共有惯例也留存下来。另外，土地公有的制度在某种程度上强化了村庄共有的观念，南村那时虽是一个生产大队，但只有两个生产队，而且是以两个房为主的生产队，后山也没有划分到两个生产队，原因是他们属于同宗同族，共念一脉蒂，公社体制暗合了村落的传统，传统共有惯例伴着宗族文化牢固地扎根于南村。

从事实来说，对村庄传统惯例冲击最深的不是前面提到的各色运动，而是后来家庭联产承包所带来的独立经济地位和以家庭为中心的依归使得村民分散为一个个马铃薯，市场经济使原来较为封闭的宗族村落卷入商品交换的浪潮，由此带来村民面向的逆转，从面向村落到面向市场，承受着市场经济的压力。因此，南村后山成为村集体发家致富的依靠，合同中点明出租后山是"为了适应新形势的发展需求，壮大集体经济收入，发展集体生产"，同时，合同作为一种现代契约逐步进入村庄，口头约定日渐减少，白纸黑字成为凭据，合同也越来越规范。单从南村后山出租合同的形式来说较为正式，关于合同的时限、出租者和承租者双方的权利和义务都有明确的规定，可是，在村落文化中合同的效力却并不仅仅依赖于白纸黑字，隐藏的传统惯例限定了现代契约的作用,一纸合同抵不过百年的村落共有文化。土地习俗权的确认过程普遍存在一个问题,即国家常常会误解习俗权的性质,有些国家的政府甚至否认这项权利的存在。在传统的农业社会,人们常常将土地视为某个社会团体的共有财产,这个社会团体可能是部落、村庄、家族或家庭,根据西方(民法)法律对所有权的定义……所有权是指登记在册的、绝对的和无所不包的权利,但是我们显然很难用这样的定义表述传统农业社会的共有财产。正是出于这个原因,人类学家将财产的概念定义为"权利束",或者更为抽象的"社会关系"。①

割松脂合同

甲方:丘文生②

乙方:南村

为适应新形势发展需求,壮大集体经济收入,发展集体生产。现经南村四个村民小组长商议一致同意,将南村租给丘老板,采割松脂特签订合同如下:

一、甲方将于二〇一〇年农历二月二十八日起至农历十月三十日止,将南村全部可采脂松香资源租给乙方割松脂。直径2米16厘米以上才可采割松脂。在采割中乙方应确保树木生存,在树背应留足10厘米作上水。如割死一棵松树,乙方应交500元罚款金给甲方。余数按此类推算。

二、为确保森林防火,乙方在采脂过程中不得带火种上山。如造成山火,一切后果将由乙方负全部责任。

三、在采脂过程中,甲方应协助乙方做好维稳工作。

四、因政策性,不准采脂,按合同生效之日起算租金。(在没有收脂前,因政策不准采脂。甲方应免收乙方租金)

五、全年租金(1.5万元)人民币,在签订合同时一次付清。

六、合同定三年,第一年租金从今年起一次性付清,第二年至第三年两年一起付清。

---

① 参见何·皮特(Peter Ho)《谁是中国土地的拥有者——制度变迁、产权和社会冲突》,林韵然译,社会科学文献出版社2008年版,第71页。

② 合同实际上的承包人是丘文生和钟志豪,名义上是丘文生。

七、此合同一式两份,甲、乙双方自签订之日起生效。

甲方签名:丘文生　　乙方签名:丘新运、丘东义、钟永霞、钟志豪

二〇一〇年四月十三日

(二)"非法"的协议:国家权力确认的缺失与村社自主

现时的村落社会日渐国家化,伴随现代国家构建的是国家权力渗入乡土社会,从政治上给乡村带来新的变量,原来的乡绅自治被基层政权管治所代替,村庄的权力性质发生根本的变迁,从自治权到行政权,村庄的权力来源逐渐由内部赋权到外部授权,村庄演变成国家权力的细胞。特别是在压力型体制下,村庄公共事务,甚至村庄的私人事务无不渗透着国家的因素,村社自主被压缩到最小的范围,唯有在国家的框架下进行有限的自主。正是在这种情形下,南村后山上的林木在"大跃进"时被砍伐殆尽,祠堂被征用为文化活动室,族田被没收充公。这些在村社自主的条件下是不可能实现的,然而国家的强制性权力阻断了村社自主的权力来源。后来,人民公社的解体以及乡村制度的建立为村社自主创造了制度基础,在乡政村治的格局中,乡村社会的国家权力聚集于乡镇,其下为村民自治,开始的时候村民自治是一种自在,源于国家权力退出村落权力空间后的一种状态,部分村民为了公共安全或者公共财产而建立理事会或者委员会之类的常设组织,以此来重建村庄公共秩序。国家将自在的村民自治进行制度总结,提升为国家的大政方针,成就了基层民主的事实,村民自治也转换为一种自为的状态,通过民主选举、民主管理、民主决策和民主监督的推动,村庄权力又一次来源于村落,这种传统不是传统的复归而是国家与乡村关系的重新定位,国家权力以民主和自治的方式整合村落,村落也被纳入基层政府的权力网络,村社自治与国家权力结合为乡村社会的权力整体。村社的自主离不开国家权力的确认,国家权力的延伸离不开对村民自治的尊重,显然,此种解释应当是理想类型。现实是从村落国家化到村落自主化,国家权力与村社自主始终在非均衡地发展着,在村落范围内,村社自主强于国家权力,超出村落范围,国家权力强于村社自主。

从南村的实践来看，有关山林出租的合同仅仅是村落范围内的协议，租约双方都是本村人，协议的山林也是村落集体所有，因此，双方并没有就合同申请国家权力即法律的确认。不能忽视的是山林的开发涉及国家的林业政策，应当征求当地林业站的意见，另外，为了保证合同的法律效力，有必要到乡镇司法所核定。基于上述不合法律规定的内容，协议本身在效力上缺少来自国家权力的保障，合法性较弱，处在合法与非法的边缘地带，这就为之后的毁约埋下了伏笔和相当正当的理由，只要把协议推向村落之外就能证明其"非法"的出身。

（三）未公开的协议：多数村民的权利与少数干部的权力

村民与村干部是村落权力的两大主体性构件，缺少任何一方都不能形成完整的村民自治。村民自治是村落内权力产生的民主途径，村民以投票的方式来遴选合适的村民担任村干部，其实是让渡自己的权利，而把村落公共事务管理的权力授予村干部，村干部成为村民自治形态下村落权力的拥有者，在制衡机制尚不完善的现实下，其权力如何行使直接关切到村民自治的效果。与之相对，多数村民的民主权利只有在选举时才使用，日常生活中运用权利的机会较少，从根本上说是村民自治的制度化与村民的民主权利觉醒之间的非对称。村干部依托于民主制度的不健全实行"干部自治"，通过村庄公共信息的有选择性供给，国家政策的过滤性传达，以及村民权利要求的熟人化稀释，以此维护少数村干部对村落事务的垄断。换种角度，村干部也认为村民民主素养不够，扩大村民参与并不能解决问题，甚至造成村庄混乱，因为多数村民的权利不能形成统一的权利主张，难以达成妥协，在村庄议事中经常沦为喧嚣的多数，最终村落只有权利没有权力。相比较而言，村干部更愿意村民是沉默的多数，可是村民的沉默不表示村民不会喧嚣，关键是村民往往在喧嚣和沉默间变换。

有鉴于此，村民自治努力在村务公开和民主管理上生长，作为制约村干部权力，满足村民民主权利的制度路径。在村务公开方面，南村秉承传统的宗族理事会的遗产，村庄开支和重大事项都黑字红纸张榜公布，从前宗族事务在祠堂，如今在村口小商店的墙壁上，那里是村民的公共空间。出租后山松林割松脂的事情，四个村干部协商后决定以投标的方式进行，前期的投标公告依照惯例张贴在村口，但是后期的竞标却是暗标，最后的协议内容村民并不知晓，村民也没有继续追问，这时的村民是沉默的多数，他们没有动力去主张自己的知情权与参与权。这种未公开的协议是村民自治发展中少数干部的权力掩盖多数村民权利的真实写照，一旦村民了解到未公开的协议内容，那么村民在利益受损或"受害想象"的情况下，将会激烈地主张权利，势必为后面集体毁约事件输入动力。

在特定村落社会的场域下，有关毁约背景因素的叙述旨在说明协议面临着多重的困境。一个村落是历史的连续体，横断面的观察不能脱离历史性的追寻，传统共有惯例与现代契约在宗族村落内效力是不同的，传统惯例更加适用于村落文化，以及村民的日常交往规则。因而，村民毁约在村庄历史上可以找到道义渊源。即使在村落里行之有效的协议形式，但是在转型的乡村社会来说，村民毁约依然可以援引外部的国家权力（法律）来否定协议。最后，未公开的协议在村民与村干部间留下了矛盾的触发点，少数干部的权力总归要面对多数权利的挑战，村民在沉默的多数和喧嚣的多数之间流动，毁约的动力就来自喧嚣的多数。从三个维度来分析协议的含义可知，协议不是简单的一纸契约，而是与村落共同体之间的关系调适，如果协议不能够容纳村落共同体的传统惯例、村社自主和共有权利，那么协议在村落中是残缺的。

三 村民集体行动的微观过程

在村民集体毁约行动中，更多的事件细节将填补逻辑的空白，作为一种外来者的观察与思考，其中的逻辑是不是真实的逻辑，或者只是解读者的自叙逻辑，有待深入的讨论。不过，叙事在其被操作之时，已经构成理解行动意义的一种形式。这里所展现的事实是基于事实基础上的逻辑延伸，从事件的触发点、行动策略和最后的尾声等都是村落事实的映照。

（一）村民集体毁约的触发点

凡事有个起因，根据斯梅尔塞的加值理论，引发集体行为或社会运动的直接原因，往往是一个或数个触发性事件[①]，更通俗地说，集体行动的爆发都

---

① 参见赵鼎新《社会与政治运动讲义》，社会科学文献出版社2006年版，第65页。

有所谓的燃点事件，引起后续一系列的连锁反应，直至最后的集体行动，以南村毁约的事件来说，燃点事件包括一系列相关事件，也有相当偶然的因素。从毁约事件所牵涉的行动者来说，缺少任何一方的行动触发点都不可能构成真正的集体毁约。

1. 松树之死

在南村后山出租中，市场经济下的承租者遵循着利益最大化的原则，即最短的时间内获得最大的收益，特别是对资源性协议来说，追求利润的动机是十分强劲的。从承租者与出租者的合同中可以发现，一是南村全部可采松脂资源租给承租者，并没有明确其林地具体的范围，或者树木数量。二是租金固定，每年定额，为期三年，缺少弹性空间。三是直径2米16厘米以上才可以割松脂，实际上往往可采尽采，前提是只要不割死松树，因为合同中规定割死一棵松树，罚款500元。四是合同对树木表皮割留比例没有具体规定，依正常的标准是割六留四，最要紧的细节却没有写入合同，这也成为之后麻烦的根源。凡此种种说明协议中有许多的漏洞，为承租者钻空子创造了相当有利的条件。

签约后，作为承租者的钟志豪和丘文生雇佣来自贵州的两兄弟采松脂，其利益分配机制是根据工人所采松脂的重量来算工资，每斤松脂2元钱左右，实行多劳多得，月平均工资为4000元，对承租者来说，这种计件工资制有利于激发工人的热情，最大限度地提高生产效率，增加松脂的产量，但是也激发了过度采松脂的可能，只要不出现松林大面积死亡就行，这是合同的底线。从合同签订的2010年4月13日算起，上山采松脂正式开始，到12月的时候，由于下半年天气干燥，水分减少，被采松脂的松林陆续出现死树的情况，主要是小松树，最早发现此事的是南村村民丘仲清，他还亲自上山阻止采脂工人在松林东边采松脂，此外，工人的割留比例并不是常规的割六留四，而是割七留三（实地测量）。松林出现死亡的现象让南村部分村民重新关注和思考松脂协议。

2. 一纸新闻

"村民毁约的动因是契约破坏了集体共享的规矩，个人承包地出现的利益增长和收入超过村民认为公平值限时，不乏村民集体毁坏果树、林场等现象。"[①]

[①] 张静：《现代公共规则与乡村社会》，上海书店出版社2006年版，第224页。

自从松林出现死树后，村民开始议论起松林协议，之前并不在意，现在有所留意。最终引起村民对此普遍关心的是一篇《松香价格暴涨，松树迎来投资良机》的新闻报道，刺痛村民眼球的是松香价格，"一级马尾松松香交货价从去年9月底的6400元/吨上涨到今年4月中旬的1.6万元/吨，今年有可能冲到1.8万元/吨。松香价格节节攀升，与其对应的松脂价格（一般情况下松脂价格相当于松香价格的八折）也水涨船高，交货价达到每担600元左右，按照平均水平，一棵松树一年可采脂8次，每次可采1.25斤，共可采10斤。按照400元/担的价格计算，一棵松树一年可获得40元的收益，300棵松树可为刘海带来1.2万元"[①]。南村后山松林近900亩，以保守估计至少有2700棵采脂松树，那么总收益是10.8万元，一般来说，利润分配比例在脂农、脂贩和脂工间是3/4/3，为此采脂工人工钱1.8万元，承租者上交的租金为每年1.5万元，剩余7.5万元，投资回报率近500%。

村民知道松脂行情看涨之后，感觉自己上当受骗，吃大亏了，但是合同已经由村民小组长代表村民签订，当初也确实提出过招标，后来由于时间仓促，标的也不低等原因，出现无人投标的情况，最后由本村钟志豪和丘文生承租，钟志豪又是南村片长和南四村民小组长，所以村民只能引而不发。后来情势发生了细微的变化，南村村民小组长集体大换血，四位村民小组长中有三位是村民选出来的新人，村落权力结构的戏剧性变化让村民看到了毁约的机会。

3. 小组长改选

松脂涨价的消息在村内广为流传之后，村民对村民小组长产生怨言，怀疑其收了什么好处，但是村民又拿不出证据来，之后不了了之。2011年2月，南村迎来了村民小组长改选的契机。上届村民小组长丘新运、丘东义、钟永霞和钟志豪，除了钟志豪以外全部换人，分别为丘仲秋（丘仲清的兄弟）、丘东忠和丘明贤。南一和南二村民小组改选比较顺畅，南一前任村民小组长丘德运去世后由丘仲秋代替，南二前任村民小组长丘东岳由于松脂的事情自动退出，村民推选丘东忠继任，南四村民小组长钟志豪连任，比较波折的是南三村民小组长的竞选，总共进行了两次选举。南三村民小组长有两位实力相当的候选人，一位是丘明贤，一位是丘林坤，选举夹杂着派系之争，两者虽

[①] 曹攀峰：《松香价格暴涨，松树迎来投资良机》，《南方农村报》2010年5月22日第5版。

为丘氏村民，可是丘明贤属于丘姓开字辈，丘林坤则是坤字辈，两人背后都代表着一派村民。丘氏开字辈和坤字辈的纠葛也有些年头，根据丘林坤的诉说："在生产队时期，开字辈的村民当生产队长，把坤字辈村民的成分内定，让坤字辈难出头，改革开放大翻身，坤字辈的村民就刁一点，受欺负久了要发泄一下。"① 另外南三只有26户村民，按照每户一票的原则，每张选票都是关键，为此，第一次选举的时候双方就几户村民的选举资格难以达成共识，因为原本是一户的村民在选举前几天临时分家，另立一个户口簿，一户变两户，分户不是重点，重点是选票以户口簿为准，还有一位南三村民本来搬到其他村民小组居住，竟然又回到南三来投票，一时间南三闹腾了起来，第一次选举也就不欢而散。第二次选举是在村委会主任黄光荣的监督下进行，不过之前南三村民又有临时分家的。经过一轮紧张的投票计票，丘明贤获胜，比丘林坤只多一票。

南村村民在村干部改选后，对新任村民小组长丘仲秋、丘明贤和丘东来提出的第一个要求就是毁约，新任村民小组长也答应了村民。新任村民小组长对于前任的工作并不需要承担多少责任，积极回应村民的要求也是改选之初给村民的许诺，由此村民小组长逐渐成为毁约的领头者。当村民从卸任的小组长口中得知，"合同是每一年重新招标的，由于看到松脂巨大的经济效益，有些村民第二年想投标，既然合同是一年一签的，他们就有资格竞标，但原来的标主又不愿意放弃合同"②。在南三村民小组长竞选败下阵来的丘林坤心里并不服气，也不好发作。他也想承包后山的松林，对丘仲清、丘国林和丘万里等村民要求毁约，保护山林的行动比较支持，无形中对承包人钟志豪和丘文生制造了压力。有一天钟志豪的哥哥钟志杰与丘林坤在路上相遇，钟志杰说了几句酒话，大概意思是丘林坤都年纪一大把了，还想什么赚钱的事，不如回家抱孙子。丘林坤一直认为自己的人生受尽"压迫"，长久地以弱者的身份生活在村落里，加上前不久的选举失败，聚集的怨气一股脑地发泄出来，准备第二天组织部分村民上山阻止割松脂，给钟志豪他们点颜色看看。

---

① 与村民丘林坤的访谈，2011年8月17日。
② 与村民丘兴昌的访谈，2011年8月7日。

(二) 村民集体毁约的话语争夺

话语分析是不同时期或不同身份之人对同一事件的记忆与叙事的异同。[①] 话语是"包括行为规则的构型、既定的文本以及制度化实践,每一种都被历史和社会确定的一套文化关系所定位"[②],"话语不仅反映和描述社会实体与社会关系,话语还建造或'构成'社会实体与社会关系;不同话语以不同的方式构建各种至关重要的实体,并以不同的方式将人们置于社会主体的地位,正是这些社会作用才是话语分析的焦点"[③]。南村毁约事件之所以能够转变成集体行动,不仅是小组长们的支持以及村民的吃亏感受,还在于村民们在对后山松林的话语争夺中占先,话语的争夺有塑造村庄舆论风向的作用,成为诠释情境[④]的工具。不同村民主体对山林的情境诠释影响着各自的集体行动动机,包括族老对于祖宗山林的集体记忆、村民小组长对于村落共同体权利的现实考虑和承租者对于所处情境的分析等,各异的情境诠释赋予山林以不同的情境意义。

1. 祖宗的山林:族老的集体记忆

曼纽尔·卡斯特(Manuel Castells)认为,"对参与者或者社区来说,'运动'本身的存在即产生意义。这种意义不只存在于社会运动期间(通常是短暂的),并且存在于地方的集体记忆之中"[⑤];"意义是社会行动者为其行动的目的而作的象征性确认,一种跨越空间和时间并自我维系的原初认同而建构的"[⑥]。南村对山林的原初认同便是族老的集体记忆。村民对山林最悠久的话语当然是以祖宗的名义来表达的,一方面是由于南村先人定居于此的长久性

[①] 参见邓建新《钟九闹漕:变化社会中的政治文化叙事》,北京师范大学出版社 2010 年版,序言,第 3 页。

[②] [英]马克·J. 史密斯:《文化——再造社会科学》,张美川译,吉林人民出版社 2005 年版,第 116 页。

[③] [英]诺曼·费尔克拉夫(Norman Fairclough):《话语与社会变迁》,殷晓蓉译,华夏出版社 2003 年版,第 3 页。

[④] 笔者认为并不存在所谓的建构之义,而只是村民在多样的情境要素间进行选择性的诠释,已达到公说公有理,婆说婆有理的效果。

[⑤] [美]曼纽尔·卡斯特:《认同的力量》,夏铸九、黄丽玲等译,社会科学文献出版社 2003 年版,第 69 页。

[⑥] [美]曼纽尔·卡斯特:《认同的力量》,夏铸九、黄丽玲等译,社会科学文献出版社 2003 年版,第 3 页。

以及对祖先的敬仰，南村的七世丘姓开基祖是西房希学公次子儹公，项公派下分为三支脉，宗烈支系、宗相支系和宗岳支系，九世丘姓三房繁衍于南村之地，到现在已有二十四世。另一方面是南村与邻近的黄村黄姓（自然村，属同一行政村）存在着山林上的纠纷，相互之间都以祖宗山林来追溯历史，在历次集体林改中，围绕争议山林丘姓与黄姓都会列举自己祖先经营山林的情况。在一份与黄姓有争议的山林的陈述报告中，有这样的表述："我们南村村民祖祖辈辈生活在北靠石峰村罗家山林，南靠西山村的穿同坳，背靠铁坑村的山顶，可以说是我们得天独厚的屏障，以天水为界限，一目了然，自古以来，就是我们南村全体村民的共有财产及赖以生存的水源之山。"为此，作为村庄集体记忆载体的族老是祖宗山林的支持者。其中宗族理事会会长丘兴昌老人强调："后山是丘姓的龙脉，山上有祖先坟墓，破坏后山是对祖先的不敬，影响以后丘氏子孙的发展。"①

2. 利益的山林：村民的现实考虑

山林既是村落历史文化的一部分，也是村落生态共同体的一部分。根据经济自由主义的经济效率原则，只将林权换成某个固定时期的经济收益，而且没有考虑可能的生态成本和社会成本，也没有考虑与之密切的共同体权利以及植根于乡村地方性知识的处境公平观念，这是法律所难以包含的。② 与族老的道义宣称相比，多数村民是以现实考虑为主，关注的焦点是水源，后山是南村主要水源地，全部的生活用水和部分的灌溉用水都来自后山沟涧之中。因而，村民认为采脂将破坏林木生长，造成水土流失，危害水源。丘礼义讲述了一则保护水源的故事：曾经封山育林也不是一件容易的事，后来南村首领规定，谁私自上山砍树就把他家的猪杀了给全村人分食。后来自己的老婆上山砍树，首领就把自家的猪杀了给全村人吃，村民看到他这样以身作则，大公无私，就都遵守了封山育林的规定。③ 这虽然是个传说，不过能看出村民对水源山的重视。

山林还有一层隐含的意义就是利益的山林，2010年集体林权改革期间，南村后山曾经有机会从经济林变为生态林，如果是生态林的话，那么按照广

---

① 与村民丘兴昌的访谈，2011年8月7日。
② 参见贺东航等《集体林权制度改革中的社会公平研究》，《社会主义研究》2009年第2期。
③ 与村民丘礼义的访谈，2011年8月10日。

东省集体林权改革的相关政策"分股不分山,分利不分林",生态林补偿款下发到村级集体经济单位即自然村一级,30%的补偿款留在自然村用于支持村庄公益事业,70%的补偿款按人口平均分配,以14元/亩为计,南村总计有1000亩左右生态林,补偿款总计有1.4万元,9800元分到85户,平均每户115元。相比之下,依照原来的经济林计算,因为属于集体经济,所以收益归集体所有,具体来说是村组干部掌握着,支援村里的公共事业建设。然而,普通村民却没有得到补偿款,并且根据广东省生态公益林补偿规定,每年以2元/亩的阶梯形提高补偿标准,将来生态林的发展前景增加了村民的预期收益。丘文敏认为:"松脂事件的关键是生态林和经济林的选择,如果后山的山林是生态林则有生态补偿款,村民可以从生态补偿款中受益。"[1] 丘德文的观点则比较客观,他认为:"不同的人有不同的利益和看法,松脂是问题又不是问题,不单单是松脂本身,而是利益问题。后山是祖宗山,你有份,我也有份,记得1958年'大跃进'和公社化时期大炼钢铁,南村的树木都被砍光了。从那时毁林算起,我们南村封山育林有50年了,大家都珍惜山林,松林每个人也有份的,如今将松林承包出去,集体有收入,可是群众没有得到实惠,村民个人没有实际利益,群众认为最实惠的是现时的甜头。还有就是片里的财务不公开,招标公示有点形式,没有实质内容,既可以说公开了,又可以说没有公开。"[2] 因此,不论从生存利益还是发展利益,不论从短期利益还是长期利益,村民的利益主张都有十足的理由,也是村民的现实考虑。

3. 承包的山林:承租者的情理分析

毁约的另一方承租者又是如何回应村民道义和现实的考虑呢,他们对此的看法是从情理的角度叙述的,一是村民的仇富心态,另一种是姓氏之间的宗族矛盾。丘礼义老人觉得:"自己为片里做了那么多公益事业,大儿子丘文生承包后山采松脂居然有村民捣乱,闹事的村民见钱眼开,忌妒别人发财。以前后山的松林被数位村民承包过,为期二年,当时价格一般,村民也没什么意见,如今松脂价值不菲,不排除村民眼红的原因,农村人就是这样,你有钱就眼红,你没钱就看不起。"[3] 另一承租者钟志豪谈起此事,也说有些村

---

[1] 与村民丘文敏的访谈,2011年8月10日。
[2] 与村民丘德文的访谈,2011年8月17日。
[3] 与村民丘礼义的访谈,2011年8月10日。

民见钱眼开,还有就是自己是姓钟,是后来搬迁到南村的,钟姓落户于南村是在民国时期,丘姓族长和南村钟姓开基祖是同庚,相互之间有往来,于是钟姓就迁徙南村北边的山麓下,当初以数担谷买下了周围一片台地,从此钟丘两姓共同生活在南村。南村的主体还是丘姓,到目前为止,钟姓也只有十几户而已,建有一个小祠堂,在南村是属于小姓。时间久,难免没有纠纷,或者姓氏之间的攀比和意气之争。不过,钟志豪重申,靠山吃山,利用山林资源发展经济也是理所当然,一个片里不能没有点集体收入,比如集体开销的圳道和路灯等都要花钱,割松脂就能增加点收入,不当家不知难。并且合同既然已经签订,当初也进行了公开招标,后来无人应标,所以自己和好朋友丘文生一起就把这事给盘下来,自己也进行了大投资,第一年都没什么收益,第二年刚开始有点起色,村民就起哄闹事,这太不合情理了。[①]

从村民的话语分析可知,不同的南村村民对后山的考量是不同的,就是说他们的动机是各异的。村庄老人零星地表述着道义的意思,后山是风水山,寄托着宗族从开基到今天的精神延续,象征子孙生生息息,村落须臾离不开后山。普通村民考虑更多的是对现实生存的危险,那是水源山,曾几何时,丘姓和黄姓之间为了水源的原因结下冤仇,可见,水源对于山脚下的村民来说是何等重要。承租者只有两户,他们对山林的认识是以情理的角度来阐发的,既然租借山林,也进行了投资,那么应当获得回报,取回应有的收益,村民的闹事只是心生妒忌而已。普通村民还有另一层隐言在其中,那就是利益的山林,生态林和经济林的选择对于村民来说是现钱的交易,与其让村干部去掌握还不如分红,利益就是现实。因此,集体行动中村民的出发点并不是一致性地指向道义或者理性,而是充满着多元的动机,什么时候以道义的话语掩盖理性的内核,什么时候以理性的选择达到道义的目的。不同情境中村民的行为动机不停地变化着,不同动机的村民或走向前台,或退居幕后。

(三) 村民集体毁约的行动策略

村民行动路径的选择是在历次行动中习得的地方性知识,逐渐转化为一种行动的习惯。论及集体性行动的起源时,布洛代尔认为"习惯"可理解为一种持续、可变换处置的体系……无时无刻不在我们的感觉、判断、行动中

---

① 与村民钟志豪的访谈,2011 年 8 月 1 日。

整合过去的经验、功用,并由于能够相应地举一反三,以此类推,而有可能无限多样化的解决难题。① 在村民集体毁约事件中,南村村民先是越过村委会,直接向外求助于镇政府,以外部国家权力向内施压,最后的解决还是村落内部的权力变迁,外部的权力只是工具性的,村落内部的权力才是核心。这是村落情境中权力结构和利益关系使然。

1. 前后通气,不理睬村委会

与钟志杰吵架后,加上前面的选举失败,丘林坤憋了一肚子火,他当天晚上利用串门的机会,到丘姓村民家里动员,告诉村民后山松林是一年签一次,不是什么三年,而且现在松脂涨价这么高,原来的议价和招投标有点不公平,同时也表示自己想承包松林。这时南村村民丘大伟比较感兴趣,并在中间起哄,丘大伟在南村是出了名的烂鬼,无所事事,整天打麻将,到处窜,寻找发财的"事情"。当他知道丘林坤有这个想法的时候便与他一起游说村民。他们两个首先在坤字辈村民中活动,大概差不多了,他们就和村民小组长们谈,之前小组长们答应要协调处理松脂问题,这回算是撞上了。丘仲清回忆当初的情形说:"多数村民要求村民小组长当选后无条件地将租金交给片里群众做公益事业,当小组长不能捞集体的油水,我们帮助小组长们打路和修祠堂,他们就在捞钱,片长自己修那么好的房子,缺钱就把公款给贪污了。"②

丘林坤找到南一村民小组长丘仲秋向其寻求支持,丘仲秋说:"合同是以前的村民小组长分开来签的,不是聚在一起签的,村民小组长有意见也表达不了,我们现在的村民小组长也没有办法。"③ 据丘兴昌介绍,丘仲秋是宗族理事会的成员,为人敢作敢当,村里老人给予其较高的评价,也是着力培养的宗族后备力量。丘仲清发现后山死树时,丘仲秋曾联合南三小组长丘明贤一起向承租者丘文生罚过款,大约是 3 棵树,每棵 500 元,总计 1500 元,丘文生和钟志豪没有办法就交了钱,罚钱是小事,但面子上过不去,他们认为丘仲秋和丘明贤是在找自己麻烦,本来抬头不见低头见的关系何必当真。钟

---

① 参见 [美] 周锡瑞《义和团运动的起源》,张俊义、王栋译,江苏人民出版社 1998 年版,第 367—368 页。

② 与村民丘仲情的访谈,2011 年 8 月 13 日。

③ 与村民丘仲秋的访谈,2011 年 8 月 10 日。

志豪也认为丘明贤恩将仇报，自己曾经借过钱给丘明贤家建房子，两家关系还不错。

当丘仲秋知道丘林坤准备上山闹事，便与丘明贤商量，他们一方面把这个消息透露给丘东来，钟志豪妻子认丘东来的母亲为干娘，所以丘东来与钟志豪扯上了一层干系，所以村民的毁约行动就从丘东来的渠道向钟志豪通了气。另一方面也跟村委会通了气，村委会主任黄光荣顺势把村民上山的消息通知镇政府的驻村干部和副镇长徐小军，村干部并没有及时来阻止村民集体毁约的行动，而是让镇里面的干部来处理。由此可以肯定的是村委会不愿意蹚这趟浑水，其中隐含着的是南村在黄村是独特的组成部分。首先是丘姓与黄姓之间的历史纠葛颇深，关于黄姓和丘姓的恩仇，丘姓居民有这样的传说故事：

> 旧社会，丘姓七世祖嫁女给黄姓祖先，丘父赠予黄姓女婿山林，黄姓觊觎丘姓山林财富，起歹心，意欲害丘父之子，为丘姓长工伯善公所悉，告之丘父，丘父以冬瓜藏被中代替其子，歹人杀之未果，逃逸化作黄鸟被丘父以枪击死，遂结怨！后来常有山林之间的纠纷，1949 年前，为了水源的矛盾曾经伤了人命。20 世纪 80 年代，黄姓村民打柴草至黄姓和丘姓的公山，纷争又起，虽然没有人命官司，但是恶化了黄姓与丘姓之间的关系。①

时至今日，山林依然是南村村民的心结，南村村民对黄姓占主导的村委会心存不满。丘仲秋说："山林纠纷迟迟不解决的最大原因是村委会不作为，村委会就是想将山林留在村委会，而南片在村里说不上话的原因就是村委会的正式干部中没有一个来自南村。黄兴华（前任党支部书记）在任的时候，逼迫丘荣光（南村干部）写辞职信并交出公章，自此之后，南村便再也没有村干部，钟小萍是聘用干部而已，不算正式的。村委会选举中存在宗族歧视，丘姓候选人是小姓，纵使有能力也选不上。黄姓宁愿选个傻子做村干部也不选一个丘姓人。"②

---

① 与村民丘礼义的访谈，2011 年 8 月 10 日。
② 与村民丘仲秋的访谈，2011 年 8 月 10 日。

最后是村庄权力结构中的片权。大约在分田到户之后，为了便于村庄管理，黄村以自然村落为基础建立的四个片区，设立片长一职，片长承担着开会通知和上传下达的任务，以后又增添了植树造林、公共安全、组织公益等，俨然是一村之长。片长本来只是村委会从村民小组长中指定村与片之间的联络人，随着片长所担当的公共事务增多，以及片长产生方式的转变，片长逐渐成为村社自主的载体。片长对村落公共事务和公益事业的组织和管理让其获得了村落的道德权威，片长由村民小组长间接选举产生，四个小组长投票选举其中一位作为片长，发展到后来，片长改由以户为单位投票产生，所以片长的权力又得到进一步的法理性巩固。村委会与村民小组长的直线联系在中间出现了片长，片长削弱了村委会对村民小组长的影响，导致村委会指挥不动片长，片长在某些事情上可以忽略村委会，比如，当初南村后山松林出租的事情，村委会压根就不知道，南村也不想让村委会插手他们集体经济，特别是山林，即便出现什么问题，村委会也不愿意介入。黄光荣对村里的片长也颇有微词，"村里的片长是'地方'独立机构，以前的设想是支持村委会的工作，一个片一个片长作为召集人，商量点片里的事，现在没有什么作用，甚至还对着干。村民对村委会组织法不了解，也没有在农村执行好，个别村民小组长擅自处理村民小组的集体财产，2008年村里的铁泥矿被糊涂的村民小组长贱卖，后来村民闹事才挽回点损失，2011年村里的白泥矿也是村民小组长自己乱来，根本不和村委会打招呼"[①]。

2. 集体上山，到镇政府说理去

维稳是基层政府最为敏感的任务，一票否决的制度使得镇政府对于南村村民上山举动不敢掉以轻心。作为黄村挂村干部[②]的徐小军，刚从管计划生育的副镇长调整到管林业的副镇长，原本以为离开了一票否决高压线，谁知又碰上了村民纠纷，如果调解不当可能又是上访。村民上访实际上是村庄冲突的外部化，上访的出现说明问题已经超越村庄管理本身，上升为政府需要直接处理的问题。面对农民上访，乡镇领导人可能扮演着两种角色，如果农民

---

① 与村主任黄光荣的访谈，2011年8月15日。
② 挂村干部是村与镇联系的非正式方式，乡镇主要领导分片包干，负责协调村与镇的关系，支持村委会开展工作，同时，建立一种基于人情之上的权力纽带，挂村干部经常与村组干部打交道，相互也有人情的往来，形成互惠式的权力交换。另外，挂村干部与村组干部也是责任共同体，村里出事挂村干部要挨处分，甚至扣工资，所以挂村干部是不在编的村干部。

投诉的是村干部或者乡镇普通工作人员，乡镇领导通常是调停者和仲裁人；如果农民投诉的是乡镇政府，乡镇领导本身就成为当事人。① 在此事中，乡镇领导更多地扮演着前者。因此，当知道村民的行动计划时，徐小军立马打电话给当事双方钟志豪和丘林坤等，希望他们明天来镇政府坐下来谈谈，有话好好说。徐副镇长的意思是先降降温，把双方关键人物摆平就釜底抽薪了。显然，徐副镇长对此事的关心是从维稳的角度来思考的，所以他的利益临界点是息事宁人，通知到位让徐小军长舒了一口气，又有些担心，一是明天如何调处纠纷，二是会不会有什么变数。

第二天早上，丘林坤邀集丘大伟等坤字辈村民一起准备上山，在昨晚的动员中已经要求每户至少出一个人，并且放出话说，上山的人都有误工费，小组长丘仲秋和丘明贤都答应了，每人 5 元，这是一个相当有意思的策略，用小恩小惠来打动或者激励村民参与。马克·格兰诺维特（Mark Granovetter）认为："一个人会看到有多少人或者多大比例的人采取一定的决定后，才会采取相同的决定，这一点就是此人净收益超过净成本的门槛。"② 误工费把门槛放低了。在丘林坤上山的路上，不时有人加入进来，有些孩子也看热闹似的跟着队伍。据笔者入户调查，部分上山的村民说确有此事，只是后来没见到所谓的误工费，还有村民否认为了误工费上山，而是想保护后山的松林，看来村民上山的动机是多样的，理性与道义混杂在一起。

镇里的情况如何呢？徐小军一早就来到镇政府上班，等着钟志豪和丘林坤的到来，将近 9 点，钟志豪才来镇政府，见到徐小军后寒暄了几句，在镇司法所办公室又等了许久。钟志豪有些不耐烦，就直接问徐小军，"为什么对方还不来，不是说要调解吗？到现在连个人影都没见到，还调解什么！"说完就离开了。徐小军打电话给丘林坤，结果是关机，接着打给南村的村民小组长才知道，村民已经在丘林坤的带领下上山了。于是，徐小军带着一大车子镇干部（林业站、司法所、派出所、下乡组和值班组的镇干部）赶往南村后山，村委会主任黄光荣也来了，在山脚下拦住了上山的村民，不过村民已经把采脂工人赶下山了，有些采脂器被村民扯掉。丘林坤代表村民提出的要求

---

① 参见赵树凯《乡镇治理与政府制度化》，商务印书馆 2010 年版，第 210 页。

② ［美］马克·格兰诺维特：《镶嵌：社会网与经济行动》，罗家德等译，社会科学文献出版社 2007 年版，第 38 页。

是割松脂的工人不再上山，松脂合同作废，重新竞标。黄光荣支持上山村民的要求，松脂合同没有经过村委会的认可，程序上有漏洞。徐小军为缓和气氛，允诺镇干部会同村委会、南村村民小组长三天之内给村民满意的答复，村民见干部初步答应了要求，达到了吸引注意力和施加压力的效果，所以快快地回村了。村民集体毁约的第一次重要行动来也匆匆，去也匆匆，然而，问题只是延时解决，后续的处理到底如何还有待三天后，在这期间村民耐心地等待着。

村民的上山和镇政府的答复让钟志豪和丘文生非常被动，有点措手不及，幸亏镇里没有贸然答应村民的要求，三天的约定为自己改变被动局面提供了条件，三天内有许多事情是可以做的，为此，钟志豪决定主动请村主任和镇干部吃饭，把事情放在台面上说开，村里村外自己会去打点，让村委会和镇政府能"中立"行事。另外，动员自己的亲属和朋友，联合丘东来做村民的思想工作，安抚村民的情绪，挑明利益关系，指出丘林坤他们也是想承包松林而已，不要被利用了。时间一天又一天过去，三天之期已到，但是村民没有收到镇政府的答复，于是直接去镇政府说理，这次前往镇政府主要是丘林坤、丘大伟、丘仲秋、丘明贤、丘仲清、丘国林、丘万里等村民，人数较少仅作为代表，也为了规避集体上访的风险。徐小军副镇长接待了他们，告诉他们镇里工作多，林业站和司法所正在调查，合同虽然有问题，但是承包人已经投资那么多，所以希望村民在司法调解的前提下协商解决，不要影响村里的和气。

丘林坤等见镇干部言而无信，愤然离去，表示要去县里上访，不信没人能管这事。当晚，村民丘仲清拟写了一封上访信，他只有小学文化，字写得不太工整。从信里可以看出，丘仲清对村里干部利用职务之便以权谋私和违反合同规定提出了不满，表达松林是前辈心血，村民共有，最后是镇政府的不作为，表明上访不是越级，而是迫于无奈。

丘仲清的上访信

蕉岭县人民政府请关注广福镇南村片的密集松树林，片里的干部利用职务之便，违反合同割松香，合同上面写的是割六留四，实际上是割八留二。南村片900多亩松林是老前辈们的心血，不能够破坏。我们已经向镇政府反映了，没有得到解决，特请县政府给予处理。

黄村一位上访户丘学林谈到自己的上访经历时说道:"人民公社那时候,村民之间的冲突可以在公社生产队内部解决,改革开放后,村民之间的矛盾没有化解在基层,问题复杂多了,极易引起群体事件,对于群体事件,有些很不好说,有些处理得当,有些处理不好,有些小事导致群体性事件,有些大事并没有成为群体性事件,关键是看当事人明智与否。村委会解决不了问题,就只能把事情闹大,一方面争取上级政府的支持,另一方面争取新闻舆论的帮助。政府一般对上访是能推就推、能压便压,反复推诿,同时让相关干部和亲属做工作。如果用尽一切办法也没有用,不服就只能拼命上访,只有上访一条路,为了解决问题,也出口气。"① 还有就是黄光荣对村民一贯以来的行事风格的抱怨,"有时候,村民与村干部的关系需要加强沟通,村民有问题不直接找村委会,而是直接到镇政府反映或者上访,把村委会弄得不知所措,有些事情反而是镇里先知道的"②。

翌日,丘林坤和丘仲清等携带写好的上访信去县林业局反映问题,也是没有结果,林业局让他们找镇林业站。之后丘仲清四次上镇里讨说法也没有收到什么回应,村民对镇政府基本不抱什么期望,村民的耐心差不多消磨殆尽。与此同时,积极毁约的村民也逐渐变少,主力剩下坤字辈的丘林坤和村民小组长丘仲秋、丘明贤以及村民丘仲清等,人数的减少使毁约行动有流产的危险,村民的那股子热切劲已经过去。

3. 针锋相对,祠堂里的角力

正当村民行动陷入困境,集体毁约在向外借力不成的情况下,南村迎来了三年一次的片长选举,这年的选举定在春分那天晚上,地点在丘姓的主祠堂里。改选片长是南村村落权力结构的一件大事,一是片长所具有的权力,二是钟志豪的双重身份:片长与承包人。围绕其双重身份,村民们展开了激烈的争论,从片长选举延伸到片长身份和片长的必要性等内容。集体毁约中的较量转移到片长选举,把毁约的行动寄托于村落内部权力的变化。

2011年3月21日晚,南村丘姓祠堂里坐满了人。祠堂是祭祖之用,供奉着丘姓祖先,以往宗族的大事都在祠堂里讨论。祠堂也是一个比较大的公共场所,片里的事务常在这里议决。这里也是钟志豪第一次当选片长的地方,

---

① 与村民丘学林的访谈,2010年6月30日。
② 与村主任黄光荣的访谈,2010年6月29日。

在2008年片长选举时，他曾经高票当选片长，前片长仅5票，他得到50多票。再一次选片长的时候，情形就有所不同了。

片长选举开始前，先由现任片长钟志豪报告财务情况，并就片里的公益事业做简要的介绍。随后以投票的办法从钟志豪、丘明贤、丘东来和丘仲清四个小组长中选出新的片长。前面的过程比较平静，但是在分发选票的时候，坤字辈村民在丘林坤的带领下，将松脂的问题提出来，同时对钟志豪以片长身份承包集体资源表示异议，"片长不能发集体的财，以前的松脂合同要废除，再进行招投标，要维护集体的财产，那是公山，人人有份"。钟志豪则反问："难道当了片长就不能做些投资，不准勤劳致富？""当初不是没有公开招标，没有人投标啊"，"没有看到我为村里的公益事业，找朋友拉赞助的辛苦了，这几年修建的公路、机耕道和渠道都没看见吗！"两人针锋相对，气氛一时紧张起来。其他村民小组长打断了争执，提议先选出片长来。丘林坤不同意，他说："片长没有多大作用，有了村民小组长就行了，有一个片长做决定还有压力，如今小组长相互间关系平等，有什么事情小组长同意了就通过，要选你们去选。"说完领着一群坤字辈的村民离开了祠堂。丘林坤想以此表示对片长选举的不认同，即使会议选出片长，他们能够以没有投票拒绝承认片长的权力，或者至少在情理上站住脚，自己没有投票就没有义务去听片长的。

片长选举继续，选情有点复杂。钟志豪和丘明贤呼声最高，支持钟志豪的村民来自南四和南二小组，大约有30票，选丘明贤的村民有南一和南三小组，大约有40票。计票结果以写"正"字显示在小板子上，一票一笔，当丘明贤的优势显现出来时，钟志豪也坐不住了，选择离开祠堂，又走了一些村民。剩下的村民和村民小组长不知所措，按理说，片长不仅是选票投出来的，还应当得到村民公认才行。祠堂里先后走了两批人，留下来的村民不多，选举的意义大为减弱，如果硬是选出片长来，片里面可能会发生严重的分裂，小组长和村里老干部、老党员商量后决定片长暂缺，村里的财务由丘明贤管理，片里事务由村民小组长集体决定，延续了二十多年的片长暂时空缺。

在访谈村民中，关于片长有两种趋向并存着。丘姓宗族理事会理事长丘兴昌认为："片里的公益事业都是采用公开透明的方式进行的，管理较为民主，例如祠堂修缮和打水泥路，一般会成立理事会，邀请老干部、老党员、村组干部和村民一起研究讨论，理事会成员是义务劳动，从筹款、建设到后续立芳名碑都会公开财务，接受村民的监督。一直以来，片里的公共事业都是依照理事会的方式进行的，村民也满意，有没有片长没有多少差别的。"① 与之相反，普通村民丘云英表示："片长是片里的带头人，主持片里的事务，作用重要。前任片长公益事业做了不少，比如修路装灯，有片长比没有片长好。"南村前任片长丘林生感慨道："片长最大的责任是做好片里的事业，听村委会的话，这届片长（钟志豪）三年没有公开账目，村民意见较大。另一方面，片长是义务性质的，一年的补贴还不够一个月的电话费，片长难当。村民人心难测，就是财务公开也不相信你，公益事业做得越多，村民感觉干部贪得越多，现在自己自由自在，不再担心村民说闲话了。"②

　　村民意见的不一致反映出普通村民与族老的不同立场，普通村民更多是从情理层面来分析，有情才有理，因为片长确实做过不少好事，为村民提供了力所能及的公共服务，比那些公正却没有成绩的片长来说要有比较优势。族老的立场则是从道义层面出发，片里的公共事务应该公正公平，讲道义修功德，如果当片长要有特权，要有好处，那么不要片长也行，不是还有理事会吗？普通村民关心的是公益事业由谁来挑头，族老关心的是公益事业是否公益。祠堂角力的直接后果是村落权力主体的变化，钟志豪的片长实质上已由丘明贤来承担，片财务掌握在丘明贤的手中。副效用是村落的权力结构从"村民—小组长—片长"向"村民—小组长—小组长集体"转换，小组长在村落中更有发言权，钟志豪失去片长身份是松脂事件后续发展的转折点。

（四）村民集体毁约的尾声

　　自从祠堂里角力开始，钟志豪再一次处在被动状态。丘明贤虽不是片长，但是已经掌管片里财务，自己现在只是四个村民小组长之一，说话的分量大不如前，维系松脂合同的村落权力荡然无存。眼看着村民第二次毁约又在酝酿之中，钟志豪会用什么方式来应付村民的集体毁约，上次是拖延时间和上下打点，这次是金蝉脱壳和分化威胁的策略。最终，意见领袖的安静和镇政

---

① 与村民丘兴昌的访谈，2011 年 8 月 7 日。
② 与村民丘林生的访谈，2011 年 8 月 7 日。

府的息事宁人让村民集体毁约的尾声无声。

1. 金蝉脱壳：承包人的变化

祠堂里的片长选举，坤字辈村民抓住钟志豪的双重身份来否定其经营松脂的合理性，进而认为之前的协议不算数。在片长选举落败的情况下，如何保证自己作为承包人的利益呢？钟志豪与丘文生做出了一个选择，向邻村一个有势力的林姓老板邀约，钟志豪把合同转给林老板，实际上，松林的经营和管理依然是钟志豪来做，采脂工人住在他家老房子里，收脂和买脂也是他来负责。承包人的变化只是为了把村民的口堵住，让村民没有可以利用的借口，以此来避免村民对此承包合同的异议。再者，林老板不是普通的承包人，"他的生意做得大，有钱有势，在地方上有影响力，身边有些散班子"①，代表着乡村社会另外一类权力，即灰色权力。在乡村混混的灰色权力面前，村民实在太渺小，村干部和村集体的软弱则是普遍现象，甚至有时国家政权力量也显得软弱无力。乡村混混成了村庄秩序的主导者，成为村级治理和村庄生活中暗中起实际作用的力量。② 开始的时候，村民对林老板不熟悉，他突然在南村的松脂协议中插一杠子，打乱了村民本来想重新商定合同的计划。可以预见的是村民没有轻易地放弃毁约的要求，村民小组长也并没有同意。后来一连串意外事件让村民中的意见领袖屈服了，因为他们面对的是一种不按常规行事的势力。

2. 自身安全：意见领袖的安静

第一次感受到危险的是村民小组长丘仲秋，他一直在镇里的胶合板厂做工，一天正准备回家，厂子门口出现一群人把他团团围住，领头的人要他不要管松脂的事情了，"不要挡着老板发财，如果放手，你好大家好，不然就容易伤和气"。丘仲秋没有见过这样的架势，回到家里还没有坐安稳，便把事情告诉了丘明贤、丘仲清。他们知道一定是钟志豪和丘文生搬来的林老板给他们的警告。但是，他们并没有被吓到，继续联系村民反对不经村民同意把合同转让。

第二次威胁不期而至，2011 年 4 月 16 日晚上，丘仲秋家种植的烤烟莫名被人齐根砍倒，丘明贤和钟小萍的烟地也同样惨遭"黑手"，共 1500 多株烤

---

① 与村民丘兴昌的访谈，2011 年 8 月 7 日。
② 参见陈柏峰《乡村江湖：两湖平原"混混"研究》，中国政法大学出版社 2019 年版，第 344 页。

烟遭毁灭性破坏。经粗略统计，在丘仲秋家近1亩的烟地里大约有1200株烤烟被砍倒，剩下没倒的烤烟也受到不同程度的破坏，如果按人工、肥料成本和收成来算，损失约3000元。另外两户人家种的烤烟也分别被砍了约300株和40株，经济损失较少。① 丘仲秋立马向派出所报案，也向媒体求助，到镇政府上访，最后因为没有证据只好不了了之，可以判断的是三人都是村组干部，钟小萍是支持丘仲秋和丘明贤积极毁约的村干部。"这些烤烟是去年12月种下的，下个月就可采摘烘烤，没想到在这个节骨眼上被人毁了"，丘仲秋明显感觉到之前的威胁与后来的砍烟报复是有联系的。经历威胁和报复的两连击后，丘仲秋安静了。曾经四次到镇政府反映问题的丘仲清也在哥哥的劝说下没有再去镇政府了。毁约的另一个主角丘林坤也遇到了同样的威胁。丘林坤在镇上经营一家榨油坊，生意还不错。"村里出了砍烟的事后，个别村民去镇政府上访，要求查清幕后黑手，回来就被威胁了，自己也一样，说要砸掉油坊"，他还表示自己不怕威胁，"出来开店的不怕别人砸店"，"在农村要强势点，没人没势再有本事也要靠边站，要吃肉，砧板旁边站"。② 可是在其他人安静后，他并没有采取进一步的行动。

3. 社会维稳：镇政府息事宁人

后来少数村民去镇政府上访，可是没有结果。缘何会如此呢？其实，镇政府副镇长徐小军道出了镇政府的看法与立场。村民上山只是个人恩怨而已，"其实，村民上山是丘林坤个人想借机生事，不是合同问题，而是个人恩怨"。关于合同，徐镇长认为："合同在程序上不合规定，采松香在林业上有专门的文件的，多大的树能够割，割多大的面积都是明文规定的，合同内容也没有告知村委会与镇政府，合同完全可以撤销的，后来合同没有撤销是因为群众没有闹事就算了。"最后，他总结道："干乡镇工作，无事就是本事，摆平就是水平。"③ 由此可见，镇政府息事宁人也是基于乡镇运作的潜规则使然。

在南村松脂事件上，镇政府的核心利益是维稳，这也是镇政府行动的出

---

① 参见严海苑《1500株即将收成烤烟被齐根砍倒遭毁灭性破坏》，《梅州日报》2011年4月18日第3版。

② 与村民丘林坤的访谈，2011年8月17日。

③ 与徐小军副镇长的访谈，2011年8月15日。

发点，当村民上山有可能发展为村民冲突时，镇政府全部出动，在村委会干部的协助下，以三天答复为条件顺利把村民劝下山，避免发生恶性事件。而后，在承包人保证做好村庄稳定工作的情况下，镇政府并没有采取措施满足村民要求，而是让村委会和南村组干部来处理，村民去林业局上访后，林业站依然没有强力介入此事。与个别人的反映问题相比，镇政府更为担心的是群体性事件的发生。在村民没有大举动后，镇政府也不愿牵涉进去，如果卷入太深，容易引火上身，倾向于毁约事件其中任何一方都可能带来维稳的压力，最好的结果是村民内部消化矛盾。

4. 无可奈何：村民静静地等待

集体毁约中普通村民也是重要的潜在主体，在松香涨价的消息满天飞时，村民吃亏的感受是确切的，在随意访问的多位农户中，大都知晓割松脂的事情，实际上参加上山行动的人只有一半，参加片长选举的村民也只有一半，可见，半数村民积极参与了集体毁约的两次行动，后续上访则由少数村民和村组干部承担。考虑到成本与收益的关系，普通村民并没有足够和长久的动力去坚持毁约行动，他们的行动仅限于村内的有限参与。对那些有相对风险的事情，村民只能委托于意见领袖们的积极行动，必要时村民也可以为意见领袖提供舆论支持，彼此之间构成一种行动的分工。当意见领袖安静后，普通村民失去领导者和组织者，集体毁约行动难以成行。是否能够在普通村民中产生新的领导者和组织者，抑或原来的意见领袖能否再次活跃起来都需要拭目以待，缺少带头者的这段时间里，村民只能静静地等待。

四 村民集体行动的情境逻辑

南村村民集体毁约并没有坚持多久，在这里，宏大的抗争政治难以解释村民集体行动的逻辑，所以从村落的特质和村民能动性来概括与提炼不失为一种可取的路径。笔者借用"情境"概念来解释村民集体毁约的行动，情境一般包括行为主体的人，含有各种特殊意义的文化特质，特殊意义与人的关系，个人及群体的社会互动过程，特殊的时间，特殊的场合和地点等六种因素。① 在具体的情境分析中,托马斯(William Isaac Jhomas)最先以"情境定义"来表明情境作为社会因素和社会环境对社会行动的制约,"在任何自决的行为之前,总有一个审视和考虑的阶段"②。孙立平在总结托马斯的"情境定义"和本土方法论的"场景"概念后,提出"情境建构"的概念,认为在既定的情境之下,情境中的行动者努力改变和重构情境的过程。在一定的情境基础上,再生产情境的过程,通过情境建构争夺情境中的主动权的过程。③

本章认为村民集体行动的逻辑是在既定的情境基础上,能动性地进行情境诠释,在大情境中创造小情境,相互竞争的小情境能否转化为切实的行动则在于情境能否引起共振,激起村民的集体行动。从村民集体毁约行动的微观过程中发现村民集体行动是在不同的情境中相继展开的,从一个情境过渡到另一个情境,从而把集体行动渐渐向前推。在村民集体行动的实践里,并不如情境类型划分得那样清晰,而是出现情境重叠,集体行动者在一定情境底色的前提下,根据自己的需要来诠释情境,改变预先的情境,争取情境中的主导权,最终由谁获得胜利,取决于其情境诠释能否实现情境共振,即情境中多数个体的积极响应和配合。村民集体行动沿着"情境底色—情境诠释—情境共振"的逻辑展开。

(一) 大情境:协议与情境底色

情境有大小之分,所谓大情境是指村落的情境底色,是村落作为文化共同体所具有的生产、生活和交往的特质,也是某个村落或者某类村落所独具的,它为村落中的人和事设定了坐标,深深地约束着行动者的观念与行为,是理解社会行动不可或缺的要素。特别是在转型社会的多重情境背景下,既有传统社会所遗留下来的情境要素,又有现代社会所带来的新的情境要素。这就为不同村民的行为提供灵活的话语支撑和文化铺垫。一个复杂的村落情

---

① 参见张广斌《情境与情境理解方式研究:多学科视角》,《山东师范大学学报》(人文社会科学版) 2008 年第 5 期。
② [美] W. I. 托马斯等:《不适应的少女:行为分析的案例和观点》,钱军等译,山东人民出版社 1988 年版,第 37 页。
③ 参见孙立平、郭于华《软硬兼施:正式权力非正式运作的过程分析——华北 B 镇订购粮收购的个案研究》,《清华社会学评论:特辑》,鹭江出版社 2000 年版,第 21—46 页。

境系统不仅为协议的解读带来了差异性理解，而且也为协议的执行制造了困局，单纯以现代社会的情境来看待协议常常忽略村落传统情境系统的作用，以传统社会的情境来履行协议又与现代社会所强化的原则和精神相异，如此情形使得转型乡村社会的情境系统交织在一起，缺少一个平衡性的原则来框定村落实践生活。

由此可见，南村的出租协议包含在广泛的村落情境中，宗族型村落内的公共资源绵延着共有的惯例。从前的族产在物质形态上已经不复存在，但是村民的观念里还有所谓的原初认同，以及对共同体权利的主张。由此，情境之中的村民以村落共有文化为既定情境，将形式法律所无法囊括的"处境公平"作为协议的基础。此外，当初的协议只是在村落情境下得到村民小组长和片长的承认和村民的默许，至于协议超出村落之后的效用如何仍然未知。纵使村民的默许也存在着不少变数，协议只是在小部分村民小组长和村民内部知晓，其他村民可以"未公开"来规避签订协议前后所做的公开。这是村落权力结构的底色，在国家权力之外的村社自治，由于自然村与行政村之间的权力结构，片权犹如行政村的自治地带，在村落内部更具有决定性的作用和地位。作为国家权力延伸的行政村并不能将自然村纳入正式管理之中。南村村民小组依托于原有的宗族权力结构的划分，进一步将村落权力粉碎化，难以形成稳定的权力格局，难以维系协议效力。村落利益关系也发生着深刻的变化，如果原来是相对扁平的村落社会，那么如今的村落社会则出现分层与分化，村民之间以及村民与村干部之间的差距逐步扩大，彼此之间的利益竞争所引发的村落矛盾带来众多不安定因素。因而，环绕协议的村落情境遗留着大量集体毁约的机会和由头。

（二）情境化：话语与情境诠释

以结构—行动维度和理性与非理性维度，可以将情境分为制度情境、关系情境、常人情境和集群情境四类，并提出不同情境有不同的运作逻辑，制度情境的运作逻辑是法理，关系情境的运作逻辑是日常权威，常人情境的运作逻辑是情理，集群情境的运作逻辑是语言暴力。[1] 村落是一个熟人社会，其情境是关系情境，协议之初有村民小组长和片长的日常权威保证，又有常人

---

[1] 参见费爱华《情境的类型及其运作逻辑》，《广西社会科学》2007年第3期。

情境对情理的重视，毕竟协议酝酿之时，进行过公开招标，某种程度上村民也接受了协议的事实，承包人与村民的关系就如生活中的买卖双方一样，承包人付租金的行为是投资，必然期待一定的回报，属于情理之中。如此村民小组长与村民，承包人与村民之间的情境底色分别是日常权威和情理。情境一方面制约着社会行动者，另一方面又不是固定的，能动的行动者能够摘取村落情境要素加以诠释，按照各自的需求扩大情境的广度，或者情境的强度。情境诠释取决于诠释内容与情境底色的关系，诠释者的关系网络，诠释方式的灵活性和诠释者的利益关切度等。"控制与理解将通过对情境的平衡性的说明来获得，这需要诊断和叙事的技巧。通过不断对社区中其他成员重复这些叙事，而使得知识的不断循环重复被理解。而这些理解的保存又会对控制的维持做出贡献。"①

从不同村民在事后的话语分析来看，族老以祖宗山林的表述唤起其他村民的注意，其情境诠释与传统共有惯例相契合，通过向前追溯来达到历史情境的再生产，山林是祖辈的心血，凝聚了村落历史上全体村民的奉献。族老借助宗族理事会等关系网络传达自己对情境的诠释，所能覆盖的村民比较有限，宗族理事会主要是组织每年三次的祭祖活动和维修宗祠等事务，而对村民广泛的日常生活影响力有限。族老的诠释方式也比较单一，无非是村落历史的复述和传说故事的引证。村民及其支持的新任村民小组长所诠释的情境是从现实的利益加以考量的，一是水源安全的考虑直接对应村民主张共同体权利的情境底色，水源不是村民个人的问题而是整个共同体的生存权利，暂且不论山林是否会对水源带来威胁，单就水源安全所作的情境诠释能让大部分村民重视山林，另外，村民对山林是经济林还是生态林的理性计算也提醒村民默认协议承担的机会成本。在生存与发展的利益激励下，此种情境诠释通过村民的日常交往网络传播开来，每个村民基于利益的关切都成为传播网络的信息发射点，利益的内容是最为丰富的，其承载的情境也是村民最容易接受的。承包人依常人情境所作的情理分析，指明村民毁约是眼红忌妒，不符合情理，自己是村民不讲情理的受害者，村民不念及自己为村里公益事业作的贡献。承包人试图将从前热心公益的行为当作此时常人情境诠释的内容，

---

① ［瑞典］芭芭拉·查尔尼娅维斯卡：《社会科学研究中的叙事》，鞠玉翠等译，北京师范大学出版社2010年版，第50页。

承包人及其亲属是其诠释情境的网络。族老、村民和承包人的情境诠释在广度和强度上是有差别的,从广度上看,按照降序排列依次为村民、族老和承包人,从强度上看,依次为承包人、族老和村民。综上所述,就集体毁约的实践而言,情境诠释中不论是族老的诠释历史情境,村民的诠释共同体权利情境,还是承包人的诠释常人情境,在整个过程中村民诠释的共同体权利情境占据着情境诠释的主导,至少在村落范围内是如此的。

(三) 小情境:行动与情境共振

情境底色增加集体行动的可能性和情境空间,情境诠释标明各行为主体的动机和情境氛围,两者都是情境再生产的重要步骤,然而最后的行动则是在情境共振的条件下达到的。所谓情境共振是某种情境诠释与个体的情境感受相符合,由此带来一种集体情境,集体情境以语言暴力为运作逻辑,其所运用的语言是占主导的情境诠释。在村民集体上山时,起先只是少数村民的行动,辅之以选择性的激励,后来尾随与加入的村民是因为共同的情境感受才进入集体情境的。

随之与乡镇干部的交涉则混入制度情境的因素,乡镇与村民之间的情境是法理与共同体权利的互动。乡镇极力将村民拉入制度情境之中,希望村民和承包人以司法调解的办法进行协商,把问题放在法理之内,避免村民滑入集体情境。村民则以集体情境为要挟,让问题进入制度情境的轨道以瓦解承包人的常人情境,在村落之外寻找机会。制度情境所要求的是理性的表达,部分村民以村民代表的身份进入制度情境,制度情境之中的村民代表、乡镇干部和承包人各自的情境诠释没有能够实现情境共振,承包人在上下打点与说服性沟通后,用常人情境消解制度情境,情理代替法理成为情境诠释的主导。走法理受挫的村民代表回到村落情境,继续进行情境诠释,此刻的情境诠释把乡镇干部和承包人捆绑在一起,以到县里上访寻求更大制度情境的帮助,上访只是少数村民的行动,他们的情境诠释难以赢得广泛的情境共振,为此,必然返回村落情境借机反制承包人。只有在村落情境中,共同体权利才会在广大村民里产生情境共振,祠堂里的角力正是村民情境诠释的延续,在这一情境中承包人缺少有力的情境诠释。

经历再次的被动后,承包人瞄准共同体权利诠释者以灰色情境来逼迫其退出,灰色情境运作的逻辑是强力,村民代表与灰色势力博弈的过程中,身处暗处的灰色势力用威胁和破坏，导致村民代表无法诉诸法理、情理、日常权威和语言暴力的情境。情境诠释不能没有诠释者的存在，当诠释者淡出情境诠释后，特定情境将回落到情境底色（大情境）的一部分，村民集体行动从显性的行动走向隐性的可能。

第十七章
乡村治理资源重组的类型研究*

在中国,政策是执政党主要的执政手段之一,中国共产党正是依靠不断推出和更新的系列政策将亿万分散孤立的农民组织到政党和国家体系中来。所以,政策对于农村发展起着至关重要的作用。[①] 改革开放以来,在城乡二元的历史背景中隐含的"三农"问题逐渐凸显出来。以"多予、少取、放活"为基本原则的农村税费改革和以科学发展观为指导的统筹城乡发展战略成为新时期化解"三农"问题的重要手段,其载体便是惠农政策的不断下乡。在惠农政策嵌入乡村社会的进程中,惠农政策也不断重塑着乡村治理的形态。其中最为重要的是惠农政策推动了乡村治理资源配置由资源汲取型向资源赋予型转变。本章即以对新型农村养老保险(以下简称"新农保")试点情况的调查数据为分析对象,[②] 探讨"惠农政策下乡"如何影响乡村治理资源的配置以及由此赋予乡村治理的意义和价值。

---

* 本章与慕良泽教授合作,以《惠农政策的嵌入与乡村治理资源重组——基于对新型农村养老保险政策的调查分析》为题,发表于《理论与改革》2010年第6期,收录本书时略有修订。

① 参见徐勇《"政策下乡"及对乡土社会的政策整合》,《当代世界与社会主义》2008年第1期。

② 华中师范大学中国农村问题研究中心"百村观察"项目组2010年1—3月进行了以"新型农村养老保险试点情况"为主题的社会调查。本次调查以新型农村养老保险试点县(市)、区、旗为样本库,从中随机抽取若干。在抽取的样本县(市)、区、旗中随机选取一个试点村庄,在试点村庄中再随机抽取30户,分别从农户、村庄与县级主管部门三个层面来展开问卷调查与深度访谈。本次调查成功回收农户问卷1942份、村庄问卷69份以及县级主管部门调查问卷68份。本章中的数据分析均基于本次调查所获取的有效数据。

一 乡村治理资源配置类型分析

乡村社会是一个资源载体。从乡村资源的性质来讲，乡村社会的资源丰富，既有自然资源，也有社会资源；既有显性资源，也有隐性资源；既有硬资源，也有软资源。就乡村资源的来源而言，乡村资源也是多样的，既有乡村内部自生的资源，又有外部社会输入的资源。从乡村资源与国家的关系即乡村治理资源的资源配置来看，乡村社会资源是变动不居的，国家既汲取乡村社会资源，又赋予乡村社会治理资源。由此，乡村资源的不同禀赋以及乡村治理资源的不同配置方式深刻地影响着乡村治理状况和形态。笔者认为，乡村治理资源的配置以国家与乡村社会的关系为标准可分为三种主要类型：自给自足型、资源汲取型以及资源赋予型。

（一）自给自足型的乡村治理资源配置

在传统国家，当乡村社会外在于国家的控制范围时，乡村社会自给自足地生产、生活和交往，没有外在力量的嵌入，以自给自足的生活逻辑重复着循环的社会节奏，"日出而作，日入而息"是对乡村社会的真实写照，即日本学者所总结的"村庄共同体"及"自治论"。[1] 在此发展阶段，乡村社会主要利用村庄内部资源实现自治。乡村治理资源配置的机制是以乡绅为主体的自治形式，乡村中固有的宗族关系、人情关系以及邻里关系等非正式性的权力资源构成乡村治理的主要凭借。国家与乡村的关系以税赋的形式简单地结合起来，"皇粮国税，天经地义"是乡村社会对于国家的直观感受。正如孙中山先生所言："中国人民的组织思想就很薄弱，人民不管谁来做皇帝，只要纳粮，便算尽了人民的责任。政府也只要人民纳粮，便不去理会他们别的事，其余都是听人民自生自灭"[2]，"中国人的团结力只能及于宗族而止，还没有

---

[1] 参见邓大才《超越村庄的四种范式：方法论视角——以施坚雅、弗里德曼、黄宗智、杜赞奇为例》，《社会科学研究》2010年第2期。

[2] 孙中山：《三民主义》，岳麓书社2000年版，第89页。

扩张到国族"①。这是对自给自足型乡村治理资源配置下乡村秩序的经典概括。

(二) 资源汲取型的乡村治理资源配置

当乡村社会被纳入国家政权体系中，国家权力渗入乡村社会的肌理，乡村社会作为统一国家的一个有机组成部分而发挥作用时，乡村社会也承载着国家发展的资源提供者的角色。中国进入现代国家之时，为实现工业化和现代化的要求，致使乡村资源成了工业的原始积累的来源。在"以农支工"的战略要求下，以城乡二元结构制度化来保障农业哺育工业的目标的实现。在这种发展形势下，统购统销、户籍制度、城乡二元的分配方式等制度设置塑造了乡村治理的基本形态。直至农业税取消前，乡村治理资源的配置机制表现为国家以资源汲取者的角色进入乡村，以政治动员和行政力量的强制为主，从乡村社会中源源不断地汲取资源。作为乡村治理主体的农民往往陷入被动或者成为强制的对象。夹在乡村社会与国家之间的村干部在工作中也是"两边都受苦，里外不讨好"。此时的乡村治理往往是压力型体制下的目标责任制的副产品。在这种乡村治理资源的配置中，随着政权建设之初所奠基的合法性资源的逐渐耗尽，乡村社会不断发生的"事件"或者"危机"也说明乡村治理本身需要在重重困境中突围。

(三) 资源赋予型的乡村治理资源配置

在现代国家，要实现乡村治理转型，首先需要国家发展战略的引领和诠释。进入21世纪以来，"三农"问题被诠释为国家发展中的主要问题。以农村税费改革为标志，乡村治理资源配置进入资源赋予型时代。一方面，在惠农政策大量下乡的情况下，国家由资源汲取变成资源分配的角色，对农村社会，更侧重于资源赋予。特别是在"以工促农、工业反哺农业、城市支持乡村"的发展战略下，国家通过惠农政策来赋予农民"国民待遇"，提供基本的公共产品，努力实现农村公共服务均等化，逐渐实现"种地不收税、上学不交费、看病不太贵、养老不发愁"的农村发展目标。另一方面，农村税费改革使得基于资源汲取而组织和发展起来的乡村行政性机构的人员大量闲置，生存资源锐减，面临权力流失和职能虚弱的境况。但是，近年来，依托于惠

---

① 孙中山：《三民主义》，岳麓书社2000年版，第2页。

农政策的资源源源不断地输入乡村社会，为了贯彻落实惠农政策，乡村原有的闲置治理资源被激活，某些治理资源的作用方式正在发生转变。在资源赋予型惠农政策的促动下，乡村机构开始重组，出现了为贯彻重大的惠农政策而设立的新机构。为了落实惠农政策，经过培训的乡村干部的职能也从原来侧重行政管理向侧重公共服务转变。在赋予资源的惠农政策面前，农民由被动消极的压力适应者向积极主动的利益维护者转变。以惠农政策为依托，围绕惠农政策的贯彻落实，乡村干部与农民之间积极协作的新型乡村治理资源配置方式正在形成。

笔者将乡村治理资源配置分为三种不同的类型是为了分析的便利，突出各自的特性，以对在特定的阶段中占主导地位的形式进行重点分析。在乡村社会的现实中，乡村治理资源的配置类型并不是单纯的某一类，而是上述类型的混合。以资源赋予量和资源汲取量构建二维坐标图（如图17-1）可以清晰地展现三种不同类型的特点。在资源赋予型的配置方式中，国家的资源赋予量大于汲取量，"予多于取"。在资源汲取型的配置方式中，国家资源汲取量大于资源赋予量，"取多于予"。在自给自足型中，国家既没有赋予资源，也没有从乡村汲取资源，"不取不予"，自给自足型其实是理想类型而已。在均衡线位置上资源赋予等于资源汲取，"取予相等"，这是一种均衡发展的状态。

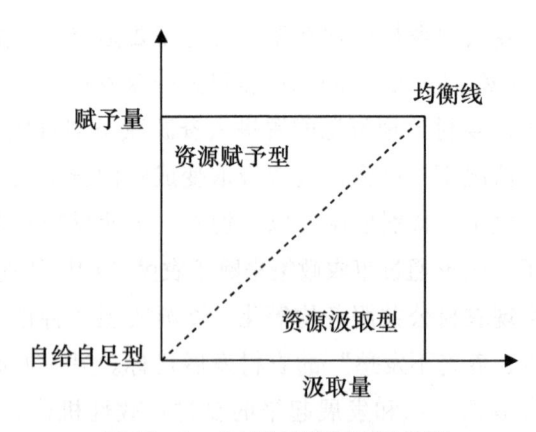

图17-1 乡村治理资源配置类型

二 资源赋予型乡村治理资源重组

从新农保政策实施的过程来看,资源赋予型的乡村治理资源重组主要表现在机构与人员的重组,乡村干部角色变迁,农民公共权利意识激活等方面,以及由这些方面的组合所带来的乡村治理的新状态。

(一) 机构与人员重组

新农保政策的下乡需要有效的载体,为此试点地区建立了"新农保"的工作领导机构,组织了专门的机构负责"新农保"的运行,如人口信息的统计、保险费用的缴纳、养老金的发放、财务管理以及监督执行等。对"新农保"县级主管部门的调查数据显示,整体而言,83.8%的县级政府在乡镇成立了专门的工作机构。具体来说,在机构的类型方面,20.0%的县级政府设置了新农保管理与服务中心;近三成的县级部门依靠原有的社保所或者财经所;16.4%的县级政府成立了临时性的工作领导小组(见表17-1)。在职能关系方面,当问及"农村养老保险是政府的事"还是"劳动保障局的事"时,15.9%的县级主管部门的受访者认为"是劳动保障局的事",而有高达68.3%的受访者笼统地认为"政府应当承担责任"。当问及"劳动和社会保障局是否能够完全承担新农保工作"时,50.0%的受访县级主管部门回答为"不能够"或者"说不清"。这说明,面临众多惠农政策下乡的新的发展阶段,基层政府的机构调整也在逐渐发生变化以适应国家主导的资源赋予型的乡村社会发展。

表 17-1 新农保执行机构的类型分布情况

执行机构类型	样本数	比重(%)
新农保管理与服务中心	11	20.0
社保所或财经所	35	63.6
临时领导小组	9	16.4
合计	55	100

为了推进新农保政策，各试点地区在县与乡镇配备了相应的工作人员。从行政人员的总量来看，被调查的试点县级政府中新农保工作人员平均为12人，每个乡镇大约6人。在行政人员职业专属性上，被调查的试点地区县级工作人员60.0%属于专职工作人员，4.6%属于兼职；乡镇中从事新农保工作的人员14.1%是专职，26.6%是兼职，59.3%的乡镇既有专职又有兼职（见图17-2、图17-3）。由此可见，县级工作人员专职居多，乡镇工作人员则多为兼职。为了保证新农保政策的贯彻执行，79.1%的村庄有专人负责新农保政策的实施。然而村干部作为新农保政策的兼职协管员，其报酬如何解决？45.9%的村庄协管员由财政给付报酬，与此相对，有31.1%的村庄协管员没有报酬。由此可知，新农保政策的下乡使得税费改革后闲置的基层干部重新获得了角色地位，成为乡村公共事务中不可或缺的治理资源。

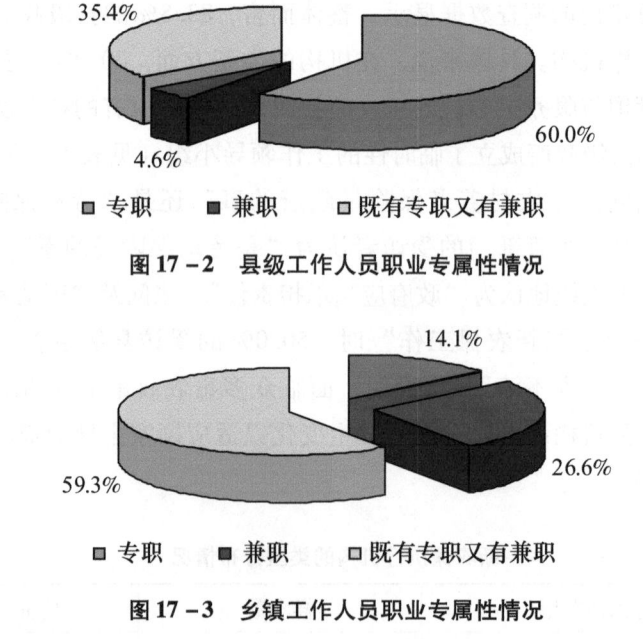

图17-2　县级工作人员职业专属性情况

图17-3　乡镇工作人员职业专属性情况

（二）乡村干部角色转变

从乡村干部对新农保政策的知晓与意愿、上级政府的支持与压力以及推行新农保政策下乡中乡村干部的行动等侧面可以反映乡村干部角色的变迁。被访问的乡村干部中有45.6%对于新农保政策"非常了解"；有51.5%的干部"较为了解";仅有2.9%的干部"不太了解"新农保政策(见图17-4)。如前所述,有31.1%的作为协管员的村干部是没有报酬的,但当问及"是否愿意积极推动新农保政策的实施"时,98.5%的受访村干部回答为"愿意"。这说明,一方面,在由资源汲取型乡村治理资源配置方式向资源赋予型乡村治理资源配置方式转变的过程中,乡村干部的工作环境发生了变化,由资源汲取转向资源赋予,其工作方式也由强制性保障走向自愿承担和推进。另一方面,从"上级政府是否对参保率有硬性标准"来衡量基层政权在惠农政策下乡过程中与高层政权的关系,44.8%的被访村庄认为"有上级政府的硬性标准",55.8%的村庄认为"没有硬性标准"。由此说明,惠农政策推行的机制还带有浓厚的压力型体制的成分。

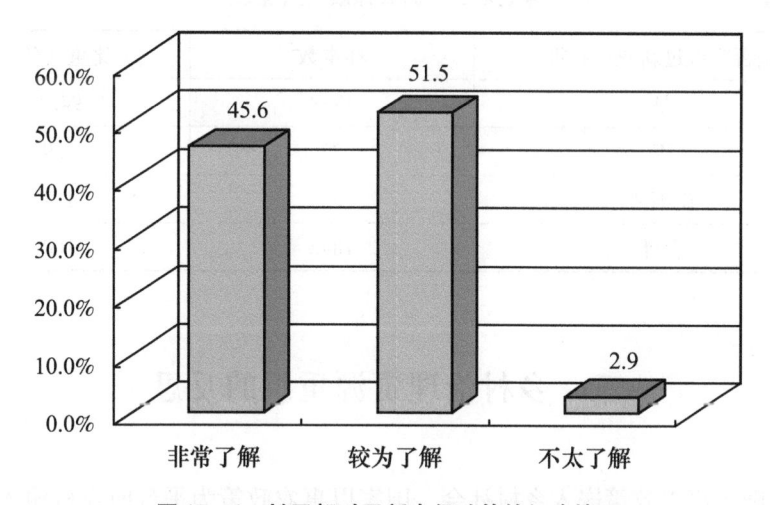

图17-4 村干部对于新农保政策的知晓情况

(三)农民权利意识激活

从农民参保的程度与态度来看,有73.6%的被访农民参加了新农保。在参保农民中,有98.3%的农民是自愿参保;当政府和村庄不作强制要求时,仍有85.7%的农民愿意交养老金。两个数据之间的差异对比说明农民对国家关心农村养老问题的充分认可和对新农保政策的积极支持。从农民对新农保政策的知晓率来看,仅有5.6%的农民"没有听说过"或者"说不清"新农保政策(见表17-2)。调查发现,虽然农民并不知道新农保政策的细节,但是农民积极通过多种途径了解新农保政策。当问及"各级村干部是否传达了关于新农保政策精神"时，有85.2%的受访农民回答"传达过"，与此同时，有43.5%的受访农民向其他人询问过新农保政策的相关内容。笔者在山西调查时发现，试点村庄对基础养老金的发放情况采取"连坐监督制"：即如果发现村庄中有已经去世的老人还在继续领取基础养老金，则停发该村民小组所有老人的基础养老金2个月，以此形成村民小组中的群众能相互监督的机制。由此可知，惠农政策下乡使得农民对于公共事务的参与权、知情权等权利意识开始觉醒，为乡村治理注入了活力。与资源汲取时期农民的消极角色相比，在资源赋予型的乡村治理中，农民的角色由消极变为积极，由回避变为参与甚至是积极争取，在积极争取的过程中也增长了维权意识。

表17-2　　　　　　　　被访农民对新农保政策知晓率

是否听说过新农保政策	样本数	比重（%）
是	1738	94.4
否	72	3.9
说不清	32	1.7
合计	1842	100

三　乡村治理资源重组的反思

伴随着惠农政策嵌入乡村社会，国家以惠农政策为平台向乡村输入资源，并带来了乡村社会原有治理资源的重组，如机构的调整和人员的配置，乡村干部角色的转变与农民权利意识的激活等。面对乡村治理资源重组的现实和契机，如何回应乡村治理面临的挑战与机遇，催生并巩固乡村治理资源的有效增量是我们要讨论的核心问题。

（一）以乡村治理资源重组为契机，实现乡村治理转型，达到善治目标

惠农政策嵌入乡村社会导致乡村治理资源的重组，为乡村治理开辟了广阔的空间。相对于自给自足型与资源汲取型的乡村治理资源配置阶段，现阶

段乡村治理资源重组给予乡村治理以丰富的可供使用的资源优势：国家是惠农政策与资源输出端，是乡村治理的主导力量；乡村干部是惠农政策下乡入户的桥梁和纽带，是惠农政策贯彻落实的保障力量；农民是惠农政策的归宿，是政策效用的享有者和反馈者。国家、基层干部、农民三者主体以惠农政策为载体，共同推动乡村治理转型。

（二）乡村治理资源配置方式的转型是一个系统工程，转型之路任重而道远

从新农保政策的贯彻执行可以看出，惠农政策激活了农民的权利意识，但是在落实惠农政策过程中还要培养农民履行相应义务的意识。试点地方为落实新农保政策进行了机构调整，虽然设置了惠农政策下乡的机构，但还是存在机构之间职能关系不协调，机构内部分工不明确，机构设立的临时性特征较强等问题。因此需要打造惠农政策实施的系统平台，将不同的人员楔入惠农政策下乡的工作中，达到机构内部明确分工，机构协同共进的阶段，仍然有很多问题要逐一解决。税费改革后闲置的基层行政人员虽然获得了新的角色，但是要完全适应服务于新农保的各项工作，基层政府还要加强人员培训力度。以此提升机构与人员资源重组效果，切忌"旧瓶装新酒"，消解惠农政策。同时我们也看到，新成立的机构和配备的人员仍然在压力型体制中运转，因此，机构的重建和人员的重组也势必会挑战原有的乡村治理体制。所以，以贯彻落实惠农政策为契机，构建民众积极参与的公共服务型基层政府也是乡村治理资源配置实现转型的重要条件。另外，资源赋予是为了资源再生和资源整合，输血最终是为了能够自我造血。所以，要积极发挥乡村治理资源重组的正效应，避免"等""靠""要"等负效应的出现。惠农政策也要坚持从各地实际出发、量入为出、持续惠农的原则，否则会使激活的乡村治理资源重新陷入瘫痪境地，甚至产生不可治理的状况。

第十八章
农村社会组织发展的定量研究[*]

社会的自组织程度是衡量社会治理的重要标准，在政府倡导下农村社会组织发展迅速，越来越多的社会组织介入农村基层治理当中，成为农民自我管理、自我服务、自我教育和自我监督的重要载体。不过，当前农村社会组织始终面临着行政依赖与组织自主之间的张力，政府在培养和发展社会组织的过程中，并未以恰当和多样化的扶持手段解决自主性不足的问题，反而削弱了社会组织对资金和社会资源的吸纳能力，此外，社会组织自身也不具备成熟的自主能力和社会动员的能力。为此，从当前社会组织所处的发展阶段来说，应采用行政依赖与自主性培养相结合的"政社互动"模式。适当有效的行政支持能够解决社会组织规范性和资源短缺的问题，避免社会组织的无序化生长和社会资源的浪费。在此基础上要进一步着力对社会组织自组织能力的培育，逐渐让渡治理空间，激发社会组织的自主性，形成与行政支持衔接的长效机制。

一 农村社会组织发展困境

农村社会组织是提高农民利益表达组织化程度，拓展基层民主参与和民主监督空间，维护基层社会稳定的有效途径。2015 年，中央一号文件明确提

---

[*] 本章与田馨滦副教授合作，以《"行政依赖"抑或"组织自主"：农村社会组织的动力机制研究》为题，发表于徐勇等主编《政治科学研究》2018 年下卷，中国社会科学出版社 2020 年版，第 117—131 页，收录本书时略有修订。

出"激发农村社会组织活力,创新和完善乡村治理机制"新要求,将社会组织在农村社会建设的过程的重要作用放在更加突出的位置上,社会组织的活力也被不断激发,《中国社会组织报告》(2016—2017)指出,截至2015年年底,中国共有社会组织66.2万个。社会组织的发展已经引起了学界的充分关注。学者们对社会组织在促进和实现新型城镇化与新农村建设过程中的作用加以肯定,认为社会组织已经全面介入国家的政治、经济、社会和文化发展领域,成为实现政府治理与基层社会自治有机衔接和良性互动的有效途径,伴随着现代国家建设而带来的文明秩序对村庄传统的冲击,农村社会组织成长与发挥作用的空间越发广阔。[1]

中国社会组织生长于政府引导的环境里,政社互动的问题是中国社会组织发展绕不开的问题,如果把中国社会组织发展放在一个近三十多年的动态演变的长时段去考量,可以认为党和政府对社会组织的治理方式经历了一个从"行政化控制"到"体制性吸纳"的过程,吸纳的核心体制不再是行政性手段的直接介入,而是以引导和配合为主。[2] 党的十八大指出"加快形成政社分开、权责明确、依法自治的现代社会组织体制",使社会组织作为自治主体参与农村社区多元治理取得更大的发展空间。那么,目前农村社会组织的行政化依赖的情况是否得到改观?农村社会组织是否具有足够能力实现组织自主?行政依赖与组织自主,究竟哪条路径有助于社会组织的健康发展?基于该问题的探讨,目前学界的结论主要集中在以下几方面。

首先,农村社会组织依然存在高强度的行政化依赖。当前的社会组织正处于行政化阶段,但与实际社会化仍然有很大差距,社会组织与政府依然保持着异质性的关系,更像是下属或附属组织,部分农村社会组织"行政气息"浓厚。[3] 目前基层政府的错位、缺位和越位情况显著,而作为社会组织主体的

---

[1] 参见唐鸣、陈鹏《政社互动:十八大以来农村社区社会组织的发展路径》,《社会主义研究》2016年第4期;参见赵晓峰、刘涛《农村社会组织生命周期分析与政府角色转换机制探究——以鄂东南一个村庄社区发展理事会为例》,《中国农村观察》2012年第5期;参见陈荣卓、陈鹏《新型城镇化背景下现代农村社会组织管理体制构建研究》,《社会主义研究》2013年第6期。

[2] 参见尹广文《从"行政化控制"到"体制性吸纳":改革开放以来中国社会组织治理问题研究》,《南京政治学院学报》2016年第2期。

[3] 参见孔凡义、姜卫平、潘诗钰《社会组织去行政化:起源、内容和困境》,《武汉科技大学学报》(社会科学版)2014年第5期;参见王义《农村社会组织治理结构失衡与矫正研究》,《云南行政学院学报》2009第3期。

农民却缺乏渠道和方式影响政府的行为、表达自主意愿。[1]

其次，社会组织自主发展能力较弱。国家不断从乡土社会中退场，但农村社会组织发育迟缓，难以规范和维护农民的利益，使社会与国家间的良性互动难以实现。[2] 主要表现在两个方面。一是缺乏公众参与，凝聚力较弱。群众缺乏对社会组织的认知，而村民低组织化程度影响组织能力，从而表现出农村社会组织自立性差、凝聚力弱等问题。[3] 有学者就农民社会组织参与情况的调查发现，农民组织参与率非常低。[4] 二是农村社会组织的自我建设力较弱。资金匮乏、人才短缺、组织管理能力薄弱是社会组织提供农村公共服务所面临的最大障碍，且政府支持力度不够，农村社会组织提供的公共服务层次低、规模小和范围小，群众对社会组织提供的公共服务需求度高，满意度低。[5]

从公共选择理论来看，政府退出社会公共服务领域，逐渐转为向社会组织购买公共服务，能够降低服务成本，增加资源配置的效率，增强需求与服务匹配度。[6] 已有研究多认为，以自主性为前提的耦合关系才更有利于社会组织健康发展[7]，并从健全农村民主管理制度[8]、加强农村社会管理体制创新[9]，以及社会组织内部治理结构的转型[10]等方面提出问题对策。

---

[1] 参见门献敏《社会管理创新视野下我国农村社会组织的角色定位》，《社会主义研究》2012年第2期。

[2] 参见刘鹏《浅论中国农村社会组织的现代化》，《中国农村观察》2001年第6期。

[3] 参见蒋文文《我国农村社会组织的发展困境及消解机制探究——基于公民社会视角》，《经营管理者》2016年第24期；参见姜裕富《农村社会组织管理体制探析》，《安徽农业科学》2010年第31期。

[4] 参见李百超、谢秋山《基于CGSS2010的农村社会组织现状实证分析》，《中南大学学报》（社会科学版）2015年第5期。

[5] 参见张开云《社会组织供给农村公共服务：现状评价与政策取向》，《江西社会科学》2010年第11期。

[6] 参见门献敏《社会管理创新视野下我国农村社会组织的角色定位》，《社会主义研究》2012年第2期。

[7] 参见傅小随《社会组织自主发展与政府政策行为的耦合》，《开放导报》2014年第5期。

[8] 参见刘义强《构建以社会自治功能为导向的农村社会组织机制》，《东南学术》2009年第1期。

[9] 参见周红云《社会管理创新视角下的社会组织发展——宁波北仑区社区社会组织发展的案例研究》，《中共宁波市委党校学报》2011年第6期。

[10] 参见王义《农村社会组织治理结构失衡与矫正研究》，《云南行政学院学报》2009年第3期。

既有对农村社会组织困境的研究对于本研究具有重要的参考意义，总体而言，弱化行政、强化自主是主流观点对于社会组织未来发展的主要导向，但鲜有研究表明社会组织目前的自主发展能力能否承受行政不在场，即农村社会组织的动力机制问题，而这恰恰决定了当下社会组织的路径选择。且以往学者们对于农村社会组织的研究以规范研究为主，以大样本数据为基础的研究尚不多见。为弥补目前研究的不足，本章从实证出发，通过问卷调研、深入访谈等方式对社会组织的实际状况进行调查，基于数据分析基础，评估社会组织的真实困境，提出一些政策建议。

二 数据来源与样本分析

（一）数据来源

本研究所采用的数据来自华中师范大学中国农村研究院"百村观察"项目。本次数据源于课题组于 2015 年 7 月至 9 月，就"农村社会组织"问题展开的专题调查，调研人员主要由中国农村研究院硕士及博士构成。此次调查涉及全国 25 个省（自治区、直辖市）303 个村庄，采用多阶分层概率抽样设计，剔除无效问卷，共获得有效农户问卷 4078 份，有效村庄干部问卷 267 份，本章的分析以此次调查获得的数据为基础。根据社会组织的明确定义，将其性质界定为农村服务性、公益性和互助性组织，因此本章所指的社会组织主要指文娱组织、公共治理组织、公共项目组织以及外来的社会组织，不包括村集体经济合作社和村支"两委"等。

（二）样本描述

样本具体情况如表 18-1 所示，主要特征如下：男性在受访者中占比 75%，女性则占比 25%，由于男性在农村政治文化活动中更为活跃，男性居多的调查样本更能真实我国农村地区实际情况；从职业属性方看，务农农民占比 62.5%，务工农民占比 11.3%，从商农民占比 8.8%，大体代表了农村各个职业阶层的人员；从教育水平来看，文盲者占比 9.3%，小学教育水平的占比 34.3%，初中教育水平的占比 38.0%，高中（及中专）教育水平占比

14.6%，符合目前农村的知识水平结构，大专及以上占比3.8%；从年龄来看，30—59岁受访者占比62.3%，处于该年龄层次的农民多为家庭主要成员，对家庭及村庄事宜更为了解。样本从总体上具有良好的代表性。

表 18 – 1　　　　　　　　　　样本统计特征

变量	选择	样本数	百分比	变量	选择	样本数	百分比
性别	男	3057	75.0	政治面貌	党员	944	23.3
	女	1018	25.0		非党员	3128	76.7
职业	务农	2550	62.5	健康状况	优	1828	44.8
	务工	462	11.3		良	1479	36.3
	商户	356	8.8		中	484	11.9
	其他职业	703	17.4		差	237	5.8
					很差	47	1.2
教育水平	文盲	380	9.3	年龄	30岁以下	82	2.1
	小学	1399	34.3		30—39岁	289	7.1
	初中	1548	38		40—49岁	996	24.4
	高中（及中专）	594	14.6		50—59岁	1257	30.8
	大专及以上	153	3.8		60岁及以上	1451	35.6

三　农村社会组织行政依赖性与组织自主性

当前，农村社会组织发展状况如何，社会组织是否接受恰当有效的行政化引导，其当下的自主治理能力是何种程度，构成了对未来路径进行选择的事实基础。

（一）农村社会组织总体分布

根据民政部数据，我国社会组织总体上发展势头迅猛。2006年全国社会组织总量为35.4万个，2011年达到46.2万个，截至2015年年底，全国共有社会组织66.2万个。但就目前农村地区而言，社会组织总体上仍然存在

"质"和"量"两方面的问题,即总体数量上的缺乏和分布不均,以及类型内容上的单一和供需失调。对全国有效样本村庄社会组织分布情况进行分析的结果表明,全国近八成的村庄没有设立社会组织,这说明社会组织在我国农村地区的覆盖率依然处于较低水平。同时,为了与全国情况进行对比说明,针对东西部地区分别抽选不同经济发展水平和人口类型的省份数据,可以看出,在各省份社会组织分布占比中,中部地区的河南省、湖北省、湖南省均不足20%,说明处于国家中腹部地区的农村更难建立社会组织。而在福建省、江苏省、浙江省等东部经济较为发达的省份内,拥有社会组织的村庄占比均在30%,高于全国平均水平。

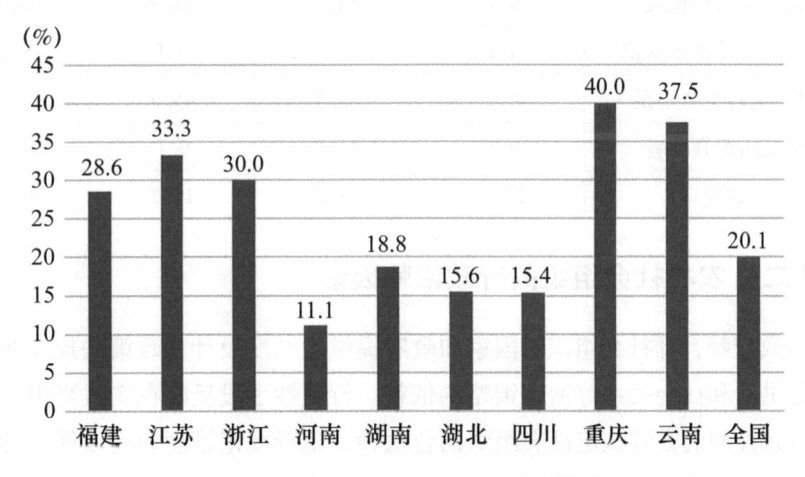

图18-1 农村社会组织占比基本情况

从类型上看,在农村地区现存社会组织中,数量最多的是文化娱乐类社会组织,在各类社会组织中占比达到64%,其次是公共治理类组织,占比28%,公共建设以及其他种类社会组织的加总不足10%。可见目前农村地区的社会组织类型功能集中,多以文娱类为主,而对农民自己进行组织化公共生活的助益较小。在对"目前您最需要哪方面的服务类组织"这一题的回答统计中,公共建设和公共治理类的社会组织占比,远高于文娱组织和其他类型组织的需求。这体现出随着农民的自主意识的增强,表现出寻求自主化管理机会的诉求。

从制约农村社会组织发展的主要因素来看,农村社会组织面临着村民参与不积极、活动开展不规范、组织运转资金不足、缺乏领导组织者等一些困难，其中认为最大困难是"组织运转资金不足"的社会组织占比最高，此外"村民参与不积极""缺乏组织领导者"的问题也相对突出，分别占比12.8%、10.3%。由此可知，组织运转资金、领导组织者、村民参与程度等是制约着农村社会组织发展的重要因素，如果更进一步做一个具体的细分，那么可以将制约因素分为两个类别：一是行政依赖性因素，二是组织自主性因素。

表18-2　　　　　　　　农村社会组织的最大困难（百分比）

	东部地区	中部地区	西部地区	全国
村民参与不积极	9.1	14.7	18.2	12.8
组织活动开展不规范	9.1	0	9.1	5.1
组织运转资金不足	45.5	35.3	45.5	41
缺乏组织领导者	9.1	11.8	9.1	10.3
其他	27.3	38.2	18.2	30.8

（二）农村社会组织的行政依赖因素

行政依赖，即社会组织对国家和政府提供的制度设计和政策法规及非正式的资源供给和社会关系等治理策略的依赖。行政性手段反映在实践当中便是政府以行政控制的方式认定社会组织的合法性，施行登记管理制度以便对社会组织进行监控，并将政府资源选择性地对社会组织进行扶持培育。在社会组织发展尚未成熟的阶段，对社会组织的规范和培育依然起到至关重要的作用。

1. 政府财政资金扶持

从政府支持的角度看，在全国，政府给社会组织提供过资金补助和人员培训的占比52.4%和15.9%，没有提供过任何奖励的占比25.4%，显然，在政府支持方面，缺乏强有力的推动力。且集中在"资金补助"的单一形式上，缺乏多样化、针对性的支持扶助行为，中国社科院蔡礼强亦曾指出，"当前中国社会组织培育仍存在扶持政策工具单一化、碎片化，操作性、具体性政策措施少等问题"[①]。对比不同地区的受政府支持的情况，西部地区社会组织在

---

① 转引自王会贤《〈中国社会组织报告〉（2016—2017）发布：2015社会组织增速下滑》，《公益时报》2017年2月28日第2版。

人员培训及其他支持方式上更为匮乏，所有的支持形式都体现在资金直接补助上。去行政化的改革，不仅依赖政府的"弱"在场，也在于社会组织的"强"生存，目前国家尽力消减市场关系，并用行政手段控制资源的分配。[①]社会组织如果要生存发展，不得不考虑如何通过各种方式或途径以获取政府的资源性支持，其最终结果都是社会组织或多或少体制性吸纳。[②] 因此比起单一性、直接性的资金支持，对社会组织生存能力的培育、拓展其资源获取方式，更应是政府培育和支持社会组织的核心。

2. 行政机关登记备案

社会组织登记备案与监督管理是社会组织稳健发展的基础，数据显示，目前农村社会组织的登记备案情况规范不足。从全国范围来看，11.7%的社会组织在民政局有过正式登记，45.4%的社会组织在乡镇有过备案，既未在民政局登记也没有在乡镇备案的占比42.9%。从地区上看，东部地区60.6%的社会组织选择了乡镇备案，而中部地区则有近60%的社会组织既没登记也没备案。

3. 村支"两委"领导与监督

农村社会组织仍带有浓重的行政化色彩。数据显示，全国范围内，超过62.9%的社会组织与两委关系密切，其中46.2%的社会组织直接处于村两委的领导之下，这说明即使去行政化的势头已经显现，但政府在社会组织的发展进程中依然起到主导地位。这一方面可能是由于我国社会组织受乡村传统路径依赖，在行为规范、法治理念、架构组织等各方面需要行政推动，另一方面由于社会组织离不开乡村精英的经营参与，与政府之间存在着千丝万缕的关系。政府的行政介入有其必然合理性，但政府对社会的长期全面介入，导致大多数社会成员对政府的依赖心理根深蒂固，对政府之外的其他主体参与社会治理和社会事务，缺乏基本的认同和信心。[③] 进而影响农村社会的公共意识形成广泛共识，也会削弱公众对社会组织的参与热情和理解支持，不可

---

① 参见孔凡义、姜卫平、潘诗钰《社会组织去行政化：起源、内容和困境》，《武汉科技大学学报》（社会科学版）2014年第5期。

② 参见尹广文《从"行政化控制"到"体制性吸纳"：改革开放以来中国社会组织治理问题研究》，《南京政治学院学报》2016年第2期。

③ 参见戴海东、蒯正明《社会组织参与社会治理过程中存在的问题与对策——基于对温州社会组织的调查分析》，《科学社会主义》2014年第2期。

避免地制约社会组织的自治能力。

表 18-3　　　　　　　　农村社会组织行政依赖因素

		东部地区	中部地区	西部地区	全国
是否政府支持（%）	资金补助	69.2	31.0	75.0	52.4
	人员培训	7.7	27.6	0	15.9
	其他	0	13.8	0	6.3
	没提供任何奖励	23.1	27.6	25.0	25.4
是否登记备案（%）	民政局登记	6.1	11.8	30.0	11.7
	乡镇备案	60.6	29.4	50.0	45.4
	既没登记，也没备案	33.3	58.8	20.0	42.9
与两委关系（%）	由两委领导	53.1	38.2	45.5	46.2
	由两委监督	12.5	26.5	0	16.7
	互相独立	34.4	35.3	54.5	37.1

（三）农村社会组织的组织自主因素

自主性从词源上理解为"按照自己的意愿行动"，组织自主是指社会组织在面对复杂的行政制度时，具备一定程度的自主能动性，涉及其能够自我管理和自我治理的一系列行动，以及具备行政支持之外的多元性资源吸纳能力和社会化的动员能力，以求实现民众多元化利益取向和多样化的需求。

1. 农民自筹资金

考察不同地区的村庄社会组织的主要资金来源，如表18-4所示，全国的社会组织的资金来源主要为村民自筹，其占比40.8%。各地区相比较而言，东部地区社会组织的各种经费来源中，最高的是村集体支持，占比46.9%，中部则主要来自村民自筹，占比54.5%，西部地区没有村集体支持的占比最高，这可能与西部地区经济水平较低，村庄用于投资公共建设和公共活动的经费相对紧张有关。通过数据分析，可以看出我国农村社会组织发展主要是内向的资源获取方式，而缺乏向外吸取资源的意识，暂时不具备社会资源动员能力。

2. 农民的参与度

农民是农村社会组织的主体，但是目前我国的农村社会组织对农民的吸引力较小，难以发挥其服务农民的功能。调查结果表明，从全国范围来看，社会组织的成员人数均值为36人，活动参与的最多人数均值为180人。这与我国庞大的农民群体基数不相称，说明农民参与社会组织的积极性不高。这一方面可能源于农村地区的自治意识较为薄弱，对于公共事务的参与积极性不足，另一方面，也与目前社会组织对于农民的兴趣吸引力和利益驱动力不足，使得农民并不热衷参与社会组织活动。

3. 组织规章的制定

社会行政化改革不仅要处理好政府与社会组织的关系，而且要完善社会组织内部的自律机制，以良好的内部治理机制督促社会组织的自治性。对目前农村社会组织内部章程的设立进行考察，发现55.8%的社会组织不曾设立过组织章程，这一定程度上反映了农村社会组织运行过程中管理不规范的问题，制度的不规范将会导致对成员约束的缺失，限制社会组织作用的发挥。

表 18－4　　　　　　　　社会组织自我建设情况

		东部地区	中部地区	西部地区	全国
资金来源 （%）	村民自筹	31.3	54.5	27.3	40.8
	村集体支持	46.9	24.2	18.2	32.9
	政府拨款	12.5	9.1	18.2	11.8
	其他	3.1	0.0	9.1	2.7
	没有资金	6.3	12.1	27.3	11.8
组织章程 （%）	有	36.4	45.5	63.6	44.2
	没有	63.6	54.4	36.4	55.8
成员人数均值		49	21	9	36
最多参与人数均值		181	77	119	180

（四）双因素影响下农村社会组织的实际运行状况

社会组织的活动次数一定程度上代表了社会组织的组织活力以及实际

运行状况。根据2014年全年农村社会组织活动次数进行统计，9次及以下为"低度活跃"，10—19次为"中度活跃"，20—29次为"高度活跃"，30次及以上为"极度活跃"，本研究以活动次数作为定序交叉变量，与前面所梳理的主要变量通过相关性分析，具体如表18-5与表18-6数据所示：

表18-5　　　　　　　　农村社会组织实际运行状况及其影响因素

		农村社会组织活跃程度			
		0—9次	10—19次	20—29次	30次及以上
与村两委关系（%）	由村"两委"领导	62.0	27.6	6.9	3.5
	由村"两委"监督	64.0	28.0	8.0	0.0
成立原因（%）	相互独立	61.9	7.1	2.4	28.6
	自发成立	65.7	5.3	5.3	23.7
	村委会组织	68.4	21.1	10.5	0.0
	上级政府要求	70.0	30.0	0.0	0.0
	其他	20.0	80.0	0.0	0.0
登记备案（%）	民政局登记	66.7	22.2	0.0	11.1
	乡镇备案	71.4	11.4	8.6	8.6
	既没登记，也没备案	56.3	21.9	3.1	18.7
组织章程（%）	有	69.7	21.2	9.1	0.0
	没有	60.5	13.9	2.3	23.3

表18-6　　　　　　　　卡方检验结果

	皮尔森卡方数值	渐进显著性	相似性数值	渐进显著性	线性对线性关联	渐进显著性
与村"两委"关系	11.240[a]	0.081	12.439	0.053	4.014	0.045
自发成立	26.340[a]	0.002	27.300	0.001	2.453	0.117
登记备案	10.649[a]	0.301	8.592	0.476	2.026	0.155
组织章程	10.120[a]	0.018	13.851	0.003	5.218	0.022

从农村社会组织与村"两委"关系来看，相似比卡方概率 P 为 0.053，小于 0.1，故在显著性水平为 0.1 时，认为变量间相关性显著。根据与村"两委"关系与社会组织活动的交叉列联表可以看出，在低频活动次数范围内，三者比例均徘徊在 60% 左右，而在超过 30 次的频数范围里，与村"两委"相互独立的社会组织占比明显高出其他两种关系，将近 30%。由此可见，独立于村"两委"的农村社会组织实际运行相对较为频繁。

从农村社会组织自发成立的动机来看，相似比卡方概率 P 为 0.001，小于 0.1，故在显著性水平为 0.1 时，认为相关性显著。通过列表发现，凡是活动次数超过 30 次，均是自发成立的农村社会组织。村委会组织的社会组织在各频次的活动次数中均比上级政府要求的社会组织多。这说明农民更倾向于参与自发组织的社会组织。

从农村社会组织登记备案来看，相似比卡方概率 P 为 0.476，大于 0.1，故在显著性水平为 0.1 时，接受原假设，认为相关性不显著，即有 90% 的把握认为是否登记备案与活动次数无关。可以看出，登记备案的管理对于村民参与偏好没有必然联系，一定程度上说明行政手段通过提供组织合法性以吸引村民参与活动方面不具有优势。

从农村社会组织建章立制来看，结果显示，相似比方概率 P 为 0.003，小于 0.1，故在显著性水平为 0.1 时，拒绝原假设，认为相关性显著，即有 90% 的把握认为组织章程与活动次数相关。通过交叉列联表发现，在 0—9 次、10—19 次以及 20—29 次的阶段内，有组织章程的都高于没有组织章程的社会组织比例，然而在活动次数超过 30 次的活动组织中无一设立组织章程，说明有组织章程的社会组织在吸引村民参与方面表现出优势，但在高频次活动的社会组织中缺乏组织章程规范。

四 政社互动下的社会组织发展模式

通过数据相关性分析来看，农民偏好参与自发形成的社会组织，在与两委关系上也更倾向于独立的社会组织，说明自主型组织是农民参与的偏好选择，也是未来的发展方向。但调研数据反映，当前我国农村社会组织的行政依赖性依然较强，政府在社会组织的发展进程中依然起到主导地位，目前社会组织的自我建设能力不容乐观，大部分社会组织不具有完善的内部治理规范和自主吸纳资源的能力。

可见，农村社会组织动力机制既不是简单的行政依赖，也不是单纯的组织自主，而是行政依赖与自主性培养相结合的政社互动模式，是适宜于目前社会组织的中间路径。适当有效的行政依赖会避免社会组织的无序化生长，避免社会资源的浪费。但政府的直接性扶持手段应转变为对社会组织自治能力的引导培育，重视社会组织的自治能力，逐渐让渡治理空间，激发社会组织的自主能动性。具体有以下建议。

第一，建立政府与农村社会组织的互动关系，在政社平等、共同合作的基础上，逐渐实现政社分离、良性政社互动。一方面，政府应该通过可操作性的政策支持，抵制行政机关对社会组织的过度干预行为，引导和改善社会组织的发展环境和培育空间，另一方面，社会组织也应遏制依赖惯性，完善内部治理机制，增强社会资源链接，增强自主发展能力。在政社互动模式上，可以根据不同社会组织类型选择不同的合作模式，以期形成村民广泛参与的农村基层治理新格局。

第二，注重农村社会组织自主发展能力的培养。按照党的十八大报告提出的"改进政府提供公共服务方式"等要求，政府应采取适当方式促进农村社会组织建设和发展。首先通过有效监督、赏罚分明实现社会组织的规范管理。一是明确奖励机制。建立社会组织的年度评价体系，制定完善科学的评价指标，通过给予优秀者资金和政策上的奖励，取消靠单纯注入资金扶持的方式，促进社会组织的竞争力提升。二是建立监督机制。农村社会组织内部应建立内部财务公开和财务监督机制，引入社会评估机制定期向社会公开组织的经营发展状况，提高财务透明度，以便政府、媒体和村民等相关方更好地进行监督。其次，引导社会组织实现自身筹资能力的提高。可以尝试通过互联网的形式并在筹资过程中形成筹资规范，或者启动公益创投推动农村公益社会组织发展转型。

第三，层次性步骤化推进组织自主。实现行政依赖到组织自主的模式转变，应当循序渐进地推进发展进程。在农村社会组织发展的不同阶段，其面临的不同发展阶段问题不同，政府所扮演角色和发挥功能也应顺应变化。在农村社会组织仍为新鲜事物时，政府则较多承担着扶持者角色，使其获得认同基础和良好的外部环境；当社会组织发展势头较为迅猛时，政府的任务则应转变为引导者,积极引导其形成人员和资源吸纳能力、建立自身运转所需规则等,在社会组织未来发展更为成熟时,政府则担任合作与监督的任务,完善和巩固发展期所形成的运行规制。

第十九章
城市社区协同治理的案例研究*

城乡社区是社会治理的基本单元,中共中央、国务院《关于加强和完善城乡社区治理的意见》指出,要增强社区居民参与能力,提高社区居民议事协商能力。伴随着我国政府的治理转型及社会公共需求的日益增加,社会组织逐渐兴起,成为反映居民诉求、扩大民众有序参与的基本形式,是承接政府职能、增强社会自治的重要载体①,也成为社区治理的重要依托。但长期以来,基层社区社会组织面临着自主建设空间小、公众参与意识弱、社会资源协同难的发展瓶颈,无法真正发挥社会治理能力,那么,社会组织在参与社区协同治理过程中,应如何实现多元主体的良性互动和协同共治?本章将结合实地调研获取的经验研究材料以及案例,对社区社会组织如何实现社区协同治理的模式和路径进行分析探讨。

一 社会组织在社区协同治理中的现实困境

协同治理是指多元权力主体共同参与构成一个开放有序的整体协作系统,

---

* 本章与田馨滦副教授合作,以《组织化链接:城市社区协同性治理的有效实现形式——基于北京市海淀区建材东里社区的案例研究》为题,发表于《河南社会科学》2017 年第 11 期,收录本书时略有修订。

① 本章与田馨滦副教授合作,以《组织化链接:城市社区协同性治理的有效实现形式——基于北京市海淀区建材东里社区的案例研究》为题,发表于《河南社会科学》2017 年第 11 期,收录本书时略有修订。

通过相互协调实现力量的整合与增值，从而达到维护社区共同利益、优化社区公共秩序、提供优质公共服务的目的。实现社区高效治理的活动。[1] 多元治理主体参与成为协同治理的显性特征之一，社会组织、居民、志愿者等社区行动参与者，通过与政府的协商与合作，建立起多种多样的协作伙伴关系，进而共同决定和处理社区公共事务，社会力量的不断发展壮大正是协同治理得以孕育的必然。社会组织因其边界模糊、结构灵活、手段多样、包容性强、成员异质性高等特点，成为协同治理的当然角色。[2] 推动社会组织参与协同治理，构建多元主体合作治理关系，提升居民自治和自我服务能力，成为当今社区治理发展变化的重要趋势。

社会组织在社区治理中的协同作用，已经受到了一些学者不同程度的关注。有学者基于公共服务视角认为，社区社会组织能够满足社区居民日益增长的多样化、个性化、多层次的物质和精神生活需求，弥补政府失灵和市场失灵的不足，是社会管理创新实践中社会组织参与协同治理的必然逻辑[3]；有学者基于促进多元主体参与治理角度考察，指出社会组织对政府和社会的协商、合作与良性互动关系的形成具有根本意义[4]；有学者提出协同治理模型，从协同作用发挥的动因、过程、结果三个方面建立统一性的解释框架，从中揭示社会组织在社会管理中的协同作用。[5] 社会组织的协同治理机制是对社区治理的又一次积极创新实践，其积极作用已经毋庸置疑，然而社会组织在社区协同治理的发展中也有很多现实困境。

一是行政化色彩过浓导致社会组织自治能力萎缩。目前许多社会组织为了方便合法地位的取得，不得不采取挂靠党政机构的方式，成为党政机构的

---

[1] 参见陈培浩、崔光胜《社区协同治理中的社会组织培育——基于"上城模式"的观察》，《湖北行政学院学报》2014年第3期。

[2] 参见王云骏《长三角区域合作中亟待开发的制度资源——非政府组织在"区域一体化"中的作用》，《探索与争鸣》2005年第1期。

[3] 参见徐祖荣《社会管理创新范式：协同治理中的社会组织参与》，《中国井冈山干部学院学报》2011年第3期；参见叶笑云、许义平《基层社会治理体系与社会管理创新——以宁波市为研究对象》，《中共浙江省委党校学报》2012年第5期。

[4] 参见吴锦良《政府主导·社会参与·多方协作——改革开放以来浙江民间社会组织参与社会建设的经验及启示》，《中共宁波市党校学报》2008年第6期。

[5] 参见郁建兴、金蕾《社区社会组织在社会管理中的协同作用——以杭州市为例》，《经济社会体制比较》2012年第4期。

附属组织，其独立性和自主性受到严重影响。① 政府在社会治理中没有做到很好地让渡权力空间，没有科学定位政府的角色和职能，居委会名义上是自治组织，但实际运行中与社会组织职能混淆、错位，以致社区治理有着浓厚的行政色彩，导致社会组织的自治特性不充分，居民的自治地位也未得到应有的重视。②

二是成员原子化生存导致公共参与意识不足。城市社区治理存在的问题众多，集中体现在社区居民参与不足。目前城市社区成员呈现原子化状态，没有组织化连接，成员参与社区治理就成了一纸空谈。社区居民的公共参与程度较为有限，大多数社区的治理状态还是在行政体制的"高度"热情与基层群众较普遍的冷漠中形成了较强的张力③。作为社区治理参与主体之一的个体公民逐渐丧失了对社区公共事务的关注与参与热情。④

三是封闭性过强导致资源获取能力不足。社会组织作为公民自主组建的自治性、志愿性组织，一方面没有国家强制力做后盾，不能依靠税收供养，另一方面不以营利为宗旨，不能靠利润供养，它必须依靠吸取社会资源发展。⑤ 但长期以来，基层社区处于封闭状态，社区内部各组织、社区之间和社区与社会之间难以实现资源共享。基层社会组织生长需要多方面资源，目前社会组织的持续发展面临资源不足的困境。⑥ 社区社会组织遭遇资源瓶颈，发展受到限制。⑦ 陈蓓丽指出，社会组织的培育和发展目前面临的最突出的问题

---

① 参见张宇、刘伟忠《地方政府与社会组织协同治理：功能阻滞及创新路径》，《南京社会科学》2013年第5期。

② 参见方军《公众参与、社区治理与基层党政关系——以"铜陵模式"为例》，《学术论坛》2012年第6期；参见刘春湘、邱松伟、陈业勤：《社会组织参与社区公共服务的现实困境与策略选择》，《中州学刊》2011年第2期。

③ 参见梁波、金桥《城市社区治理中的社会参与问题调查与分析——以上海宝山社区共治与自治为例》，《城市发展研究》2015年第5期。

④ 参见郑建君《公共参与：社区治理与社会自治的制度化——基于深圳市南山区"一核多元"社区治理实践的分析》，《学习与探索》2015年第3期。

⑤ 参见石国亮《中国社会组织成长困境分析及启示——基于文化、资源与制度的视角》，《社会科学研究》2011年第5期。

⑥ 参见马立、曹锦清《基层社会组织生长的政策支持：基于资源依赖的视角》，《上海行政学院学报》2014年第6期。

⑦ 参见姚迈新《资源相互依赖理论视角下的社区社会组织发展——以广州为例》，《岭南学刊》2012年第5期。

就是资源不足。[①]

如上所述，以往将社会组织培育置于社区协同治理中进行考察的研究中，鲜有针对现阶段社会组织的发展问题进行综合分析的。本章以北京市海淀区西三旗街道建材东里社区"爱心有你"互助社为案例，围绕社会组织在社区协同治理中发挥的核心功能进行分析，阐明其以社会组织为连接点，通过适度行政扶持、激发居民参与治理、疏通社区和社会资源壁垒，从而实现政府、社区和社会等多元主体协同共治的路径模式，为新时期社区治理提供创新形式范本。

二 社会组织参与社区协同治理的实践过程

作为大都市区腹地的基层社区，建材东里社区位于海淀区西三旗街道东北部，地处海淀区与昌平区城乡接合部，面积 0.168 平方公里。社区为新式商品房和老式回迁承租房组成的低密度板式混合型住宅小区，人口总数 4218 人，其中流动人口数 1882 人。社区具有外地人员购房多、老年人多、居民服务需求多样性的"三多"特点。鉴于居民公共服务多样化的复杂需求，社区创新服务载体，着力培育发展社区社会组织"爱心有你"互助社。

（一）社会组织连接点的形成

调动多层次居民的参与热情，提高社区社会组织在社会服务管理中的协同能力，发挥其在保障改善民生、提供公共服务、加强社会管理、完善社区自治等方面的作用，是建材东里社区培育发展社区社会组织"爱心有你"互助社的初衷。2013 年 1 月在社区居民代表大会上，居委会提出了组建社区社会组织实施方案，获得与会代表的一致通过，决定培育发展社区自己的社会组织"爱心有你"互助社。

1. 适度行政化扶持

建材东里社区小区楼院大部分建于 20 世纪 90 年代初，公共配套设施极其匮乏，社区文体爱好者练舞甚至要以地下室为活动场地，社区公共活动用

[①] 参见陈蓓丽《社会组织资源获取异质性研究》，《商业时代》2012 年第 23 期。

地不足一直困扰着社区的建设与发展。为了开辟活动场所，让组织有地可用，区政府在建材东里社区投资改建了280平方米闲置用房，开辟出舞蹈室、图书室、老年棋牌室等活动空间，满足居民基本场地需求，给予了"爱心有你"互助社建设的空间，改变了居民活动无处可觅的窘境，以文化活动室为载体，实现了特色活动天天有、主题活动月月有、系列活动季季有。除了提供场地，西三旗街道政府还采用购买社工服务的方式，聘请社工为社团提供专业指导，提升活动水平。例如，健身舞蹈分社每周接受2次专业的舞蹈培训，使其舞蹈水平获得质的提升，多次在街道组织的活动中获得金奖。同时政府为社区组织提供了政策支持，2014年，建材东里社区与西三旗街道社会治理创新园孵化器签订社会组织入驻协议，由"爱心有你"互助社主办的"心系空巢老人、情暖孤残家庭"和"圆梦在社区"的公益服务项目得以立项实施。

对社会组织而言，一定程度的行政化有利于社团的发展，没有政府的支持，社团的发展空间将大幅缩小，其资源获取能力将会受到极大限制，如果予以合理规划，则能实现政府、社团与社会之间的良性合作态势。[1] 近年来，北京市政府加大了培育扶持社会组织的力度，营造了有利于社会组织发展的法治环境和政策环境。特别是《北京市市级社会建设专项资金管理办法（试行）》的出台，将适合由社会组织提供的公共服务和解决事项，交由社会组织承担，为社会组织发挥作用提供空间，社区社会组织迎来了借力快速发展的机遇。

2. 建立层级式会社制度

建材东里社区"爱心有你"互助社，以招募形式，根据居民兴趣和专长，组建不同类型的社会组织，截至2017年，共有246名会员加入社区舞蹈健身、学雷锋便民服务分社、社区巾帼志愿分社、社区红色宣讲团、计生宣传员分社、社区志愿巡逻员分社等9个分社中。互助社设置"总社—分社—队"的层级式组织体系，在总社的统领下，各分社自主制定内部规范，依章理事，保障了基层社区治理的有效运行。在分社长的任命上，社团组织通过采取"以熟带生"的办法，挖掘有权威、敢说话、负责任的"意见领袖"，担任社团领头人，引导社会组织发展。总社长则在分社长的民主选举中产生。在内

---

[1] 参见吴月《"去除"抑或"强化"：对社团组织行政化现象的审视——基于对广州市的实证调查》，《行政论坛》2014年第3期。

部规范管理上，互助社自主制定《建材东里社区爱心有你互助社志愿者服务制度》，依规定期开展会议、活动等，如每月15日互助社召开组织例会。

在组织活动联络方面，创建"非常1+3"科技服务品牌，以社区一站式服务为依托，充分利用社区短信平台、微信群等电子服务平台突破时间和空间限制为居民提供全方位服务，通过拓展和丰富自治过程中的参与途径，避免了既往参与对象老龄化的不足，使更多青壮年社区居民以更便捷、更灵活的方式获取社团组织信息，参与到社区各类活动中。通过合作动员，减少了其在基层运转的阻力，大大提升了社会组织在基层社区的动员能力和认同合法性。

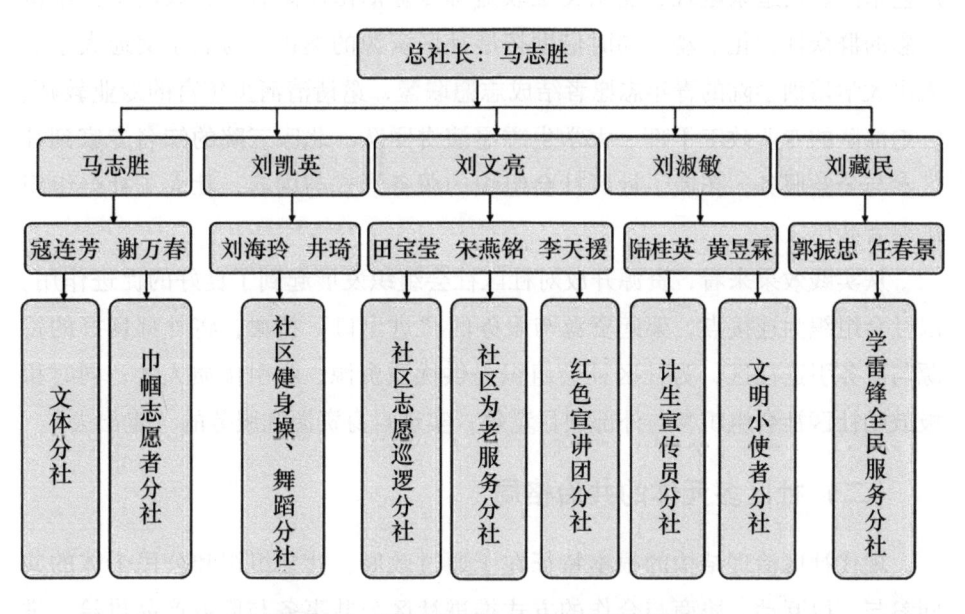

图 19-1 "爱心有你"互助社组织架构图

社会组织不能失去其内在的自主性，层级化的社团管理制度和民主化的管理制度，是目前社会组织内部管理的创新。在成熟的组织治理结构中，社团组织的内部管理及对外连接功能往往是通过科层化的组织结构分工来实现的。[1] 通过层级化的制度，建材东里社区目前开展活动，都只需与社长沟通即

---

[1] 参见崔月琴、袁泉、王嘉渊《社会组织治理结构的转型——基于草根组织卡理斯玛现象的反思》，《学习与探索》2014年第7期。

可，志愿者的调配、组织、服务等均由各分社自行安排，提升了社团组织的组织化程度，有利于民主管理的展开和落实。

3. 吸纳外部性资源

建材东里社区的社会组织资源开放体现在两方面。一是扩大参与面，形成规模效益。"爱心有你"互助社破解传统社会组织的地域壁垒，依托本社区场地、设施等资源，吸引其他社区有相同志趣的居民参与，发挥了资源的规模效应。比如互助社下的乐队成员中，外来社区居民占比70%以上。二是汲取社会力量，打通发展线。根据居民的多元需求，互助社通过汲取社会力量，提升组织的服务能力。互助社广泛联合驻区单位与金隅艺术团、央广老年之声艺术团、街道京剧社、北京义工联盟等专业演出团队合作，共同举办丰富多彩的群众性文化活动。同时借助拓展社区资源的契机，与北京交通大学和人民大学培训学院的青年志愿者结成志愿联盟，邀请清河少年宫的专业教师、二炮部队的专业政工干部、大学生志愿演讲团队、北医三院的知名专家到社区参与公益服务，拓展了社区社会组织的服务形式与内容，壮大了社会组织志愿者队伍。

从实践效果来看，资源开放对社区社会组织发展起到了良好的促进作用。以社会组织为连接点，架起资源与服务的"进出口"桥梁，将外部良好的资源与服务引进社区，为社区社会组织提供优质资源，吸引优质人才，同时积极鼓励社区社会组织参与外部项目竞争，实现自身资源和服务的"走出去"。

（二）社区多元体的共治格局

现代社区治理结构的根本特征在于通过政府、社会组织和公民个体的共同参与，以互动、协商与合作的方式推进社区公共事务与服务产品供给，进而达到多元主体对社区的共治。[①] 建材东里社区探索了以社会组织为连接点，改变了传统行政命令式的社区管理模式，实现区街政府、社区居委会、社区居民、社区社会组织、社工机构等多主体的密切配合，打造了基层社区协同治理的社区范本。

---

① 参见郑建君《公共参与：社区治理与社会自治的制度化——基于深圳市南山区"一核多元"社区治理实践的分析》，《学习与探索》2015年第3期。

1. 政府让渡治理空间

传统意义上，政府和居委会为主导的自上而下的管理模式，多是单线条或单向度的，缺乏协同性和互动性，社区社会组织难以参与，基层社区治理缺乏动力来源。建材东里社区在探索过程中，区街政府一方面通过给予社会组织活动空间为其提供生长土壤，培育社会组织成为社区治理的重要参与主体，另一方面通过释放规则空间开创了居民主体而非行政主导的建设模式。社会组织以民主选举、协商决议的方式，进行自我组织、自我管理，真正具备了治理能力，同时辅以放活政策支持、聘请社工专业组织等方式，促进社区社会组织更具发展活力。政府将部分职能和公共服务供给向社会组织转移，承认社会组织作为社区治理主体的重要一极的重要地位，使其以社会化的方式畅通民意表达渠道，驾驭多样性的社区结构、满足多元化的需求，更好地为社区居民提供公共服务。

2. 公众参与自主治理

多数社区对于社会组织的发育不够重视、发展缺乏支持、引导规范不足，导致公众参与度不高，社会组织发展疲软、治理无力。建材东里社区治理"爱心有你"互助社以共同志趣爱好、生存环境以及社区共同利益为纽带，自主连接而成社会生活共同体。在内部构建方面，采取"社队"建制的组织安排，树状分布改变以往行政性的自上而下的命令模式，通过民主选举、协商决议的方式进行自我组织、自我管理、自我约束，在社区建设中发挥重要作用。在沟通吸纳方面，通过网络技术载体超越地域、年龄等条件桎梏，赋予社区居民自主选择参与社群的权利和能力，社区组织因此具备了自主服务能力和强大的吸引力。如今，社区开展任何活动居委会都只需通知到社长，而志愿者的调配、组织、服务等均由各分社自行安排，社团具有独立承办如"寇连芳圆梦独唱音乐会"等大型活动的能力，并吸引《北京晚报》、《京华时报》、《新华早报》、人民网、首都文明网等多家新闻媒体进行宣传，扩大了社团活动的二次影响力。

社会组织自我管理的规范性使组织活动趋于常态化，奠定了组织长期发展的空间。每年定期举办的社区邻居节、社区趣味运动会、社区宣讲论坛、暑期夏令营已经成为社区的传统节目，学雷锋便民服务、义务磨剪子磨刀和义务理发是每月必有的便民服务。通过社团活动的举办，群众的社区认同和命运共同体意识增强。常年活跃在"爱心有你"互助社的治安巡逻分社就用实际行动成为社区维稳工作中的"润滑剂"和"缓冲器",他们通过与社区调解委员会的密切配合有效地化解居民矛盾,解决分歧和冲突,促进邻里和谐。尤其是在一些重大节日和特殊时期的维稳工作中,社员不仅自己积极参与,还积极动员自己的亲人朋友邻居一起参与其中,共同维护自己家园的安全。

3. 社会资源引入治理

目前,社区的主要困境在于社区内部资源的使用处于无序的竞争状态,社区内不同社会组织进行资源争夺,不同社区间的资源由于社区封闭则处于分散分割状态,没有形成资源的有效整合利用,要促进社区社会服务水平和社会组织参与社区治理的整体水平的提升,需要从开放引入社会资源入手。建材东里社区"爱心有你"互助社以分享互助为原则,以开放本社区资源为基础,吸引外社区的人才资源,联合社会公益团队力量,实现有限资源的优化重组,发挥其最大效益,为社区协同治理提供了强大的支撑力。比如以社区"爱心有你"互助社中的"为老分社"为基础,与全国优秀大学生志愿团队——"夕阳再晨"的合作,吸引北京市各大高校的年轻志愿者为社区服务,一改往日社区活动缺乏年轻人的老局面,进一步解决空巢老人的养老问题,在社区内选取审核的 50 户社区行动不便的空巢老人和孤残家庭定期进行精神慰藉和生活全面充足的照顾。在弥补社区行政服务的同时,也有效地补充了社区的特色服务,最大限度地提高了社区治理过程中公共服务供给的质量,更好地实现了政府、市场和社会组织三大主体的有机结合。

三　社会组织参与下的社区治理方式创新

党的十八届三中全会指出,要"改进社会治理方式","鼓励和支持社会各方面参与,实现政府治理和社会自我调节、居民自治良性互动"。公众参与的多元体构成,是社区治理现代化的重要特征。如何科学规范地推进政府、社区与社会的多主体之间形成有序共商的互动机制,是当前创新治理实践中的重要命题。

首先,从街居制到社区制,再到社区协同治理,体现了不同时期行政与自治的关系。街居制强调的是行政建制来实现对城市基层社会的管控,社区制强调的是社区居民的自治来建立生活共同体，如今的社区协同治理则强调在政府治理、居民自治的基础上，鼓励社会的自我调节，在更为开放的格局中协调不同主体和资源。现阶段，社会组织参与社区协同治理，能够进一步放权给社会，让社会力量、社会资源参与到社区的协同治理当中，并通过社区社会组织来衔接政府治理与居民自治，实现社区治理的三位一体。

其次，中共中央、国务院《关于加强和完善城乡社区治理的意见》指出，要"注重发挥基层群众性自治组织基础作用，统筹发挥社会力量协同作用"。现阶段，各种类型的社会组织在新型社区治理格局中显现出越来越重要的作用，政府应将社会组织纳入社区治理结构当中，以合作的新型关系来联结社会资源和寻求社会力量。吸纳社区社会组织参与社区治理不仅有利于提升整个社区治理组织化程度，还能够为居民参与社区治理提供更加多元的方式和渠道，培育居民的参与精神。

再次，在鼓励社区社会组织参与社区治理的同时要避免陷入多中心治理的模式，应在党政引导之下形成社区治理的多方合力，充分发挥政府的主导作用，通过对社会组织的适当政策引导、资金保障和能力建设指导，从而引导社区居民及社会组织建立健全互动协商机制，以解决居民实际问题为切入点，满足群众的实际需求，提升社区服务水平，提升社区治理能力。

最后，在社区治理过程中，发挥政府作用的同时，不可能完全去除行政性，但是应避免社区治理行政化，即行政权力承担了原本应由居民或者社会组织承担的社会功能。治理过程中应合理确定管辖范围和规模，并且逐步构建规范的互动性制度，明确治理责任、约束治理行为，为居民参与和社区社会组织营造平台和机会，建立起真正意义上的协同治理格局。

第二十章
域外基层社会治理的比较研究[*]

正如新加坡的经济奇迹一样，新加坡在社会治理领域也取得了不俗的成绩，整个社会充满活力的同时，又保持着高度的秩序，因此，新加坡经验成为中国社会治理的重要参考。当然，其中最为重要的是新加坡是在政府主导下进行的社会治理，与当前中国社会治理格局有相似之处。不过，新加坡在政府主导的同时，也强调政府能力、民众参与、个体责任和法治社会等要素，塑造整个社会治理的基础，这是中国社会治理所需要着力解决的关键问题。

一 以党政为主的基层组织体系

新加坡位于马来半岛最南端，面积718.3平方公里，相当于武汉市面积的1/10，人口546.9万，只有武汉市人口一半。新加坡属于一个城市国家，没有省市等行政层次，只有一级政府，即中央政府，包括总统、内阁、各部以及法定机构等。至于中央政府之下并没有任何行政层级。不过，新加坡根据城市规划的需要，尤其是基础设施建设等将全国划分为五个社区，分别是中区、东南区、西北区、东北区、西南区等，但是区只是一个地域规划单位，并不是实际的行政组织。在每个区内设立有相应的社区发展理事会（简称社理会）来管理，由中央政府委任全职的首长来领导五个社理会，多为国会议

---

[*] 本章以《与狮共舞：政府主导下的社会治理模式——新加坡的基层社会治理及其经验启示》为题，发表于《中国农村研究》2016年上卷，收录本书时略有修订。

员兼任，其首长后来改为市长，与政府部门的部长相当。每个区下面又有大小不一的规划区，还有一些市镇，设置市镇委员会，主要是协调市政规划、基础设施建设，配合中央政府法定机构相关职能。

在规划区和市镇之下为基层选区，建国之前新加坡基层社会的组织体系并不完善，直到建国后人民行动党以国会议员选区为单位逐步建立公民咨询委员会（简称"公咨会"），以此作为倾听民众呼声和沟通政府和群众的桥梁。公咨会的主席由选区议员担任，也称为"基层组织顾问"，同时吸收选区内其他积极人士参与公咨会，协调讨论选区范围内的相关事务，由政府雇佣文员处理日常的行政事务，诸如收集群众意见、组织群众与议员的对话等。截至2011年，新加坡共有87个公咨会，即每个选区有一个公咨会，其主要的职责是上情下达和下情上传，将民众的意见反馈给政府，同时将政府的政策传达给民众；通过民众的参与，向民众灌输公民意识；制订社区发展计划，组织社区工程，建造民众联络所等。公咨会是人民行动党为了加强与基层民众的联系，有效动员基层民众，巩固执政的社会基础。

在公咨会之外，有民众联络所或居民俱乐部，最初的联络所是"二战"后英国政府在广大乡村地区为了分发救济粮设立的粮食分发站，后来改建为学童中心，让乡村儿童能够上学，逐渐成为基层社会的公共场所。建国后，新加坡政府大力推广民众联络所，为群众提供文娱设施等，更是人民行动党联系群众，获取民众支持的重要平台。依托民众联络所，后来成立了联络所管理委员会，鼓励民众参与到联络所的管理工作。主要职责是为成年人、青年人及儿童提供有组织的文娱活动，鼓励附近居民参与；管理民众联络所；向政府传达联络所附近居民需求；促进联络所附近居民的公民意识。截至2006年，新加坡共有104个民众联络所或民众俱乐部管理委员会。

居民委员会（简称"居委会"）则是新加坡城市社区建设中逐渐出现的新型基层组织，与公咨会和民众联络所不同，居民委员会很大程度上是民众自发成立的基层组织。新加坡政府为了解决民众住房问题，大力推进政府组屋建设，大多数民众进入政府提供的组屋。随着居住环境的变化，之前的公咨会和民众联络所等已经不能适应。此时，一些组屋内的民众自己建立了居民委员会，新加坡政府主动地迎合这一趋势，将自发的居民委员会制度化，纳入整个基层组织体系。以马林百列选区为例，分7个邻区，1个邻区有1个居民委员会，每个邻区有6—10座组屋，每座组屋受邀派2个居民代表参加，整个居民委员会有 15—20 人不等。其后，在居委会基础上，又在每座组屋增设座代表，作为居委会的延伸，协调不同组屋之间的利益，扩大居民参与范围，形成社区内在的结合力。与之相对，在私人住宅区成立邻里委员会，协调私人住宅区居民之间的邻里关系及增强内在的凝聚力。居民委员会的主要职责在于促进邻里和睦和族群和谐相处，保障政府和居民的沟通渠道，改善组屋内的生活水平，促进居民成为良好公民。

上述组织与政府关系明确，统一在政府主导的人民协会之下。人民协会属于新加坡法定机构，由总理等 15 人组成董事会领导，一位副总理负责日常工作，下面的公咨会、民众联络所和居委会均属于人民协会的下层组织，其中，90% 的社区基础设施建设费用和 50% 的日常运作费用由人民协会负担，来源于政府资助、社会捐助以及人民协会自有资产投资收益等。

二 以法治为轨道的社会规则体系

在新加坡基层社会治理乃至整个国家治理过程中，法治具有举足轻重的作用。现行法律有四百多种，大到政府权力，小到居民生活，都有相应的法律规定。违反一般法律的后果是处以罚款，因为涉及面广，稍不注意就有可能触犯法律，为此，人们常常用 fine city 来称呼新加坡，即罚款城市，在任何公共场所，都能够看到规范人们各种行为的告示牌，在公共生活中各种不文明的行为都有可能被罚款，包括乱丢垃圾、公共场所吸烟、破坏公物、地铁进食、不冲厕所等。有个案例，一个年轻人在搭乘公共汽车的时候想到严禁抽烟，急忙将烟头扔到地上，但是这种行为构成垃圾违规，结果被检查人员乘车追到公司，处以 40 新元的罚款。

除了系统的法律，新加坡执法严明。刚到新加坡的时候，为我们接机的董文协先生当过警察，告诉我们曾经有一个美国少年迈克菲在新加坡破坏指路牌，在多辆车上喷漆涂鸦，被控后判处鞭刑和监禁，在美国引起轩然大波，时任美国总统克林顿恳请新加坡总统赦免，但是新加坡政府不为所动，依法执行鞭刑。接下来几天，不时听到其他被访谈者提及这一故事。以此告诉我们，在新加坡触犯法律的后果严重，同时，执法严明，任何人，包括外国人只要触犯新加坡法律，都会受到相应的惩罚。

正因为有如此系统的、执行有效的法律，新加坡的社区并没有所谓的文明公约，国家法律已经将人们衣食住行等方面的内容都进行了规定，民众自觉地遵守法律，无形之中建立起非常安全的社会秩序。在新加坡社区，女生深夜出门都不会有多大的危险，并且根据新加坡的规定，在组屋附近设立邻里警局，设立有社区巡逻组警员，在社区任何地方，拨打求救电话，五分钟内警察会赶到现场处理。

在严格的法治之下，从学校教育到社会教育，注重亲爱关怀、互敬互惠、孝顺尊长、和谐沟通等传统家庭价值观，旨在培养合格的新加坡人，树立民众的自尊和责任感，从内心深处自觉地接受符合道德的法律制度。进而将外在的惩罚和内在的规约结合起来，形成牢固的法治意识。在新加坡人的日常生活中虽然有种种"不准"告示牌，但是更多的是来自内心的道德律条。这就导出新加坡人对 fine city 的另一种解释，即美好的城市。新加坡的法治不是以处罚为目的，而是通过法治来改变人们历来的行为习惯，向着更加美好的生活方式转变。在为期两天的实地走访中，并没有看到多少新加坡人所说的告示牌，但是新加坡人开车井井有条，即使在市中心也没有看到违反交规的人。组屋楼下的公共走廊并没有什么垃圾或者堆放杂物。没多少人走的小街道也是干干净净。

三 以自我储蓄为基础的社会保障体系

1955 年开始，新加坡实行中央公积金制度，以强制储蓄作为公民福利的基础，最初是为了解决中小企业雇员养老保障问题，后来覆盖到所有职工，包括个体劳动者或自雇工，公积金由雇主和雇员共同承担，政府强制执行，缴纳的比例根据雇员收入来分类，雇主和雇员承担相应的比例，年龄越大，缴存比例越小，雇主承担比例越多，雇员承担比例越小，合理划分雇主和雇员在公积金的分担。让民众通过努力工作来缴存公积金，承担起自己未来的养老负担。

之后，新加坡以中央公积金制度为核心，逐步建立了住房、医疗、教育等社会保障体系。具体是通过公积金分设账户来解决不同社会保障需求，每个公积金会员名下有三个账户，普通账户、保健储蓄账户和特别账户。根据年龄不同，公积金在三个账户中的分配比例也有所差异。随着年龄的增大，分配到保健账户的资金比例会增多，普通账户则会相应减少。公积金账户的资金还享有存款利息，让民众存钱防范可能遇到的社会风险。

当然，公积金并不是单纯的存款，政府允许会员利用存款按照中央公积金局制定的项目进行规定范围内的投资，包括购买组屋、政府批准的保险项目、支付教育费用、向父母账户进行转移支付以及其他投资计划。公积金存款在会员年满55岁时，留存保证退休金的最低限额后，可以全部取出。如果不取出来，继续工作，公积金将继续生息，直到正式退休为止。保健账户可用于支付会员的医疗支出，政府建立三个保健计划，保健储蓄计划为一般医疗支出，所有会员强制加入，其他两项健保双全计划和增值健保双全计划由会员自主决定，属于重大疾病储蓄。公积金购房，会员有两种选择：公共建屋计划和住宅房地产计划，公共建屋计划允许会员动用普通账户总额的20%购买组屋，同一家庭成员可以累积使用公积金购买组屋。一般公积金会员用三年公积金存款就可以缴付房价70%的首次付款，剩下贷款加上利息在每月的公积金扣除。至于住宅房地产计划则是针对购买公共土地或60年以上地契土地上的房地产。

居者有其屋计划。1964年，居者有其屋计划开始施行，开始的时候进展较慢，主要是地价居高不下，为此，政府颁布土地征用法令，规定政府有权征用私人土地用于国家建设，有权调整被征用土地的价格。于是，组屋的价格远低于私房价格，同时开放过程差额由国家税收补贴。在保障了组屋供应的前提下，政府允许居民使用公积金以家庭为单位购买组屋，享有99年的房屋使用权，大量低收入家庭得以搬入组屋。其后，陆续推广到中等收入家庭，以及单身居民等，同时提供不同区位、户型和房屋设计，包括针对老年居民的独立户型，小家庭的二房、三房，以及多代同堂的四房、五房等供居民选择，满足居民不同的住房需求。同时，政府不时推出住房津贴政策，对中低收入家庭购买组屋进行货币补贴，让每一个居民都能够住得起组屋，而且不断提高居住质量。组屋各邻区的配套服务设施齐全，有学校、医院、银行、超市、饭店、体育馆、电影院、托儿所、图书馆，乃至公交站点等，生活相当方便，组屋群往往构成一个小城镇。之后，居民购买的组屋还可以转售或出租。所谓转售是指根据政府规定新加坡家庭有两次申请组屋的机会，有些家庭为了改善居住质量会将旧组屋转售给其他人，同时再次申请新组屋。不过，政府对此有严格规定，申购新屋后，必须按时间规定转售旧屋。所谓出租是指居民在房屋地契有效期内将房屋租给他人，并获得货币收入。对于年老的居民，可以选购老年公寓，同时，政府也可以买下年长者组屋的使用年限，套现作为生活费，实现以房养老。新加坡组屋重视家庭传统，优先考虑已婚家庭，逐步放宽单身者，同时鼓励子女与父母居住在一起，兴建三房和四房的组屋。至今，新加坡87%的人口迁入组屋。

老者有其养计划。新加坡居民的养老保障依靠强制储蓄的中央公积金，会员年满55岁后，公积金账户变为两个账户：退休账户和保健账户，退休之后会员能够根据自己公积金退休账户存款定期领取存款，以此来保障会员的老年生活。为了应对退休账户存款不足的问题，政府鼓励公民延长退休年龄，推迟退休，政府颁发相应的延迟红利。政府后续还推出了不同的养老计划供不同人群选择。

教育储蓄计划。新加坡政府提供资金建立教育储蓄计划用以支持教育，按照学生年龄差异，按照中小学教育和中学后教育等，每年向公办学校、半公办民办学校、专业学校、特殊学校、艺术学校等教育储蓄账户汇入数额不等的款项，此外，还会结合家庭收入情况，对不同收入家庭的子女教育提供不同的津贴，用以支付学杂费等。对于那些就读公办学校或政府资助的学校，政府还会提供奖学金，免除部分考试费用等。

对于托儿所的幼儿，新加坡推行低收入家庭托儿补助计划，根据家庭收入分等给予相应的补助或津贴，标准相当细致，让财政补助发挥最大的功效。

医疗保障计划。新加坡医疗保障同样依靠公积金，此外，政府推出不同的医疗计划，由相应的保险公司和储蓄基金来分担医疗支出。政府为居民就诊提供津贴，包括基本门诊和住院费用。具体的保障计划有保健储蓄计划、健保双全计划、保健基金计划以及乐龄健保计划、暂时性乐龄伤残援助计划和基本护理合作计划等。保健储蓄计划来源于公积金账户，属于全国性的基本医疗保障，其他医疗计划由居民自愿参保，多由各类保险公司承担。

四 以慈善团体为补充的社会救助体系

即使福利国家也难以保障全民福利，总会有一些社会群体和个体的福利状况堪忧,在新加坡也不例外。但是,新加坡福利体系之所以被世人所称道,除了上述以居民个人自我储蓄为主体的保障体系,更重要的是存在着众多的社会团体和慈善组织,它们在某种程度上发挥了重要的补位作用,给那些社会弱势群体以关怀,在充满风险的社会当中,打捞起每一个不幸的人。

作为当局政府,在基层组织体系中,新加坡有社区发展理事会,负责为社区困难群众提供多样化的福利援助,政府为此提供了社区关怀基金,开展社区关怀计划。根据居民的援助申请,结合社区基层组织、志愿福利组织等的意见,为贫困家庭提供教育、就业等方面的援助。具体分为三个阶段。一是"成长"。照顾贫困家庭儿童成长需要,分担幼儿园费用,同时帮助增加养育儿童的技巧、建立良好的亲子关系、提升家庭凝聚力等;二是"自主"。强调帮助家庭未就业成员找到工作,社区发展理事会聘请扶助顾问为未就业者制订培训计划,提供必要的就业津贴等,以帮助其找到合适的工作。只要有了工作,就能够依靠自己的力量逐渐改善生活,即授人以鱼不如授人以渔;三是"激发"。为年老或者患病伤残而不能参加工作的居民提供公共援助金,在一定程度上解决医疗、子女教育等方面的现实问题。

民间团体和慈善组织,国家福利理事会,下辖50个慈善团体,是各类慈善团体的总福利机构,包括各种宗乡会馆、助学基金、宗教团体、社会团体等。涉及社区儿童发展教育、老人康复、家庭关系等,每个社区还有家庭服务中心、邻里联络站、乐龄互动中心、残疾资讯及转介中心等机构。在每个社区都会有各种类型的民间团体和慈善组织为有需要的社会弱势群体提供各种类型的帮助。与国家统一的福利系统相比,这些社会团体和慈善组织提供的服务更具有个体性,针对每一个具体的个案,提供针对性的援助,力所能及地解决一些现实问题,将社会力量汇聚起来,帮助那些有需要的居民。

政府对于慈善团体持积极的支持态度,慈善团队向社会募捐的款项,政府按照相同数量拨款,同时,新加坡政府对从事社区、慈善以及科教文卫事业的基金会免税,以鼓励各类社会团体的活动。

五 以政府为主导的社会治理模式

"狮城"新加坡之所以能够实现有效的社会治理,总的来说,得益于其政府在社会治理中的主导作用。对于新加坡而言，"狮城"的另一种解释也可以是新加坡政府就是一头具有权威的狮子，管理着自己的领地，领地内秩序井然，和谐共生。因此，新加坡的社会治理与西方经验不同，社会力量是围绕着政府来发挥补位效应，与狮共舞，同时政府通过各种联系渠道保持与民众的沟通，获取民众的信任与支持，保证狮子不能独舞。这也许是新加坡的独特之处，也是新加坡之所以创造小国奇迹的重要原因。显然，政府主导的社会治理模式是与新加坡独特的国情分不开的。不过，新加坡也能够为中国社会治理提供一些具有启发性的经验。

政府主导并不意味着政府天然合理，新加坡政府虽小但是却强有力。在后发国家，一个强有力的政府是社会治理的重要条件。新加坡建国历史不长，与亚非拉大多数后发国家一样，经历了殖民时代后的民族独立运动，才建立起新的国家。不过，很多国家在发展过程中出现众多的社会问题乃至重新洗牌，这既是殖民时代的历史遗留，也与后发国家难以建立一个强有力政府有关。新加坡建国初期也经历了社会的动荡，后来在李光耀和人民行动党的带领下，逐渐稳定政局，建立起一个精简高效的政府团队。基于城市国家的特点，新加坡只有一级政府，即中央政府，下面分设各种法定机构，多为"局"，这些法定机构属于半独立组织，因事设局，独立运行，可以临时根据政府出台的政策进行机构调整，类似于企业管理中的事务团队，能够高效率地执行政府政策。基层组织大都是志愿性质，除了一些承担辅政工作的人员由政府提供薪酬，其他都是无薪酬，由此，政府的财政供养人员适度，整体上能够保持一个精干的政府团队。

政府主导并不意味着不听民意，新加坡政府着力汲取民意的同时，坚持政府决策的相对独立性。新加坡政府借助公民咨询委员会、民众联络所和居民委员会等基层组织，与广大民众保持着沟通，倾听民众的呼声，同时向民众传递政府政策，解释政策细节等，争取民众对于政策的理解和支持。然而，民意并不是影响政府的决定因素，有时候，新加坡政府会根据社会发展状况出台一些立足于远期发展的政策，比如：强制储蓄、拥车证等，必然会引起民众的一些反感，但是新加坡政府会继续坚持那些对于民众长远有益的"不受欢迎的政策"，倾听民意，但是不唯民意。当然，新加坡政府也会在保持政策稳定性的同时，根据自己的判断与民众的意见适时调整政策，在动态中平衡与民意的关系。

政府主导并不意味着政府独唱，新加坡政府相当重视社会力量参与，尤其是群众团队和慈善组织等。尽管被称为威权政府，但是新加坡却有着众多的社会慈善组织。在建国之前，新加坡作为殖民地，拥入不少移民，除了本土的马来人，还有华人、印度人、阿拉伯人以及欧洲人等。在各色族群中，有宗教团体、互助团体等，构成了当时联结分散个体，维护族群利益的载体。以华人族群的宗乡会馆为例，包括福建会馆、潮州八邑会馆、广东会馆、海南会馆、三江会馆和福州会馆等，还有佛教总会、道教总会等，这些社会组织在文化传播、社会救助、发展教育等方面发挥重要的作用。政府也希望社会组织能够起到凝聚民众、开展社会救助等作用，并将其纳入整个政府的制度化框架内，作为政府社会治理的助手。

政府主导并不意味着包办代替，新加坡政府不是保姆式政府，政府的努力不能代替个体的努力。从新加坡的社会保障体系来看，新加坡人应当属于高福利的行列，新加坡政府也立志于改善民生，提高国民的幸福感。其实在正式建国前，新加坡就致力于住房、医疗、教育、养老等方面的社会保障计划，借鉴其他福利国家的经验，新加坡的社会保障从一开始就不是全方位的全民福利体系，而是明确公私之间界限，公民必须通过自己努力工作才能得到未来的保障，绝不养懒人。政府则有计划、有步骤地推出各种保障计划，根据居民实际情况和需求，给予不同津贴，引进保险公司一起为民众提供社会保障服务。与此同时，政府也不断完善社会救助制度，为一些非因个体努力原因造成的社会弱势群体提供社会保护。源于此，新加坡政府的社会保障体系不会因为刚性福利的存在而导致整个财政紧张，而且能够随着国家经济发展状况和民众个体的实际情况进行灵活的调整，使得整个社会保障体系可持续性发展，避免"希腊式"的危机。

政府主导并不意味着权力无限，新加坡是法治国家，民众与政府同在法治框架内行动。新加坡政府是强有力的狮子，不过，狮子却是在法律的笼子内活动。法律不仅是民众的公约，也是政府与民众的公约。这可以从新加坡政府的构成来看，除了国家机构，大量的社会治理由法定机构负责，这些法定机构是根据专门的法律而成立的，其权力和责任由法律做细致的规定，任何超出法律的行为都将被禁止。公务员也有公务员法规，其考入、评价、薪酬、培养、晋升等都有一系列的制度性规定，任何越权或寻租行为都是不被允许的。社会组织也有专门的社团法加以约束，保证在合法的条件下开展活动。由于政府、政府人员以及行为等都有严格的法律规定，不仅是政府，而且政府与社会力量遵守共同的法律规范，整个社会如同钟表一样有序运转着。

后　记

　　学术研究犹如参禅，本是苦修和顿悟的结合，当然，苦修之后并不一定有顿悟，甚至一直苦修而未能开示，最终与顿悟无缘，因此，在苦修与顿悟之间还需要慧根与机缘等。在博士学位论文《国家化、地方性与村民自治》出版之后，我便着手对自己的学术研究进行阶段性梳理，与一些青年学人一样，在学术苦修中不时有一些自我怀疑，在学术大潮中个人的学术之路在何方，自己如何能够真正做出一点学问来，对于后知后觉的我来说，显然不是一件容易的事情。

　　最初的困惑是如何确定自己的研究领域，找准研究方向。正如博士学位论文后记所述，直到博士毕业前后才逐渐进入田野政治学的学术研究，经过博士学位论文写作的学术训练之后才有一些学术的积累和思考，慢慢开始田野政治学的"学步之旅"。第一次正式的学术试炼是从博士毕业前的村民自治有效实现形式研究开始的，在广东云浮、湖北秭归、广东清远、广东蕉岭等地方研究项目过程中，发现基层治理新的变化，在推进新农村建设和美丽乡村建设过程中，一些地方针对农民居住分散的特点，将村民自治的重心下移，在原有的村委会基础上，有的在自然村或村民小组成立村民议事组织，有的甚至直接将村委会下移到自然村一级，对整个村民自治体系进行重构。针对以上新的村民自治形式，中央一号文件提出了在自然村或村民小组探索村民自治有效实现形式的问题。在基层实践新发展的情况下，村民自治研究需要作出回应，当时村民自治实践和理论研究都陷入了困境。正如徐勇老师所说：从1998年村民自治成为举世瞩目的热点，到2008年村民自治跌入无人问津的"低谷"。有人甚至宣称"村民自治已经死亡"。

　　村民自治的实践为村民自治的发展开辟了新的道路。随后广东清远、湖北秭归等地领导相继邀请学院调研团队驻点进行研究,徐勇老师曾经受清远市委邀请做相关主题报告,提出"山重水复疑无路,柳暗花明又一村",这里的村即村民自治中的自然村或村民小组等。我们也在实地调查基础上进一步思考为什么自然村或村民小组有利于村民自治,其内在的条件是什么,其具体形式又是如何,与既有的村委会组织体系如何衔接,等等。

我在实地调查中发现,自然村或村民小组具有地域相近、利益相关、文化相连、参与方便等特点,之后徐勇老师提出村民自治研究从以往的价值—制度范式向条件—形式范式的转变。在徐勇老师指导下,我撰写了《文化相连:村民自治有效实现形式的文化基础》一文,首先从自治和文化的联系入手,文化是自治的民情基础,再分析从传统农村治理到当下乡村治理的文化基础,文化如何影响和塑造乡村治理,接着对案例村庄的文化与村民自治关系进行论述分析,相比于行政村来说,自然村保留有更多的村民自治的传统资源,并且在村民自治过程中成为村民互助、合作和信任的重要基础,并融入正式的村民自治程序之中,在文章中我主张传统村治资源的创造性利用,以各种有效形式来激发村民自治的活力等。

通过一篇论文的写作和学习,我逐渐确立了与以往单纯"讲故事"的学术写作思路不一样的"讲故事中的理论"的学术表达,因此,对于我来说,不啻学术研究的"第一步"。此后围绕着城乡基层治理,在实地调查基础上撰写了相关学术论文,很多都得到了徐勇老师的指导和帮助,大部分是参加相关学术会议而准备的论文,按照徐勇老师的要求,每次参加学术会议都要有新的思考和充分的准备,通过会议讨论来提升学术研究能力等。如 2014 年人大政治学论坛参会论文《村民代表制的起源与国家制度创新》,北京大学新时代基层治理创新论坛的《乡村治理周期视角下村委会任期调整与治理风险》,2016 年亚洲协商民主会议的《协商民主:村民自治有效实现的路径转换与机制重塑》等。

在学步之初,我时常对以往的村民自治研究进行回溯,在参加 2016 年人大政治学论坛的时候,受会议主题"文化自觉和中国政治学的构建"启发,提交了《田野政治学:村治研究与中国政治学的重建——以村民自治为重点表述对象》,从梳理村民自治的发展历程提出"田野政治学"概念,按理来说,此类大问题不应当是我这种小青年来讨论,当时主要是对既有学术历史的总结,也透着对未来村民自治研究的期待,尤其是对村民自治研究"遇冷"

之后的学术忧虑，将村民自治作为一个在中国政治学重建中的"学术事件"来思考村民自治之后乡村治理等学术话题如何能够在政治学学科中占据一定的空间，所以大胆地提出"田野政治学"，更是对未来个体学术研究的憧憬。

紧接着的困扰是如何超越田野故事，找回学科归属。田野政治学一直以来要解决的问题是如何从田野走进殿堂，特别是从偏重农村社会性质和农民行动逻辑的研究，回到政治学学科知识体系，其关键的衔接点便是从国家理论入手，阐述现代国家与乡村社会的关系。为此，徐勇老师认为：没有国家关联的田野很难称为田野政治学。田野政治学的贡献之一便是将国家纳入农村农民研究领域，发现农村农民的国家化进程，并通过建构"国家化"的概念，认识国家形态演化的关系叠加机制。

受到作为理论与方法的"国家化"的启发，结合自己以博士学位论文为基础申报成功的国家社科基金后期项目，我对原有的缺乏理论性的博士学位论文进行了重写，主要有如下几点改变。一是增加了理论框架。将国家化与地方性作为分析框架，并贯穿全书，书名修改为《国家化、地方性与村民自治》。二是增加了全书篇幅。将叙述的起点迁移至传统国家时期的乡村治理，一直延续到改革开放之前，与原有的以改革开放后村民自治为主体内容的博士学位论文接续起来，以便更加清晰地展现"国家化"与"地方性"影响之下乡村治理的历史变迁，在原有字数基础上增加了一倍，几乎又写了一遍。三是补充了相关调查资料。如少数民族社会历史调查、民国时期档案文书、中华人民共和国成立之后的农民口述史以及其他大量的有关村民自治的文件资料。其中包括徐勇老师转给我的村民自治资料。在《国家化、农民性与乡村整合》后记中，徐勇老师说道：

> 本人30年前涉足乡村治理研究，前十年关注较多的是村民自治，于21年前出版了《中国农村村民自治》一书。当时收集了大量村民自治起源的资料，并计划撰写《国家化、地方性与草根民主——1980—2000：广西的村民自治进程》一书，与《国家化、农民性与乡村整合》的本书构成系列（现在看来已难以完成，而寄希望于我曾经指导的博士生，相关资料也转赠于他）。

如果说村治研究是田野政治学的起点，那么回归国家理论则是田野政治学寻求学科的归属，受此影响，我陆续发表了《国家化、地方性与乡村治理结构内生性演化》《国家化、民族性与基层治理结构演化——基于广西壮族社会历史调查资料中"寨老制"的研究》等学术论文，并在"政治学学术概念研究工作坊"；人大政治学论坛等学术会议上分享《田野政治学概念建构的四种策略——基于"国家"概念的框架分析》《"支部建在村上"：农村基层党组织基本单元的历史变迁与基本经验——基于政党中心主义的视角》《中国共产党建立以来农村基层治理结构变迁——基于产权与治权关系的分析》《"找回群众"：新时代党的群众路线的实践形式——基于湖北省"共同缔造"实践活动的分析》等会议论文，尝试着从国家与政党来解读城乡基层治理。

最难的突破是如何丰富研究手段，找寻实证方法。村治实验是我深入学习田野调查的开始。田野政治学从张厚安老师组织的水月庵村治实验开始，陆续组织三次村治实验，包括安徽蒙城岳东村治实验和广东南农实验，将村治实验作为研究的追求。徐勇老师在1997年出版的"村治书序"中明确提出"三实"追求，其中"一实"，便是"实验"。"追求实验，即强调实验先于方案。我们要解释世界，成为学者；也要改造世界，成为实践者。而改造世界的方案应该来自社会实验。通过实验，提炼和检验理论方案，使之具有可行性、可操作性和可预见性。"

在岳东村治实验之后，2005年10月16日，在中共十六届五中全会刚闭幕不久，时任《南方农村报》新闻总监的毛志勇，给华中师范大学中国农村问题研究中心主任徐勇教授写了一封信，内文中谈道："关于在广东找农村进行社区试验的工作，我们（南方农村报社，笔者注）陈永主编有了新的想法，他说能否借助五中全会'建设新农村是我国现代化建设的重大历史任务'的提法，在我们报纸上刊登广告挑选几个村子，由你们派人来指导，我们作跟踪报道。"当年12月20日，《征集新农村建设试验村庄》的广告在《南方农村报》上刊出，广告说明了试验的内容：由《南方农村报》与华中师范大学中国农村问题研究中心合作开展的新农村建设试验，计划在广东选取三个村庄，进行为期五年的建设试验。2006年4月12日，在位于广州市的南方农村报社会议室，华中师范大学中国农村问题研究中心、南方农村报社和4个村（小组）及其所在的地方政府代表，共同签署了《合作共建新农村示范实验点协议》（正式将"试验"的提法改为"实验"，因为这项活动是用于验证已经存在的理论），并举行了启动仪式，徐勇老师将此次实验命名为"共建新农村——南农实验",意为"农民和政府、学术机构、媒体在南方农村地区共同建设新农村"。在启动仪式上,徐勇教授再次明确了南农实验的目的:这是一个以人为本、尊重农民权利,由村民充分参与,并且以提高农民福利为目的的社会实验,它把学术资源、媒介资源、政府资源和民间资源有机地结合起来,为国内首创。希望通过实践,探索出新农村建设中规律性的东西,寻找多样化的发展模式。"南农实验"主要是通过各种项目和方式,提升农民能力。包括农民的表达能力、农民的合作能力、农民的监督能力等。这一实验是在前两次实验基础上进行的,特别注意强化农民的主体性,挖掘农民的内生动力,激发基层的自身活力,因此取得了较好的成效。上述村治实验构成了《以现场实验为引导的田野政治学建构——基于华中师范大学四次政治实验的回顾与反思》一文的主要内容。

在参加南农实验过程中,我、曾桂圆和段神佑等一起驻点到广东省梅州市蕉岭县广福镇广育村,寻找硕士学位毕业论文选题,曾桂圆以芳名碑为对象研究农村公共事业建设逻辑,段神佑则以村委会换届选举为研究主题。与之相对,我并没有找到合适的选题,后来我们三人住到了另一个自然村南坑村,在村里访谈的时候听说村民曾经有过集体毁约事件,在村民的印象里可能是一件小事,但有可能成为观察村庄社会的一个切入点,我抓住这个事件不放,将所有与之相关的村民都访谈了一遍,沿着本科期间所一直关注的群体性事件或集体行动来展开,最后将整个事件放到村落形态中去理解,最后以《村民集体毁约的行动逻辑——基于粤东南村的实践表达》为题完成硕士学位论文,在徐勇老师指导下继续修改完善,获得2012年学校的优秀硕士学位论文和湖北省优秀硕士学位论文。

在南农实验驻村调查告一段落之后,我也参与了咨询报告写作,每年寒暑假进行的百村观察,对250多个样本村3000个定点农户进行问卷调查,除了调查农户家庭基本情况以及家庭政治状况、社会状况、经济状况等方面,每年有专题性农村政策性热点问题调查,如新型农村养老保险、新型农村社区建设、农村老年人思想政治状况等,在此基础上收集了大量的调查数据,经过数据整理之后,我们各自组成写作团队,在博士带领下进行数据分析和撰写调查报告,那个时候经历得最多的就是不断的修改,数据分析、数据呈现、图表制作、文字表述、格式校对等不一而足,一直修改到报告成形,并简写为篇幅较小的报告,聚集于基本观点和政策建议等,有的时候一个标题都要推敲很长时间，报告的主要优势在于来自定点观察村庄的第一手数据，反映了普通农民的政策需求和意见态度等，正因为如此，常常从数据分析中得到不少意外的发现，相比于个案性的调查，大样本的调查数据能够进行统计推论，也有助于把握农村整体状况，形成一些预测性和趋势性的判断。在团体努力之下形成了一些学术成果，比如与慕良泽教授合作的《惠农政策的嵌入与乡村治理资源重组——对新型农村养老保险政策的调查分析》就是利用问卷调查数据对乡村治理资源配置方式进行类型学分析，研究惠农政策赋予乡村治理资源过程及其治理效应等。

从 2011 年开始，以中国农村研究院为主体申报教育部哲学社会科学系列发展报告"中国农民状况发展报告"获得立项支持，每年都有固定资金支持"百村观察"项目，调查成果在徐勇老师的指导下开始系统地出版，即《中国农民状况发展报告》，我最开始主要是参与部分章节的写作，后来承担政治卷统稿，最后三卷的统稿和编辑都由我来承担，每卷大概 10 章，约 60 人次参与其中，拟定写作主题、分配研究任务、召开写作说明会议、整理调查数据、提出修改意见、修订格式和文字校对、最终交付出版社到正式出版，最终完成了有《中国农民状况发展报告 2012（经济卷）》《中国农民状况发展报告 2013（社会文化卷）》《中国农民状况发展报告 2014（政治卷）》《中国农民状况发展报告 2015（经济卷）》等，在此基础上撰写了《破解社会组织下乡的三大难题》等咨询报告，相关报告修改为《"行政依赖"抑或"组织自主"：农村社会组织的动力机制研究》（与田馨滦副教授合作）等论文。

在"百村观察"之外，我还参加学院与地方政府合作的咨政服务和智库研究项目，对城乡基层治理中特定问题进行现状评估、原因分析，提出对策建议等，主要是当前面临的难题是什么，找到相关原因或影响因素，提出建议。从政府咨政服务角度对基层政府、村居干部和普通村民进行集中式组团访谈，深入中国农村改革发展的第一线，直接与改革创新的推动者、实践者和执行者交流沟通，此类项目的主要对象实际是地方政府，因此，在实地调查过程中接触了各级政府干部，相对深入地对一项政策措施和具体工作进行实地访谈，有的时候还需要驻点跟班学习，有机会能够参与到具体政策执行的过程中。在调查基础上撰写了《组织化链接：城市社区协同性治理的有效实现形式——基于北京市海淀区建材东里社区的案例研究》（与田馨滦副教授合作）、《协商民主：居民自治有效实现形式的运转机制》、《与狮共舞：政府主导下的社会治理模式——新加坡的基层社会治理及其经验启示》等论文。

絮絮叨叨之下是跌跌撞撞之路，蹒跚学步之后是爬坡上坎之机。撰写这本书，不是简单回溯以往苦修的学术历程，而是要将个人成长、学术团队形成和学科发展结合起来，讲述个人学术研究如何融入田野政治学，进而获得一种学术归属感与历史使命感。让自己不仅知道"来时的路"，而且明了"路在何方"，更为重要的是懂得"路就在脚下"。当然，正如田野政治学的构建是一个由自在到自为、由自发到自觉的过程一样，我深知自己的学术研究"仍然在路上"。

2014 年 1 月 9 日
于桂子山